한국 현대사 산책 2000년대 편 **3**권

한국 현대사 산책 2000년대 편(전5권)
노무현 시대의 명암 · 3권
© 강준만, 2011

초판 1쇄 2011년 8월 22일 펴냄
초판 4쇄 2017년 9월 13일 펴냄

지은이 l 강준만
펴낸이 l 강준우
기획 · 편집 l 박상문, 박효주, 김예진, 김환표
디자인 l 최진영, 최원영
마케팅 l 이태준
관리 l 최수향
인쇄 · 제본 l 제일프린테크

펴낸곳 l 인물과사상사
출판등록 l 제17-204호 1998년 3월 11일

주소 l 04037 서울시 마포구 서교동 392-4 삼양E&R빌딩 2층
전화 l 02-325-6364
팩스 l 02-474-1413

www.inmul.co.kr l insa@inmul.co.kr

ISBN 978-89-5906-193-8 04900 ISBN 978-89-5906-190-7 (세트)

값 16,000원

노무현 시대의 명암 **2000년대 편** **3**권

한국 현대사 산책

강준만 저

인물과
사상사

제5장
2004년: 대통령 탄핵과 행정 수도 파동

제6장
2005년: 영남 민주화 세력의 한

2000년대 편 2권

2000년대 편 5권

2004년: 대통령 탄핵과 행정 수도 파동

탄핵은 '의회 쿠데타' 였나?
노무현 탄핵

노무현의 여당 선거운동

노무현의 노골적인 열린우리당 지지 발언으로 2004년 1월의 정국은 숨 가쁘게 돌아가고 있었다. 1월 5일 민주당 대표 조순형은 "역대 어느 대통령도 이렇게 노골적으로 선거운동에 나선 적이 없다. 노 대통령의 선거 개입은 헌법과 법률 위반으로 탄핵 사유"라고 주장했다.

1월 11일 열린우리당 전당대회에서 정동영이 의장으로 선출되었다. 당 의장 경선엔 정동영 외에 김정길, 신기남, 허운나, 장영달, 이부영, 정동영, 이미경, 유재건 등이 출마했었다. 1월 27일 SBS 조사에서 노무현의 지지율은 36.1%로 나타났다.(『한겨레』 1월 1일 조사에서는 26.4%)

1월 28일 대검 중수부는 지난 대선 당시 선대위원장을 지낸 한나라당 의원 서청원과 노무현 후보 캠프의 총무본부장이었던 열린우리당 의원 이상수를 정치자금법 위반 혐의로 각각 구속 수감했다.

2월 13일 청와대 비서실장 문희상과 정무 수석 유인태가 총선 출마를 선언했으며, 이어 경제 부총리 김진표, 환경부 장관 한명숙 등도 총선 대열에 합류했다. 노무현의 지지율은 2월 15일 『문화일보』 조사에서 31.1%, 2월 23일 『한겨레』 조사에서 35.1%로 나타났다.

2월 24일 노무현은 방송기자클럽 토론회에서 질문에 답하는 형식으로 열린우리당 지지 의사를 강하게 표명했다. 그는 "대통령이 말해서 열린우리당에 표를 줄 수 있다면 합법적인 그 무엇이든 다하고 싶다"며 "국민들이 총선에서 열린우리당을 압도적으로 지지해줄 것을 기대한다"고 했다.

대통령 탄핵안 발의

2004년 3월 3일 중앙선거관리위원회는 야당의 노무현 선거법 위반 의뢰 건과 관련해 노무현에 대해 헌법 제7조 및 선거법 제9조 위반을 지적하면서 "공무원 선거 중립 의무 위반"이라고 밝혔다. 선관위는 노무현에게 '선거 중립 의무 준수'를 요청했다. 3월 5일 폭설로 고속도로 마비 사태가 벌어졌지만, 정치권의 모든 관심은 한 달여 남은 4·15 총선에 집중되었다.

3월 9일 국회 본회의를 통과한 공직선거 및 부정선거방지법, 정치자금에 관한 법, 정당법 등 이른바 '정치 개혁법'은 후원회 모금 행사 및 기업과 단체의 정치자금 기부를 금지하고, 10만 원 이상 후원금은 익명으로 기부할 수 없게 만드는 등 '깨끗한 정치'를 위한 결정적 계기를 마련했다는 긍정적인 평가를 받았다.

그러나 바로 그날 더욱 중요한 정치적 사건이 일어났다. 한나라당 의

2004년 3월 9일 한나라당과 민주당은 소속 의원 159명의 서명을 받아 대통령 노무현에 대한 탄핵 소추안을 국회에 제출했다. 이날 밤부터 열린우리당 의원들은 국회 본회의장을 지키며 '탄핵 저지' 철야 농성에 들어갔다.

원 108명과 민주당 의원 51명 등 159명이 대통령 탄핵소추안을 발의한 것이다. 열린우리당은 탄핵소추안의 의결을 막기 위해 국회 본회의를 원천 봉쇄키로 하고 이날 밤부터 국회 본회의장에서 정동영 의장과 김근태 원내대표 등 소속 의원 30여 명이 철야 농성에 들어갔다.[1]

친노(親盧) 단체인 '노무현을 사랑하는 사람들의 모임(노사모)' 회장 심우재는 그날 탄핵안 발의 뒤 홈페이지에 올린 글에서 "탄핵안을 발의한 수구 꼴통들을 절대 용납할 수 없으며 노 대통령을 지켜야 한다"며 "여의도 국회 앞을 비롯해 각 지역에서 낮에는 1인 시위를, 퇴근 후에는 촛불시위 집회를 벌이자"고 촉구했다.

---

1) 윤영찬·윤종구, 「盧 대통령 탄핵안 발의…… 한나라-민주 159명 서명」, 『동아일보』, 2004년 3월 10일, 1면.

또 '국민의 힘', '국민참여 0415' 등 다른 친노 단체 회원 600여 명도 그날 오후 8시경부터 노사모 회원들과 함께 국회 앞에서 야당 규탄 대회를 열었다. 이 자리에 참석한 열린우리당 국민참여운동본부장 문성근은 "지금 의회에서는 탄핵이라는 쿠데타가 시작됐다"며 "정신을 똑바로 차려야 하며 우리가 자고 있으면 단지 별 하나에 지나지 않지만 깨어 있으면 태양이 된다"며 친노 세력의 총집결을 촉구했다.

또 노사모와 국민의 힘 부산 지부 회원들은 열린우리당 부산 지역 총선후보자 등과 함께 이날 오후 부산 진구 롯데백화점 앞에서 촛불집회를 열고 "탄핵이 저지될 때까지 촛불집회나 노상 강연 등을 통해 탄핵의 부당성을 알려나가겠다"고 밝혔다.[2]

3월 10일 오전 국회의장 박관용은 청와대에 전화를 걸었다. 그는 전화를 받은 비서실장 김우식에게 다음과 같이 말했다고 한다. "사태가 심상치 않습니다. 이건 위험한 일이에요. 어떻게 하든 수습해야 합니다. 만나서 이야기해보면 해결하지 못할 일이 어디 있습니까. 노 대통령에게 간곡하게 얘기해주시오. 오늘 저녁도 좋고, 내일 새벽이나 밤도 좋아요. 장소는 청와대도 좋고 의장 공관 또는 다른 어느 곳이라도 좋아요. 노 대통령을 모시고 나오시오. 내가 어떤 명분이든 야 3당 대표들을 끌고 나가겠습니다. 거듭 부탁합니다. 이 말을 대통령에게 꼭 전해주시고 대답을 알려주시오."

박관용은 오후 5시경에야 김우식으로부터 연락을 받았다고 했다. "의장님의 뜻을 대통령님께 전달했습니다. 대통령님께서는 의장님의 뜻은

2) 이승헌, 「親盧 세력 "다시 모이자"…… 장외집회 돌입」, 『동아일보』, 2004년 3월 10일, 5면.

대통령 탄핵소추안 발의에 진보, 보수 단체 회원들이 탄핵 찬반 집회를 벌이고 있다.

고마우나 지금 당신께서 너무 지쳐 있어서 만날 필요가 없다고 하십니다. 알고 계시는 바와 같이 대통령님께서는 내일 아침 10시에 기자회견을 가질 예정입니다. 그 준비 때문에 시간을 내기 어렵습니다."

이에 박관용은 "내일 회견을 하기 전에 각 당의 대표와 먼저 얘기하는 것이 순서입니다. 그리하여 여야 간에 이룬 합의를 가지고 국민에게 희망의 메시지를 보내는 것이 순리라고 생각합니다"라고 말했다. 그러나 아무 소용이 없었다. 박관용은 이런 생각을 했다고 한다. "그때 느낀 것이 '아, 이 사람들이 파국을 원하고 있구나' 하는 것이었다. 좀더 거슬러 올라가 '이들이 탄핵이라는 절망적인 사태를 일부러 불러왔구나', '국가를 벼랑에 세워놓고 정치적인 목표를 거머쥐려는 책략일 수도 있겠구나' 하는 느낌을 강하게 받았다."[3]

노무현의 기자회견

2004년 3월 11일 아침 노무현이 기자회견을 시작했다. 노무현은 사과를 거부하고 "총선에서 나타난 국민 뜻에 따라 정치적 결단을 하겠다"고 맞섰다. 그는 사과야 두 번 세 번이라도 할 수 있으나 그것이 단지 탄핵을 모면하자는 것이라면 사과할 수 없다고 했다. 그는 "학벌 사회, 연고 사회인데 일류 학교 나온 사람들 사이에서 잘 짜인 사회 속에 제가 돛단배처럼 떠 있지 않나"라는 말도 했다. 또 그는 대우건설 사장 남상국이 경남 김해에 사는 자신의 친형 노건평을 찾아가 3000만 원을 주며 청탁한 사실을 겨냥해 "좋은 학교 나오고 크게 성공한 분이 시골에 있는 별 볼 일 없는 사람에게 가 머리 조아리고 돈 주는 일은 없으면 좋겠다"고 비난했다. 이 공개 비난에 충격을 받은 남상국은 11시 30분경 집을 나와

---

3) 박관용, 『다시 탄핵이 와도 나는 의사봉을 잡겠다』(아침나라, 2005).

12시 10분경 한강에 몸을 던져 자살했다.

3월 12일 신문 사설들은 노무현에 대해 모두 비판적이었다. 『조선일보』는 "혼란에 대한 국민 불안감을 이용해 열린우리당 득표를 늘려보려는 총선 전략"이라고 했고, 『중앙일보』는 "구차한 변명"과 "통 크지 못한 모습"이라고 했다. 『경향신문』과 『한겨레』 사설도 비판적이었다.[4]

박관용은 자신의 회고록에서 노무현의 기자회견에 대해 "짧지 않은 발표문을 다 읽도록 탄핵 문제에 대해서는 단 한 마디의 언급도 없었다. 지켜보던 의원들은 자신의 귀를 의심했으나 차츰 분노와 탄식이 흘러나왔다"고 썼다. 그는 "그 대신 대통령은 이광재 전 청와대 비서관 등 자신의 참모들이 줄줄이 구속된 데 대한 변명과 두둔을 길게 늘어놓았다. 여기서 그치지 않고 그는 뇌물 수수 혐의로 입건된 자신의 가형을 두둔하면서 뇌물을 가져다준 남상국 전 대우건설 사장에 대해 '머리 좋고 출신 좋은 사람이 순진한 농부에게' 운운하는 모멸적인 말로 비난했다"며 다음과 같이 말했다.

"탄핵에 대해서는 나중에 기자의 질문이 있자 마지못한 듯 몇 마디 언급했다. 그 내용은 '총선을 통해 국민의 심판을 받고 정치적 결단을 내리겠다'는 것이었다. 탄핵을 다가올 총선에 연계하여 이벤트로 활용하겠다는 속마음을 털어놓은 것이었다. 야당 의원들은 격분했다. 국회 안의 분위기가 용광로처럼 끓어오르고 있었다. 분노는 이성을 마비시키는 극약이다. 누군가 국회의, 특히 수적인 다수를 차지하고 있는 야당 의원들의 이성을 마비시키기 위해 교묘한 드라마를 연출하고 있을지도 모른

---

4) 김대영, 『공론화와 정치 평론: 닫힌 사회에서 광장으로』(책세상, 2005).

다는 생각이 내 머릿속을 스치고 지나갔다."

박관용은 "남 사장의 죽음이 대통령의 '수준'과 '자격'에 대해 근본적인 회의를 품고 있던 야당 의원들의 결단을 돌이킬 수 없는 것으로 굳힌 결과가 되었다"고 말했다. 오후에 김원기가 박관용을 찾았다. 김원기가 "이래서는 안 되는데"를 연발하자, 박관용은 이렇게 말했다고 한다. "사태가 이렇게

박관용은 그의 회고록에서 노무현 대통령의 기자회견은 탄핵을 다가올 총선에 연계하여 이벤트로 활용하겠다는 속마음을 털어놓은 것이라고 했다.

될 줄을 정말 몰랐다는 것입니까? 자신을 대통령으로 만들어준 정당을 바보로 만들어버리고 배신한 사람을 그냥 보고만 있을 사람이 어디 있어요? 부부간에도 이혼하고 나면 남남보다 못할 정도로 미움이 쌓이는데 멀쩡한 정당을 쪼개어 한쪽을 버려놓고도 이런 사태가 오리라는 것을 예측하지 못했다는 겁니까? 노 대통령은 정치 경험이 적어서 몰랐다 치더라도 김 의원께서는 명색이 당내 원로이면서 도대체 무엇을 한 겁니까? 이번 일은 당신들의 자업자득입니다."[5]

한나라당 대표 최병렬도 훗날 17대 총선과 자신의 재신임을 연계하면서 전 대우건설 사장 남상국을 비꼰 내용과 남상국의 한강 투신자살이

---

5) 박관용, 『다시 탄핵이 와도 나는 의사봉을 잡겠다』(아침나라, 2005).

한나라당 의원 등을 크게 자극했다며 "이 때문에 한나라당 의원들이 뭉쳤고 자민련까지 가세해 탄핵안이 가결됐다"고 회고했다.[6]

대통령 탄핵

2004년 3월 12일 금요일 새벽 2시 본회의장을 지키던 열린우리당 의원들은 잠들어 있었다. 3시 50분 야당 의원들의 기습과 함께 치열한 육탄전이 벌어졌다. 4시 20분 휴전에 들어갔다. 의사장 앞에선 차량이 불타고 있었다. 지방에서 올라온 40대 남자가 차를 몰고 국회 본관 앞으로 돌진한 뒤 지른 불이었다. 11시 4분 야당 의원이 전부 입장했고, 11시 5분 국회의장이 입장했다. 경호대가 투입된 가운데 11시 22분 개회, 23분 상정이 이루어졌다.

3월 12일 오전 11시 56분, 헌정사상 최초로 대통령 탄핵안이 국회에서

6) 박민혁, 「탄핵 후폭풍에 '침몰' "피할 수 없었던 선택": 최병렬 전 한나라당 대표」, 『동아일보』, 2004년 12월 23일, A4면.

한나라당과 민주당 의원 159명이 대통령 탄핵 소추안을 발의함으로써 3월 12일 오전 11시 56분 헌정사상 초유의 대통령 탄핵소추안이 가결되었다. 왼쪽부터 12일 오전 국회 본회의장 의장석에서 벌어지는 거센 몸싸움, 열린우리당 의원들의 항의 속에 대통령 노무현 탄핵안 가결을 선포하는 박관용 국회의장, 탄핵안 가결 후 환호하는 한나라당 의원, 본회의장에 꿇어앉아 통곡하는 열린우리당 의원의 모습.

가결됐다. 찬성 193표, 반대 2표였다. 가결 직후 본회의장은 아수라장이 되었다. 열린우리당 의원들은 국회의장석을 향해 명패와 서류 뭉치를 던지며 격렬하게 항의했다. 국회의장 박관용은 열린우리당 의원들에게 "왜 이런 일을 자초합니까? 자업자득입니다"라고 말했으며, 단상 위에서 열린우리당 의원들이 던지는 신발을 막는 경위들에 둘러싸여 "대한민국은 어떤 경우라도 전진해야 합니다"라고 외쳤다.[7]

3월 12일 오후 5시 15분부터 국무총리 고건이 대통령 권한대행을 맡았다. 그날 저녁 서울 여의도 국회 정문 앞에는 '노무현을 사랑하는 사람들의 모임' 회원들을 비롯한 시민 1만 2,000여 명이 "탄핵 무효"를 외치며 촛불시위를 벌였다. 부산·대구·광주·춘천·제주 등 지방에서

7) 박관용, 『다시 탄핵이 와도 나는 의사봉을 잡겠다』(아침나라, 2005).

서울 광화문을 비롯한 전국 곳곳에서 탄핵 소추안가결에 항의하는 촛불시위가 열렸다.

도 탄핵 가결을 규탄하는 집회가 열렸다. 여의도 시위 현장에는 '국회가 미쳤다', '탄핵 가결 불복종'이란 내용의 현수막이 내걸렸으며, 참석자들은 "대통령을 탄핵할 것이 아니라 의회 쿠데타를 일으킨 국회를 해산해야 한다"고 주장한 뒤 밤 11시게 자진 해산했다. 시민 단체들은 서울 광화문을 중심으로 전국 곳곳의 1987년 6월항쟁 투쟁 장소에서 집회를 계속 열 계획이라고 했다.[8]

3월 13일에도 한 50대의 남자가 쏘나타를 몰고 국회 정문을 들이받고 진입을 시도하는 사건이 일어났다. 사흘 뒤인 16일 오후엔 10대 재수생이 "한나라당 대표를 만나 대통령 탄핵 철회를 요구하고 받아들이지 않으면 분신하겠다"며 라이터 기름 한 통과 라이터 두 개를 품고 한나라당 당사에 진입을 시도한 사건도 벌어졌다. 이 사건들에 대해 현장 취재기자 전영선은 이렇게 말했다.

"테러에 가까운 이런 폭력은 우리 사회에서 추방돼야 합니다. 그런데 주목할 만한 점은 그들의 '행위' 말고 '심정만큼은 이해하겠다'는 사람들이 적지 않았다는 것입니다. 국회의 탄핵 가결 이후 만났던 시민 중에는 '내 마음도 그러하다'고 토로한 이들이 많았습니다. 탄핵에 찬성하든 반대하든, 여당이건 야당이건 할 것 없이 국민들의 마음속에 국회와 국회의원들은 이미 '소각의 대상'으로 자리 잡은 것 같아 착잡할 따름입니다."[9]

3월 13일 열린우리당은 영등포동 6가의 옛 청과물시장 공판장 건물로 이사하였다. 이사 직전 한나라당 의원 권영세(서울 영등포 을)와 영등포

---

8) 신재연, 「시민 1만여 명 국회 앞 촛불시위」, 『한국일보』, 2004년 3월 13일, 11면.
9) 전영선, 「사건 X 파일: 국회에 불 지르려는 심정」, 『문화일보』, 2004년 3월 24일, 28면.

갑 지구당 위원장 고진화는 열린우리당이 영등포동으로 당사 이주를 추진하면서 '쓰레기 더미에서 장미꽃을 피우겠다' 고 밝힌 데 대해 '영등포 주민의 자존심에 지울 수 없는 상처를 남겼다' 며 열린우리당의 공개사과를 요구했다.[10] 열린우리당 관계자들은 당사 이전이 총선을 의식한 '쇼' 가 아니냐는 시각에 대해 "청과물시장 환경이 '서민' 과 '민생' 분위기를 맞추기에는 좋은 터" 라고 주장했다.

대통령 탄핵이 일어난 3월 둘째 주말, 서울의 영화 관객 수는 전 주말의 44만 명 선에서 27만 명으로 38%나 감소했다.[11] 무언가 심상치 않은 일이 일어날 조짐을 예고한 셈이었다. 박관용은 텔레비전이 그런 분위기로 몰아갔다고 주장했다. 그는 방송사들이 자신의 '국민에게 드리는 호소문' 은 단 한마디도 방송하지 않았으며, 닷새가 지난 3월 17일에서야 국내 TV 중 처음으로 MBC가 인터뷰를 요청해 왔다고 말했다. 박관용은 "내가 한 말을 모두 수용하여 내보낸다면 인터뷰에 응하겠다. 의도적으로 편집하여 사용할 생각이면 응하지 않겠다"는 조건을 약속받고서 22분간 인터뷰를 했다고 한다. 그는 인터뷰가 끝난 뒤에도 "내 말의 본뜻을 왜곡하는 편집은 절대로 하지 말아주시오"라고 말했고, 담당 프로듀서는 "약속 지키겠습니다"라고 거듭 약속했다고 말했다. 그러나 박관용이 한 말은 22분 중 단 6초간만 방영됐으며, 그것도 앞뒤를 잘라버리고 "괴로웠다"는 부분만 내보냈다.

" '의회 쿠데타를 저질러놓고 의장 자신도 괴로워하고 있다' 는 인상을 주기 위해 거짓을 둘러대고 나의 코멘트를 얻어 간 것이었다. …… 대한

---

10) 「"쓰레기 발언 사과를" 우리당에 요구」, 『한국일보』, 2004년 3월 10일, A5면.
11) 강한섭, 『한국의 영화학을 만들어라: 문화진화론자가 다시 쓰는 영화 담론』(삼우반, 2004).

민국에 방송은 없었다. 방송은 언론이기를 포기하고 나섰다. 부끄러움
도 없었고 자성도 없었다. 그들은 TV라는 여론 동원 매체를 총동원하여
국민의 감정에 불씨를 당기고 부채질을 계속했다."[12]

탄핵은 의회 쿠데타?

2003년 3월 17일 서울 광화문 촛불집회엔, 어두운 곳에서 흔들면 눈의
잔상 효과 때문에 허공에 '탄핵 무효', '민주 수호'라는 문구가 나타나
는 첨단 시위용품이 처음 등장했다. 이 제품을 개발한 벤처기업 앰테크
의 사장 민병문은 "1980년대에는 집회 참가자들의 손에 각목과 화염병
이 들려 있었지만, 평화적인 집회로 바뀌고 있는 요즘 뭔가 다른 것이 필
요할 것 같아 제품을 개발하게 됐다"고 말했다.[13]

탄핵안 가결을 주도했던 한나라당 전 원내총무 홍사덕은 "촛불시위
에 나오는 사람들이 모두 단단한 직장을 가지고 있는 분들이라고는 믿
지 않는다"고 주장했다. 이에 대해 전국백수연대는 18일 인터넷 다음 카
페를 통해 "백수 비하 발언을 즉각 공개 사과하고 정계를 은퇴하라"며
항의 서명운동을 시작했다. 백수연대는 항의 표시로 회원들에게 "홍 의
원이 17대 총선에서 낙선했을 때 대한민국 모든 실업자·백수 모임에
가입을 불허한다"는 지침을 내렸다. 또 전국백수연대와 인터넷 카페
'백수회관'의 운영자 주 아무개 씨 등은 홍사덕이 백수를 모독하고 국
민의 정치 표현과 집회의 자유를 침해했다며 국가인권위원회에 진정서

---

12) 박관용, 『다시 탄핵이 와도 나는 의사봉을 잡겠다』(아침나라, 2005).
13) 유신재, 「야광 막대 흔들면 '탄핵 무효' 글귀」, 『한겨레』, 2004년 3월 19일, 9면.

를 냈다.[14)]

대통령 탄핵소추안 발의와 통과에 참여한 까닭에 민족문학작가회의 산하 젊은작가포럼에서 제명 압력을 받아온 시인이자 민주당 의원인 김영환은 작가회의에 보낸 탈퇴서에서 "(자신과 젊은작가포럼 사이의) 간극은 '탄핵 반대는 무조건 선이고 탄핵 찬성은 무조건 악' 이라는 이분법적 광풍이 잦아든 후에야 극복될지도 모르겠다"며 "작가회의의 일원이 아니라는 괴로움도 내 소신의 산물이라면 기꺼이 껴안고 가겠다"고 말했다.[15)]

서울 종로구 안국동 철학마당 느티나무 카페에서 열린 진보학계의 '탄핵 정국과 한국 민주주의의 위기' 라는 긴급 토론회에서 성공회대 교수 정해구는 "3·12 탄핵 의결은 야당 연합이 정략적 목표를 위해 의회 권력을 부당하게 동원해 대통령을 탄핵한 일종의 의회 쿠데타이자 중대한 헌정 유린"이라고 주장했다.

한국노동이론정책연구소 소장 채만수는 "탄핵 가결이 의회 쿠데타로 규정되고 있지만 누구에 의해 기획됐나 하는 것에 주목할 필요가 있다"며 "노무현 정부가 시행한 일련의 개혁 조치와 파시즘적 여론 몰이에 주의할 것"을 요청했다. 그는 "탄핵 정국은 개혁 세력이 권력 강화를 위해 의도적으로 일으킨 것으로 보인다"며 "그들이야말로 신자유주의의 집행자로서 반노동자·반민중의 핵심 세력"이라고 주장했다.

또 채만수는 "노사모 등 친노무현 세력과 사실상 그 외곽을 형성해온

---

14) 임인택, 「"촛불시위자 백수 비하 낙선 뒤 백수 되면 보자"」, 『한겨레』, 2004년 3월 19일, 9면; 정양환, 「"홍사덕 총무 백수 모독" 인권위 진정」, 『동아일보』, 2004년 3월 27일, A31면.
15) 임주환, 「민주당 김영환 의원 작가회의 탈퇴」, 『한겨레』, 2004년 3월 19일, 13면.

신주류 진보 세력들이 소동을 조장하고 있으며 일부 언론은 대중조작을 하고 있다"고 주장했다. 그는 "열린우리당 등이 '부패하고 무능한 수구 세력'을 앞세워 이러한 상황을 도발했다"면서 "이는 '개혁'이라는 몰계급적 선동으로 그동안 노무현 정권이 벌여온 반노동자·반민중적 행각을 덮어버리고 일거에 대중을 장악하려는 행위"라고 비판했다.

그는 "정치적 종파 대립을 '개혁과 수구'라는 이분법하에 전 국민, 전 계급적 이해 대립으로 포장해 대중을 선동하는 것은 위험하다"며 우려를 표했다. 채만수는 "노 정권의 신자유주의 정책 강행으로 노동자·농민들이 생존의 벼랑 끝에 몰리고 있다"며 "침몰하고 있는 수구 세력과 강화되고 있는 신자유주의 개혁 파시즘 중 어느 쪽이 더 위험한지 따져 볼 필요가 있다"고 주장했다.

이에 대해 상지대 교수 홍성태는 "채 소장의 발제는 이번 토론회 성격과 의미에 어울리지 않는 근거 없는 비판이며, 탄핵 반대 시위에 나선 시민이 모두 노사모라거나 노무현의 외곽 조직이라고 생각하는 것은 잘못"이라며 "이번 탄핵 사태는 총선 정국이란 관점에서 바라봐야 한다"고 주장했다. 성공회대 교수 조희연은 "채 소장과 홍 교수의 상반된 토론은 진보성과 관련해 노무현 정권이 갖는 양면적 성격을 잘 드러내 보이는 것"이라고 진단했다.[16]

---

16) 조일준, 「"노 탄핵소추, 의회 쿠데타다"」, 『한겨레』, 2004년 3월 19일, 13면; 김미경, 「탄핵 정국 3인 3색: 책임론·본질론·기획설 제기」, 『한국대학신문』, 2004년 3월 22일, 3면.

열린우리당 지지도 수직 상승

『조선일보』 2004년 3월 18일 여론조사에서 정당 지지율은 열린우리당 46.8%, 한나라당 15.8%, 민주당 6.8%, 민주노동당 4.4%, 자민련 1.3%인 것으로 나타났다. 탄핵이 발의되던 9일, 탄핵이 가결되던 12일, 그리고 17일에 실시한 갤럽 조사에서 열린우리당의 지지도는 26.7%, 32.4%, 46.8%로 수직 상승했지만, 한나라당의 지지도는 18.3%, 16.3%, 15.8%로 하락했고, 민주당도 9.3%, 8.3%, 6.8%로 하락했다. "이번 총선에서 어느 정당이 가장 많은 의석을 차지할 것으로 보는가"라는 질문엔 2월 21일 조사에서 33.5%가 한나라당을, 26.8%가 열린우리당을 지목한 반면, 3월 17일 조사에선 열린우리당 59%, 한나라당 16.2%, 민주당 1.6% 등의 순으로 나타났다. 탄핵안 가결에 대해선 '공감하지 않는다'가 71.1%, '공감한다'가 24.6%였다.

『한겨레』 3월 18일 여론조사에서 정당 지지율은 열린우리당 50.9%, 한나라당 14.7%, 민주당 3.6%인 것으로 나타났다. 호남권 응답자의 열린우리당 지지율이 61.8%로 치솟은 것과 관련, '차떼기'에 이어 '정 떼기'라는 말도 나왔다. 『한겨레』는 "광주 시민들은 대통령 탄핵소추안을 통과시킨 민주당에 대해 본격적으로 '정 떼기'에 나선 것으로 보인다"고 보도했다.

민족문학작가회의 이사장 염무웅은 『한겨레』 3월 18일자에 기고한 「시험대에 선 민주주의」라는 칼럼에서 국회의 대통령 탄핵 결의는 "국민주권에 대한 정치적 기득권자들의 난폭한 도전"이며 그들의 "궁색한 언변의 바탕에 깔린 것은 오직 부패 세력들의 계산된 권력욕뿐"이라고 주장했다.

『한겨레』 논설위원 조상기는 3월 18일자에 쓴 「한 나라 딴 시대」라는 칼럼에서 국회의 대통령 탄핵 소추가 쿠데타로 규정되는 데는 긴말도 긴 시간도 필요 없었다며 "국민들이 자신의 뜻과 괴리된 채 한 줌 의원들이 권력욕으로 민주공화국의 헌정 질서를 짓밟고, 부패 수구가 개혁 민주를 소추하는 도착되고 부조리한 현실을 단호히 거부한 때문이다. 탄핵을 소추한 의원들은 대낮에도 어둠만 보고, 어둠만 찾는 무리였다"고 했다.

같은 날 문학평론가 김병익은 『동아일보』에 기고한 「피할 수 있었던 시련」이라는 칼럼에서 탄핵 정국에 대해 "민주주의가 고대 그리스의 현자들이 우려했던 것처럼 민주정치로부터 중우정치로 곤두박질치는 것은 아닌가 두려워진다"는 느낌을 밝히면서 "노 대통령은 변화를 거부하는 완고한 현실의 힘을 과소평가했고 자신의 도덕적 의지를 과신했다. 그는 자신에 대한 비판자들과 변화에 대한 반대자들을 부도덕한 세력으로 간주함으로써 상생의 카운터파트로 포용할 리더십을 버렸다"고 했다.

"그는 정치 현실에 순진했거나 편향적이었고, 그것이 젊은 세대에게는 매력적이지만 기득권층에는 불만스러웠다. 이 사태는 이상과 도덕성의 차원과는 또 다른 현장 정치의 어려움을 보여주는 것이고 따라서 우리 민주주의의 정치 발전을 위한 시련이며 교훈이 될 수 있을 것이다. 안타까운 것은 피할 수 있는 시련을 스스로 만들어 겪고 있다는 것, 조용히 습득할 수 있는 교훈에 너무 큰 대가를 치러야 한다는 것, 그리고 '그들만의 잔치'에 우리 국민이 엄청난 상처와 피해를 본다는 사실이다."

'신붕당론-민주주의와 절차'

교환교수로 미국에 체류 중이던 고려대 명예교수 김우창은 2004년 3월 18일자 『경향신문』에 기고한 「신붕당론—민주주의와 절차」라는 글에서 탄핵은 '무책임한 일'이며 "이번 탄핵 사건은 일어나지 않았던 것이 가장 좋았다고 간단히 말할 수 있을 듯하다"고 전제하면서도 절차상의 문제와 관련하여 여당에 더 큰 책임을 물었다. 그는 "국회는 존중되어야 마땅하다는 당위의 명제를 떠나서도, 야당이 다수인 국회를 적어도 두려워하는 것은 정치 현실의 논리가 요구하는 것이다"며 "민주당을 쪼개어 여당 세력을 더욱 소수화하였을 때, 현실의 어려움은 이미 각오되었어야 한다"고 했다.

"탄핵안 규탄 구호에 표현된 명분의 하나는 국회가 민주주의를 파괴하였다는 것이다. 나는 이 글을 지금 미국에서 쓰고 있지만, 대통령의 탄핵안 상정의 국회 내 광경이 여기에서 방영된 것과 관련하여, 이곳에서 받는 지배적 반응은 물리적 힘에 의한 국회 의사 진행 방해야말로 민주주의를 파괴하는 행위라는 것이다. 많은 나라의 사람에게 민주주의는 무엇보다도 합리적 절차이다. 그것의 핵심은 사회적 갈등의 해결 방법을 합리적이고 평화적인 절차로 찾아야 한다는 것이다. 외국의 눈을 빌리지 않더라도, 절차적 의미의 민주주의에 손상을 가져온 것은 여당이라고 하는 것이 옳다."

같은 날 『세계일보』 논설위원 조병철은 「탄핵 정국, 우리 정치의 불모성(不毛性)」이라는 칼럼에서 탄핵 사건으로 인한 정치 · 경제 · 사회적 상처가 빠른 속도로 아물고 있기에 다행이라는 안도감과 함께, 외상은 대단치 않구나 하는 판단이 일시 들었지만 내면을 들여다보면 사정이 그렇게 한가하지 않다는 진단을 내렸다.

"분을 참지 못해 식식거리는 모습에서, 적의 가득한 충혈된 눈에서, 내뱉는 언어의 독기에서 내상이 의외로 침중하구나 하는 진단을 내리지 않을 수 없다. 증오와 반목의 암흑시대로 후진하는 신호등이 켜져 있다. 우리 사회가 사분오열돼 오랜 세월 고통에 시달리겠구나 하는 불길한 예감이 찾아온다. 방치할 수 없는 위기적 상황이다. …… 아무리 좋은 약도 용량이 기준치를 어기면 독약이 될 수 있음을 이번 탄핵 사태는 보여준다. 흥분과 분노의 감정적 대응으로 일관하다 그 속에 담겨 있는 메시지를 놓쳐서는 안 된다."

서울대 교수 박지향은 『조선일보』 3월 18일자에 기고한 「뭐가 '헌정 중단'이란 말인가」라는 칼럼에서 탄핵 정국에서 우리 국민의 민주주의와 법치주의 학습이 매우 모자란다는 사실을 확인하게 돼 참담하다고 말했다.

"물론 배신감에서, 혹은 당리당략을 위해 대통령 탄핵이라는 중대 사안을 밀어붙인 야당이 잘했다는 소리는 아니다. 그러나 이 사건을 두고 '헌정의 중단'이라고 주장하는 대통령 자신을 포함한 사람들은 더 한심하다. …… 국회에서의 탄핵안 통과를 두고 민주주의가 죽었다고 하는 주장도 타당치 않다. 민주주의의 절차는 다수결을 원칙으로 한다. 그 절차가 순조롭게 진행되지 못하게 한 일차적 책임은 열린우리당 의원들에게 있다. …… 탄핵은 엄연히 헌정 질서의 일부분이고, 우리 헌정은 대통령 한 사람의 자격이 잠시 중지되었다고 해서 중단되지 않는다. 그것을 잘 아는 대통령이 그런 말을 하는 것은 대중 선동(煽動)이나 다름없다."

온전한 나라 만드는 중

그러나 대세는 이미 열린우리당 편인 듯했다. 3월 18일 제주지사 우근민이 민주당을 탈당해 열린우리당에 입당했다. 광역 단체장으로선 12일 전북지사 강현욱, 15일 전남지사 박태영에 이어 세 번째였다. 『문화일보』 기자 김교만에 따르면, "이들의 행보를 놓고 한편에서는 탄핵의 부당성을 입증하는 증거라며 반기는 분위기이지만, 다른 한편에서는 이들이 구설수에 오른 인사들이라는 점에서 뒷맛이 개운치 않다는 입장을 보인다. 일각에서는 깨끗한 정치를 표방해온 우리당이 철새 도래지로 전락하는 것 아니냐는 비판도 나온다."

3월 18일 한나라당 대변인으로 정식 임명된 전여옥은 이날 오전 CBS 라디오 프로그램에 출연해 노무현에게 '자살교사죄'가 있다고 주장했다. 그는 "남상국 전 대우건설 사장을 공개적으로 모욕해 자살 의도가 없던 피해자를 자살로 몬 것은 형법 제252조 2항 자살교사죄 요건에 충분히 해당한다"고 말했다. 이에 대해 변호사 하승수는 "자살교사죄는 자살하라고 시키는 등 구체적인 행위가 있어야 성립한다"며 "정치 공세는 할 수 있겠지만, 법 조항까지 들먹인다면 이는 사법 체계를 희화화하는 것"이라고 주장했다.[17]

3월 19일 『한겨레』 정치부 차장 여현호는 「'70과 20'의 세계」라는 칼럼에서 탄핵을 지지한 의원들이 여론과 유리된 구조의 문제를 지적하였다. "의원들의 생각과 결정에 가장 많이 영향을 끼치는 공간은 '탄핵에 반대'하는 70%가 그 비율 그대로 반영된 현실 세계가 아니라, '탄핵에

---

17) 김영배, 「"노 대통령, 남 전 사장 자살교사" 전여옥, 취임 첫날부터 독설」, 『한겨레』, 2004년 3월 19일, 6면.

찬성' 하는 20%가 과도하게 반영된 '정치권'일 수 있다. 그 속에 달팽이처럼 파묻혀 있다 보면, 국민 여론보다는 동료 의원이나 지역구 유지, 골프 친구들, 그리고 보수 성향 유력 신문의 눈길이나 평가가 더 중요해진다. …… 이번 탄핵 사태가 대한민국 헌정의 위기일 수밖에 없는 이유도 여기에 있다. 대통령이 직무 권한을 정지당했다는 게 문제가 아니라, 대의 기구인 국회가 주권자인 국민과 유리돼 있음을 확인했다는 점 때문에 그렇다."

같은 날 『세계일보』는 대통령 탄핵소추안의 본회의 통과 이후 서울시 내 야당 현역 의원 지구당 측 29곳과 야당 의원 19명은 그동안 경찰에 경비를 요구해 경비 병력이 배치돼왔으나 보호 요청을 취소하는 의원들이 늘고 있다고 보도했다. 계속되는 촛불시위와 인터넷을 통한 '반탄핵'의 목소리가 높아지면서 보호 경비를 받는 사실 자체가 자칫 탄핵안 통과의 '주역'임을 자인하는 것처럼 비칠 수 있다는 우려 때문이라는 것이다.[18]

서울대 명예교수 백낙청은 『한겨레』 3월 19일자에 쓴 「온전한 나라 만드는 중」이라는 칼럼에서 "야당 정치인들이야말로 국민을 분노케 할 뿐더러 불안하게 만든다"고 지적하면서 "촛불을 들고 길거리에 나선 시민들은 얼마나 고마운 존재인가"라고 했다.

"스스로 비폭력적일 뿐 아니라 함께 나선 사람들도 평화적일 거라는 확신이 있기에 유모차에 아기까지 태워오는 젊은 부모들의 모습은 또 얼마나 아름다운가. 이런 일이 가능한, 오랜 피투성이 싸움 끝에 가능해

---

18) 김희균, 「'반탄핵' 시민들에 찍힐라…… 야 의원 보호 요청 줄 취소」, 『세계일보』, 2004년 3월 19일, 6면.

진, 이 나라가 그런대로 자랑스럽지 아니한가."

탄핵 가결 유도설

『서울신문』 3월 19일자 4면에는 여론조사와 바닥 민심은 별개라고 주장하는 민주당 국가전략연구소장 황태연의 인터뷰 기사가 실렸다. 그의 사무실엔 "열린당 찍으면 나라가 망한다"는 글귀가 붙어 있다고 한다. 그는 국회의 탄핵 의결은 지난해 8월 김대중이 하버드대에서 말한 '폭군 방벌론'에 따른 것이라며 노무현의 통치 행태를 맹비난했다.

"국회의원 10여 명 집어넣는 것으로 전체 국회의원들을 비리 세력으로 똥칠해놓고는 '그런 국회가 어떻게 탄핵을 할 수 있느냐'고 하는 이런 무식한 여론을 형성하고 있다. 이번 총선은 헌정 수호 민주 세력 대 포퓰리즘 독재 세력의 대결이다."

연세대 교수 유석춘은 『조선일보』 3월 19일자에 기고한 「광풍(狂風) 속의 '탄핵 대전(大戰)'」이라는 칼럼에서 탄핵 정국을 삼국지의 적벽대전에 비유하면서 "역사는 돌고 돈다. 칼로 흥한 자 칼로 망하고, 바람으로 일어선 자 바람으로 쓰러진다"고 주장했다.

인하대 교수 이영희는 『동아일보』 3월 19일자에 쓴 「무엇이 선이고 무엇이 악인가」라는 칼럼에서 자신은 탄핵에 대해 특별한 관심을 두지 않았으나 지금은 탄핵에 찬성하는 쪽에 더 기울어져 있다고 밝히면서 탄핵 정국의 이분법을 비판했다. 그는 "여당 정치인들이 이번 탄핵 결의에 대해 '의회 쿠데타' 또는 '후안무치한 날강도짓'이라고 비난하는 것은 그럴 수 있다 치더라도, 지식인들이 앞장서서 그런 말을 거침없이 하거나 한술 더 떠서 '악한 무리'를 구축(驅逐)하기 위해 젊은이들이 거리로 나서야 한다고까지 선동하는 것은 도저히 묵과할 수 없는 일이다"고 주장했다.

같은 날 동국대 교수 김무곤은 『서울신문』에 기고한 「이것은 정치가 아니다」라는 칼럼에서 "끔찍한 그림이었다. 생중계로 안방에 배달된 것은 넥타이 맨 수십 명의 국회의원이 뒤엉켜 밀고 당기고 울부짖는 아비규환의 장면이었다"며 "한쪽은 예상했던 것보다 훨씬 나은 장사였다고 표정을 관리하고 있고, 다른 쪽은 오히려 매상이 뚝 떨어져서 울상이지만 이번 장사는 그들 정치인이 이겼다"고 했다.

"정치에 아무런 관심이 없던 사람들조차 텔레비전 모니터 앞에서 날을 보내고, 인터넷 게시판에 격문을 올린다. 친한 동료끼리도 둘로 나뉘어 고함을 지르면서 싸우고 택시기사와 승객이 멱살을 잡는다. 상사와 부하가 맞고함을 지른다. 그뿐이 아니다. 자동차를 타고 국회로 돌진하고 혈서를 쓰고 자기 몸에 기름을 붓는다. 국민이 졌다. 우리는 또 한번 무참히 패배한 줄도 모르고 드디어 주인공이 된 양 들떠 있다. 아수라장 속에서 불쑥 자란 것은 분열과 증오요, 사라진 것은 '진짜 정치'다. 불러도 대답 없는 이름은 민생 현안이고 실종 신고를 내야 할 것은 정책이다. 선거가 채 한 달도 남지 않았음에도 어느 정당이 어떤 정책을 내놓았는지 우리는 모른다. 어느 신문에도 어느 방송 프로그램에도 각 정당의 정책을 비교하는 기사 한 줄 보이지 않는다. 참으로 비정치적인 정당이요, 비정치적인 언론이다. 보이느니 충돌이요, 들리느니 대결이다. 그렇다. 이것은 정치가 아니다. 도박이다. 암소든 집문서든 다 질러서라도 꼭 다 따먹고야 말겠다는 마지막 한판이다."

전여옥은 3월 19일 한나라당 대변인 논평 제1호로 '탄핵 가결 유도설'을 제기하면서 "열린우리당이 탄핵 가결 때까지 아무런 대응을 하지 않은 점과 11일 기자회견에서 노 대통령의 탄핵 가결 자초 발언 등이 탄핵 도발설의 증거"라고 주장했다. 전여옥은 "노무현 대통령의 정치 스타일로 볼 때 탄핵 도박설은 결코 불가능한 대본이 아니라는 것이 민심"이라며 "국민은 자신의 정치생명을 위해 국가를 거는 도박사가 아니라 국민을 위해 희생하는 대통령을 원한다"고 주장했다.

민주당 대표 조순형은 3월 19일 탄핵 정국 역풍에 대해 정면 돌파를 선언했다. 그는 "탄핵을 주도한 민주당이 비굴하게 변명 또는 책임을 전가하거나 회피해선 안 된다. 만약에 우리가 죽는다면 한 번 죽어야지, 두 번 죽어선 안 된다"고 주장했다. 또 그는 최근 입당한 전 대통령 경제 수석 비서관 김종인과 한국여성정치연구소 이사장 손봉숙에 대해 "배가 가라앉아 다들 구명보트 타고 도망가는데 이분들은 침몰을 알고도 탄 것"이라고 칭찬했다.

『국민일보』 3월 20일자는 네티즌들 사이에서 탄핵 노래, 플래시 애니메이션 등이 선풍적인 인기를 끌고 있는 가운데 '국회의원 기생충 박멸 게임'까지 등장해 선거관리위원회가 선거법 적용 여부를 놓고 고심하고 있다고 보도했다. 첫 화면에 '국회 기생충 박멸 게임-193 마리의 기생충을 잡아라'는 문구가 떠 있는 이 게임은 국회를 배경으로 의원들의 얼굴이 화면을 지나가는 동안 태극기가 그려진 총으로 4·15 총탄을 쏴 의원들의 얼굴을 맞히는 놀이로 총탄을 맞은 의원 얼굴은 '뻥' 하고 터지면서 피를 흘린다는 것이다.[19]

국회의 탄핵소추 가결을 비난하는 '국회 기생충 박멸 게임'이 등장하기도 했다.

민주노동당의 시각

2004년 3월 22일 민주노동당 기관지 『진보정치』의 기자 고동우는 「탄핵을 보는 친노 세력의 시각 비판: '수구·보수 권력 투쟁' 본질 호도」라는 기사에서 "평소엔 짐짓 친민중적인 척, 마치 이성의 화신인 양 으스대던 '친노 세력'들이 자신의 진짜 실체를 유감없이 드러내고 있다"고 비판했다.

고동우는 "열린우리당을 필두로 한 친노 성향의 언론, 지식인, 시민단체들이 이번 탄핵 사태를 규정하는 시각은 한마디로 가증스럽다. 이른바 '개혁'과 대통령의 생환을 위해선 진실도, 이성도, 민중도 그 무엇도 필요가 없었다. 친노 세력들이 온 힘을 다해 선동하고 있는 대표적인 내용은 이번 탄핵이 '의회 쿠데타'라는 것이다. 하지만 이들은 쿠데타의 기본 요건인 '권력 찬탈을 위한 치밀한 시나리오', '중대한 절차적 위법성'

---

19) 김나래, 「섬뜩한 '의원 박멸 게임' : 얼굴 총으로 맞히면 뺑 터지며 피」, 『국민일보』, 2004년 3월 20일, 6면.

등 그 어느 것 하나도 규명해내지 못하고 있다"며 다음과 같이 말했다.

"염무웅 민족문학작가회의 이사장은 지난 17일 『한겨레』 칼럼 「시험 대에 선 민주주의」에서 현재의 사태를 2002년 4월 프랑스 대선에 빗대면 서 '시라크를 지지해서가 아니라 공화국의 가치를 지키기 위해서'라는 메시지를 띄웠다. 다시 말해 이번 총선은 사실상 '제2의 대선'이며, 때문 에 '노무현이 좀 싫더라도 나라를 위해서 열린우리당을 밀어달라'고 노 골적인 선동을 펼친 것이다. 더 생각할 필요도 없이 이번 '탄핵 정쟁'을 통한 친노 세력의 최종 목표는 이 한마디에 고스란히 집약되어 있다. '찬 탈'됐거나 찬탈이 진행 중인 권력은 없다. '정지'된 대통령의 '직무'가 있을 뿐이며, 노동자 민중의 권리를 더욱더 가혹하게 찬탈하기 위해 몸 부림치고 있는 노 정권과 여야의 '권력욕'만 있을 뿐이다."

성공회대 경제학과 교수 유철규는 3월 24일 『PD 연합회보』에 쓴 「파 시즘과 포퓰리즘의 기로에 서서」라는 칼럼에서 한국 사회에 무성한 '노 동 우위의 포퓰리즘에 대한 우려'와 '자본 우위의 파시즘에 대한 우려' 가 놀랍게도 똑같은 사회·경제적 현상을 근거로 삼고 있다고 말했다. 공식적으로도 500만 명에 육박하고 비공식적으로는 750만 명까지 추산 되는 비정규직 노동자, 370만 명을 넘어선 신용 불량자, 269만여 가구에 달하는 무직자 가구, 그 외 통계에도 잘 잡히지 않는 몰락하는 자영업자 들, 그리고 정상적인 생계가 불가능한 상황에서 형성될 수밖에 없는 누 적되어 가는 사회적 적대감이 그 근거들이라는 것이다. 유철규는 이번 탄핵 사태의 가장 부정적인 효과 가운데 하나는 기존 정당들이 이 어려 운 정책 과제를 회피하고서도 선거를 치를 수 있게 해주었다는 것이라 고 말했다.

'눈물의 정치'를 찾아서
'박근혜의 힘'과 '촛불의 힘'

박근혜의 힘

2004년 3월 23일 서울 잠실 학생체육관에서 열린 한나라당 임시 전당대회에서 박근혜가 전체 투표의 51.8%를 얻어 한나라당의 새 대표로 선출되었다. 2위는 홍사덕(28.8%), 3위는 김문수(12.0%), 4위는 박진(4.2%), 5위는 권오을(3.2%)이었다.

1952년생인 박근혜는 서강대 전자공학과 출신으로 15대 국회 대구 달성군 보궐선거가 정치판 데뷔 무대였다. 여성 정치인이 야당 대표가 된 것은 1966년 박순천이 민중당 대표를 맡은 이후 38년 만의 일이었다. 열린우리당은 "5공 독재가 물러간 자리에 3공 독재가 분칠하고 부활하는 것"이라고 비판했다.

「주목받는 '박근혜의 힘'」이라는 『내일신문』 1면 머리기사는 여론조사 기관인 폴앤폴 대표이사 조용휴의 전망을 소개했다. 조용휴는 "박 대표의 취임은 그동안 명분이 없어서 목소리를 죽여온 한나라당 지지층

3월 23일 잠실 학생체육관에서 열린 한나라당 임시 전당대회에서 박근혜가 한나라당의 새 대표로 선출되었다.

에 목소리를 낼 명분을 주었다"며 "한나라당 지지층의 결집 가능성이 매우 크다"고 말했다.

『한국일보』(2004년 3월 24일) [독자광장]엔 열린우리당 의원들이 의원직 총사퇴를 철회한 걸 비판하는 글이 실렸다. "탄핵 가결 때 온몸으로 울부짖으며 국회에서 애국가를 부르던 그들의 모습은 흡사 일제 강점 때 피눈물로 오열하던 애국지사 같은 모습이었

다. 그걸 보면서 인간적인 애착과 동정마저 느꼈다. 그런데 이에 와서 목숨을 걸고 더러운 금배지라고 던져버린 국회의원직 사퇴를 취소하겠다니 참으로 기회주의적인 행동이다. …… 유시민 의원은 사퇴 번복을 연애편지에 비유했다고 한다. 연애편지란 쓰는 그 순간에는 세상에서 가장 순수하고 거짓 없는 마음으로 연모하는 오직 한 사람을 위하여 쓰는 것이다. 그렇게 온 마음을 바쳐 쓴 편지를 단지 잘못 썼다는 이유로 찢어버릴 수 있다는 그 발상이 더 무섭다는 생각이 든다."

『문화일보』(2004년 3월 24일) 논설위원 이신우는 「돛단배 대통령」이라는 칼럼에서 노무현이 점점 무서워진다고 썼다. 그는 "'학벌 사회, 연고 사회인데 일류 학교 나온 사람들 사이에서 잘 짜인 사회 속에 제가 돛단

배처럼 떠 있지 않나.' 노무현 대통령은 지난 11일 야당의 탄핵 움직임과 관련해 마련한 해명 기자회견에서 자신을 스스로 이렇게 자리매김했다"며 "이 말을 듣고 있노라면 노 대통령의 처지가 마치 학벌의 바다, 연고의 바다에 외로이 떠 있는 돛단배로 연상될 만하다. 과연 그런가. 필자가 보기에는 정반대다. 노 대통령은 지금 포퓰리즘(대중영합주의)의 바다에서 요트 항해를 즐기는 노련한 선장일 뿐이다"고 했다.

"(그는) 틈만 나면 자신을 학력 탓에 무시당하는 자, 순교자, 외로운 돛단배로 연출해낸다. 그리고 보통 사람들이 갖는 동류의식을 정치적 에너지로 탈바꿈시키는 데서 무서운 능력을 발휘한다. 노무현 대통령은 더는 취임 초기의 사랑스럽고 귀여운 캐릭터로 다가오지 않는다. 점점 무서워질 뿐이다."

그러나 포퓰리즘은 노무현과 열린우리당만의 것은 아니었다. 3월 24일 한나라당도 열린우리당을 흉내 내 여의도 옛 중소기업전시장 주차장 터에 '천막 당사'를 세웠다. 한나라당의 한 관계자는 "텅텅 빈 국회 대표실, 원내총무실 등을 다 놓아두고 왜 '생돈'을 들여 이러는지 모르겠다"며 "열린우리당 흉내 낸다는 비판을 면할 길이 없게 됐다"고 불평했다.

하지만 '박근혜 효과'는 컸다. 24일 열린우리당이 박근혜를 향해 '친일파의 딸', '독재자의 딸' 등 연좌제적 비난을 '융단폭격' 식으로 쏟아낸 것이 그걸 말해주었다. 이와 관련, 『경향신문』(2004년 3월 25일)은 "민생 투어, 정책 개발 등 포지티브 선거전을 펼쳐온 열린우리당의 거친 네거티브 공세는 이례적이다"며 "박 대표 체제 출범 이후 정국 관심이 '탄핵'에서 '한나라당 새 체제 · 여성 당수' 쪽으로 기우는 데 대한 경계, 보수층에 불지도 모를 '박근혜 바람'을 차단하겠다는 의도로 보인다"고 해석했다.

'눈물의 정치'를 찾아서

'박근혜 바람'도 셌지만, '노무현 바람'도 여전히 거셌다. 서울대 교수 황상익은 3월 25일 『한겨레』에 기고한 「'3·12'의 역사적 교훈」이라는 칼럼을 이렇게 시작하였다. "'아아 잊으랴 어찌 우리 이날을/조국을 원수들이 짓밟아 오던 날을' 2004년 3월 12일 오전 11시, 쿠데타범들이 국회의장을 필두로 본회의장 의장석을 향해 진격을 개시했다. 수많은 이들의 피와 땀과 눈물로 이룬 대한민국과 민주주의는 수천만의 눈동자가 지켜보는 가운데 조국의 적들에 의해 처절하게 유린당하였다."

이어 황상익은 '노빠들'과 '제대로 된 보수 정치를 원하는 이들'은 진보 정치에 도장을 꾹꾹 눌러야 한다고 주장했다. "노빠들이여. 차떼기들의 반격이 두려울수록 진보 정치에 도장을 꾹꾹 눌러라. 2002년의 빚을 갚으라는 게 아니라 당신들의 사랑 노짱의 이름을 역사에 수치로 남기지 않기 위해서. 제대로 된 보수 정치를 원하는 이들이여. 그럴수록 진보 정치에 도장을 꼭꼭 눌러라. 그래야 쿠데타를 원천 봉쇄할 수 있다. 저 더러운 침략의 전범 국가가 되는 치욕을 막아낼 수 있다. 피맺힌 절규 끝에 목숨을 앗기는 노동자들을 살려낼 수 있다. 농가 파탄, 농업 파괴로부터 농민과 도시민들을 지켜낼 수 있다. 또 다른 부안 사태를 방지할 수 있다. 수치스런 과거를 청산하고 전진할 수 있다. 그래야만 눈망울 맑은 우리 어린이들에게 미래가 열린다."

같은 날 『한국일보』 논설위원 고종석은 「보수적 민주주의를 넘어서」

라는 칼럼에서 탄핵 정국에서 열린우리당이 "기회주의적 뇌동자들과 눈물샘 과민한 신파극 배우들을 전면에 내세우기는 했지만 …… 한국 보수 정치의 가장 덜 나쁜 선택이라는 것은 이제 또렷해졌다"고 말했다. 그는 그래서 민주당에 미련을 지니고 있던 유권자들 다수가 열린우리당 쪽으로 회심한 것은 좋은 일이라고 주장했다.

"분당 과정에서 지금의 여권이 아무리 밉살맞게 처신했다고 해도, 그리고 여권의 도발적 공세가 민주당을 퇴로 없는 궁지로 몰았다고 해도 민주당은 절대 넘어서는 안 될 선을 넘었기 때문이다. 민주당의 잘못은 제가 낳은 자식이 기대와 달리 엇나간다고 그를 모질게 죽이려 한 데만 있는 것이 아니다. 진짜 큰 잘못은 그 과정에서 박정희와 전두환의 상속자들과 어깨를 굳게 겯음으로써 반세기 동안 이 나라를 지배해온 유사 파시즘 진영에 투항한 데 있다. 민주당은 이로써 제도권 민주화운동의 상속자라는 제 정체성을 스스로 부정했다. 설령 여권이 놓은 덫에 치인 것이라 해도, 그런 정황이 민주당의 반민주 행위를 정당화할 수는 없다. 어리석음도 죄악이고, 민주당은 그 어리석음의 대가를 치러야 한다."

『중앙일보』 정치 담당 부국장 박보균은 3월 25일자에 쓴 「'눈물의 정치'를 찾아서」라는 칼럼에서 "국회의사당을 불태우고 싶다"가 탄핵 규탄 촛불집회 한쪽에서 나오는 소리라면서 노무현도 그런 격한 감정을 지닌 적이 있었다고 말했다. 노무현이 초선 의원 시절인 1989년 3월 청문회의 마무리가 집권당의 반대로 흐지부지될 무렵 사석에서 이렇게 말했다는 것이다. "국회가 국민 전체를 대변하지 못하고 있다. 국회 주변이 로비의 그림자로 꽉 차 있다. 의사당에 불을 지르고 싶다."

박보균은 그로부터 15년 뒤 탄핵 정국에서 노무현이 마음속에 그렸던 그림이 실제 장면으로 현란하게 펼쳐지고 있다고 말했다. 박보균은 탄핵 정국에서 나타나는 국민 정서를 분석한 뒤 한나라당엔 '눈물의 정치'가 필요하다며 다음과 같이 주장했다.

"국민은 참회의 굿판을 원했다. 찬바람 부는 데로 들어가 불법 대선 자금에 대한 속죄의 눈물을 흘리는 한나라당의 모습을 보길 바랐다. 그러나 이회창 전 총재는 감옥에 들어가겠다는 성명서만 낸 채 사라지곤 했다. 성명서엔 법치의 고뇌가 담겼지만 국민의 기대치를 만족시켜주지는 못했다. 호텔 같은 당사에 남은 지도부의 모습은 뼈를 깎는 자성과는 거리가 멀어 보였다. 성난 민심을 달래려면 국민 속으로 가야 한다. 서민의 눈물을 닦아주는 정치를 보여줘야 한다. 국민은 박근혜 대표의 한나라당이 얼마만큼 변했는지를 그런 쪽에서 따져보고 있다. 부패에서 결별하는 감동의 정치를 기대하고

중앙 포럼

박보균
정치담당 부국장

"국회의사당을 불 태우고 싶다." 탄핵 규탄 촛불집회 한쪽에서 나오는 분노의 소리다. 초선 의원 시절 노무현 대통령도 그런 격한 감정을 지닌 적이 있었다. 5공 청문회로 스타가 된 다음에 벌인 1989년 3월. 청문회의 법적 마무리가 집권당의 반대로 흐지부지될 무렵이다.

그는 사석에서 이렇게 말했다. "국회가 국민 전체를 대변하지 못하고 있다. 국회 주변이 로비의 그림자로 꽉 차있다. 의사당에 불을 지르고 싶다." 그가 의원직 사퇴서를 낼 때쯤이다. 그러면서 그가 의회정치의 대안으로 제시한 것이 대중투쟁이었다. 국회를 제치고 국민이 직접

'눈물의 정치'를 찾아서

나서야 한다는 것이다.

그로부터 15년 뒤 탄핵 정국, 盧대통령이 마음 속에 그렸던 그림이 실제 장면으로 현란하게 펼쳐지고 있다. 넘실대는 촛불 사이에 보이는 국회는 불타고 있다. 열린우리당 의원들은 던졌던 의원직 배지를 도로 줍고 있다. 직접민주주의·시민혁명론이 기세를 올린다. 그런 것을 지켜보는 盧대통령의 심정은 무엇일까.

거센 탄핵역풍은 밑바닥 민심 덕분이다. 거기엔 약자 동정론이 짙게 깔려 있다. 힘세고 탄탄한 국회가 약한 대통령을 쓰러뜨렸다니 불쌍하다는 것이다. 약자 쪽에 한없는 연민의 정을 쏟는 게 다수 국민의 정서다. 강자가 타락했다면 미움은 더해진다. 약자가 비감에 젖은 듯하면 허물을 덮어주려 한다. 그런 대칭 구도가 민심에 형성되면 탄핵 논리가 아무리 정교해도 힘이 떨어진다. 국정문란의 포괄리즘 논란, 일부 정책의 친화 성향 시비는 뒷전에 밀린다. '부패한 국회가 탄핵할 자격이 있는가'라는 한마디가 위력을 발휘한다.

탄핵 정국에서 그들은 한나라당 반대 쪽에 더 많이 서있다. "국회가 정치싸움에 몰두하는 바람에 경제가 이 모양이 됐다"는 여당의 핵심 전가가 먹혔기 때문이다.

그런 비정상은 한나라당에 대한 반감 탓이 크다. 국민은 참회의 굿판을 원했다. 찬바람 부는 데로 들어가 불법 대선 자금에 대한 속죄의 눈물을 흘리는 한나라당의 모습을 보길 바랐다. 그러나 이회창 전 총재는 감옥에 들어가겠다는 성명서만 낸 채 사라지곤 했다. 성명서엔 법치의 고뇌가 담겼지만 국민의 기대치를 만족시켜 주지 못했다. 호텔 같은 당사에 남은 지도부의 모습은 뼈를 깎는 자성과는 멀어 보였다.

성난 민심을 달래려면 국민 속으로 들어가야 한다. 서민의 눈물을 닦아주는 정치를 보여줘야 한다. 국민은 박근혜 대표의 한나라당이 얼마만큼 변했는지를 그런 쪽에서 따져보고 있다. 부패에서 결별하는 감동의 정치를 기대하고 있다. 그것이 한나라당 변화의 출발점이다.

盧대통령은 민심의 그런 독특한 생리에 익숙하다. 대통령 권력은 가장 강력하다. 그럼에도 그는 자신을 약자인 듯 묘사해 왔다. 그가 완력과 힘자랑을 내세우는 것은 비장함의 이미지 효과도 염두에 뒀기 때문일 것이다. 지난 1년간 국정 흠선에다 잦은 말 실수의 행태는 여론 비판을 받았다. 그렇지만 한나라당과의 승부에 들어가면 盧대통령은 다르게 비춰졌다. 덜 부패한 약자에다 고독하고 결연한 모습으로 포장하면 한나라당과의 싸움에선 불패다. 盧대통령의 승부수에 담긴 간단한 원리다. 한나라당이 자폐기 강자의 나인을 씻지 않는 한 盧대통령은 반전의 쾌감을 맛볼 수 있는 것이다.

외환 위기 때보다 고단한 삶을 사는 서민, 직장을 못 구해 화절하는 청년들은 정권 비판 쪽에 기울어 있어야 정상이다. 서민 경제파탄의 기본책임은 국정을 운영하는 쪽에 있기 때문이다. 그렇지만

"국민은 한나라당이 얼마나 변했는지를 보고 싶어한다."(「중앙일보」, 2004년 3월 25일)

있다. 그것이 한나라당 변화의 출발점이다."

『내일신문』(2004년 3월 25일) 여론조사에 따르면, 정당 지지도는 열린우리당 47.3%, 한나라당 21.6%, 민주노동당 4.9%, 민주당 3.6%, 자민련 1.0%인 것으로 나타났다. "박근혜 대표 선출이 한나라당 지지도 상승에 영향을 미칠 것"이라고 답한 응답자는 53.2%였다.

촛불의 힘

『한겨레』 논설위원 김종구는 2004년 3월 25일자에 쓴 「정적의 목, 주군의 목」이라는 칼럼에서 야당에 벤 것은 '적장의 목'이 아니라 오히려 '민심'이었다고 비판하는 동시에 "그동안 여당이 꼭 관철하고 싶었는데도 원내 소수라는 한계 때문에 좌절된 개혁 입법이 무엇인지도 별로 기억에 떠오르지 않고, 앞으로 천하를 잡으면 어떤 개혁을 하겠다는 것인지도 아리송하다"고 말했다. 김종구는 "노 대통령은 지금 촛불의 힘으로 다시 부활하고 있지만, 그의 집권 1년은 어떤 의미에서는 '촛불에 대한 배신'의 연속이었다"면서 이렇게 주장했다.

"노 대통령이 청와대 칩거 기간에 읽고 있다는 책의 목록도 그렇다. 『칼의 노래』를 읽으면서 이순신 장군처럼 '고독한 무인'의 실존적 고뇌에 자신을 투영하는 것까지는 좋다. 하지만 『마거릿 대처』는 또 무엇인가. 이제 '철의 시대'를 준비하고 있다는 이야기인가. 노 대통령은 두 번 다시 촛불의 의미를 배신해서는 안 된다. 지난 역사는 민심을 배신한 주군을 백성들이 스스로 일어나 베는 경우를 전한다. 이 섬뜩한 역사의 경고를 노 대통령이나 여당이 깊이 새겼으면 한다."

같은 날 고려대 교수 김일수는 『국민일보』에 「소크라테스와 촛불시위」라는 칼럼에서 촛불시위의 긍정적인 일면을 인정하면서도 "그러나 작은 불법을 두려워하지 않는 그들의 배경에는 잘못된 역사적 상황 설정과 인식이 깔려 있음을 엿볼 수 있다"고 주장했다.

"오늘의 탄핵 정국을 지난 세기 6월항쟁 때 호헌 철회 상황, 아니면 더 거슬러 올라가 긴급조치 9호에 저항하여 유신 철폐를 외치던 상황으로 착각하는 인식이 문제다. …… 탄핵 반대 · 무효 선언을 한 시민운동가들은 물론 대한변협이나 의문사위, 전공노, 전교조 등 국가 또는 사회단체들도 자기 소견에 따라 법을 무시하거나 법치를 흔드는 경거망동을 해서는 안 된다."

3월 25일 고려대 교수 1백20여 명은 "결자해지 차원에서 탄핵안을 발의한 국회가 책임지고 철회해야 한다"는 내용의 성명서를 발표했다. 서울대 교수 88명도 "탄핵소추 결정은 다수의 횡포요, 적법성을 가장한 채 민주주의 원칙을 우롱한 행태"라면서 "탄핵소추 결정을 즉각 철회하고 국민 앞에 사과하라"는 내용의 성명서를 발표했다. 대구 · 경북 지역 12개 대학교수 430여 명과 충청 지역 5개 대학교수들도 탄핵 반대 성명을 발표했다. 동국대 총학생회 소속 학생 100여 명과 교수 10여 명은 교내 불상 앞에서 탄핵 반대 기자회견을 연 뒤 광화문까지 '삼보일배' 행진을 벌였다. 한편 전 조계종 총무원장 송월주 등 사회 원로 93명은 "시민 · 사회단체들이 탄핵과 관련한 충분한 입장 표명을 한 만큼 이제는 거리 집회를 끝내야 한다"는 내용의 성명을 발표했다.

바로 그날 한나라당의 총선 공동 선대위원장으로 서울대 교수 박세일이 내정되었다. 1994년에서 1998년까지 문민정부 청와대 정책기획 수석을 지낸 후 '정치는 다시 하지 않겠다'고 선언한 데다 '참여정부 청와대의 설계자'로 알려진 인물이어서 '왜?'라는 기자들의 질문이 빗발쳤다. 그는 "이대로 가면 여당은 1당 지배의 유혹, 오만과 독선의 유혹에 빠지고 자유민주주의는 위기에 빠진다"고 주장했다.[20]

택시 기사의 성난 민심

3월 26일 『한국일보』 1면 머리기사 「박근혜 대표가 들은 '택시 기사의 성난 민심'」은 한 개인택시 기사의 탄핵 정국에 대한 견해를 소개했다. 박근혜가 탄핵의 당위성을 설명하려고 하자 택시 기사는 이렇게 말했다고 한다.

"잘 모르시나 본데, 국민이 탄핵을 싫어해서 이 난리를 피우는 게 아닙니다. 정치인들이 빚어낸 끔찍한 혼란을 못 견디는 겁니다. 촛불시위에 몇만 명 모인다고 하지만 그게 진짜 민심도 아니에요. 탄핵을 놓고 아버지와 아들, 어른과 청년이 서로 비난하면서 핏대를 세우고 싸우는 상황이 싫은 겁니다. 젊은 사람들은 노무현 대통령을 무조건 좋아하고, 나이 든 사람들은 무조건 싫어하니 나라가 제대로 굴러가겠습니까. 얼마 전에 승객과 말싸움을 했는데, 택시비도 안 내고 내리더군요."[21]

2004년 3월 26일 『조선일보』 사설 「천막과 공판장이 대결하는 선거용 쇼」는 한나라당과 열린우리당이 "천막을 친다든지 폐공판장으로 간다

---

20) 이동훈, 「"노 정부의 설계자가……" 의외: 한나라 공동 선대위장 내정 박세일」, 『한국일보』, 2004년 3월 26일, A4면.
21) 「박근혜 대표가 들은 '택시 기사의 성난 민심'」, 『한국일보』, 2004년 3월 26일, 1면.

든지 하는 과잉 쇼를 벌이는 대(對)국민 선거용 사기극"이라고 주장했다.

"21세기에 OECD 국가의 양대 정당이 천막 치기 경쟁을 벌이는 꼴을 국제사회가 어떻게 보겠는가. 두 당의 간부들이 회의한다고 검은색 고급 승용차를 타고 와 천막과 폐공판장으로 걸어 들어가는 모습을 상상만 해보라. 국민 눈이 멀었다고 믿고 있지 않다면 이런 시골 동네를 돌아다니는 삼류 서커스 같은 쇼를 벌이지는 못했을 것이다. 서로를 향해 '쇼 하지 말라'고 비난하는 이들의 소리는 세계를 향해 우리는 '수준 미달'이라고 외치고 있는 것과 한가지다."

3월 26일 『중앙일보』 사설 「점퍼 정치, 천막 정치」는 열린우리당과 한나라당에 대해 '저급한 정치 쇼' 의혹을 제기했다. "양복은 양복대로 다 차려입고 그 위에 노란 점퍼, 파란 점퍼를 한 벌 또 입고 다니는 행태나 초라한 당사에서 회의를 마친 고위 당직자와 국회의원, 그리고 그들의 비서들이 고급 승용차를 타고 떠나는 모습은 한 편의 코미디가 될 수 있다. 점퍼를 입었다고, 천막에 앉았다고 국민이 더 좋게 봐준다면 그 국민도 한심한 국민이다."

『세계일보』의 3월 26일 여론조사에 따르면, '4·15 총선 때 지지할 지역구 후보의 정당'은 열린우리당 42.4%, 한나라당 13.5%, 민주당 5.8%, 민주노동당 3.5%, 자민련 0.5%인 것으로 나타났다. 이 수치를 그대로 믿어야 할 것인가?

총선을 앞두고 여론조사 기관이 두 배 정도로 늘어 모두 200곳이 넘었다. 1천 명을 설문 조사하려면 모두 1만 5000에서 2만 통 정도 전화를 걸어야 하기 때문에 어느 업체의 경우 한 달 전화료만 1400만 원을 웃돌았다. 응답률은 10% 이하로 "전화를 받은 10명 중 9명은 '찍고 나서 한 달

© 연합뉴스

'부정부패와의 절연'을 선언하며 여의도 천막 당사로 이주한 한나라당.

만 있으면 자기들 마음대로 할 텐데'라며 실컷 욕설을 퍼부은 뒤 그냥
전화를 끊어 정작 설문은 하지 못하는 사례가 부지기수"라는 것이다.[22]
열린우리당의 높은 지지율에 거품이 많이 끼어 있으리란 걸 시사해준
에피소드였지만, 대세가 열린우리당 편인 건 분명했다.

---

22) 김효섭, 「"의원 되면 제멋대로……" 10명 중 9명 응답 거절」, 『서울신문』, 2004년 3월 26일, 9면.

'탄핵 정국' 최종 승자는 포털업체?
열린우리당의 행복한 고민

열린우리당의 두 얼굴

2004년 3월 27일 대법원은 불법 대북 송금 관련자 여섯 명 전원에게 원심대로 유죄를 확정하면서 "고도의 정치성을 띤 국가 행위에 대해 통치행위 개념을 인정하더라도 절차를 어기고 북한에 4억 5,000만 달러를 송금한 행위 자체는 사법 심사의 대상이 된다"고 밝혔다.

바로 그날 탄핵 반대 촛불집회가 시작된 지 보름 만에 막을 내렸다. 서울 광화문 시위는 물론 전국 주요 도시에서의 시위를 꾸려온 탄핵무효범국민행동은 향후 대규모 집회를 중단하는 대신 서명운동과 야당 의원에게 항의 이메일 보내기 운동 등을 계속 벌여나가기로 했다.

이제 본격적인 총선 국면으로 접어들었지만, 총선은 선거법 위반이 난무하는 등 혼란으로 얼룩져가고 있었다. 정당별 선거법 위반 사례는 열린우리당이 593건으로 가장 많았고 한나라당 456건, 민주당 293건, 민주노동당 91건, 자민련 36건 순이었다.[23]

이와 관련, 『경향신문』은 "사라져야 할 부패 정당으로 공격해온 상대당이 더 이상 필요 없다고 공천에서 탈락시킨 사람을 영입하고, 이 눈치 저 눈치 보아가며 탈당과 입당을 식은 죽 먹듯 하는 사람을 낙하산 공천하는 당도 같은 당이다. 입당 원서 2,000장을 1억 원에 구매함으로써 유권자 매수라는 최악의 선거운동을 하고 있음을 감출 수 없었던 당이기도 하다"며 다음과 같이 말했다.

"우리는 지금 이렇게 열린우리당의 두 얼굴을 보고 있다. 우리당이 원래 그런 정당이었는지는 모르겠다. 그러나 그런 '낡은 정치 행태'가 두드러진 것은 국회의 탄핵소추 가결 뒤 여론조사에서 절대 우위를 누린 이후이다. 우리당의 도덕적 타락이자 지지자에 대한 배반이 아닐 수 없다. 제1당을 예약해놓았다는 자신감 때문인가. 정치 개혁은 '이미지', '이벤트'로 충분하니 그만하면 됐다는 생각 때문인가."[24]

'이미지'와 '이벤트'는 정치의 영원한 속성이었던 건지도 모르겠다. 3월 27일 『국민일보』에 실린 「이미지 정치 참을 수 없는 가벼움…… 곱지 않은 노란 점퍼 천막 앞의 검은 세단」이라는 기사는 여야 정당들의 "누가 더 불쌍해 보이는가"를 다투기라도 하는 듯한 이미지 정치 경쟁을 꼬집었다.

"우리당은 서울 여의도 국민일보 빌딩에서 철수하면서 1년으로 정한 임대계약을 어겨 억대의 위약금을 물어야 할 처지다. 우리당이 '싸구려 쇼'를 한다고 비웃고 야유하던 한나라당은 한술 더 떠 전기도 들어오지 않는 허허벌판에 천막 당사를 차린다느니 컨테이너 당사를 차린다느니

23) 「상당수 재선거 불가피」, 『중앙일보』, 2004년 3월 27일, 1면.
24) 「우리당, 낡은 정치로 복귀하나(사설)」, 『경향신문』, 2004년 3월 29일.

부산을 떨고 있다. '표 앵벌이 경쟁이라도 하느냐'는 비판을 듣고 있지만, 초라한 당사 모습과 달리 아침저녁으로 번듯한 양복을 차려입은 의원들의 최고급 승용차가 당사 주변을 가득 메워 어처구니없는 부조화를 이루고 있다."

이와 관련, 민주노동당 대표 권영길은 나중에(4월 2일) 방송기자클럽 초청 토론회에서 "당사(黨舍)로 보면 우리가 제일 좋다. 열린우리당은 폐공판장에 가 있고 한나라당은 천막"이라며 "두 당은 신용 불량자당, 우리는 신용 건전당"이라고 주장했다.

『국민일보』주필 백화종은 "열린우리당 사람들은 무슨 의미인지도 모를 노란 점퍼를 입고 느닷없이 민주화 성지로, 어디로 쫓아다녀 사람을 어리둥절케 만든다. 그런가 하면 한나라당의 박근혜 대표는 과거의 잘못을 사죄한다며 절과 성당과 교회를 찾아 108배를 하고, 고해성사를 하고, 예배를 드렸다. 과문한 기자로서는 각기 다른 종교의식을 이처럼 연달아 치러도 괜찮은 것인지 얼른 이해가 안 된다"며 다음과 같이 말했다.

"그러면서 열린우리당과 한나라당은 서로 상대방을 향해 쇼하지 말라느니, 따라 하지 말라느니, 합법이니, 불법이니, 삿대질을 해대고 있다. …… 대통령 탄핵에 반대하는 쪽도, 찬성하는 쪽도 이번 4·15 총선을 통해 상대방을 심판하자고 부르짖는다. 그러나 기자는 그들 중 어느 한 쪽이 아니라 양쪽 모두를 심판하고 싶은데 그 방법이 없다는 게 심히 유감스러울 뿐이다. …… 나라를 이 지경으로 만들어놓고서도 사태 수습 의지는 털끝만큼도 보이지 않은 채 게임의 이해득실만을 계산하고 있을 정치권을 보면서 그 천박함에 고개가 저어진다."[25]

『조선일보』이사 기자 김대중은 여야 정당들의 이미지 정치를 겨냥해

"진실성은 조금도 없어 보이는 위선 정치의 극치를 달리고 있다"며 "하긴 당의 대표를 갈았다고 당장 지지도가 오르고 내리는 여론의 천박성에도 문제는 있다. 그러나 국회의원을 뽑는 선거에서 당 대표를 놓고 대내 권력투쟁이나 하는 정치의 치졸성에 더 큰 문제가 있다"며 다음과 같이 말했다.

"너 나 할 것 없이 탄핵에 찬성표를 던져놓고서도 여론이 나빠지자 삭발하고 서로 손가락질하고 '사죄' 하고 심지어 '철회' 운운하는 상황에는 정말 구역질이 날 지경이다. 정치인은 자기의 판단과 결정에 대해 자신의 진퇴로 책임질 것이지 '잘되면 의기양양, 잘못되면 사과' 로 끝낼 일이 아니다. 온 국민이 보는 앞에서 의원 총사퇴를 결의해놓고 이제 와서 고개 한 번 꾸벅하고는 '없었던 일' 로 하자는 그 뻔뻔함에는 혀가 내둘러진다."[26]

라틴아메리카 정치를 전공한 세종연구소 객원 연구 위원 이성형은 "보수, 진보 양측의 대립이 심화할 때 아르헨티나에서처럼 '원한의 체계' 가 굳어질 우려가 있다"고 주장했다. "한국 사회 내 두 집단 간의 '다름' 이 '적대감' 으로 변하고 있는 것 같습니다. 국민을 구성하는 정서적 인지적 공통분모가 약화돼가고 진보와 보수가 대화할 수 있는 공론의 장도 거의 존재하지 않는 듯해요. 한 사회 내에 같이 살긴 하지만 이른바 '말이 통하지 않는' 두 개의 정서 집단으로 쪼개지고 있습니다. …… '탄핵 정국' 을 계기로 강렬하게 표출된 대립이 이대로 치닫는다면 한국 사회에서도 분열이 '원한의 체계' 로 굳어질 위험이 있어요."[27]

25) 백화종, 「정치인을 찾습니다」, 『국민일보』, 2004년 3월 29일.
26) 김대중, 「위선 정치의 극치」, 『조선일보』, 2004년 3월 29일.

'탄핵 정국' 최종 승자는 포털업체?

2004년 3월 28일, 그간 탄핵 정국으로 인한 민주당 몰락의 책임을 둘러싸고 또 한번의 분당 위기로까지 치달았던 민주당은 조순형이 대표직은 유지하되 추미애가 당 운영의 전권을 위임받는 것으로 내분을 봉합하고 30일에 선대위를 출범시키기로 했다.

『경향신문』편집국 부국장 송영승은 3월 29일자에 쓴 「황혼의 민주당」이란 칼럼에서 민주당은 간판을 몇 차례 바꾸긴 했지만 수십 년간 제도 정치권에서 민주화 세력의 중심축으로 역할을 해왔으며 김대중, 노무현의 두 정권을 창출해내는 역량을 과시하기도 했지만 지금은 처절하게 무너져내리고 있다고 말했다.

"민주당의 지지율이 순식간에 신생 여당의 10분의 1 수준으로 급락하고 있다. 그것은 지지 정당에 대한 태도를 일조일석에 표변시킬 수 있는 우리 국민의 남다른 '기민성'을 보여주는 징표가 될 것이요, 그만큼 우리 정당의 뿌리와 지지 기반이 튼실하지 못하다는 반증도 될 터이다. 이 것은 또한 제힘에 의해서가 아니라 야당의 자살골로 하루아침에 천정부지의 지지율에 올라탄 열린우리당이 하룻저녁에 나락으로 떨어질 수도 있음을 경고한다."

3월 29일『국민일보』여론조사에 따르면, 정당 지지도는 열린우리당 40.4%, 한나라당 17.6%, 민주노동당 4.1%, 민주당 3.1%, 자민련 0.8%로 나타났다. 우리당이 과반 의석인 150석 이상을 확보하리라고 예상하느냐는 질문엔 42.9%가 가능할 것, 45.7%가 불가능할 것이라고 답했다.

---

27) 김형찬, 「대립—분열…… 돌파구 찾아라」, 『동아일보』, 2004년 3월 29일.

황혼의 민주당

오늘

송영승
편집국 부국장

민주당이 처절하게 무너져내리고 있다. 언론은 이미 민주당을 망해가는 정당으로 취급하는 듯하며 총선은 열린우리당과 한나라당의 양강구도로 전개되리라는 전망이 압도적이다. 며칠전의 텔레비전 토론에서 민주노동당 대변인은 "진보정당이 여론조사에서 50년 전통야당인 민주당보다 앞선 것은 정치사적으로 대단히 의미있는 사건"이라고 했다. 그렇게 말할 만하다.

민주당이 과연 '50년 전통야당'인지는 정당사를 면밀히 들여다볼 필요가 있겠지만, 세계무비(世界無比)의 정당 이합집산속에서 자유당 정권 이래 야당의 명맥을 나름대로 이어왔다고 할 수 있다. 특히 민주당은 간판을 몇차례나 바꿨지만 수십년간 제도정치권에

서 민주화세력의 중심축으로 역할을 해왔다. 그리하여 김대중, 노무현의 두 정권을 잘출해내는 역량을 과시하기도 했다.

감정정치로 최악 자살골

그런 민주당의 지지율이 순식간에 신생 여당의 10분의 1 수준으로 급락하고 있다. 그것은 지지정당에 대한 태도를 일조일석에 표변시킬 수 있는 우리 국민의 남다른 '기민성'을 보여주는 징표가 될 것이요, 그만큼 우리 정당의 뿌리와 지지기반이 튼실하지 못하다는 반증도 될 터이나, 이것은 또한 재힘에 의해서가 아니라 야당의 자살골로 하루아침에 천정부지의 지지율에 올라붙은 열린우리당이 하루 저녁에 나락으로 떨어질 수도 있음을 경고한다.

민주당 추락의 직접적 원인은 국민여론의 지지를 받지 못한 채 막무가내로 밀어붙인 탄핵추진이다. 민주당과 한나라당 일각에서는 아직도 탄핵의 불가피성을 말하며 탄핵반대 집회가 국론을 분열시키고 있다고 주장한다. 하지

만 국민의 70%가 탄핵에 반대하는 것으로 나타난 만큼 국론은 봉일된 것에 다름아니다.

탄핵의 주도세력이 한나라당이 아니라 민주당이라는 것은 아이러니다. 그리고 조순형 대표와 추미애, 심재권, 김영환, 김경재 의원은 원래 '악당'이 아니다. 비교적 성실하게 의정활동을 해오거나 민주화에 일익을 담당했던 인물들이다. 무엇이 조대표 같이 단정하고 반듯한 사람을 반노(反盧)의 '폭풍탄'으로 만들었을까, 무엇이 관록 있는 의원들로 하여금 국민정서와 통렬어진 정치행동으로 닭을 완비박산나게 했을까.

감정정치, 탄핵은 노무현 대통령의 발탈 이후 민주당이 끓폐온 노대통령에 대한 감정정치, 오기정치에서 비롯됐다고 본다. 노정권은 측근비리로 재신임을 입에 올릴 정도로 깊은 상처를 입었고, 한나라당은 대선자금 비리로 민사상태에서 헤어나질 못했다. 민주당은 국민의 공분을 산 비리정쟁에서 자유로웠음에도 그 호조건을 살리기는커녕 배신감만을 감정으로 '근친증오'의 감정정치를 확대

재생산해 왔다.

민주당의 문제의식과 현실감각은 격한 감정으로 점차 마비되기 시작했고 마침내 탄핵이라는 악수를 두고 말았다. 그 결과 언론은 50년 전통야당은 여당으로부터 반민주세력으로 몰리는 신세가 됐다. 열린우리당은 이번 총선구도가 '민주-반민주'의 대결이라고 주장한다. 민주당과 이념·노선·정책에서 차별성이 없으며, 지난 대선에서 한나라당 후보의 당선을 위해 백의종군한 사람을 비롯해 기회주의자들이 적지 않게 가담한 열린우리당이 민주당을 반민주 정당으로 낙인찍고 있는 형국이다.

내분봉합 불구 갈길 아득

이것은 희극이자 비극이지만 민심을 외면했던 민주당의 정치적 업보다. 민주당이 진통끝에 겨우 내분을 수습했다고 한다. 그렇다고 지붕했던 지지세력을 되찾을 수 있을까, 갈아야 할 밭은 아득한데 지겠은 너머로 해는 저물고 있다. 그것이 2004년의 한국정치라면 한국정치다.

탄핵 후폭풍으로 민주당의 지지도는 신생 여당의 10분의 1 수준으로 급락했다.(『경향신문』, 2004년 3월 29일)

3월 29일 『스포츠서울』에 실린 「'탄핵 정국' 최종 승자는 포털업체?」라는 기사는 탄핵안 가결로 말미암아 노무현의 강력한 지지층인 네티즌들이 '사이버 대단결'을 외치면서 트래픽이 평소보다 배 이상 증가해 포털업체들이 즐거운 비명을 지르고 있다고 보도했다. 한 포털업체 관계자는 이를 마케팅 비용으로 환산하면 수백억 원어치의 공짜 마케팅을 한 셈이라고 설명했다.

월간 『넥스트』 편집위원장 변상근은 『중앙일보』 3월 29일자에 쓴 칼럼 「'우리 모두가 미쳤다'」에서 열린우리당의 지지율과 직무 정지 상태인 대통령에 대한 지지도가 50%대로 치솟은 기현상은 '광기(狂氣)'라고 주장했다.

"감성적이고 냄비 근성이 강한 한국인 기질이 정치 환경의 양극화를 부채질한 결과라는 바깥의 풀이도 들린다. 그러나 본질은 극단에서 극단으로 치닫는 바람의 정치다. 이 바람을 움직이는 힘은 광기다. 그래서 '대통령도 국회도 언론도 국민도 모두 미쳤다'는 말이 나돈다. 이때 광기(madness)는 '자신만이 옳다는 확신에 빠져 있는 상태'다. 미셸 푸코의 광기다. 대통령의 오기도, 정부의 '총선 올인'도 모두 광기다. 국민여망에 반하는 탄핵소추 결의는 다수의 횡포이자 국회의 광기다. 여론조사의 본질 또한 바람이다. 지푸라기를 날려 동향을 가늠하던(straw poll) 때도 있었다. 탄핵소추를 놓고 반대냐 찬성이냐로 둘로 갈라 권선징악의 드라마처럼 극화(劇化)할 경우 모든 시민이 동지 아니면 적으로 갈린다. 이 포퓰리즘적 여론 편 가르기는 언론의 광기다."

연세대 교수 윤영철은 『중앙일보』 3월 29일자에 쓴 「'탄핵 방송'의 잘못된 변명」이라는 칼럼에서 방송이 탄핵 정국을 '민주'와 '비민주'의 대결 구도로 규정하는 방식과 더불어 한쪽을 편드는 방송의 정당성을 여론조사 결과에서 찾는 것은 '위험한 발상'이라며 "방송을 통해 다수의 횡포를 더욱 증폭시킬 우려가 있기 때문이다. 여론조사의 결과에 따라 보도 시각을 결정했다면 지지도에서 고전을 면치 못했던 노무현 대통령에 대한 지금까지의 방송 보도가 어떠했을지 상상하기조차 어렵다"고 주장했다.

탄핵에 가려진 선거 쟁점

2004년 3월 29일 『진보정치』 기자 고동우는 「취재 수첩: 국민의 대표자는 대통령뿐인가」에서 탄핵 반대 논리 중 정말 이해되지 않는 대목이 하나 있었다고 말했다. 그건 바로 "국민이 선출한 대통령을 국회의원들이 무슨 자격으로 탄핵하느냐"는 비판이라는 것이다. 그는 "국민의 대표자는 대통령뿐"이라는 비이성적 선동은 결국 "국민을 대변하는 정치는 노무현 대통령과 그를 지지하는 정당인 열린우리당만이 할 수 있다"는 허구적 공식을 국민에게 강요하는 것이라며 문제는 어떻게 제대로 된 의회정치를 실현하는가가 되어야 한다고 주장했다. 고동우는 「집중 분석/열린우리당 출마자들의 '실체' : 한나라·자민련 '색채' 다수…… 이게 개혁인가」라는 기사에서 열린우리당이 '제2의 한나라당'을 만들려는 게 아닌가 싶을 정도로 수구·보수 색채가 뚜렷한 후보자들이 많다고 비판했다.

『새전북신문』(2004년 3월 29일) 편집국장 문경민은 「비수도권의 탄핵 재앙」이란 칼럼에서 "여의도에서 발신한 야당의 자폭 탄핵은 선거판을 명료하게 규정했지만 지역의(혹은 지방의) 유권자들에게는 재앙이었다"고 주장했다. 그는 탄핵 정국이 지역 발전을 위한 정책 이슈들을 완전히 잠재웠다며 이렇게 개탄했다. "특별한 산업 기반도 없이 혁신의 씨앗을 잉태할 생태 환경이 척박한, 그저 깡마른 전북에서 총선 판은 탄핵과 개혁과 물갈이와 판 갈이라는 구호만 요란하다. 지방은 여전히 중앙의 정치 식민지다."

서강대 교수 손호철은 「탄핵에 가려진 선거 쟁점」이란 2004년 3월 30일 자 『한국일보』 칼럼에서 탄핵 정국을 통해 한국 정치를 좌우해온 수구 세력과 지역주의를 심판할 좋은 기회를 얻게 된 건 '다행스러운 일'이나, "가장 심각한 부작용은 탄핵 문제로 말미암아 중요한 정책적 의제들이 사라져버리고 있다는 점"이라고 주장했다.

정책적 의제들을 삼켜버린 건 '눈물'이었다. 열린우리당은 노무현이 대선 때 우는 광고, 탄핵안 가결 때 여당 의원들이 우는 장면을 총선용 텔레비전 광고에 활용했다. 일부 의원들은 홍보를 담당한 김한길에게 "1초라도 좋으니 내가 우는 모습을 광고에 넣어달라"고 부탁하기도 했다. 이에 질세라 한나라당도 '눈물'로 대응했다.

『한국일보』에 따르면, "30일 밤 많은 국민은 TV에서 한 여성 정치인의 눈물을 봐야 했다. 한나라당 박근혜 대표였다. 그는 선친 얘기를 하며 '한나라당에 마지막으로 기회를 달라'고도 했다. 그리고 두 볼 가득 눈물을 흘렸다. …… 2002년 대선 때도 우리는 한 남자의 눈물을 본 적이 있다. 노무현 대통령 후보였다. 팝송 '이매진(Imagine)'을 배경음악으로 눈물 흘리는 광경이 TV를 탔고 그는 대통령이 됐다. 31일 열린우리당이 '눈물 정치 말라'고 한나라당을 비꼬았지만 정작 원조는 그들인 셈이다. 어쨌든 한 번 재미 본 눈물은 이번 총선서 다시 등장했고, 같은 성격의 이벤트와 감성 자극이 판치고 있다."[28]

4·15 총선을 보름 앞둔 3월 30일 한국일보 여론조사에 따르면 노무현 지지율은 62.8%로 치솟았다. 이런 지지율 상승에 고무된 열린우리당 총선 선대본부장 신기남은 이날 당사에서 기자들과 만나 "호남에서 우리당에 대한 표 쏠림 현상이 나타날 때 국민이 어떻게 볼까 걱정"이라면서 "영남에서 반작용으로 지역주의 역풍이 불 때 걱정"이라고 말했다. 그는 또 "우리당이 호남을 석권하고 영남 지역주의 타파를 못 하는 것보

---

28) 이동훈, 「기자의 눈: '쇼 정치' 이젠 그만」, 『한국일보』, 2004년 4월 1일.

다는 양쪽에서 균형적인 의석을 갖기 바란다"고 말했다. 민주당 전북도당 대변인 김호서는 "신 본부장의 발언은 또 다른 지역주의를 부추기는 망언"이라고 비판했다.[29]

'국민'을 탄핵하고 싶다

2004년 3월 30일 서울중앙지법 형사합의 24부는 국가보안법 위반 혐의로 구속 기소된 송두율에게 징역 7년을 선고했다(검찰 구형은 징역 15년). 송두율은 민주화운동 진영을 믿고 안전할 것으로 생각해 2003년 9월 22일 독일에서 자진 귀국했다가 날벼락을 맞은 꼴이었다.

변정수는 '국가보안법'이라는 괴물이 송두율에게 징역 7년을 선고했을 때 탄핵 정국에서 벌어진 그 '난리'는 어디로 갔느냐고 물었다. 쥐죽은 듯한 침묵, 아니 아예 그 사실조차 모르고 있었을 사람들이 그간 피웠던 그 '난리'의 정체는 과연 무엇이었느냐며 오히려 '국민'을 탄핵하고 싶다고 말했다. 그는 탄핵 난리에 대해 "20여 년 전 박정희라는 존재가 시야에서 사라져버렸을 때의 집단적 패닉을 연상시켰다고 하면 지나친 것일까"라고 했다.[30]

전근대-근대-탈근대가 공존하는 이른바 '비동시성의 동시성'인가? 송두율에게 징역 7년이 선고된 바로 그날 오전 10시 서울역 광장에서 대통령 권한대행인 고건 총리 등 각계 인사 1,800여 명이 참석한 가운데 경부고속철도 개통식이 열렸다. 4월 1일부터 경부고속철은 하루 47회, 호

---

29) 전북중앙신문 특별취재반, 「호남서 우리당 표 쏠릴까 걱정」, 『전북중앙신문』, 2004년 3월 31일, 3면.
30) 변정수, 「머리글: '국민'을 탄핵하고 싶다」, 『당대비평』, 제26호(2004년 여름), 4쪽.

제5장 2004년: 대통령 탄핵과 행정 수도 파동 **59**

남고속철은 하루 17회 운행했다. 『조선일보』 영남 취재팀장 배명철은 「서울 밖에서 걱정하는 고속철」이라는 칼럼에서 고속철도 개통으로 지방 도시들이 훨씬 가까워진 서울 길이 가져올 엄청난 흡인력에 빨려 들어갈 수 있다고 우려했다.

"지방이 서울에 빨려 들어가는 효과는 쇼핑뿐만이 아니다. 거리와 시간의 단축은 지방의 기업들이 자금과 고급 인력이 풍부한 서울에 본사를 두기가 훨씬 쉽게 만들어놓을 것이다. 서울의 기업들도 한 시간이면 도달할 수 있는 지방에 굳이 독립성이 있는 지방 본부를 두려고 하지 않을 것이라는 짐작이 가능하다. 축하 행사의 팡파르에 묻혀 아직은 잘 들리지 않지만, 고속철의 개통이 지방의 도시들에 기회가 되는 것 이상으로 위기가 될 것이라는 우려의 목소리를 놓쳐서는 안 된다."

2004년 4월 1일 『한국일보』 여론조사에 따르면, 지역구 지지 후보는 열린우리당 41.8%, 한나라당 20.1%, 민주노동당 4.1%, 민주당 3.0%, 자민련 0.6%였으며, 정당 명부 지지도는 열린우리당 44.7%, 한나라당 23.2%, 민주노동당 7.5%, 민주당 3.3%, 자민련 1.1%인 것으로 나타났다. 대구 · 경북 지역의 지역구 지지 후보는 이른바 '박근혜 효과'에 힘입어 한나라당이 44.2%로 열린우리당(30.9%)을 추월하였다.

4월 1일 『문화일보』 여론조사에 따르면, 정당 지지도는 열린우리당 45.4%, 한나라당 21.2%, 민주노동당 5.0%, 민주당 3.5%, 자민련 0.4%인 것으로 나타났다. 대구 · 경북 지역의 경우엔 한나라당이 39.3%로 열린우리당(31.3%)을 추월하였다.

4월 1일 중앙선관위 집계에 따르면 17대 총선에는 전국 243개 지역구에 1,175명이 출마 등록을 마쳐 평균 4.8 대 1의 경쟁률을 보였다. 총선 출마자의 중심축이 50대에서 40대로 이동했다. 16대 때는 50대 후보(335명)가 40대 후보(309명)보다 많았지만, 이번엔 50대는 329명이지만 40대는 472명으로 전체의 40.1%에 달했다. 여성 후보자는 16대 때 3.2%(33명)에서 5.6%(66명)로 높아졌다. 출마자들은 4월 2일부터 14일 자정까지 13일 동안 공식 선거운동을 벌이게 되었다. 그 기간 수많은 논란이 벌어지면서 열린우리당이 표를 깎이게 되지만, 그럼에도 열린우리당의 압도적 우위에 별 변화는 나타나지 않는다.

열린우리당의 압승
제17대 총선

정동영의 '노인 폄하 발언' 사태

2004년 4월 1일, 정동영 열린우리당 의장이 3월 26일 대구 그랜드호텔에서 열린 언론 간담회 직후 국민일보 VJ팀(동영상팀)과의 인터뷰에서 했던 발언이 인터넷에 오르고 방송으로 나가면서 파문이 일었다. 문제의 발언은 "60대 이상 70대는 투표하지 않아도 된다. 그분들은 집에서 쉬셔도 된다. 그들은 무대에서 퇴장하실 분들이다. 그들이 미래를 결정할 필요는 없다"였다. 전남 장흥을 방문 중이던 정동영은 파문이 커지자 1일 오후 인근 경로당을 찾아 노인들에게 큰절을 올린 뒤 "20~30대가 투표에 무관심해 투표 참여를 강조하려다 말실수를 했다"며 "잘못했으니 용서해달라"고 사죄했다.

한나라당은 "문제의 발언은 노년층에 대한 단순한 경시를 넘어 우리의 살아 있는 역사, 살아 있는 증인, 살아 있는 공헌자들에 대한 결례이자 모독"이라고 비난했으며, 민주당은 "정동영 의장의 망언은 오만불손

한 행태와 기고만장한 작태를 적나라하게 드러낸 것으로 개탄스럽다"고 비난했다.

4월 2일 정동영은 모든 유세 일정을 중단한 채 '노인 폄하 발언' 사태 수습에 나섰다. 그는 노인단체들을 잇달아 방문하면서 큰절로 사죄했다. 또 83세 노모와 함께 성당을 찾아 참회 기도를 했다. 열린우리당은 고령화특별대책위원회를 구성했으며 전국 243명의 후보에게 지역구 내 노인정에 사과 방문할 것을 긴급 지시했다.

야당은 2일에도 비판 성명을 냈다. 한나라당은 "60~70대를 반대세력으로 선전하며 20~30대 결집을 유도한 의도적 발언"이라고 비난했고, 민주당은 "공당의 대표가 '고려장'을 부활시키는 의식과 행동을 보여주는 데 경악을 금치 못한다"며 "정 의장 발언은 노인 무시와 젊음에 대한 무조건적 찬양이라는 우리 사회의 잘못된 이분법에 편승한 것"이라고 비난했다.

꼭 이 발언 파동 때문이었는지는 알 수 없지만 『동아일보』(2004년 4월 3일)가 선거법상 '공표 가능한 여론조사'를 할 수 있는 마지막 날인 1일에 벌인 여론조사 결과에 따르면, 서울에서 한나라당 지지도가 26.0%로 5일 새 6.5%p 상승했으며 인천·경기도 지역은 20.3%로 탄핵 역풍 이후 처음으로 20%를 넘어섰다.

『한겨레』 4월 3일 1면 머리기사는 「한나라 지지층 급속 결집」이었다. 한나라당 지지율이 3월 6일 12.4%, 16일 14.7%, 3월 25일 17.6%였는데, 4월 1일 조사에선 24.1%로 올랐다는 것이다. 4월 1일 조사에서 열린우리당은 43.8%, 민주노동당 5.1%, 민주당 4.2%였다.

4월 3일 대한노인회는 정동영의 정계 퇴진을 요구하는 성명을 냈다.

"정 의장의 망언으로 대한민국 420만 노인들이 분노로 밤을 지새우고 있다"는 것. 이에 네티즌들은 역대 노인회 회장들의 이력을 거론하면서 (5대 회장 이규동은 전두환의 장인이었고, 현 회장 안필준은 5공 시절 기무사령관을 지낸 하나회 멤버) "대한노인회는 대(큰)한(한나라당)노인회"라고 비판했다.[31]

4월 4일 경북 영주에 출마한 열린우리당 후보 이영탁이 정동영의 공동 선대위원장 사퇴를 요구한 데 이어 대구 서구에 출마한 열린우리당 후보 서중현은 '정동영 망언에 사죄하는 석고대죄'라는 플래카드를 내걸었다.[32] 결국 정동영은 4월 12일 열린우리당 선대위원장과 비례대표 후보를 사퇴하는 것으로 대응했다.

편파 방송 논란

2004년 4월 4일 한나라당 선거대책위는 MBC의 '영부인 학력 비하 발언'과 KBS의 정동영의 '노인 투표권 폄하' 보도 논란과 관련 방송위 선거방송 심의위원회에 불공정 방송 여부 심의를 요청했다. 한나라당은 요청서에서 "MBC는 3월 26일 〈신강균의 뉴스서비스 사실은〉에서 '탄핵 찬성집회(3월 21일) 사회자가 영부인 학력을 비하했다'고 보도해 공정성 논란이 일었으나 4월 2일 같은 프로그램에서 편파 논란에 대한 사과·해명 등 적절한 조치 없이 자기 합리화에만 급급한 편향된 모습을 보였다"고 주장했다. 한나라당은 또 "4월 1일 방송된 KBS 〈뉴스 9〉에서

31) 전정윤, 「노인회 "정동영 퇴진" 성명에 네티즌 "5공 출신이 앞장" 맞불」, 『한겨레』, 2004년 4월 5일, 7면.
32) 서울신문 정당팀, 「우리당 TK 후보 "정동영 사퇴"」, 『서울신문』, 2004년 4월 5일, 4면.

는 정 의장의 '60, 70대는 투표를 안 해도 괜찮다' 는 발언은 생략한 채, 정 의장이 경로당을 방문해 사과하는 장면만 방영했다"고 주장했다.[33]

MBC의 '영부인 학력 비하 발언' 사건의 전말은 이렇다. 3월 26일 MBC의 미디어 비평 프로그램 〈신강균의 뉴스서비스 사실은〉이 3월 21일 보수 단체의 탄핵 찬성 집회에서 사회자 송 아무개가 "고등학교도 안 나온 여자가 국모로서 자격이 있느냐"고 발언했다고 방영한 것에 대해 논란이 일었다. CBS의 한 기자가 문제 발언의 맥락을 제거한 '편집 방송' 의혹을 제기한 것이다. 문제의 발언은 "대우건설 사장처럼 좋은 학교 나오고 크게 성공하신 분들" 운운했던 노무현의 발언이 대우건설 사장 남상국을 죽음으로 몰고 갔다는 걸 비판하기 위한 비유로 나왔다는 것이다. 이에 대해 MBC 제작진은 "(사회자의 비유와 가정들은) 욕설과 폄훼로 가기 위한 장치에 불과"하고 "우리 보도는 집회 본질에 관해 합리적이고 정당했다"고 말했다.

4월 2일 밤 제작진은 취재 테이프 원본을 방영했다. 이 프로그램의 기자 윤능호는 "우리 카메라 기자가 송 씨의 발언을 5분 58초 촬영했는데 이 가운데 당시 집회의 분위기를 가장 잘 드러내고 있다고 생각되는 30초를 편집해 방송했다"며 "당시 송 씨는 거친 말을 할 만큼 해놓고 '만일에 이렇게 말하면 되겠습니까' 하는 식으로 특정인을 비하하는 발언을 하면서 집회 분위기를 유도했다는 것이 우리들의 판단이었다"고 말했다.[34]

---

33) 이상범, 「MBC '신강균의……' KBS '뉴스 9' 편파 방송 심의 요청」, 『세계일보』, 2004년 4월 5일, 5면; 이진영, 「권 여사 학력 관련 편집 방송 의혹 물의 '신강균의……' MBC 자사 프로서 되레 극찬」, 『동아일보』, 2004년 4월 5일, 8면.
34) 이진영, 위의 글.

『중앙일보』 문화부 기자 안혜리는 4월 5일자에 쓴 「취재 일기: 강령 어긴 '신강균……'」에서 MBC 제작진이 "이렇게 얘기하면 언어 살인"이라고 전제한 걸 자르고 "고등학교도 안 나온 여자가 국모로서 자격이 있느냐"는 부분만 내보낸 것은 MBC의 방송 강령을 어겼다는 비난을 면키 어렵다고 말했다.

『동아일보』 문화부 차장 허엽은 4월 5일자에 쓴 「막말 방송, 그 이후」라는 칼럼에서 KBS와 MBC의 공정성 논란을 거론한 뒤 이렇게 주장했다. "방송학계에서는 두 방송사의 '한목소리 현상'을 두고 '한국 지상파 방송들도 문벌이나 군벌처럼 방벌(放閥)이 되는 게 아니냐'는 지적이 나오고 있다. 방벌은 해체되어야 한다."

같은 날 『조선일보』 사설 「KBS MBC, 이래도 '공영(公營)' 팻말 계속 달 건가」는 이 사건이 "방송이 탄핵과 총선 국면에 들어서자 정권의 홍보 본부나 된 듯이 특정 의도로 자의적인 편집을 하면서 얼마나 현실을 왜곡하고 있는가를 보여준 것"이라고 주장했다. 사설을 마저 읽어보자.

"방송들의 이같은 당파적 편집을 확인하면서 우리는 국민들이 얼마나 더 방송이 조작한 허구의 세계에 농락돼야 할지, 또 이번 총선뿐 아니라 앞으로 모든 선거가 이런 식으로 치러질 때 한국 민주주의의 운명이 어떻게 될지 우려하지 않을 수 없다."

『조선일보』 문화부 차장 승인배는 4월 5일자에 쓴 「'편파' 넘어 '여론 조작'으로」라는 칼럼에서 "탄핵 이후 끊임없이 제기되어 온 KBS와 MBC의 편파 방송 '혐의'는 드디어 '여론 조작'의 단계로 격상되고 있다고 볼 수 있다"고 주장했다.

제17대 총선

2004년 4월 15일 17대 총선이 치러졌다. 투표율은 59.9%였다. 이는 1985년 12대 총선 84.6%, 1988년 13대 75.8%, 1992년 14대 71.9%, 96년 15대 63.9%, 2000년 16대 57.2%로 계속 하락하던 투표율이 처음으로 반전한 것이다. 4월 15일 자정 무렵 열린우리당의 총선 압승이 확정되는 순간 원내대표 김근태는 "대한민국 역사상 최초로 민주 개혁 세력이 의회 권력을 교체했다"며 감격했다.

선거 결과 47석인 열린우리당은 과반 의석을 2석 넘은 152석을 얻었으며, 한나라당은 개헌 저지선인 100석을 훨씬 넘은 121석을 얻었다. 민주노동당은 10석을 얻어 사상 처음으로 원내에 진입한 건 물론 제3당의 위치를 차지하였다. 반면 62석인 민주당은 9석으로, 제3당인 자민련은 4석으로 '몰락'하고 말았다. 『스포츠서울』(2004년 4월 16일)이 간결하게 정리했듯이, 열린우리당은 '환호', 한나라당은 '실망', 민주당은 '충격', 민주노동당은 '쾌거'였다.

17대 총선의 가장 큰 특징은 열린우리당의 압승으로 13대 총선 이래 16년 만에 여대야소 정국이 만들어졌다는 것과 더불어 대폭적인 물갈이와 세대교체였다. 초선 의원은 299명 중에 188명으로 62.9%를 차지했으며, 40대 이하가 43.1%(129명), 40살 미만이 23명이었다. 여성 의원은 13%로 39명이었다(초선 의원 비율은 1988년 13대 총선에선 55.5%, 1992년의 14대 총선에선 39.1%, 1996년의 15대 총선에선 45.8%, 2000년의 16대 총선에선 40.7%였다).

68석인 영남 지역 의석에서 한나라당은 61석, 열린우리당은 4석, 민주노동당은 2석, 국민통합21이 1석을 얻었다. 그러나 열린우리당은 영남의 정당 투표에선 28.3%의 지지를 얻었다(한나라당 51.4%). 부산과 경남 에서 각각 33.7%, 31.7%의 정당 득표율을 기록했으며, 대구와 경북에선 각각 22.3%, 23.0%를 얻었다.

호남에선 민주당이 전남의 5석을 얻은 걸 제외하곤 열린우리당이 휩 쓸었다. 열린우리당이 정당 투표에서 얻은 득표율을 각 지역별로 보면 광주 51.6%, 전남 46.7%, 전북 67.3% 등이었다. 열린우리당은 충청에서 도 대전 43.8%, 충남 38.0%, 충북 44.7%를 얻었다. 자민련은 충청에서 4석 을 얻는 데 그쳤다.

전북대 정외과 교수 송기도는 "충청과 호남 지역에서는 지역주의 색 채가 완전히 사라졌다고 할 수 있다"고 주장한 반면,[35] 인천대 정외과 교 수 이준한은 울산을 포함한 영남 지역에서 매우 제한적으로 지역주의가 완화되는 조짐을 보였을 뿐 충청과 호남에서 지역주의 색채가 완전히 사라졌다고 보기는 어렵다고 주장했다. 이준한은 오히려 '새로운 지역 지도자들의 등장' 을 지적하면서 "민주당에서 분당한 열린우리당의 의 장으로 정동영이 선출된 후 불과 3개월 남짓 만에 전북 유권자들은 열린 우리당에 배타적인 지지를 표하게 되었다" 는 점에 주목했다.[36]

『국민일보』 정치부장 김진홍도 지역주의 문제를 거론하면서 영남만을 비판하는 태도는 옳지 않다며 "호남에서 제1야당인 한나라당 당선자가 한 명도 없다는 점에서 그렇다. 더욱이 정당 득표율을 보면 호남에 비해 영남의 지역 정서가 완화돼 있음을 한눈에 알 수 있다. 우리당의 경우 부

35) 송기도, 「탄핵 이슈에 압도당한 선거: 전북 남원·순창」, 한국정당학회, 『17대 총선 현장 리포트: 13인 정 치학자의 참여 관찰』(푸른길, 2004), 65~98쪽.
36) 이준한, 「2004년 총선 결과에 대한 새로운 해석」, 한국정당학회, 『17대 총선 현장 리포트: 13인 정치학자 의 참여 관찰』(푸른길, 2004), 355~381쪽.

투쟁의 현장서 제도권으로

민주노동당 당선자 10명의 '엘리트 코스'와는 거리가 먼, 암울한 시대의 표상들이다.

1970~80년대부터 군사독재의 탄압을 무릅쓰고 자각적인 노동·농민운동을 일궈왔고 제도교육보다 현장투쟁을 통해 보다 많은 지식을 습득한 노동·농민 문제의 전문가라는 공통점을 갖고 있다. 가까운 역사를 들춰보면 바로 이들이 한 장면씩 장식하고 있다.

비례대표 1번 심상정 당선자(45)는 85년 '구로동맹파업'의 주역이다.

"열심히 일하겠습니다" 17대 총선에서 첫 원내 입성에 성공한 민주노동당 당선자들이 16일 여의도 당사에서 처리금융 감사의 인사를 하고 있다. /김문석기자

군사독재 탄압속에 노동·농민운동 '엘리트 코스'와는 거리먼 행동파들

조승수씨 / 심상정씨 / 단병호씨 / 이영순씨

천영세씨 / 최순영씨

강기갑씨 / 현애자씨

김정섭기자 bike@kyunghyang.com

제17대 총선 결과 민주노동당은 진보 정당사상 최초로 원내 진입에 성공, 제3당의 위치를 차지했다.(『경향신문』 2004년 4월 17일)

산에서 33.7%, 대구 22.3%, 울산 31.2%, 경북 23%, 경남 31.7%를 얻었다. 반면 한나라당이 호남에서 차지한 득표율은 광주 1.8%, 전남 2.9%, 전북 3.4%에 불과하다. 영남보다 호남 지역주의가 더 문제다"고 주장했다.[37]

민주노동당 의원 노회찬은 탄핵 폭풍을 겨냥해 "열린우리당은 길에서 지갑 주웠으면 파출소에 갖다 주라"고 했다. 5월 1일 열린우리당 부대변인 이평수는 열린우리당이 총선에서 길 가다 지갑을 주운 것처럼 손쉽게 의석을 많이 얻었다는 주장에 대해 "그냥 떨어진 지갑이 아니라 늪 속의 지갑을 주운 것이다"고 주장했다.

떨어진 지갑이건 늪 속의 지갑이건 열린우리당이 지갑을 주울 수 있었던 데엔 2003년 8월부터 시작돼 2004년 5월까지 계속된 대선 자금 수사도 큰 몫을 했다. 그 과정에서 정치의 더러움과 추악함이 상세히 까발려졌기 때문이다. 웬만한 건 그냥 넘어가던 검찰이 독하게 마음 먹고 '법대로'를 외치면서 불법을 저지른 정치인들을 줄줄이 잡아넣었고, 언론은 분노한 민심을 증폭해 전하기에 바빴다. 텔레비전 카메라는 꼭 먹고 살기 힘든 서민에게 마이크를 들이대면서 정치인들에 대한 욕설을 뽑아내려고 안달하는 듯 보였다.

4·15 총선 직전에 이루어진 한 여론조사 결과에 따르면, 4·15 총선에서 현역 의원에게 표를 주지 않겠다는 사람이 전체의 90%에 이르렀다. 『문화일보』 논설위원 조용은 이를 '언더독(underdog) 전략'으로 평가했다. "노 대통령은 한국 사회의 메인 스트림과 등지고 기존 여당을 깨고 나가 소수 신당을 창당하는 도박을 했다. 스스로 약세를 보여 다수 야당의 무리수를 유발하고 국민의 동정을 받는 '언더독 전략'인 셈이다. 이 대모험은 탄핵 정국 때 대반전의 놀라운 위력을 발휘했다. 선거 기간 내내 대통령 직무가 정지돼 정치 현안에 관해 일절 함구한 게 오히

---

37) 김진홍, 「국민 대통합을 희망한다」, 『국민일보』, 2004년 5월 14일.

려 결정적 득표요인이었다."[38]

'근친증오 근린증오' 현상

이제 4 · 15 총선이 끝났으니 차분하게 물어볼 수 있게 되었다. 과연 탄핵은 '의회 쿠데타'였나? 그런 주장을 한 사람의 머리를 지배했던 건 '민주주의', '6월항쟁', '시대', '역사', '개혁', '진보', '사회', '국가', '민족' 등과 같은 거대 담론이었다. 그들의 머리와 가슴속엔 '개인'이 비집고 들어갈 틈이 없었다. 왜 탄핵 사태가 벌어졌던가? 그들은 그 이유에 대해 '헌정 문란' 등과 같은 상투적인 거대 담론을 끌어들였다. 자신들을 '제2의 6월항쟁'의 주체인 양 믿고 싶어했다.

탄핵의 주동이자 주체가 한나라당이었던가. 아니다. 민주당이었다. 이건 소속 의원의 머리 수로 따질 일이 아니었다. 민주당이 한나라당에 붙은 게 아니라 한나라당이 민주당에 붙었다. 그게 진실이다. 민주당은 6월항쟁의 한 파트너였다. 그런데 왜 그 파트너가 그런 일을 벌였는가? 아무도 이 질문을 던지지 않았다. 모든 사태가 완료된 뒤, 박명림이 소극적인 수준의 답을 하긴 했다.

"민주당의 탄핵 언어 반복과 탄핵소추 주도에 대한 정치적 사회심리학적 해석을 보자면 이는 전형적인 근친증오(近親憎惡), 근린증오(近隣憎惡) 현상으로 볼 수 있다. 즉 동근(同根) 파괴 주체에 대한 절대 증오, 절대 절멸주의(extreminism)의 정치적 표현이었던 것이다. '정치적 보복'이

---

38) 조용, 「노 대통령과 진 총통」, 『문화일보』, 2004년 12월 22일, 30면.

아닌 정당한 '도덕적 응징' 으로 인식, 정당과 부당의 문제로 의제하였던 것이다."[39]

그러나 박명림은 시시비비를 가리진 않았다. 과거 한국 정치판에서 수많은 정당의 이합집산(離合集散)이 있었지만, 언제나 당을 깨고 나간 세력이 손가락질을 받거나 양쪽 모두 지탄의 대상이 되었다. 김대중만 하더라도 바로 그 이유 때문에 숱한 욕을 먹었다. 보수와 진보를 막론하고 분열 자체가 박수를 받은 적은 없었다. 적어도 분열의 와중에서 어느 한쪽이 일방적으로 '나쁜 놈' 으로 몰린 적은 없었다.

그러나 민주당 분당과 열린우리당 창당은 예외였다. 이 사태는 선악(善惡) 이분법 구도로 이해되었다. 열린우리당은 선(善)이었고, 민주당은 악(惡)이었다. 적어도 개혁을 지지한다는 사람들에겐 그렇게 받아들여졌다. 기존 정치에 대한 혐오, 아니 저주가 빚어낸 결과였다. 둘 다 정치인 집단이었는데도 불구하고 열린우리당이 정치 자체를 공격의 대상으로 삼는 희대의 묘기를 선보이는 바람에 열린우리당 사람들은 무슨 시민운동가 비슷하게 인식되었다.

그런 묘기를 가능케 한 원동력은 ①호남 지역주의가 민주화 및 개혁과 동일시돼온 역사에 대한 잠재적 반감, ②정치를 지망하는 신진 정치 엘리트 집단의 과다 누적과 이를 외면한 민주당의 과오, ③김대중의 존재로 인해 유예되었던 민주당 내부의 헤게모니 투쟁, ④아무리 민주화가 되었어도 여전히 대통령 및 청와대 사칭 사기 사건이 줄줄이 일어날 정도로 대통령 권력이라면 벌벌 떠는, 가진 자들의 최고 권력자 추종 근

---

39) 박명림, 「탄핵 사태와 한국 민주주의: 의미와 파장」, 『당대비평』, 제26호(2004년 여름), 32쪽.

성, ⑤드라마틱한 대선 과정을 통해 개혁이라는 상징 자본을 독식하게
된 대통령 노무현의 신념이었다.

가장 중요한 건 노무현의 신념이었다. 그 일에 자신의 목숨을 건 노무
현의 신념은 논리로 격파할 수 있는 게 아니었다. 그건 그가 뻔히 떨어질
줄 알면서도 지역주의라는 맨땅에 여러 차례 헤딩을 해온 고집과 똑같
은 성격의 것이었기 때문에 하늘도 못 말릴 일이었다. 물론 그게 이미 그
때부터 대통령 꿈을 꾸고 있었던 노무현의 의도적인 이벤트였다는 게
결국엔 드러나긴 했지만 말이다.

노무현의 그런 신념을 읽은 열린우리당의 창당 주체는 민주당을 뛰쳐
나오면서 민주당에게 '지역주의 기생 세력'이며 '부패 세력'이라는 주
홍 글씨를 선물했으며, 이는 노무현이 가진 막강한 상징 자본의 위력 때
문에 개혁을 바란다는 사람들 거의 대부분에게 수용되었다. 그들이 그
간 그 더러운 민주당을 어떻게 인내해왔다는 것인지 이해하기 어려울
정도였다.

과거 그 주홍 글씨의 수렁을 통해 정치 입문을 했고 그곳에서 자신의
명성을 쌓아온 사람들은 자신의 더러운 과거에 대해선 단 한마디 해명
이나 반성의 말도 없었다. 그들은 대통령의 줄을 따라 뛰쳐나오면서 자
신이 놀던 곳에 욕설을 퍼붓고 침을 뱉는 행위 하나로 모든 게 '세탁'되
었으며 개혁 전사로 새로 태어났다. 한나라당의 집권을 위해 열심히 뛰
었던 한나라당의 아들들도 아무런 해명과 반성의 말도 없이 노무현과의
연줄 하나로 노무현 정권의 실세로 등극하는 개혁 영웅이 되었다.

이른바 '왕따' 폭력은 어린 학생들의 세계에서만 일어나는 건 아니
다. 혐오스럽게 생각하는 개인이나 집단은 좀 당해도 괜찮다고 하는 발

상, 이는 한국 사회 곳곳에서 아주 흔하게 볼 수 있는 '왕따'의 기본 논리 구조였다. 그런 왕따에 이의를 제기하면 돌아오는 답변은 한결같이 그 집단이 얼마나 혐오스러운지를 역설하는 것이었을 뿐, 왕따의 정당성에 관한 것은 아니었다.

정치인은 '개인'으로도 간주되지 않았다. 정치인은 너무도 더러워 깨부숴야 할 그 무엇으로 여겨졌다. 박노자는 한국인의 정치인에 대한 저주가 일상화돼 있는 걸 보고 "정치인 욕하기가 한국인의 취미 생활인가?"라는 의문이 들 정도였다지만,[40] 그 '취미 생활'의 파괴력을 잽싸게 전유한 세력이 바로 노무현과 열린우리당이었다. 이제 곧 자신들도 다시 그 '취미 생활'의 엄청난 폭격 대상이 될 일이었지만, 일단 눈앞의 적을 해치우는 일에 정신이 팔린 그들에겐 자기 발등을 찍을 도끼를 던지는 데에 일말의 주저도 없었다.

자신이 새 시대의 '원조'가 되고 싶어하는 이른바 '원조병'은 한국의 모든 역대 대통령들이 갖고 있는 고질병이었다. 노무현도 앓고 있었던 '원조병'의 증상은 그의 이중 전략에서 잘 드러났다. 그는 자신의 헤게모니 쟁취에 도움이 되는 일에는 국익(國益)을 따지지 않고 자신의 목숨을 거는 반면(예컨대, 탄핵 사태는 피해 갔어야 했다), 자신의 헤게모니 쟁취와 무관한 일에는 지나칠 정도로 신중하거나 소심했다(예컨대, 이라크 파병). 노무현과 열린우리당의 '개혁'과 '진보'라는 구호는 '민주당 죽이기'를 비롯한 헤게모니 쟁취용이었을 뿐이라는 사실은 시간이 흐르면서 점점 더 분명해진다.

---

40) 박노자, 『나를 배반한 역사』(인물과사상사, 2003), 81~82쪽.

'17대 초선 만세'와 '창조적 배신'
청와대에 울린 '산 자여 따르라'

줄 서는 사회, 줄 타는 사회

2004년 4월 말 중국 총리 원자바오의 긴축정책 발언으로 비롯된 '중국 발 쇼크'의 영향으로 국내 금융시장이 휘청거렸다. 5월 1일 『경향신문』 시사만평은 미국도 모자라 이젠 중국이라는 조교의 호루라기 소리에 빡 빡 기는 훈련병 '한국 경제'의 모습을 그렸다. 언론은 '경제 위기'를 외 치면서도 6·5 재·보선을 17대 총선 이후 민심 판도를 가늠할 수 있는 '미니 총선'으로 간주하면서, 특히 부산시장, 경남지사, 전남지사, 제주 지사 등 4대 광역 단체장 선거에 큰 관심을 기울였다. 5월 1일 『동아일 보』는 "호남, 제주를 굳히고 부산, 경남을 접수하라"는 게 열린우리당 재·보선 선거대책위원회에 떨어진 '특명'이라고 했다.[41]

5월 3일 『경향신문』과 『문화일보』의 시사만평은 열린우리당의 감투

---

41) 정용관, 「"해내자 PK 승리": 열린우리, 부산 경남에 '올인' 채비」, 「동아일보」, 2004년 5월 1일, A5면.

따먹기 잔치판을 묘사했다. 서강대 교수 우찬제는 「줄 서는 사회, 줄 타는 사회」라는 칼럼에서 총선 후 나타나고 있는 '줄서기'를 겨냥해 한국 사회의 줄 문화를 꼬집었다. "줄, 줄, 줄, 줄들이 있다. 이 세상으로 생명을 인도한 탯줄, 어릴 때 줄넘기했던 새끼줄, 연날리기했던 연줄, 다른 방식으로 하늘을 훔치고자 하는 연(緣)줄, 지연 줄·학연 줄·계보 줄·금배지 줄·장차관 줄, 그런가하면 설날이나 추석 때의 귀향 줄·귀경 줄, 어린이날 놀이기구 앞에 늘어선 줄……."[42]

승자인 열린우리당은 잔치판 분위기였던 반면, 패자들의 처지는 난감했다. 검찰이 대선 당시 한나라당으로부터 측근을 통해 불법 자금 2억 5000만 원을 건네받은 혐의로 체포 영장이 발부된 이인제를 금명간 강제구인할 방침을 시사하자 이인제의 지지자들이 집단 반발하고 나섰다. 1백여 명이 5월 3일부터 논산시 이인제 지구당 사무실 앞에 바리케이드를 치고 가스통과 휘발유 통을 갖다 놓은 가운데 강제 구인에 대비했다.

이인제 지지자들은 천막을 치고 장기전에 돌입했다. 2004년 5월 4일 『한국일보』에 따르면, 한 당원은 "검찰이 충청도 정치인을 말살하려 하고 있다. 정치생명이 끝난 김종필에 이어 이 의원마저 정치적으로 죽이려는 음모를 더 이상 묵과할 수 없다. 강제 진입이 시도될 경우 일부 당원은 분신을 각오하고 있어 이후 발생하는 모든 사태는 정권이 책임져야 할 것이다"고 주장했다.[43] 『서울신문』 5월 4일자 시사만평은 어린이날을 맞아 "여러분 꿈이 뭐죠?"라고 묻는 선생님의 질문에 어린이들이 "대통령!"이라고 답하는 모습을 보여주면서 가스통을 등에 짊어지고 손

---

42) 우찬제, 「줄 서는 사회, 줄 타는 사회」, 『문화일보』, 2004년 5월 6일.
43) 이준호, 「"이인제 의원 구인 못한다" 석유·가스통 바리케이드」, 『한국일보』, 2004년 5월 4일, A8면.

에 불을 든 이인제가 "나도 저런 꿈이 있었는데" 라고 탄식하는 모습을 그렸다.

노무현의 '386 측근' 인 안희정이 5월 4일 서울 중앙지법에서 열린 결심공판에서 울음을 터뜨렸다. 그는 "과거 민주화운동과 야당 생활을 하며 대선에 꼭 이겨야겠다고 생각했지 출세를 위해·이기려고 했던 것이 아니었다"고 말을 꺼냈다. 그는 이어 "엄격한 아버지(노무현) 밑에 살림 사는 어머니(안희정)가 그러하듯 '타협' 했을 뿐" 이라며 "그 '타협' 이 낡은 정치와는 다른 것이라 생각했지만 역시 범법이긴 마찬가지였다"고 말했다. 그는 "저를 무겁게 벌해 승리자도 법과 정의에서 자유로울 수 없음을 보여주고, 새로운 대한민국의 법과 정의를 제가 감당케 해달라"는 말도 했다. 검찰은 징역 7년에 추징금 51억 9000만 원을 구형했다.[44] 한나라당은 '중형을 구형받은 대통령의 동업자' 란 논평을 냈다.

민주당의 비극적 현실과 진로

2004년 5월 4일 민주당 당선자들이 동교동을 방문했다. 민주당 당선자들을 만난 김대중은 "인생 만사는 새옹지마"라며 위로했다나. 그러나 "재·보선에서 비빌 언덕이 돼달라" 는 민주당 사무총장 이정일의 요청엔 "우리나라의 평화와 통일을 위해 남은 생을 바치겠다"며 정치 불개입 원칙을 재확인하는 것으로 거절했다고 한다. 민주당이 아직도 그런 자세를 갖고 있었으니, "DJ 품에서 살길 찾자" 라는 제목의 기사가 나오

---

44) 손제민, 「법정에도 '감성 시대' 」, 『경향신문』, 2004년 5월 5일, 7면.

는 것도 무리는 아니었다.[45]

민주당 당선자들의 동교동 방문을 앞두고 이정일은 "당선 인사도 드려야겠지만 섭섭하다는 말씀도 반드시 드리겠다"면서 "김 전 대통령은 자신이 만들고 키워온 민주당을 살릴 의무가 있는 분"이라고 말한 바 있다. 이정일은 "지난 총선 때 민주당에 대해 한마디 말씀도 없이 도와주지 않은 데 대한 유감을 표시하고 민주당이 명맥을 이어갈 수 있도록 6·5 재·보선에서라도 좀 도와주시라고 간곡히 요청하겠다"고 밝혔다.[46]

가톨릭대 교수 김만흠이 5월 6일 민주당 워크숍에서 '민주당의 비극적 현실과 진로'라는 주제 발표를 했다. 그는 "민주당 몰락 원인은 노무현 정권과 열린우리당의 압박 및 고립 전략의 승리, 민주당의 자멸로 압축할 수 있다"며 "민주당의 회한과 눈물은 공감하지만 이를 안쓰러워하는 것은 주변 세력의 정서일 수 있다"고 말했다. 그는 "민주당 부활은 좀 더 중장기적인 안목과 노력 속에서 모색돼야 하고, 일단 내부 조직과 열성 지지 세력의 단합이 필요하다"며 민주당 2세대의 구축과 확대, 김대중 전 대통령 노선과 정신의 계승 및 확장, 시민 사회와의 연계 구축 등의 방안을 제시했다. 그는 "유능하고 경쟁력 있는 인물을 영입해 민주당 제2세대를 형성하는 데 지도부가 역점을 둬야 한다"는 주문도 했다.

민주당 대표 한화갑은 "앞으로 민주당은 당비 내는 당원이 중심이 돼 새롭게 변화해야 한다"면서 "최근 김 전 대통령과 만났을 때의 메시지는 '포기하지 않으면 반드시 성공한다'는 것이었다"고 말했다. 손봉숙은 "우리나라 정당은 당 대표의 고향만 다를 뿐 정체성은 비슷하다고들 하

---

45) 박정경, 「"DJ 품에서 살길 찾자"」, 『서울신문』, 2004년 5월 4일, 5면.
46) 신종수, 「'정치적 중립' 고수하는 DJ」, 『국민일보』, 2004년 5월 3일, 2면.

는데 이념적 스펙트럼이 1부터 10까지라면 민노당은 1, 자민련은 10, 한나라당은 7, 8, 9이고, 열린우리당은 1부터 10까지 다 있는데 지도부는 5, 6, 7 정도"라며 "민주당은 3, 4, 5 정도로 자리매김해야 한다"고 말했다.[47]

열린우리당 원내대표로 당선된 천정배 의원. 안정과 경륜을 내세운 조직력과 개혁을 내세운 명분론의 싸움에서 명분론이 승리했다.

열린우리당 원내대표 경선에 나선 천정배와 이해찬은 서로 "노심(盧心)은 내 편"이라고 주장했다. 천정배의 노무현 독대(獨對)가 알려지자 이해찬 측은 이해찬도 노무현과 전화 통화를 했다고 반격했다.[48] 5월 11일 열린우리당의 원내대표 경선이 치러졌다. 이해찬은 시종일관 안정과 경륜을 강조한 반면, 천정배는 "첫째도 개혁, 둘째도 개혁, 셋째도 개혁"이라고 외쳤다. 경선에서 천정배가 이해찬을 78표 대 72표로 누르고 당선되자, 『서울신문』 시사만평은 '탈레반' 들이 열린우리당의 당권을 장악했다고 묘사했다.[49]

『중앙일보』는 "겉으로만 보면 이번 경선의 양상은 재야·운동권 그룹과 당권파 간의 단순 대결이었다. 그러나 그 속을 한 꺼풀만 들춰보면 치

47) 신종수, 「"9명이 단합하면 당 재건 가능": 민주당 당선자 워크숍서 격론」, 『국민일보』, 2004년 5월 7일, 4면.
48) 고주희, 「이·천 "노심은 내 편"」, 『한국일보』, 2005년 5월 5일.
49) 윤영찬·이승헌, 「6표 차 승부…… 계파 간 혼전 예고: 열린우리당 원내대표 천정배 의원 선출」, 『동아일보』, 2004년 5월 12일, A5면; 이철호, 「6표 차로 희비 갈려: 경선 이모저모」, 『세계일보』, 2004년 5월 12일, 4면; 정녹영, 「영·호남 계파 대결 경선 후유증 우려」, 『한국일보』, 2004년 5월 12일, A5면.

열한 권력 경쟁이 자리했다"며 "재야 · 운동권 그룹을 업은 청와대 386 참모 출신들과 시대정신을 내세운 원칙적 개혁론자들 간의 샅바 싸움인 셈이다"고 했다. "전자는 이해찬 의원을, 후자는 천정배 의원을 택했다. 결국 경선은 조직과 명분의 대결로 압축됐다. 뚜껑을 연 결과 대세는 명분이었다. 그 중심엔 상당수 초선 의원이 있었다. 청와대 386 참모 출신들은 경선 과정에서 '청와대의 의중' 얘기도 흘렸다. 당내에서 '(경선의) 앙금이 오래갈 수도 있다' 는 얘기가 나오는 것도 그래서다."[50]

·

'총리 후보' 의 지역주의 조장 논란

국무총리 내정설이 돌고 있던 열린우리당 상임 중앙위원인 김혁규는 5월 12일 경남 창원에서 열린우리당 경남지사 후보 장인태의 선거사무소 개소식에 참석해 "부산시장 · 경남지사 보궐선거에서 열린우리당 후보가 당선되면 (노무현 대통령이) 엄청난 선물을 줄 것" 이라고 말했다. 그는 "만약 안 되면 내가 건의해서라도 책임지고 지역 발전을 10년은 앞당기도록 하겠다"고 말했으며, "노 대통령이 가장 마음 아프게 생각하는 것은 '왜 내 고향에서 지지를 못 받고 있느냐' 며 이번 총선에서 대선에 비해 지지율이 높아진 것에 기쁨을 표시했다"고 전했다. 그는 "경남 도정 100년사에 지금처럼 좋은 기회는 없었다" 며 "(앞으로) 정부 요직에 경남인들이 대거 포진하게 될 것" 이라는 말도 했다.[51]

---

50) 이수호 · 신용호, 「여 권력 지도 다시 그리나: 열린우리 원내대표 경선 이후」, 『중앙일보』, 2004년 5월 13일, 5면.
51) 김광호, 「김혁규 "보선 승리 땐 엄청난 선물"」, 『경향신문』, 2004년 5월 13일, 3면; 강정훈, 「김혁규 "보선 이기면 대통령이 큰 선물 줄 것"」, 『동아일보』, 2004년 5월 13일, A8면.

『국민일보』는 5월 14일자 사설「'총리 후보'의 지역주의 조장」을 통해 김혁규가 처음부터 작심하고 지역주의를 부추기고 있다고 비판했다. "노 대통령을 비롯한 여권은 재·보선에서 또 한번 '올인' 카드를 쓰고 싶은 유혹을 느낄지 모른다. 끊임없이 야당을 자극해 극한 행동을 유도함으로써 총선에서 보기 좋게 성공한 전례가 있기 때문이다. 하지만 이미 국회 과반 의석을 획득한 여당은 정치적 승부에만 집착하는 모습에서 벗어나야 한다."

같은 날『경향신문』의 사설「보선 승리하면 엄청난 선물?」은 이렇게 비판했다. "유력한 '총리 후보'로 거론되는 사람이 공동 선거대책위원장이 되어 '엄청난 선물', '경남인 대거 발탁' 이야기를 하고 다니면 그 배경에 관권이 작용하고 있다고 믿는 유권자가 적지 않을 것이다. 관권 선거는 아니지만, 그런 효과를 거둘 수 있는 선거 방법이라고 할 수 있다. 그에 대한 한나라당의 불평을 정치 공세로 일축할 수만은 없는 이유도 여기에 있다."

다른 한쪽에선 '호남 차별' 주장이 일어나고 있었다. 5월 13일 민주당은 "광주 출신인 신일순 대장 구속을 계기로 정권의 '호남 인맥 청산 작업'이 폭넓게 제기되고 있다. 이 같은 호남 배제 군 인사는 '호남은 무조건 노무현 정권 지지'라고 인식한 현 정부가 영남권을 공략하기 위한 동진(東進) 정책의 일환"이라며 "각 분야에 걸쳐 '호남 인맥 희생, 영남 인맥 우대' 전략을 노골화하는 데 따른 현상이다"며 다음과 같이 주장했다.

"공식 및 비공식 채널을 통해 조사한 결과 올해 7월 장성으로 진급할 예정인 육사 34기 출신 11명은 출신 지역별로 볼 때 수도권이 6명, 충청권

1명, 영남 2명, 강원 2명으로 호남 출신은 단 한 명도 없다. 같은 시점에 이뤄질 예정인 올해 국군 기무사령부 대령 진급자 8명 가운데도 호남 출신은 한 명도 없고 충청권 출신이 2명, 영남권 출신은 6명에 이른다."

이 주장을 보도한 『동아일보』 기사는 "실제로 참여정부 출범 이후 지난해 4월 이뤄진 군 인사에서 전체 7명의 대장 중 영남 출신이 2명에서 4명으로 늘어난 반면 호남은 2명에서 1명으로 줄었다. 또 지난해 10월 비리 혐의로 잇따라 전역한 국방부 합동조사단장, 헌병감, 법무감도 모두 호남 출신이어서 군 내외에선 호남 군맥을 겨냥한 사정설이 끊이지 않았다"고 했다.[52]

5월 14일 『서울신문』은 불법 대선 자금 수수 등의 혐의로 서울구치소에 수감 중인 열린우리당 의원 정대철이 정치인에 대한 검찰 수사는 그만해야 한다는 언급과 함께 여권 지도부에 대한 섭섭한 심경을 최근 면회온 측근에게 피력한 것으로 알려졌다고 보도했다.

"13일 측근에 따르면, 정 의원은 '요즘 상생의 정치를 한다는데, 그렇다면 정치인들을 계속 잡아넣는 것은 그만해야 한다. 파렴치 범죄라면 몰라도 관행으로 돈을 받은 것까지 문제를 삼는 것은 너무하다. 그런 거라면 나를 비롯해 지금까지 처벌받은 사람으로 그쳐야 한다'고 말했다는 것이다. 그러면서 '한화갑·이인제 의원처럼 경선 자금을 받은 경우까지 처벌해선 안 된다'고 했다고 한다. 또 '민주당이 쪼개질 때 열의 아홉이 내가 신당 따라가면 팽(烹)당한다고 말렸는데, 지금 와서 생각해보니 맞는 것 같다'고 '뼈 있는 말'을 뱉은 뒤 '내가 계속 민주당 대표로

---

52) 박성원·최호원, 「민주당 "군 호남 인맥 청산 노골화"」, 『동아일보』, 2004년 5월 14일, A4면.

남았더라면 대통령 탄핵 사태도 없었을 테고, 민주당이 지금처럼 몰락하지도 않았을 것이다' 라고 했다."[53]

노무현의 대통령 복귀

2004년 5월 14일 헌법재판소는 국회가 제출한 노무현 대통령 탄핵소추안에 대해 '기각' 결정을 내림으로써 노무현은 이날 오전 10시 29분부터 직무 정지 상태에서 벗어나 대통령 권한을 회복하였다. 63일 만의 복귀였다. 헌재는 선거법과 헌법 수호 의무를 위반했다고 지적했지만 그것이 파면할 만큼 중대한 것은 아니라며 기각 결정을 내렸다. 탄핵 사유 가운데 측근 비리 부분에 대해서는 "소추 사유의 이유가 없다"고 밝혔고, 국정 및 경제 파탄은 사법적 판단 대상이 될 수 없다는 이유로 각하했다. 소수 의견은 비공개로 처리해 헌재가 소심하다는 비판이 제기되었다.

5월 15일 노무현은 대국민 담화에서 "개혁을 저지하기 위해 위기를 확대해서는 안 된다"고 주장했다. 야당과 보수 언론이 위기설을 부추기고 있는데, 경제 위기론은 재벌 개혁 및 부동산 투기 억제 등 개혁 정책을 좌초시키려는 음모라는 시각이었다. 노무현의 당면 과제는 '김혁규 총리'를 관철하는 것이었지만, 반대가 만만치 않았다.

『한국일보』이사 장명수는 2004년 5월 17일자에 쓴 「변화의 첫 단추」라는 칼럼에서 김혁규 총리 후보 반대 이유를 세 가지 제시했다. 첫째,

---

53) 김상연, 「"한화갑·이인제 처벌 안 된다": 정대철 "신당 따라가 팽당해" 옥중 심중 피력」, 『서울신문』, 2004년 5월 14일, 4면.

당적을 바꾼 명분이 분명치 않다는 것. 둘째, 한나라당이 자신의 총리 임명설에 반발하자 김혁규가 "국가적으로 중요한 역할을 할 사람의 적합도를 논의하려면 능력, 경륜, 청렴도 등을 거론해야지 당을 얘기하는 것은 상식에 어긋난다"고 항변한 것. 셋째, 총리설이 나도는 사람이 어제까지 자신이 몸담았던 정당에 그런 대응을 하는 태도는 매우 실망스럽다는 것이다. 더 큰 실망은 '엄청난 선물' 발언이었다고 했다. 장명수는 "셋째 이유는 가장 중요한 것인데, 노 대통령이 그를 총리로 임명하려는 속셈에 '지역 배려'가 자리 잡고 있다는 점이다. 언제까지 총리 임명에 이런 계산을 할 생각인가. 그런 계산은 개혁 대상이 아닌가"라고 했다.

『한겨레』 논설주간 김선주도 5월 17일자에 쓴 「'김혁규 총리 내정' 옳지 않다」라는 칼럼에서 아무리 욕심이 나는 인물이라 하더라도 정치 도의상 옳지 않은 일을 해선 안 된다며 "처지를 바꿔 생각해보자"고 했다. "만약 한나라당이 우리당 텃밭의 유력한 인물을 총선 직전 총리직을 약속하고 빼간 것으로 드러난다면 이를 어떻게 받아들이겠는가. 사람 빼가기의 원조인 한나라당이 변절자 운운하는 것은 우스꽝스럽긴 하지만 김혁규만은 받아들일 수 없다는 심정은 충분히 이해할 수 있다."

『경향신문』 기자 박영환은 5월 17일자에 쓴 「기자 메모: 여(與), 또 무리한 'PK 올인'」에서 "김(혁규) 전 지사의 발언이 있었던 다음날 안병영 교육 부총리는 울산에서 '노무현 대통령이 이미 긍정적으로 검토하라는 지시를 내린 사안으로 적극 추진 중'이라고 국립대 설립을 얘기했다. 노 대통령은 부산에서 유일하게 열린우리당 간판으로 당선된 조경태 씨를 지난주 초 청와대로 불러 만찬을 한 것으로 16일 알려졌다. 조 당선자는 6·5 재·보선 부산 선대위 상임 본부장에 내정된 상태다. 앞서 17대 총선 직후 노 대통령이 가장 먼저 독대한 인사가 김혁규 전 지사다. 부산 시장과 경남지사 선거와 무관하게 비치지 않는 행보……. 전국정당화는 수단의 정당성을 함께 가져야 한다"고 했다.

5월 17일 정동영은 의장직을 사퇴하였고, 신임 의장은 신기남이 물려 받았다. 그날 열린우리당 지도부는 상임 중앙위에서 기자들이 지켜보는 가운데 '김혁규 띄우기'를 했다. 정동영은 "어제 방송사 여론조사에서 김 전 지사에 대한 찬반이 50 대 30으로 나오더라"며 "국민의 50% 이상 지지를 받는 것을 보면, 지역 통합을 해야 한다는 시대 요구가 반영된 것"이라고 주장했다. 신기남은 "김 전 지사가 여기 온 것은 쉬운 길을 택한 게 아니라 망국적 지역 구도를 깨기 위해 모험을 한 것"이라고 주장했다.[54]

17대 초선 만세

2004년 5월 17일 낮 열린우리당 17대 국회의원 당선자 부인 1백여 명이 서울 여의도 63빌딩 중식당에서 '친목 모임'을 가졌다. 이 자리에 재정 경제부 기획관리실장 김병기를 불러 '우리나라 경제 상황'에 대해 브리 핑까지 받아, '월권적 행위'라느니 '치맛바람'이라느니 하는 비판이 제기되었다.[55]

그러나 개혁 세력은 4·15 총선의 감격에서 깨어날 뜻이 없는 것처럼

---

54) 유성식, 「씁쓸한 '김혁규 띄우기'」, 『한국일보』, 2004년 5월 18일, A2면.
55) 김준석, 「여 의원 당선자 부인들 상견례서 '입담 뽐내기': 재경 간부 불러 브리핑 듣기도」, 『서울신문』, 2004년 5월 19일, 5면.

보였다. 『한겨레』 정치부장 성한용은 5월 19일자에 쓴 「17대 초선 만세」라는 칼럼에서 17대 초선들은 앞으로 10여 년 한국 정치의 주역으로 활약할 것이라며 그 근거로 세 가지를 들었다.

"첫째, 이번에 당선된 사람들은 대부분 지역구 경선을 통과했거나, 비례대표의 경우 각 정당의 심사위원회를 통과했다. 지역구 당선자나 비례대표 당선자나 '제왕적 총재' 의 공천을 받지 않았기 때문에 과거처럼 '맹목적인 충성' 을 할 필요가 없어졌다는 것이다. 둘째, 17대 당선자들은 과거에 비해 돈을 훨씬 적게 쓰고 깨끗하게 선거운동을 했다. 정당법이 바뀌어 돈 먹는 하마로 불리는 지구당도 없어졌다. 그러니 앞으로 '검은돈' 을 받을 가능성이 별로 없다. 이제 도덕성은 정치인이 생존하기 위한 기본 조건이다. 셋째, 유권자나 당선자들이나 국회의원이 이제 국민 위에 군림하는 '특권층' 이 아니라 국민을 위해 일하는 '머슴' 이라는 사실을 자각하기 시작했다."

과연 그럴까? 민노당 의원 조승수는 열린우리당의 초선의원이 108명에 달한 걸 빗대 우리당을 '108번뇌당' 이라 불렀는데, 이게 더 진실에 가까운 건 아니었을까? 총선 불출마 후 〈CBS 시사자키 오늘과 내일〉의 진행자로 되돌아간 정범구는 17대 국회에 대해 관용을 강조하면서 이렇게 말했다. "한쪽은 수구 꼴통이고 한쪽은 '알 철모(나치의 돌격대를 비꼬는 말)' 들인데 도무지 토론이 안 돼요. 김원기 국회의장이 17대 개원 연설에서 '상생' 을 얘기했는데 서로 살기에 앞서 서로 인정하기 먼저 했으면 좋겠어요."[56]

---

56) 「"정치권은 전장…… 내 천직은 방송" CBS 시사자키 진행 컴백 정범구 전 의원」, 『국민일보』, 2004년 6월 9일.

2004년 17대 국회의원 선거 불출마를 선언한 정범구 전 민주당 의원. 『월간 인물과 사상』과의 인터뷰에서 그는 사회 밑바닥에서부터 찢긴 분열의 상처와 열린우리당 옛 동지들의 변절에 환멸이 왔다고 했다.

『한겨레』 정치부 차장 여현호는 5월 21일자에 쓴 「'창조적 배신'」이라는 칼럼에서 민주당 파괴에 앞장선 '천·신·정(천정배·신기남·정동영)'의 성공과 관련, "얼마 전 만난 어떤 이는 이를 '창조적 배신'이라고 일컬었다. 정치인이 한 단계 도약하기 위해선 발목을 잡는 과거의 그 무엇과 결별해야 한다는 주장이다. '창조적 배신'이 '철새적 행태'와 다른 것은, 새로운 가치와 패러다임을 찾고 만드는 '창조'에 방점이 찍히기 때문일 것이다"라고 주장했다.

『한겨레』 대표 논객들의 이런 희망 사항은 곧 무너지게 되지만, 당시 개혁 진보 진영이 행복감에 도취해 있었다는 건 분명했다. 노무현도 예외는 아니었다. 5월 21일 발표된 검찰 대선 자금 수사 결과, 노무현은 이회창과 더불어 '증거 없음' 처분을 받았고, 24일 국무총리 고건이 사표를 냈다. 노무현은 5월 27일 연세대 특강에서 "한국에서는 '빽'하면 진보는 좌파고 좌파는 빨갱이라고 하는데, 이는 한국 사회의 진보를 가로막는 암적인 존재"이며 "합리적 보수, 따뜻한 보수, 별놈의 보수 다 갖다놔도 보수는 '바꾸지 말자'는 것"이라고 주장했다. 또 그는 박정희를 절대 찬성할 수 없지만 박정희가 목숨을 걸고 한강 다리를 건넜다는 점은 평가한다 말했다. 기면 기고 아니면 아니다는 식으로 올인을 해야 성공한다는 취지의 말도 했다.

노무현과 열린우리당은 그런 자신감으로 열린우리당의 전국 정당화의 기반을 강화하기 위해 당내에 '영남발전특별위원회'를 구성키로 했다. 『한국일보』는 영남발전특위에다 5월 27일 검사장 인사에서 부산·경남 인맥이 요직을 차지한 것에 대해 열린우리당 호남파가 열받았다고 보도했다. 열린우리당 당선자 신중식(전남 고흥-보성)은 "한국 현대사에서 모든 권력을 장악해온 영남을 발전시키겠다고 특위까지 구성하는 것은 소가 웃을 일"이라는 비판을 퍼부었다.[57]

노무현의 '김혁규 총리 카드'에 대한 열린우리당 내부의 반발이 심각하자, 5월 28일 대통령 정치특보 문희상은 그 카드가 실패할 경우 열린우리당 '지도부 인책'을 하겠다고 말해 논란을 빚었다. 열린우리당이 노무현의 사당(私黨)이냐는 반발이 쏟아져 나왔다. 이때 신기남은 "여당으로서 책임감을 강조한 것으로 본다"고 대응했다. 유시민은 기자회견을 자청해 일부 소장파들의 김혁규 반대론에 대해 "아무런 논리적 바탕이 없다"고 비판했다.

57) 범기영, 「여 호남파 "열 받네": 영남발전특위…… PK, 검(檢) 요직 차지……」, 『한국일보』, 2004년 5월 29일, A5면.

청와대에 울린 '산 자여 따르라'

2004년 5월 29일 오후 6시부터 9시까지 청와대 영빈관에서 열린우리당 17대 국회의원 당선자와 중앙위원 초청 만찬이 열렸다. 『동아일보』(2004년 5월 31일)는 "전승 축하연을 연상케 하는 들뜬 분위기 속에 진행됐다. 일부 의원은 식사 도중 테이블에서 갑자기 한꺼번에 일어나 '건배'를 외치는 등 대학교 MT 분위기를 연상케 하는 자유로운 분위기였다고 참석자들이 전했다"며 다음과 같이 말했다.

"노무현 대통령은 만찬에 앞서 오후 6시부터 30분간 영빈관 1층에서 참석자들과 다과를 함께 했다. 참석자들이 일렬로 늘어섰던 과거와 달리 노 대통령은 부인 권양숙 여사와 함께 행사장을 직접 돌며 당선자들에게 '축하한다'고 인사하고 일일이 악수를 했다. 노 대통령은 또 이미경, 김현미, 선병렬 당선자와는 포옹까지 해 참석자들 사이에서 박수가 터져 나왔다. 유시민 의원은 만찬에 앞서 영화 〈반지의 제왕〉과 〈아라한 장풍대작전〉 포스터를 패러디한, '사상 최고의 개혁이 시작됐다, 노무현 대통령의 귀환', '노무현 민생장풍 대작전' 등의 문구가 쓰인 포스터 두 점을 노 대통령에게 전달하기도 했다."

『동아일보』는 "노 대통령도 만찬에 앞서 인사말에서 '너무 좋다'며 감정을 굳이 숨기지 않았고 맺음말에서는 '우리도 100년 가는 정당을 하자'고 말해 박수를 받기도 했다"고 했다.

"노 대통령은 그러면서도 '152석이 참 좋은 것 같다. 더 확실한 승리를 했다면 어쩌면 큰 실수를 했을지도 모른다'며 긴장감을 잃지 말고 '안전 운행' 해 달라고 당부했다. 노 대통령은 만찬 후 참석자 전원에게 영국 노동당의 실용적 사회 개혁 정책 방향 등 '제3의 길'을 담은 책 『노동의 미래』(앤서니 기든스 저 · 신광영 역)와 '노무현 시계'를 선물했다."

『동아일보』는 "만찬에서는 사회자인 김부겸 당 의장 비서실장의 권유로 여러 사람이 독창 및 합창에 나서 만찬장은 '노래 한마당'으로 변모했다. 김 실장이 먼저 "김희선 언니를 비롯한 여성 의원들이 합창단을 만들었다"며 26명의 여성 의원과 중앙위원들을 불러 세워 노래를 청하자 이들은 '만남'을 부르기 시작했다"고 했다.

"권 여사도 동참해 마이크를 잡고 한 소절을 거들었고, 김희선 의원의 열정적 지휘에 무용을 전공한 '춤꾼' 강혜숙 의원의 가벼운 안무가 곁들여졌다. 이광철(전북 전주 완산 을) 당선자는 '코믹 심청가', '여러분', '마누라송'으로 이어지는 3곡을 열창하며 흥을 돋웠다. 이어 김 실장이 '42세 이하 386들 다 나오라'고 불러내자 33명의 젊은 당선자와 중앙위원이 앞에 나와 '임을 위한 행진곡'을 불렀다. 김 실장이 내친김에 노 대통령에게도 한 곡을 청하자 노 대통령은 '허공'을 부른 뒤 앙코르와 함께 큰 박수를 받자 "밴드 없이 맨입으로 불러서 미안하다"며 애창곡인 '부산 갈매기'로 화답했다. 이어 신기남 의장은 윤복희의 '웃는 얼굴 다정해도'라는 노래를 불렀다."[58]

만찬에 참석했던 정봉주(서울 노원 갑) 당선자는 30일 친노 정치 포털 사이트 『서프라이즈』에 올린 「청와대 만찬 감상기」에서 "앞서서 나가니 산 자여 따르라, 앞서서 나가니 산 자여 따르라! 시위 현장도 파업 현장도 아닌 청와대에서, 그것도 대통령이 함께한 자리에서 '임을 위한 행진곡'이 한반도 전체에 울려 퍼져나가고 있었다. 상상이나 했겠는가?

58) 박성원, 「청와대 만찬장 표정 / 청와대에 울린 "산 자여 따르라"」, 『동아일보』, 2004년 5월 31일, 4면.

이런 날이 오게 될 줄을……" 이라고 말했다.

1980년대 민청련, 전민련 등에서 활동한 재야 출신 정봉주는 "민주화 운동 세력, 개혁 세력이 이 사회의 주류로 등장했음을 확인시켜준 자리였다"며 다음과 같이 말했다. "군사독재 정권 시절에는 부르는 것만으로도 감옥에 끌려가야 할 노래가, 이제 국회의원들의 입을 통해 대한민국 한복판에 울려 퍼지게 될 줄은……. 포도주에 다소 취기가 올라 보이는 대통령도 모든 당선자도 울고 있었다. 대한민국 심장부에서 역사는 새로 쓰여지고 있음을 선언한 5월 29일!" 그러나 청와대 측은 "정 당선자는 울었는지 몰라도 대통령은 울지 않았다"고 밝혔다.[59]

노무현이 울었건 울지 않았건 그게 무에 그리 중요하랴. 중요한 건 펑펑 울었다 해도 자연스럽게 느껴질 만큼 노무현과 열린우리당이 감격 상태에 빠져들었다는 점이리라. 이게 비극의 시작이었는지도 모른다. 어느 택시 기사의 말처럼, 국민은 정치인들이 빚어낸 끔찍한 혼란을 못 견뎌 탄핵 세력을 응징했던 것뿐인데 말이다.

---

59) 박성원, 「정봉주 당선자 '만찬 감상기'」, 『동아일보』, 2004년 5월 31일, 4면.

10배 남는 장사도 있다
아파트 분양 원가 공개 논란

6·5 지방자치단체 재·보선

탄핵 사태와 그에 따른 4·15 총선의 거품이 빠지기 시작한 걸까? 『한겨레』(2004년 5월 29일) 여론조사에서 노무현의 지지율이 60%대에서 하락해 45.3%인 것으로 나타났다. 이를 반영하듯, 6·5 지방자치단체 재·보선 결과는 열린우리당의 참패로 끝났다. 『경향신문』(2004년 6월 7일)은 "여권이 가장 심혈을 기울인 '동진(東進)'의 꿈은 영남 광역 및 기초 단체장에서 모두 패배해 무산됐다. 호남과 제주에서도 졌고, 수도권 기초 단체장 선거에서도 전멸했다. 충청권에서도 대전 유성구청장과 충주시장을 한나라당에 내줬다. 한 달여 전 17대 총선에서 수도권과 호남, 충청권에서 압승한 것에 비춰보면 격세지감의 결과다"며 다음과 같이 말했다.

"1천 2백여만 명의 유권자가 대상이 된 '미니 총선'에서 일반의 예상보다 훨씬 더 참패한 원인을 놓고 다양한 해석이 나오고 있다. 전국 평균 28.5%의 낮은 투표율이 말해주듯 열린우리당 지지자가 상대적으로 많은 젊은 층의 투표 불참도 한 원인이다. 과반 여당에 대한 견제 심리도 한몫했다는 분석이다. 하지만 보다 근본적 패인은 열린우리당과 청와대가 자초했다는 진단이 우세하다."[60]

『동아일보』는 "전남 지역의 재·보선 결과는 열린우리당과 민주당 사이에서 고민하고 있는 복잡한 호남 표심을 잘 반영하고 있다. 4·15 총선 때 전남에서 열린우리당과 민주당의 정당 득표율은 각각 46.7%, 33.8%였다. 13석의 의석은 열린우리당 7석, 민주당 5석, 무소속 1석으로 나타나 '호남을 맡길 당으로 지역 민심은 열린우리당을 선택했다'는 분석이 많았다. 하지만 이번 재·보선 양상은 전혀 딴판이었다"며 다음과 같이 말했다.

"민주당 박준영 (전남지사) 후보가 57.6%를 얻어 35%의 지지를 얻은 열린우리당 민화식 후보를 20%p 이상 앞지르는가 하면 22개 시·군 중 민 후보의 출신지인 해남을 제외한 21개 지역에서는 민주당이 모두 열린우리당을 누른 것으로 나타났다. 민주당은 또 화순군수 선거에서만 무소속에 근소한 차이로 1위를 내주었을 뿐 진도군수와 목포 도의원 및 시의원, 무안 도의원, 신안군의원 등 전남 지역 지방선거 전체를 사실상 싹쓸이하는 기염을 토했다. 이정일 사무총장은 이에 대해 '지난 총선에서 민주당이 너무 큰 타격을 본 데 대한 동정과 권력욕에 도취된 여당의 오만함에 대한 응징'이라고 분석했다."[61]

6월 8일 이해찬이 새 총리 후보로 지명되었다. 바로 그날 열린우리당

60) 최재영, 「6·5 재·보선 / 여당 참패 '자업자득', 개혁 퇴색 실망감 반영」, 『경향신문』, 2004년 6월 7일, 3면.
61) 박성원, 「열린우리당 재·보선 참패 / 열린우리-민주당 득표율 총선 때와 역전」, 『동아일보』, 2004년 6월 7일, 3면.

의원 82명이 노무현의 오른팔이었던 안희정을 선처해달라는 탄원서를 선고 하루 전 법원에 제출했다. 이들은 탄원서에서 "법과 관행이 심각하게 괴리되어 있는 우리나라 정치 현실에서는 정치자금을 담당하는 사람은 누구든지 희생당할 가능성이 크다"고 말했다. "정치권에서 관행적이었던 일들이 총선 직전의 엄중한 분위기 탓에 엄한 기준으로 규정된 면도 있다"는 말도 했다. 이들은 안희정을 "개혁 정치를 실현하기 위해 동분서주한 동반자"라고 했으며 "오늘이 있기까지 안 씨의 노고와 희생이 적지 않았다"고 말했다. 안희정이 "시대의 희생자"라는 말도 했다.

6월 9일 신문 사설들은 이를 비판했다. 『한국일보』 사설 「'안희정 선처' 탄원 낸 의원님들」은 "국회의원으로서의 본분을 망각한 것"이라고 비판했고, 『서울신문』 사설 「부적절한 여당 의원들의 안 씨 탄원」은 "낯뜨거운 행동"이라고 비판했고, 『동아일보』 사설 「'안희정 구하기' 볼썽사납다」는 "위선적 사고와 오만"이라고 비판했다. 『국민일보』 사설 「안희정 석방 탄원할 때인가」는 "여당 의원들의 용기와 배짱은 놀랍고 어처구니없다", "가당치도 않은 궤변", "교만과 독선", "참으로 충격적"이라고 비판했다. 『세계일보』 사설 「'안희정 구하기' 개혁 역행 아닌가」는 "행여라도 개혁 세력의 비리는 '희생'이고 보수 세력의 비리는 '범죄'라는 인식을 한다면 그것이야말로 반개혁적 발상이 아닐 수 없다"고 비판했다. 『경향신문』 사설 「'안희정 탄원서' 한심스럽다」는 "안 씨가 지은 죄만큼 감옥 생활을 하면서 진정으로 반성하도록 내버려두는 것이 그를 정말 도와주는 것이다"고 비판했다.

아파트 분양 원가 공개 논란

2004년 6월 9일 노무현은 "아파트 분양 원가 공개는 개혁이 아니라고 생각한다"며 "시장을 인정한다면 원가 공개는 인정할 수 없다"고 주장했다. 그는 "이것은 경제계나 건설업계의 압력이 있어서가 아니라 대통령의 소신"이라고 단언했다.

이 발언은 많은 지지자들에게 큰 충격을 안겨주었다. 열린우리당은 4·15 총선 공약으로 분양 원가 공개를 내세웠고, 총선 직후인 4월 20일 KBS 1라디오 여론조사에서 86.9%가 분양 원가 공개에 찬성한 것으로 나타났기 때문이다. 그러나 그 이전에 이런 논란이 있었다. 2003년 12월 3일 서울시장 이명박은 "고분양가 논란이 일고 있는 서울 상암 지구 7단지의 아파트 분양 원가를 공개하겠다"고 선언했지만 정부는 분양 원가 공개를 반대하고 나섰다. 이런 정치적 복잡성과 그에 따른 정략 때문이었는지는 알 수 없지만 노무현의 6·9 발언은 분양 원가 공개 공약을 뒤집은 것이었기에 그 충격파는 컸다.

그럼에도 노무현은 6월 11일엔 아예 한 걸음 더 나아가 공공 부분의 분양 원가 공개를 주장한 한나라당에 대해 "경기가 나쁘다고 탄핵을 추진한 한나라당이 경기를 죽일 수 있는 이런 규제를 만들자는 것이냐"며 "본질적인 문제를 가지고 제발 이랬다 저랬다 하지 말아줬으면 좋겠다"고 맹비난했다. 친노 의원들은 노무현 발언을 적극적으로 옹호하고 나섰다.[62]

6월 12일 『한겨레』 여론조사에서 노무현 대통령의 지지율은 37.8%로

---

62) 박태견, 『참여정권, 건설 족 덫에 걸리다』(뷰스, 2005), 134~136쪽.

뚝 떨어진 것으로 나타났다. 6월 14일 열린우리당 의원 김근태는 노무현의 아파트 분양 원가 공개 불가 방침에 반발하면서 "계급장을 떼고 논쟁하자"고 주장했지만, 친노 의원들의 공세에 밀려 무릎을 꿇고 말았다.

친노 의원들의 대표 주자는 단연 유시민이었다. 다른 사건과 연계돼 나온 말이지만, 6월 14일 민주노동당 국회의원 노회찬은 박정희 대통령 시절의 차지철 대통령 경호실장에 빗대 "유시민 의원은 노 대통령의 정치적 경호실장"이라고 비난했다. 민노당 정책국장 이재영도 당 홈페이지를 통해 "유 의원의 언행을 보면 이승만과 이기붕이 생각난다"며 "공적인 관계를 망각하고 가족처럼 감싸고 치켜세워주면 그렇게 되기 마련"이라고 혹평했다. 그는 이어 "대통령 감쌀 시간이 있으면 경제정책론 공부부터 하라. 경제학보다 윤리학부터 공부하라"고 충고했다.[63]

그러나 유시민은 이런 비난에 굴하지 않고 6월 15일 인터넷매체 『프레시안』과의 인터뷰에서 "원가 공개는 개혁이고, 원가 연동제는 반개혁이라는 식의 논란은 집값 안정에 아무런 도움이 안 된다"고 주장하면서 분양 원가 공개를 요구하는 야당을 싸잡아 비난했다. 흥미롭게도 이즈음 조중동은 노무현을 격찬하고 나섰다.[64]

박태견은 노무현이 다수 국민의 생존권이 걸린 주택 문제를 "열배 남는 장사도 있다"는 논리로 합리화한 데 대한 국민의 분노는 결정적이었다고 했다. 이후 노무현과 열린우리당의 지지율은 급락하기 시작했다.[65] 나중에 여론조사에서 '서민을 위한 정당'으로 열린우리당보다는 한나

63) 윤종구, 「민노당 "유시민은 차지철-이기붕 같은 사람"」, 『동아일보』, 2004년 6월 15일, 8면.
64) 박태견, 『참여정권, 건설 족 덫에 걸리다』(뷰스, 2005), 137~139쪽.
65) 박태견, 위의 책, 141쪽.

© 경제정의실천시민연합

시민 단체 회원들이 아파트 분양 원가 공개를 촉구하는 기자회견을 하고 있다.

라당을 지목한 비율이 더 높게 나타난 결과엔 바로 이 '아파트 분양 원가 공개' 논란이 미친 영향이 컸다. 2005년 2월 28일 국회의원 294명의 재산 변동 사항 공개 시, 열린우리당이 1억 원 이상 증가자가 31명으로 전통적으로 재력가들이 모인 한나라당(29명)을 앞선 것도 영향을 끼쳤을 것이다.[66]

중간파들이 힘을 받기 어려운 구조

아파트 분양 원가 공개 논란에 방송이 견제 역할을 제대로 해주지 못한 것도 노무현과 열린우리당에겐 '독'이 되었지만, 당시엔 개혁 진영에서

---

66) 「'1억 이상 증가자' 우리당이 더 많아」, 『한국일보』, 2005년 3월 1일.

방송의 편파성을 거론하는 건 절대 금기로 여겨졌다. 이를 잘 보여준 사건이 6월 11일 방송위원회 의뢰로 한국언론학회가 주관한 '대통령탄핵 관련 TV 방송 내용 분석' 보고서 공개로 인한 파동이다.

연구팀은 결론적으로 "아무리 느슨한 기준을 적용해도 공정했다고 말하기는 어렵다"면서 TV 방송이 공정성을 지키지 못한 이유로 "탄핵안 가결을 둘러싼 갈등을 합법적 논쟁의 영역에 속하는 제도권 정치 집단 간의 정치적 갈등으로 본 것이 아니라 일탈적 행위로 보았거나 그렇게 보고자 했기 때문"이라고 추정했다. 이 보고서를 놓고 뜨거운 논란이 벌어졌다.[67]

한국언론학회의 탄핵 방송 보고서를 어떻게 평가하건, 한 가지 분명한 사실은 당시의 사회적 분위기는 탄핵 방송의 논조를 거스르기 어려웠다는 점이다. 이와 관련, 나중에 『프레시안』 대표 박인규는 한국 사회에서 "중간파들이 힘을 받기 어려운 구조"를 지적하면서 이렇게 말했다.

"탄핵 당시 에피소드인데요. 탄핵 방송에 대해 비판적 태도를 지닌 언론학자와 통화를 하면서 솔직히 어땠냐고 물어보자 방송에 감정이 섞인 것 같다는 얘기를 했습니다. 그런데 이분이 정작 방송 토론에서는 방송이 잘못했다는 말씀을 하지 못하시더라구요. 방송의 잘못, 부족한 부분에 대해 지적을 해야 하는데 공적인 자리에서는 그게 힘들다는 것이지요. 그러다보니 중간적인 입장에서 갈등을 종합할 수 있는 여지가 없어지면서 점점 대립이 격화되는 게 아닌가 하는 생각입니다."[68]

---

67) 이희용, 「언론의 아전인수식 보도 태도 재확인: 언론학회 탄핵 방송 보고서 파장 전말과 쟁점」, 『신문과 방송』, 2004년 7월, 29~34쪽.
68) 박인규 외, 「신년대담 / 새해 언론의 나아갈 길: 정파성 벗어나 공론장 만들어야」, 『신문과 방송』, 2005년 1월, 30~37쪽.

아파트 분양 원가 공개 논란의 와중에서 터져 나온 '김선일 피살 사건'도 이라크 파병의 문제가 크게 불거지면서 노 정권에는 악재로 작용했다. 6월 23일 새벽 이라크 저항 단체에 피랍된 가나무역 직원 김선일 씨가 끝내 살해됐다는 소식이 전해지자 추모와 애도의 물결이 전국적으로 이어졌지만, 외교통상부가 AP 통신의 김 씨 실종 문의를 묵살했다는 사실이 알려진 24일 이후 열린우리당 홈페이지에는 정부·여당에 대한 비판의 글이 하루 평균 300여 건씩 올라왔다. 자유게시판에는 노무현 대통령을 겨냥해 '모든 책임은 대통령이 져라'는 등의 비난이 잇따랐다.[69]

6월 30일 열린우리당 전 의장 정동영, 전 원내대표 김근태가 각각 통일부 장관과 복지부 장관으로 임명되지만, 이는 모두에게 좋지 않은 결과를 초래하게 된다. 당 의장 출신을 장관으로 '격하'시켜 입법부에 대한 행정부의 우위를 보여주는 점도 문제였지만, 결정적으로 노무현-정동영·김근태의 소통 관계를 왜곡시킴으로써 잘못된 노선이나 정책을 검증·교정할 기회를 박탈하는 결과를 낳게 했기 때문이다.

창당 이래 최대의 위기 상황

2004년 7월 2일, 신문들은 열린우리당의 위기 상황을 크게 보도했다. 열린우리당의 지지율이 27%로 추락해 30%대 초반인 한나라당에도 뒤졌으며, 정책 혼선에 대한 불만에 박창달 체포 동의안 부결 사건까지 가세해 당원들의 분노의 목소리가 높다는 내용이다. 열린우리당도 스스로

69) 정용관, 「열린우리당 곤욕…… 김선일 씨 관련 비난 폭주」, 『동아일보』, 2004년 6월 28일, 4면.

'창당 이래 최대의 위기 상황'이라는 진단을 내리고 있었다.

열린우리당의 적극적 지지자였던 『한국일보』 논설위원 고종석은 「환멸을 견디는 법」이라는 칼럼에서 노무현의 허황된 진보 수사를 비판하고 나섰다. "대통령의 그 언어적 허세는 신바람 난 국내 보수 신문들에 부풀려 인용되고 미국 보수 언론에 재인용됨으로써, 미국 조야에 노 정권이 그야말로 (잠재적) 좌파 정권으로 비치게 한다. 이 정부가 부시 정권에 내줄 것 다 내주면서도 박대받는 비밀 가운데 하나가 거기 있을 법하다."

고종석은 또 유시민이 '콜레라와 페스트 사이의 선택'이라는 궤변으로 이라크 파병을 합리화했다고 비판했다. "유 의원은 노 대통령이 그랬듯 반듯해 보이는 윤리 교사 노릇으로 공적 삶의 대부분을 채우며 자신에 대한 사람들의 윤리적 기대 지평을 너무 높여놓음으로써, 스스로 그 기준에 이르지 못했을 때 따르게 될 세간의 환멸을 두드러지게 만들었다." 이어 고종석은 이들이 부끄러움을 모른다고 질타했다. "인간의 어떤 무능도 부끄러움의 능력을 잃은 것만큼 부끄럽지는 않다."[70]

『경향신문』 경제부 차장 권석천은 7월 3일자에 쓴 「노 대통령의 보이지 않는 적(敵)」이란 칼럼에서 노무현의 지극히 자기중심적이고 자기방어적인 태도를 비판했다. 권석천은 노무현의 5월 27일 연세대 강연 내용, 6월 7일 국회 개원 연설 등을 거론하면서 "야당이나 보수 언론을 향한 맞대응은 될 수 있을지언정, 국민들이 품고 있는 우려에 대한 성실한 대답은 아니다"고 말했다. 그랬다. 사실 노무현 정치의 가장 큰 특징은 야당

---

70) 고종석, 「환멸을 견디는 법」, 『한국일보』, 2004년 7월 1일.

이나 보수 언론을 향한 맞대응에 전력을 쏟았다는 점이다.

7월 29일 노무현은 전남 목포에서 "광주·전남은 직접 챙기겠다. 큰 판을 벌이겠다"고 말해 논란을 빚었다. 노무현은 20일 전인 7월 9일 전북 군산에선 "선물을 주러 온 게 아니다. 전북 스스로 지역 혁신 역량을 키우라"고 발언했기 때문이다.

노무현은 목포에선 "제가 직접 챙겨서 21세기에는 호남이 큰소리를 치는 밑천을 준비하겠다"며 지역개발 사업에 대한 전폭적인 지원을 약속했다. 그는 수행한 인사 수석 정찬용, 홍보 수석 이병완, 정보과학기술 보좌관 박기영 등 호남 출신 참모들을 일일이 거명하면서 "이들에게 전해주면 직접 챙기겠다"는 말까지 했다.

더 문제가 된 건 열린우리당과 민주당이 한편임을 수차례 강조한 대목이었다. 그는 "개방적이고 미래지향적, 민주적 방향을 추구했던 정당이 열린우리당이고 민주당"이라고 주장했다. 답답한 노릇이었다. 노무현은 영남에 가선 뭐라고 말할 것인가? 영남에 가서 "호남을 열심히 챙길 테니 이해해달라"는 말을 할 수 있을까? 아니잖은가. 영남에 가면 영남 지원을 이야기할 게 뻔하고, 이미 그렇게 해왔다. 이게 과연 과거에 노무현이 역설했던 지역주의 타파 전략이었단 말인가? 지난 4·15 총선 전까지 '반(反)개혁 세력'으로 매도했던 민주당을 열린우리당과 한편이라고 주장하는 건 또 뭔가? 그게 진심이라면, 민주당 분당은 왜 했으며 열린우리당 창당은 왜 했단 말인가?

이처럼 대비되는 노무현의 발언에 대해 전북의 일부 언론과 단체들도 발끈하고 나섰다. '강한전북일등도민운동협의회'라는 단체는 8월 3일 기자회견을 열고 "노 대통령 발언은 같은 호남권에서도 전북이 홀대되는 것을 극명히 보여주는 사례"라며 "'호남 소외' 아닌 '전북 소외'에 도민들은 섭섭함이나 배신감을 넘어 분노를 금할 수 없다"고 주장했다.

노무현의 법무부 장관 교체의 내막도 충격적이었다. 『경향신문』 정치부 차장 박래용의 「참여정부의 신(新)가신 정치」라는 칼럼에 따르면, "법무 장관의 교체를 둘러싸고 나도는 얘기는 차마 믿고 싶지 않다. 노대통령의 29일 광주·전남 방문 하루 전 강금실 장관을 전격 경질하고, 호남 출신 법무 장관 기용을 서둘러 발표한 사실은 우연이라고 보기 어렵다는 게 요체다. 측근인 윤광웅 장관 기용을 발표하던 날, 법무 장관 교체를 끼워 넣은 것도 '물타기'란 의혹을 받기 충분하다. 일석이조(一石二鳥), 삼조(三鳥)식 정치적 활용이다."[71]

어느 시사 주간지는 이런 의혹을 표지 기사로까지 다뤘다. 청와대에서 무슨 해명이 나올 법도 했건만, 나오지 않았다. 강금실은 자신의 교체 사실을 몰랐다고 했다. 장관에게 직접 교체 사실을 알릴 시간도 없을 만큼 급박했던 이유가 과연 무엇이었을까?

이라크 파병 논란

2004년 8월 초 한국군 자이툰 부대 1진이 이라크로 출발하면서 이라크 파병 문제를 둘러싼 갈등은 더욱 심해졌다. 한국 정부는 장병들의 안전을 이유로 파병 환송식도 공개하지 않는 등 추가 파병에 대해 침묵으로 일관해 파병 반대파들을 분노하게 하였다.

---

71) 박래용, 「참여정부의 신(新)가신 정치」, 『경향신문』, 2004년 7월 31일.

8월 3일 민주노동당과 시민 단체들은 "정부가 명분 없는 파병을 강행하고 있음을 스스로 인정하는 꼴"이라며 연일 시위를 벌이는 등 파병 철회의 목소리를 높였다. 정부는 자이툰 부대의 환송식은 물론 출발 장소와 일시 등을 철저히 비공개로 함으로써 애초 정부가 내세운 '평화 재건 지원'이라는 명분을 스스로 퇴색시켰다는 것이다. 경기도에 있는 교육부대에서 열린 환송식에는 파병 장병 가족과 윤광웅 국방장관, 유재건 국회 국방위원장 등 일부 인사만 참석한 것으로 알려졌으며 언론을 비롯한 외부에는 일절 공개되지 않았다.

이라크파병반대 비상국민행동(국민행동), 민주노동당, 한국대학생총연합회 소속 500여 명은 이날 청와대 부근에서 기자회견을 갖고 "미국이 패권주의 전략을 관철하기 위해 한국의 청년을 희생양으로 삼으려 한다"며 "정부는 명분 없는 추가 파병을 즉각 중단하라"고 촉구했다. 민주노동당 박용진 대변인은 논평을 통해 "군악대 몇몇의 환송만 받은 채 도망치듯 떠나는 우리 젊은이들의 뒷모습을 지켜봐야 하는 국민들의 마음은 착잡하다"고 말했다.[72]

자이툰 부대 파병을 규탄하며 청와대 인근에서 열린 시민·사회단체들의 집회는 분노와 우려로 가득 찼다. 경찰과 격렬한 몸싸움이 벌어진 가운데 노무현 정부의 퇴진을 요구하는 목소리도 빗발쳤다. '이라크파병반대 비상국민행동'과 민주노동당, 한국대학총학생회연합 등이 이날 서울 종로구 청운동 새마을금고 앞에서 연 규탄 집회에서, 오종렬 국민행동 공동대표는 "우리 젊은이들이 범죄 전쟁의 불구덩이로 떠났는데,

---

72) 박영환·김재중, 「자이툰 부대 1陣 '비공개 출병' : "이라크 재건 명분 퇴색"」, 『경향신문』, 2004년 8월 4일, 1면.

2004년 6월 26일 서울 광화문에서 진행된 이라크파병반대 비상국민행동의 고 김선일 씨 추모 집회와 같은 시각, 도쿄 신주쿠 거리에서 열린 한일공동행동 촛불시위 장면.

이제 헌법의 '침략 전쟁 반대' 조항을 삭제해야 하는가"라며 "노 대통령은 이라크의 피의 보복을 어떻게 피할 것인가. 침략 전쟁에 동참하는 게 한미 동맹인가"라고 비판했다.

각계 대표의 발언이 이어진 뒤 참가자들은 "가자 청와대로, 노무현 정권 박살 내자" 등의 구호를 외치며 경찰과 격렬한 몸싸움을 벌였다. 참가자들은 "전쟁터에 한국 젊은이들을 쫓겨가듯 몰래 보내놓고, 노 대통령은 에어컨 바람을 쐬며 휴가를 즐기고 있느냐"며 울분을 터뜨리기도 했다. 특히 이날 집회에서는 '파병 강행 고집하는 노무현 정권 물러나라', '국민의 생명 안중에 없는 노무현은 퇴진하라' 등 그동안 파병 반대 집회에서 좀처럼 듣기 어려웠던 '정권 퇴진' 요구 목소리가 빗발쳤다.

국민행동 관계자는 "각 시민·사회단체의 의견을 모아 퇴진 운동 여부를 결정할 것"이라며 "노 대통령이 파병을 강행함으로써 '돌아올 수 없는 강'을 건넜다는 광범위한 공감대가 형성돼 있다"고 주장했다.[73]

이라크 파병은 대통령이 되기 전 "반미 좀 하면 어때"라고 큰소리쳤던 노무현의 자세와는 극도로 대비되는 것이었기에 그만큼 반발도 컸다고 볼 수 있다. 이후의 역사가 말해주지만, 노 정권의 발목을 잡은 건 이라크 파병이라기보다는 "열 배 남는 장사도 있다"는 철학으로 대변된 아파트 분양 원가 공개 거부와 그에 따른 아파트값 폭등이었다. 아니, 어쩌면 편의주의적으로 말 바꾸기를 즐겨 하는 노무현의 버릇이 낳은 신뢰의 파탄이었는지도 모르겠다.

73) 이지은, 「"왜 쫓기듯 이라크 보냈나" 청와대 앞 분노 / 파병 규탄 격렬 시위」, 『한겨레』, 2004년 8월 4일, 8면.

'개혁 물신주의' 인가?
과거사 청산과 국가보안법 갈등

과거사 청산 논쟁

2004년 8월 15일 노무현은 광복절 경축사에서 반민족 친일 행위를 비롯한 과거 권력의 인권침해와 불법행위에 대한 포괄적인 진상 규명을 제의하고 나섰다. 또 그는 "지금 우리는 100년 전 중국과 일본, 서구 열강의 틈바구니에서 사분오열하다가 국권을 빼앗긴 힘없는 나라가 아니다. 이제 우리 국민이 어느 방향으로 가고자 하느냐에 따라 동북아의 구도는 달라질 것이다"라고 말했다.

열린우리당 상임 고문 문희상은 8월 16일 부산에서 열린 '반민특위법 발의 56주년 기념식' 축사에서 노무현은 "혁명적으로 민주주의를 실제로 하는 첫 번째 대통령이 된 분"이며 "역사 속에 권위주의를 청산한 성숙한 민주주의를 만든 사람으로 남을 것"이라고 말했다. 그는 또 "노 대통령은 대통령이 된 뒤 제왕적 대통령의 권위주의를 없앴고 권한을 나눠줬다"면서 "당정 분리로 모든 것을 포기했고 정경유착 고리도 끊었

다. 노 대통령이 아니면 그게 되겠느냐"고 했다.[74]

그러나 과거사 청산에 대해선 진보 논객들도 경계심을 표했다. 서강대 정외과 교수 손호철은 8월 17일 『한국일보』에 기고한 「과거 청산의 빛과 그림자」라는 칼럼에서 노무현은 8·15 광복절 축사와 관련, "우선 밀린 숙제를 하게 된 시원한 기분"이라고 밝히면서도 최소한 세 가지 점에서 고개를 갸우뚱하지 않을 수 없었다고 말했다.

첫째, 손호철은 노무현 정부가 과연 이런 포괄적인 과거사 규명을 주도하기에 적합한 주체인가 하는 회의를 나타냈다. 노무현과 열린우리당 지도부 다수가 DJP 연합이라고 하는 유신 세력과의 연대, 박정희기념관 추진 등에 대해 침묵하고 지지했던 자신들의 과거사도 청산하지 않은 채 무슨 과거 청산을 이야기하느냐는 것이다. 둘째, 손호철은 '집회와 시위에 관한 법률'의 개악, 국가교육정보행정시스템 강행, 이라크 파병 강행 등 앞으로 시간이 흐르면 과거사 규명의 대상이 될 반인권적 정책들을 강행하면서 과거 정권의 인권침해를 규명하겠다는 것은 말이 되지 않는다고 주장했다. 셋째, 손호철은 광복절 축사가 일제 문제, 고구려사 문제 등 일본과 중국에 대한 쓴소리는 전혀 담고 있지 않았다는 점을 지적했다.

이재현은 "과거사 청산과 관련하여 한국의 모든 정치 분파는 과도한 민족주의를 경계할 필요가 있다. 한국의 민족주의는 월드컵과 올림픽이 먹여 살리는 것만으로도 충분하다. 현실 정치가 이에 연루되어 이전투구를 벌이는 것은 현실 정치를 위해서나 민족주의를 위해서나 좋은 일

---

74) 박민혁, 「문희상 "노 대통령은 혁명적 민주주의 실천"」, 『동아일보』, 2004년 8월 17일, A4면.

이 아니다. 지금 정체성 문제와 관련하여 한국의 민족주의는 광기의 블랙홀로 모든 사람을 빨아 넣기 직전에 와 있다. 매우 우려되는 일이다"라고 말했다.[75]

8월 19일 한나라당 대표 박근혜는 과거사 청산 문제와 관련, 친북 활동과 용공 활동도 조사 대상에 넣어야 한다고 주장했다. 열린우리당은 '과거사 청산에 물타기'라며 '친북·용공 색깔론'이라고 주장했다. 『조선일보』 8월 20일 사설은 양쪽을 싸잡아 비난했다.

8월 20일 열린우리당 신임 의장 이부영은 과거사 조사 범위에 친북 행위를 포함하자는 한나라당의 제의에 대해 한나라당을 '가해자'로 표현하면서 거부했다. 6년간 한나라당에 몸담으면서 부총재와 원내총무까지 지냈으며 두 차례의 대통령 선거에서 열심히 뛰었던 이부영이 이제야 한나라당의 정체를 알았느냐는 비판이 제기되기도 했다.

신기남 논란

열린우리당이 공격적으로 추진하던 과거사 청산 문제는 『신동아』 2004년 9월호가 그간 이 일에 앞장서온 신기남의 부친이 일본군 헌병으로 복무했다는 기사를 게재함으로써 새로운 국면을 맞게 되었다.[76] 신기남은 그 사실을 부인해왔기 때문에 이는 도덕성 문제로 비화해 언론으로부터 '집중 폭격'을 당하게 되었다. 8월 18일 신문 사설들은 일제히 신기남의

---

75) 이재현, 「박근혜론: 수구 냉전 국가주의의 이단(異端) 심문관」, 『인물과 사상 32』(개마고원, 2004), 155~189쪽.
76) 허만섭, 「추적 특종: 신기남 열린우리당 의장 부친은 일본군 헌병 오장(伍長)이었다」, 『신동아』, 2004년 9월, 92~101쪽.

"언론 개혁·친일규명법 개정 당력 최대한 집중하겠다"

신기남 우리당의장

취임 기자회견

언론개혁에 대한 열린우리당의 기본전략이 선을 보였다. 19일 신기남 의장의 취임 기자회견에서다. 신 의장은 이날 '이미 사회적 합의가 성숙된 개혁과제인 언론개혁, 사법개혁, 친일진상규명법 개정을 위해 당력을 최대한 집중하겠다'며 "개혁은 어려운 것일수록 시간이 많이 걸리기 때문에 빨리 추진해야 한다"고 말했다. 사실상 언론개혁과 친일진상규명법 개정을 한꺼번에 추진하겠다는 뜻을 나타낸 것이다. 그동안 당 안에서는 '소리 안 나는 것부터'라는 공감대 속에서 '선 친일규명, 후 언론개혁'이 대세였는데, 신 의장의 그 발상법을 뒤엎은 셈이다.

이는 〈조선일보〉와 〈동아일보〉가 언론개혁의 대상이기도 하지만 친일진상 규명의 대상이기도 하다는 점에서, 두 개의 전선에서 동시에 협공을 펴겠다는 강공책으로 해석된다. 두 신문의 친일행적을 폭로해 얻는 국민적 분노를 동력으로 언론개혁을 밀어붙이겠다는 '시너지 효과의 극대화' 전략이기도 하다.

애초 16대 국회 과거사진상규명 특위를 통과한 친일진상규명법 원안에는 조사 대상이 친일반민족행위 가운데 하나로, '언론·예술·학교·종교·문화 그밖의 문화기관이 일본제국주의의 침략전쟁에 협력한 행위'라고 분명하게 언론을 포함시켰으나, 법사위 심의과정에서 법안 내용이 크게 훼손되면서 '중앙의 문화기관'이라는 모호한 표현으로 바뀌었다. 조선일보와 동아일보가 친일 조사대상에서 빠져나갈 구멍이 생긴 셈이다.

열린우리당 지도부는 이를 개정해 애초 원안대로 되돌려놓겠다는 방침이다. 이렇게 되면, 두 신문은 이르면 9월부터 과거의 친일행적을 조사받게 된다.

언론개혁과 친일진상규명은 시기적으로도 맞물린다.

새정치실천위원회 언론개혁팀 (팀장 김재홍 비례대표 당선자)이 마련한 시간표를 보면, 6월5일부터 15일까지 학계·언론계·법조계·시민사회단체 등이 중심이 된 '언론개혁 국민행동'을 발족하도록 돼 있다. 그 직후 국회의장 직속으로 여야가 참여하는 '범국민언론개혁위원회'를 구성하고, 여기서 논의된 내용을 '언론발전특위'에서 법제화한 뒤, 올 11월 안으로 본회의를 통과하는 것으로 잡아놓고 있다.

친일진상규명법의 경우, 5월 안으로 '민주사회를 위한 변호사 모임'(민변)과 민족문제연구소가 주축이 돼 개정안을 마련하고, 6월초

신기남 열린우리당 의장(오른쪽)이 19일 오전 서울 영등포 당사에서 취임식을 마친 뒤 천정배 원내대표와 악수하고 있다.
윤운식 기자 yws@hani.co.kr

2004년 5월 17일 열린우리당 정동영의 의장직 사퇴로 의장직을 이어받았던 신기남 의원 (오른쪽). 그는 취임 기자회견에서 언론 개혁과 친일진상규명법 개정을 위해 당력을 최대한 집중할 것이라고 밝혔었다.

'위선과 기만'을 문제 삼았다.

"그는 아버지의 친일 행위가 아닌, 자신의 거짓된 행위에 대해 사과하고 책임을 져야 한다."(『경향신문』) "일부러 숨긴 것이 아니고 언젠가 밝혀질 것으로 생각했다지만 무엇보다 그는 국민을 상대로 겹겹이 거짓말을 했다. '오보'에 모친이 역정을 냈다고도 했다. 지난달 부친의 일경(日

警) 복무 주장이 처음 제기됐을 때는 '기초적 사실 확인도 없이 오보 경쟁을 하고 있다'며 명예 훼손 등을 거론했다. 오보에 법적 대응을 검토하다 대승적 차원에서 자제했다는 식의 설명도 곁들였다."(『국민일보』) "문제는 이 사실을 알면서도 부인해 온 신 의장의 허위와 위선이다."(『동아일보』) "신 의장은 부친의 행적을 은폐하려 사실상 거짓말을 했다는 의혹까지 받고 있다."(『서울신문』) "엄밀하게 말해 전형적인 친일파 후손인 신 의장이 앞장서서 '친일 청산'을 외치는 것은 적반하장격이다. 게다가 거짓말로 도덕성에 큰 상처를 입었으니 더 이상 고민할 것도, 망설일 것도 없는 게 아닌가. 하루라도 빨리 의장직을 사퇴하는 것이 국민에 대한 도리를 다하는 길이다."(『세계일보』) "이 문제와 관련해 신 의장이 보여온 이중적인 태도와 거짓말은 집권당을 책임지고 있는 정치인으로서 문제가 아닐 수 없다."(『조선일보』) "거짓 해명 부분에 대해서는 신 의장의 설명이 있어야 한다."(『중앙일보』) "신기남 열린우리당 의장의 '거짓말'이 드러났다."(『한겨레』) "해방 전 아버지의 일생은 부끄러웠고, 자신의 정치적 입지엔 치명적이었으니 신 의장은 끝까지 거짓말과 궤변으로 구차하게 가족사를 감추려 했다."(『한국일보』)

이처럼 보수와 진보를 막론하고 모든 신문이 일제히 문제 삼은 건 신기남의 '거짓말'이었다. 이런 공세에 밀려 신기남은 결국 의장직을 사퇴하였다. 그는 19일 사퇴 성명에서 "이제 역사의 진실을 밝힐 때"라며 "민주 평화 개혁 세력이 다수가 된 지금이 아니고는 할 수 없다"고 밝히면서 "친일 잔재 청산과 민족정기 회복을 위해 당 의장직에서 물러난다"고 밝혔다. 그는 "앞으로 친일·반민족 행위의 진상과 과거사의 진실을 밝히는 데 맹렬한 기세로 전력을 다하겠다"고 다짐했다. 그러나 그의 사퇴 후에도 비판은 계속되었다.

『문화일보』 8월 19일자 사설 「신기남 사퇴 본질 왜곡하지 말라」는 "뻔뻔스러운 도덕적 타락", "비겁" 등과 같은 원색적인 단어들을 사용하면서 비판했다. 이 사설은 "열린우리당 신기남 의원이 부친의 친일 행적 파문으로 당 의장직에서 사퇴했는데도 별다른 감동을 주지 못하는 것은 본인은 물론 열린우리당이 이 사건의 본질을 왜곡하고 있는데 더 분통이 터지기 때문이다"며 "신 의원과 여권은 마치 조상이 친일한 자손은 이 나라 지도층이 될 수 없기 때문에 그야말로 읍참마속(泣斬馬謖) 차원에서 무슨 대단한 결단이라도 내린 것처럼 연출하려 하고 있지만, 그런 아버지의 죄로 아들이 돌팔매질을 당하는 연좌제적 처벌을 하라고 그의 부친 문제를 따지려 했던 것이 아니다"고 했다.

이튿날 『중앙일보』 사설 「'거짓말'과 '살신성인' 차이도 모르나」는 "열린우리당 당직자들은 그의 거짓말은 애써 외면하면서 '살신성인'이라는 등 있지도 않은 연좌제 때문에 그가 물러나는 것처럼 호도하고 있다"고 비판하였다.

개혁 팔아 돈 버는 것이 뭐가 나쁘냐

2004년 8월 26일 친노 웹진 『서프라이즈』의 대표였던 서영석은 창간 예정인 『데일리 서프라이즈』에 대해 "(부인의 인사) 청탁 건으로 조중동이 비판하고 선전해주니 (나를) 정권 실세로 오인한 사람들이 너도나도 나서서 도와준다"며 "창간 축하 광고도 넘치고, 투자를 원하는 사람들을 제지하고 대기시켜야 할 정도"라고 말했다. 서영석은 한 걸음 더 나아가

"노무현도 개혁을 팔아서 대통령이 된 것 아니냐"면서 "시대의 흐름을 읽고 이용하여 돈을 버는 게 무슨 잘못이나 죄가 되느냐"고 주장해 논란을 빚었다.[77]

이런 생각을 예견한 듯, 연세대 교수 박명림은 2004년 9월 1일에 발간된 『당대비평』 가을호에 기고한 「개혁은 어떻게 역사가 되었는가: 개혁 물신주의를 넘어서」라는 글에서 '개혁 물신주의(物神主義: fetishism)'라는 개념을 제시했다. 박명림은 어떤 의미로 '개혁 물신주의'라는 말을 사용했는가?

박명림은 노무현 정부가 추진하는 개혁의 첫째 문제점으로 '개혁의 불균등성'을 지적하였다. 어떤 부분은 아주 보수적인 개혁을 추구하나 다른 어떤 부분은 자유주의적 개혁을 추구하며, 또 어떤 부분은 급진적 개혁을 추구하려 한다는 것이다.

박명림은 이보다 더 큰 문제는 보편주의, 곧 보편적 기준의 붕괴와 이중잣대의 만연이라고 말했다. 그는 개혁과 반개혁, 선과 악, 정의와 불의의 이분법을 넘어 정의의 부분성에 눈뜰 때 새로운 개혁과 공존의 철학이 형성될 것이라고 역설했다. 예컨대, 삶의 세대적·시간적 지평에서 볼 때 좌파(자손)에 대한 연좌제적 의식을 철폐하자면서 친일파(자손)에 대한 연좌제적 의식을 지속하는 것은 옳지 않다는 것이다. 박명림은 더욱 경계해야 할 것은 개혁, 개혁 언술의 자기 물신화라고 말했다. 그것은 자칫 물신화한 개혁 언술의 환상 속에서 사태를 바라보게 할지 모르기 때문이라는 것이다.

---

77) 오남석, 「"개혁 팔아 돈 버는 것이 뭐가 나쁘냐": 서영석 씨 발언 또 물의」, 『문화일보』, 2004년 8월 26일, 5면.

"정치, 특히 민주정치는 말을 통한 생각의 전달과 반응을 반복하면서 형성되고 전개된다. 말의 물신화가 일어날 때 그 말은 본래의 의미는 물론 사회적 힘을 상실한다. 특히 관계적 힘을 상실한다. 우리 사회의 독특한 현상의 하나는 말의 보편성이 상실되고 그것의 특정한 사회성이 과도하게 강조된다는 데에 있다. 개혁은 일단 그 말 자체를 선취함으로써 이미 '개혁적', '진보적'이라는, 또 그것을 추구하고 있으며 그렇게 가고 있다는 선험적 자기 환상을 갖게 된다. 또는 최초의 출발이 개혁적이었다면 어떤 반개혁적 선택을 하더라도 자신의 행동은 개혁적이라고 믿으려 노력한다."

이어 박명림은 오늘날 한국에서 벌어지는 개혁 공방은 이미 내용을 넘어 담론 권력 싸움과 상호 낙인찍기라는 적나(赤裸)의 드잡이로 전락해가고 있는 것처럼 보인다고 개탄했다. "우리는 이승만-박정희 시기에 민주주의, 자유, 인권, 평화, 노동, 이런 가치와 언술들이 현실 상황에 따라 왜곡됐다가 끝내는 물신화하여 자기 내용을 상실하고 결정(結晶)되는 현상을 목도했다. 개혁 담론이 그렇게 된다면 이는 한국 민주화의 큰 손실이 될 것이다."[78]

국가보안법은 박물관으로

2004년 8월 26일 헌법재판소는 국가인권위원회로부터 폐지 권고를 받은 국가보안법에 대해 합헌 결정을 내렸다. 그간 독소 조항으로 꼽혀온

---

78) 박명림, 「개혁은 어떻게 역사가 되었는가: 개혁 물신주의를 넘어서」, 『당대비평』, 제27호(2004년 가을), 31~46쪽.

7조 1항(찬양·고무죄)과 5항(이적 표현물 소지 등)에 대해 소수의견조차 없이 재판관 아홉 명의 '전원 일치'로 합헌 결정을 내린 것이다.

또 9월 2일 대법원은 국가보안법 위반 등 혐의로 기소된 전 한총련 대의원 두 사람의 상고심에서 이들의 상고를 기각하면서 국가보안법 폐지 논의를 반박하는 이례적인 판결문을 내놓았다. 재판부는 판결문에서 "북한이 직·간접 등 온갖 방법으로 우리 체제를 전복하고자 시도할 가능성이 항상 열려 있는 이상, 스스로 일방적인 무장해제를 가져오는 조처에는 여간 신중을 기하지 않으면 안 된다"고 지적하고는, 보안법 폐지론을 겨냥해 "나라의 체제는 한번 무너지면 다시 회복할 수 없는 것이므로, 국가의 안보에는 한 치의 허술함이나 안이한 판단을 허용할 수 없다"고 강조한 것이다.

국가보안법폐지국민연대와 민변, 참여연대 등 시민 단체들은 "대법원이 시대에 뒤떨어진 냉전적 사고방식을 가진 이들로 구성돼 있다는 점이 다시 한 번 증명된 셈"이라고 비판했다. 대법원이 사건과 직접 관련이 없는 국보법 폐지 논리를 반박한 것은 사법부가 입법부의 입법 활동에 개입한 것이라는 비판도 제기되었다. 대법원의 판결문 중 "오늘날 북한에 동조하는 세력이 늘어가고, 통일전선의 형성이 우려되는 상황임을 직시할 때 체제 수호를 위해 관용에는 한계가 있어야 한다"는 부분은 지나친 표현이라는 것이다. 민주사회를 위한 변호사 모임은 "대법원이 입법정책에 대한 호불호를 표현한 것은 정치적 영역을 침범, 삼권 분립의 원칙을 스스로 어긴 것"이라고 비판했다.

대통령 노무현은 9월 5일 밤 MBC TV〈시사매거진 2580〉500회 기념으로 준비한 '대통령에게 듣는다' 프로그램에 출연해 "이대로 한 5년,

10년 지나가면 한국은 적어도 국제사회에서 완전히 미국과 대등한 자주 국가로서 역량을 갖출 수 있을 것으로 생각한다"고 말했다. 그러나 그건 희망 사항이었을 뿐, 중요한 건 국가보안법 관련 발언이었다.

노무현은 "국가를 보위하기 위해서 필요한 조항이 있으면 형법 몇 조항 고쳐서라도 형법으로 하고 국가보안법을 없애야 대한민국이 드디어 야만의 국가에서 문명국가로 간다고 말할 수 있는 것"이라며 국가보안법 폐지 입장을 밝혔다. 그는 국가보안법은 "칼집에 넣어 박물관으로 보내는 것이 좋을 것"이라고 말했다. 일부 언론은 '야만의 국가' 등 현재의 시각으로 과거를 철저히 부인하는 것은 대통령으로서 바람직한 자세가 아니라는 비판을 제기하였다.[79]

9월 9일 열린우리당은 국가보안법 폐지를 당론으로 확정했다. 이후 국가보안법 문제는 뜨거운 정치적 이슈가 되었다. 여야 정당의 생각이 각기 다를 뿐만 아니라 각 정당 내부에도 각기 다른 의견들이 상충하고 있기 때문에 더욱 그랬다.

9월 20일 한나라당 대표 박근혜는 논란이 되고 있는 '정부 참칭' 조항(국가보안법 제2조)은 얼마든지 논의할 수 있으며, 보안법 명칭도 바꿀 수 있다고 말했다. 그 이전에 고무·찬양죄와 불고지죄는 전향적으로 수정하되, 정부 참칭죄는 그대로 유지한다고 규정한 데서 한 걸음 나아간 것이었다. 그러나 이에 대해 한나라당 의원 김용갑 등 일부 의원들은 "국보법의 '정부 참칭' 조항과 법안 명칭은 체제 수호의 상징성이 크기 때문에 절대 양보할 수 없다"고 박근혜를 비판하였고, 박근혜도 자신의 발

79) 「국가보안법은 박물관으로」(사설), 『국민일보』, 2004년 9월 6일, 26면.

언이 오해되었다고 주장했다. 여당 내에서는 '폐지 후 형법 보완' 과 별도의 대체 입법을 주장하는 쪽으로 나뉘었다.

『한국일보』 이사 장명수는 9월 20일자에 쓴 「여당 '민주 정당' 인가」라는 칼럼에서 국가보안법 문제와 관련해 여당 내에서도 찬반 논쟁이 있었으나 9월 5일에 나온 노무현의 한마디로 여당 내부가 조용해진 걸 지적하면서 "대통령의 한마디가 아직도 그런 위력을 발휘한다니 놀랍다. 박정희 대통령도 전두환 대통령도 아닌 노무현 대통령이 이런 현상을 당연하게 받아들인다면 큰일이다"고 했다.

『한국일보』 사회2부장 김동영은 9월 23일자에 쓴 「가면을 강요하는 정권」이라는 칼럼에서 "자리 보전과 위치 상승을 위해 '가면' 을 쓸 수밖에 없는 경직된 상황이 성격만 바뀌었을 뿐 군사정권 때나 지금이나 크게 다르지 않다는 점은 무섭다. 여전히 적과 동지의 이분법을 선호하고 비판을 '불순한 의도' 라고 내치는 통치권자 겸 인사권자가 존재하는 환경에서 제 목소리 내기는 위험 부담이 너무 큰 모험이기도 하다"고 주장했다.

한국 민주주의의 취약한 사회경제적 기반

2004년 10월 1일과 2일, 일부 신문들은 고려대 교수 최장집이 계간 『아세아연구』 2004년 가을호에 기고한 「한국 민주주의의 취약한 사회경제적 기반」이라는 논문의 내용을 보도했다. 그는 이 글에서 "오늘날 한국 사회에서 다뤄져야 할 실제 문제(real issue)는 절대다수의 노동인구가 직면한 사회경제적 삶의 조건이 매우 크게 위협받고 있는 현실" 이라고 주장했다. 그는 "오늘의 한국 현실에서 대다수 일반 시민이 직면하고 있는 경제생활의 질적 저하와 그것이 가져오는 사회적·인간적 피폐화만큼 큰 문제는 없다"면서 "이 문제에 대한 적절한 정책 대안을 발전시키지 못한다면 한국 민주주의는 공허한 것이 될 수밖에 없으며 한 발짝도 진전하기 어려울 것이다"라고 경고했다.

최장집은 "사회경제적 중대 문제가 정치 사안으로부터 배제되고 떠오르지 못할 때 민주주의를 통한 집단적 결정의 내용은 민주적 가치로부터 멀어지게 된다"며 "뭐든 참여의 확대가 다 좋은 것은 아니다"라고 말했다. 그는 "사회경제적 이슈가 서구 민주주의 사회에선 최우선 순위에 자리 잡고 있는데도 한국 상황은 이와 정반대로 이념 대립과 열정을 불러일으키는 감정적 이슈나 현실적 문제와 거리가 먼 지역개발주의적 사안들이 정책의 최우선에 자리 잡고 있다"고 비판했다.

최장집은 노무현 정부의 정치적 의제를 ①정치의 제도 개혁, ②과거사·지역감정 등 역사·이념·가치의 의제, ③행정 수도 이전 등 지역개발 정책, ④사회경제적·정치경제적 의제 등으로 분류하면서 "기득이익이 가장 강력한 헤게모니를 갖고 있는 영역은 냉전 반공주의나 친일파 청산 등이 아닌, 경제와 관련된 이슈 영역"이라고 분석했다. 요컨대, 현 단계 한국 민주주의의 핵심 과제는 '사회경제적 삶의 조건'에 있음에도 "민주화 이후 한국 정치는 비정치경제적 이슈들이 과도하게 정치화되고 결과적으로 정치는 이데올로기적 쟁투의 장이 되는 동안 사회경제적 이슈들은 방치되고 탈정치화됐다"는 것이다.

최장집은 현실의 대안을 고민하려는 민주 정부와 시민 사회의 역량 부족도 지적하였다. 예컨대, 이론적 수준, 가치와 신념의 차원, 운동의

"대다수 국민 경제생활 어려워지는데
현 정부 정책은 이념대립에 치우쳐"

보면 기득권 세력이 가장 강력한 헤게모니를 갖고 있는 영역은 냉전 반공주의도 아니고, 친일파 청산 문제와 같은 역사적 차원의 문제

진보학자 최장집 교수 비판

"오늘의 한국 현실에서 대다수 일반 시민이 직면하고 있는 경제생활의 질적 저하와 그것이 가져오는 사회적·인간적 피폐화만큼 큰 문제는 없다."

한국 사회과학계에서 대표적 진보 인사로 손꼽아 온 최장집(사진) 고려대 아세아문제연구소장(정치외교학과 교수)이 사회경제적 이슈를 '방치'하는 노무현 정부의 정책 방향을 강하게 비판했다. 계간 '아세아연구'(2004년 가을·볼권 117호)에 기고한 '한국 민주주의의 취약한 사회경제적 기반'이란 제목의 논문

을 통해서다. 최 교수는 김대중 정부 시절 대통령 자문 정책기획위원장을 지냈다.

최 교수는 "고실업, 고용 불안정, 비정규직 노동자의 누적, 소득분배구조의 악화, 신용불량자의 양산, 빈곤층의 확대 등이 외환위기 이후 전개된 한국 경제의 특징"이라며 "사회경제적인 문제가 정당들과 민주 정부에 의해 정치적인 문제로 다루어지지 않는 한 오늘의 한국 민주주의는 한 발짝도 진전하기 어려울 것"이라고 진단했다. 그는 이어 "민주주의가 일반 시민들의 사회경제적 삶을 개선하는 데 기여할 수 없다면, 사회적 불만이 확대되는 것만큼 민주주

의에 대한 지지 기반도 약해질 것"이라고 내다봤다.

비판의 초점은 정책의 우선 순위로 모아졌다. 최 교수는 "서구 민주주의에서는 현실 생활에 기초를 둔 사회경제적 문제가 정책의 최우선 순위로 자리 잡고 있으나 한국에서는 이와 반대로 중요 의제로 부각되지도 못하고 있다"며 "과거사 진상 규명'과 같은 이념대립과 열정을 불러일으키는 사안과 삶의 현실적 문제와 거리가 먼 '행정수도 이전'과 같은 지역 개발주의적 사안들이 최우선 순위에 자리 잡았다"고 현 정부의 정책을 꼬집었다. 그는 또 "따지고

도 아닌 경제와 관련된 이슈 영역"이라며 "민주화 이후 한국 정치는 비정치경제적 이슈들이 과도하게 정치화되고 결과적으로 정치는 이데올로기적 투쟁의 장이 되는 동안 사회경제적 이슈들은 방치되고 탈정치화됐다"고 지적했다.

행정수도 이전과 관련해 최 교수는 "정책추진자들이 중앙집권화의 폐해와 분권과 혁신의 중요성을 강조하는 동안 그것이 과연 주장하는 대로의 바람직한 효과를 낳게 될지에 대한 우리 사회의 확신이 약해지는 현상이 나타나고 있다"고 주장했다.

배영대 기자
balance@joongang.co.kr

최장집 교수는 "사회경제적인 문제가 정당들과 민주 정부에 의해 정치적인 문제로 다루어지지 않는 한 오늘의 한국 민주주의는 한 발짝도 진전하기 어려울 것"이라고 진단했다.(『중앙일보』, 2004년 10월 2일)

차원에서 신자유주의를 부정하는 것은 얼마든지 가능하지만, '비자유주의 모델'을 대안적 정책으로 집행하기 위해 무엇이 필요한지를 전면적으로 검토하려는 노력이 없다는 것이다.[80]

문화평론가 이재현은 "국가보안법 개폐 문제는 나로서는 폐지를 찬성하는 쪽이다. 그렇지만 지난 50년 이상 동안이나 헌법보다 더 강력한 힘을 행사해온 국가보안법의 위력과 역사를 고려해야 한다고 생각한다. 즉 국가보안법의 폐지는 어떤 이슈든 간에 개헌을 넉넉하게 해낼 수 있을 정도의 의석을 개혁적 자유주의와 좌파가 정치 연합의 형태로 확보한 상황에서 이루어지는 게 현실적이라는 생각을 나는 하고 있다. 그렇

---

80) 안수찬, 「"민주주의 지지 기반 약해지고 있다": 최장집 교수, 계간 '아세아연구' 서 노무현 정부 비판」, 『한겨레』, 2004년 10월 1일, 14면; 배영대, 「"대다수 국민 경제생활 어려워지는데 현 정부 정책은 이념 대립에 치우쳐": 진보학자 최장집 교수 비판」, 『중앙일보』, 2004년 10월 2일, 8면; 최영해, 「"고실업 등 사회경제 문제 뒷전 현 정부 이렇다 할 정책 못 갖춰": 최장집 고려대 교수 노무현 정부 정책 질타」, 『동아일보』, 2004년 10월 2일, A4면.

지 않은 한에서 국가보안법의 폐지 시도는 사멸해가고 분열해가고 있는 보수 반동 세력을 굳이 결집해주는 결과만 낳을지도 모른다"고 주장했다.[81] 실제로 그런 일이 일어났다.

노무현의 '전투적 리더십 스타일'

2004년 10월 4일 오후 5시 300여 개 보수 단체와 보수 성향의 기독교 단체 회원들은 10만여 명이 참여한 가운데 국가보안법 폐지 반대 등을 요구하며 서울시청 앞 서울광장에서 '대한민국 수호 국민대회'를 열었다. 이날 집회에는 전 국무총리 현승종, 남덕우, 강영훈과 재향군인회 회장 이상훈, 6·25 참전유공자회 회장 채명신, 자유민주민족회의 총재 이철승, 여의도순복음교회 당회장 조용기, 한나라당 의원 김용갑, 박성범, 김문수 등이 참가했다. 이들은 "국가보안법 폐지는 북한 공산 세력과 남한 내 친북 좌익 세력에게 대한민국 파괴 면허증을 주는 국가적 자살 행위"라고 규정한 뒤 "이들 좌익 세력의 국가보안법 폐지 시도를 막아내자"고 결의했다. 이들은 청와대로 행진하려다 경찰과 충돌해 물대포가 동원되기도 했다. 이에 앞서 한국기독교총연합회 등 보수 기독교 단체들은 오후 3시 30분부터 같은 장소에서 '나라와 민족을 위한 구국기도회'를 개최하였다. 이들은 "국가보안법 폐지를 반대하며 사립학교법 개정을 종교 탄압으로 규정, 반대한다"고 밝혔다.

서강대 교수 손호철은 10월 5일 『한국일보』에 기고한 「개혁과 민심」

---

81) 이재현, 「박육근혜론: 수구냉전 국가주의의 이단(異端)심문관」, 『인물과 사상 32』(개마고원, 2004), 155~189쪽.

이라는 칼럼에서 노무현의 '전투적 리더십 스타일'을 비판하였다. 그는 "국보법은 폐지해야 하지만 이 문제를 꼭 대통령이 텔레비전에 나와 선전포고를 하듯이 추진했어야 하는지는 의문이다. 오히려 박근혜 한나라당 대표, 그리고 보수 원로 등을 만나 '이제 국보법은 없어져야 하며, 우려하는 부분은 형법 등으로 보완할 것이니 협력해달라'는 식으로 협조를 구했다면 최소한 지금과 같은 수준의 분란은 피할 수 있었던 것이 아닌가. 사실 국보법에 대한 열린우리당과 한나라당의 입장이 내용적으로는 그리 큰 차이가 있는 것 같지도 않다"고 주장했다.

10월 12일 열린우리당은 국가보안법 폐지 당론을 확정, 형법 보완 3개안과 대체 입법 1개 안 등 보완 입법 4개 안을 제시했다. 10월 13일 『한국일보』 사설 「국보법 폐지 대안의 문제점」은 "이렇게 잡다한 대안을 내놓은 것은 여론과 지지층 사이는 물론, 당내 견해차마저 큰 탓에 고심한 결과일 것이다. 이런 사정에 비추어 열린우리당에 긴요한 것은 국보법 폐지 명분에 집착하기보다 국민 동의를 얻어 인권침해적인 국보법 청산을 이루는 것이라고 본다. 그렇다면 여론과 거리 먼 대안은 버리고, 다수 여론과 한나라당이 찬성하는 국보법 일부 개정과의 접점을 찾는 것이 순리일 것이다"고 말했다.

10월 13일, 한나라당 대표 박근혜는 "여당이 국가보안법 폐지를 강행하면 정상적인 정치 활동은 힘들 것이며, 상생과 대화, 타협안 정치도 끝날 것"이라고 경고했다. 반면 민주노동당은 "열린우리당의 태도는 사실상 법의 이름만 없애자는 것"으로 "사실상 국보법의 존속을 주장한 것과 다름없다"고 비판하면서 "'완전 폐지'도 대안으로 놓고 논의하는 자세를 보이지 않으면 개혁 공조를 파기할 수도 있다"고 경고했다.

10월 14일 대통령 노무현은 해외 민주 인사 18명을 초청해 면담한 자리에서 국가보안법 폐지 반대 시위 등을 주도한 단체들을 겨냥해 "요즘은 옛날 독재 정권을 돕거나 독재 정권 편에 서서 인권 탄압과 독재에 방관하던 많은 단체가 거의 아무런 제약 없이 민주적 권리와 인권을 한껏 누리고 있는 상황"이라고 말했다. 노무현은 "정권을 맡은 사람의 처지에서는 그 사람들의 자유를 제한했으면 하는 생각도 없지 않지만, 국민에게 물어봤더니 괘씸하더라도 그런 자유를 허용하라고 해서 그렇게 하고 있다. 역사가 참 불공평하다는 생각이 든다"고 말했다.

이에 대해 『한국일보』 이사 장명수는 「아직도 '민주 대 반민주' 인가」라는 칼럼에서 노무현의 발언은 듣기에 민망하며 농담이었다 해도 적절치 않으며, '민주 대 반민주'라고 하는 '시대착오적인 슬로건'에 얽매여 있기 때문에 나온 발언으로 평가하였다. 장명수는 "노 대통령은 상당 부분 대결 구도를 통치 수단으로 활용해 왔다. 나라와 국민 전체를 아우르기보다 '내 편' 얼마만 확보하면 이길 수 있다는 선거 전략이 집권 후 통치 전략으로 이어지고 있다. 반대나 비판은 적대시할 뿐 귀 기울이지 않고 있다"며 "노 대통령은 '민주 대 반민주'라는 구도에서 탈출해야 한다. 그래야 나라의 미래, 자신의 미래가 보일 것이다"고 주장했다.[82]

한국 사회 당파성 위험수위 절감

2004년 10월 16일 라디오 시사 프로그램을 진행하던 변호사 강지원은

82) 장명수, 「아직도 '민주 대 반민주' 인가」, 『한국일보』, 2004년 10월 18일.

대법관에 임명된 부인에게 부담을 주고 싶지 않다며 방송 일을 그만두면서 "지금 우리 사회는 단순한 보혁 구도가 아니라 무수한 당파가 얽혀 싸우는 형국이라는 것을 알았고 그 정도가 너무 심해서 고민을 넘어 무서운 지경입니다"라고 말했다. 그는 "가장 걱정되는 점은 당파성에 함몰된 지식인들과 언론인이 자신이 속한 '당파'의 이익과 이론에 자신이 함몰된 사실조차 인정하려 들지 않는 것"이라고 개탄했다.

강지원은 청취자가 궁금해할 것을 물어도 초대된 인터뷰 상대가 결국은 자신의 당파성에만 입각해 대답하는 것을 보고 "처음엔 진행하기에 갑갑하다가 나중에는 우스꽝스러워 보이기까지 했다"고 털어놓았다. 그는 "특히 언론인을 포함해서 우리 사회에 지식인들이 특정한 당파나 정당을 위해 목소리를 높이는 '나팔수'들이 너무나 많다고 느꼈다"며 "이런 '나팔수'들이 자신이 속한 정파의 이익만을 위해 계속 노래를 부르면서도 자신이 공정하고 편협하지 않다고 굳게 믿는 모습을 곁에서 보니 나라의 미래가 걱정될 정도"라고 지적했다.[83]

10월 17일 열린우리당은 정책 의원총회를 열어 국가보안법을 폐기하고 폐지 대안 4가지 중 표결을 통해 형법상 내란죄를 보완하는 제1안을 택했다. 형법에 '내란목적단체 조직죄'를 만들어 보완하는 대신, 기존의 반국가단체 관련 조항, 잠입·탈출죄, 찬양·고무죄, 회합·통신죄, 불고지죄 등을 없애기로 한 것이다.

『한국일보』10월 19일자 사설 「국보법 밀어붙이기는 위험하다」는 "지금으로서는 여권의 뜻대로 보안법을 강행 처리하면 보나 마나 파국이

---

83) 손봉석, 「"한국 사회 당파성 위험수위 절감": 시사프로 마감한 강지원 변호사」, 『기자협회보』, 2004년 10월 20일, 4면.

다. 그 후유증으로 나라와 국민이 입을 피해를 상쇄해도 될 만한 필연성과 당위성을 충족하지 못했다고 본다. 다수 여론이 여기에 반대하고 있고, 민심이 이를 따르지 않는다는 게 우리의 시각이다"고 주장했다.

2004년 11월 12일 『경향신문』 사설 「'속도 조절론'은 집권 세력의 무능이 초래했다」는 노무현 정권의 국정 운영 방식과 정치 스타일을 비판하였다. 이 사설은 "4대 입법 중 가장 인기 없는 국가보안법 폐지안이 좋은 예이다. 국보법은 그 유통기한이 종료된 낡은 유물이다. 폐지에 관한 국민적 동의를 충분히 얻을 수 있는 사안이었다. 먼저 안보에 문제가 없다는 사실을 설명하고, 대안을 미리 제시한 뒤 폐지를 추진했다면 문제가 없었을 것"이라며 다음과 같이 말했다.

"그러나 노무현 대통령은 방송 대담에서 불쑥 폐지를 언급, 그 순서를 거꾸로 밟아나갔다. 정치 싸움의 소재로 바닥난 지지를 끌어올리기 위해 그랬는지는 모르겠다. 그러나 아무런 소득이 없다. 스스로 속도 조절론을 꺼내야 할 만큼 개혁 역량의 한계를 드러내고, 개혁 작업을 혼돈 속에 빠뜨렸을 뿐이다. 개혁은 이제 선무당이 사람 잡는 것으로 잘못 인식되고 있다. 이것이 집권 세력이 원하던 것이었나. 집권 세력은 지금 '개혁의 실패'를 넘어 개혁의 대의와 정당성 그 자체까지 훼손하고 있다."

진실규명과 화해를 위한 기본법안

2004년 10월 13일 열린우리당은 '진실규명과 화해를 위한 기본법안'을 확정해 발표했다. 10월 14일 『중앙일보』 사설 「과거사 규명, 정치적 중립성 보완해야」는 초안 발표 때 법리상 문제가 있는 것으로 지적된 '동행명령 거부 시 징역형 부과'나 '고소·고발 시점부터 공소시효 정지', '금융 자료 요구권' 등을 도입하지 않기로 하고, '진실화해위원회'를 국회 내에 두기로 한 데서 '입법·행정·사법부 어디에도 속하지 않는 독립된 국가기구'로 입장을 바꾼 것은 긍정적이라고 평가하면서도, 위원회의 위원 전원을 대통령이 임명하도록 해서는 정치적 중립성에 대한 시비가 끊이지 않게 돼 있다고 비판했다.

같은 날 『한겨레』는 「'미 군정 시대'도 당연히 조사해야」라는 사설에서 여당의 법안이 미 군정 시절의 사안에 대해선 '외교적 문제'가 제기될 수 있다는 이유를 들어 조사 대상에서 제외한 것에 대해 '유감'을 표명하면서 "'외교적 문제'는 부질없는 핑계다. 이는 또 다른 역사 왜곡의 씨앗이 될 수도 있다. 과거사를 이해하는 데 결정적인 문제는 성역 없이 조사하는 게 순리다"고 주장했다.

10월 17일 열린우리당 정책 의원총회에서 통과된 과거사 기본법은 조사 대상 범위의 시점을 당초 '주권 상실' 전후에서 '1945년 광복 이후'로 늦췄다. 친일, 좌파 항일 독립운동, 군 의문사는 다른 법에서 다룬다는 이유에서다. 따라서 대상은 한국전쟁 때와 권위주의 정권 시절 부당한 공권력에 의한 인권침해 사건으로 좁혀졌다.

과거사 청산에 대해 지식계도 양분되었다. 이념적·정치적 갈등과 대립 구도에서 '중간파'에 속한다고 볼 수 있는 연세대 교수 박명림과 한양대 교수 임지현은 과거사 청산의 대의엔 동의하면서도 그 방법론에 대해선 비판적인 자세를 취하였다.

앞서 말했듯이 박명림은 개혁과 반개혁, 선과 악, 정의와 불의의 이분법을 넘어 정의의 부분성에 눈을 떠야 개혁과 공존의 철학이 형성된다고 주장했다. 삶의 세대적·시간적 지평에서는 좌파에 대한 연좌제적 의식이나 친일파에 대한 연좌제적 의식이 다르지 않다는 뜻이다.

임지현은 역사를 심판함으로써 정의가 구현될 수 있다는 생각은 순진한 생각일 뿐이며, 역사적 진실의 정치성은 심판의 대상이 아니라 드러냄의 대상이라고 말한다. 법정의 심판을 통해 과거를 단죄하고 청산한다는 방식을 넘어, 과거를 드러내어 살아 있는 사회적 기억으로 만들 때 과거는 극복될 수 있다는 것이다.

그런 맥락에서 임지현은 열린우리당의 과거 청산 담론은 "가해자 대 피해자라는 단선적 사고방식에 근거하여 소수 친일파, 유신 잔당, 신군부의 명령권자들에게 역사적 책임을 전가하고 열린우리당의 정치적 정체성을 정당화하는 기제로 발전할 소지가 크다. 자연히 자기 성찰의 기회를 스스로 박탈하는 셈이다. 또 그들에 대한 사법적 처리나 정치권의 역사적 심판을 통해 역사가 청산되는 것처럼 가정함으로써, 사실상 과거에 대한 성숙한 기억마저 청산하려는 것은 아닌가 하는 우려도 있다"고 주장했다.

과연 이 모든 게 '개혁 물신주의'였을까? '과거사 청산'과 '국가보안법'을 둘러싼 갈등을 그런 관점에서 볼 수 있는 걸까? 좀 더 확실한 평가를 할 수 있는 또 하나의 큰 사건이 기다리고 있었다. 그건 바로 헌법재판소의 행정 수도 위헌 판결이 불러온 '행정 수도 파동'이었다.

헌법재판소의 행정 수도 위헌 결정
행정 수도 파동

궁예론 대 이성계론

노무현 정부는 2004년 6월 15일 충청 4개 지역을 후보지로 발표한 뒤 8월 12일 충남 연기와 공주시 장기면을 신행정 수도 최종 예정지로 선정해 발표했다. 그러나 행정 수도 이전 문제는 적어도 2004년 중반부터 극심한 찬반(贊反) 갈등의 소용돌이에 빠져들었다.

2003년 4월 14일 신행정 수도 건설 추진 기획단과 지원단이 발족했다.

2003년 7월 신행정 수도 건설 추진 자문 위원장 김안제는 "이것은 일종의 극약이다. 1960년대 이후 100개 정도의 수도권 규제와 지방 발전 정책이 나왔는데, 모두 실패했고 효과가 없었다. 할 수 없이 초강력 약을 쓰는 것이다"라고 말했다.

2003년 12월 29일 국회에서 여야 합의(찬성 167, 반대 13, 기권 14표)로 신행정수도건설특별법이 통과되었고, 2004년 1월 16일 특별법 공포에 이어 4월 17일부터 특별법 및 시행령이 시행되었다.

『중앙일보』 2004년 6월 9일 사설 「천도(遷都)가 국토 균형 발전인가」
는 이런 주장을 폈다. "…… 이런 상태에서 노 대통령의 임기 말인 2007
년에 수도 착공에 들어가겠다고 하니 같은 해의 대선에서 충청표를 얻
기 위한 정략이라는 말이 나오는 것이다."

6월 9일 신행정 수도 추진 위원장 김안제는 국회 답변에서 "현 계획상
신행정 수도 이전은 사실상 천도이며, 신행정수도특별법을 국회가 통과
시키기 전에 국민투표를 시행하는 것이 바람직했다"고 발언했다. 한나
라당과 행정 수도 반대 운동 민간단체들은 이 발언을 계기로 "행정 수도
이전이 아니라 천도"이며 국민투표가 필요하다는 여론 몰이에 적극적
으로 나서기 시작했다.

6월 14일 경기지사 손학규, 16일 서울시장 이명박이 수도 이전과 관련
해 국민투표를 요구하고 나섰다.[84] 6월 15일 대통령 노무현은 국무회의
에서 "행정 수도 이전 계획은 참여정부의 핵심 과제이기 때문에 정부의
명운과 진퇴를 걸고 반드시 성사시켜야 한다"고 역설했다.[85]

6월 16일 한나라당 원내대표 김덕룡이 "노 대통령은 국민의 고통을
아랑곳하지 않고 무리하게 천도를 강행했다가 쫓겨난 궁예의 전례를 생
각해보기를 권고한다"고 말하자, 열린우리당은 "이성계는 한양으로 도
읍을 옮겨 조선왕조가 600년 동안 부흥할 수 있는 발판을 만들었다"고
반박했다.[86]

7월 12일 변호사 이석연, 교수 최상철 등 169명은 신행정수도건설특

84) 허종식 외, 「한나라 국민투표 '군불' 」, 『한겨레』, 2004년 6월 15일, 5면.
85) 박정현, 「노 대통령 "변화 거역 불용"」, 『서울신문』, 2004년 6월 16일, 1면.
86) 천영식, 「 '궁예론' 대 '이성계론'」, 『문화일보』, 2004년 6월 17일, 5면.

별법은 헌법에 저촉된다는 헌법 소원 심판을 헌법재판소에 청구했다.

7월 19일 정부가 "지금의 수도권 어떻게 생각하십니까?"라는 제목으로 낸 신문광고는 "세계 30대 도시 중 서울에서의 삶의 질은 30위입니다"라는 카피를 동원하는 등 서울에 대한 네거티브 이미지를 집중적으로 부각함으로써 서울시로부터 거센 반발을 샀다. 정부의 행정 수도 이전 홍보 전략은 전반적으로 구태의연한 관료적 발상에 근거한 나머지 '거꾸로 가는 홍보'로 치달았으며, 그 결과 여론 싸움에서 참패했다는 평가를 받았다.

이처럼 행정 수도 이전 문제는 정쟁(政爭)의 소재가 되었다. 반대파는 "행정만 옮긴다"는 정부의 주장에 "사실상 천도"라고 맞받아쳤다. 민주노동당은 "기본적으로 수도 기능 이전은 찬성하지만, 현재의 정부 안대로 기능이 분산되지 않고 특정 지역을 선정해 모두 한곳으로 가는 천도는 반대한다"고 밝혔다. 민노당은 특히 "남북 통일을 대비하고 국토의 균형 발전을 위해서는 행정 기관의 기능별 분산이 필요하다"고 주장했다.

제2의 탄핵 사태인가?

정부·여당은 한나라당이 신행정수도건설특별법 통과에 같이 참여해놓고 뒤늦게 다른 태도를 보이는 걸 '제2의 탄핵 사태'로 간주하면서 집중 공격을 퍼부었다. 행정 수도 이전 문제가 '과잉 정치화'되면서 행정수도 이전을 반대하는 '관제 데모'를 서울시가 지원한 것에 대해 서울시장 이명박이 위증한 것이 큰 정치적 이슈가 되기도 했다.

이명박은 '관제 데모 입증 문건'을 전면 부인한 뒤 거짓말 논란에 휩싸여 여당의 집중포화를 맞은 반면, 손학규는 반대로 문건에 대한 책임을 시인하고 정면 대응해 표적에서 벗어났다는 것도 언론의 화제가 되었다. 신문들은 이는 반대 방식의 차이 때문이었다고 분석했다.

이명박은 10월 6일 서울시에 대한 국정감사에서 "나 스스로 공무원은 수도 이전에 대한 입장을 표현할 수는 있지만, 집회에 참석하거나 행정을 지원하는 등의 행위는 바람직하지 않다고 누누이 강조해왔기에 시가 그런 행사를 지원했을 리 없다"고 반박했으며, 수도 이전 반대 행사도 '관제 데모가 아니라 민제 데모'라고 규정했다.

그러나 손학규는 다음 날 경기도 국감에서 "행정 수도 이전 반대는 국가 정책에 반대하는 게 아니라 정부의 정책에 반대하는 것"이라고 전제하면서 "따라서 수도 이전 반대는 국가 정책 반대가 아니므로 도 차원의 행정 지원은 가능한 일"이라고 주장했다. 이런 논리에 따라 이명박은 문건 자체를 강력히 부인하며 "수사 의뢰해 잘못된 게 있으면 공문서 위조"라고 주장한 반면, 손학규는 "내가 용인한 것이니 책임지겠다"고 시인했다는 것이다.[87]

열린우리당이 이명박의 위증을 강하게 문제 삼고 나서자, 『한국일보』는 10월 12일 사설 「위증으로 수도 이전 덮을 수 없다」에서 이명박과 서울시의 태도에 비판적 자세를 취하면서도 다음과 같이 주장했다.

"그러나 지금 열린우리당이 이를 문제시하는 전후에서 수도 이전 반대의 한 구심 세력이라 할 서울시와 이 시장을 정치적으로 제압하려는 정략적 동기가 없다고 하기 어렵다. 수도 이전 논의에서 되도록 배제하

---

87) 최문선, 「이명박 · 손학규 '관제 데모' 대응 희비」, 『한국일보』, 2004년 10월 12일, 5면.

고 경계해야 할 것이 정치화, 정쟁화일 것이다. 이런 점에서 열린우리당
이 국정감사를 통해 수도 이전 문제에 접근하는 자세가 반대 논리를 논
리로 설득하기보다는 그 기세를 꺾고 상처 내는 데 있는 것 아니냐는 의
구심을 자아내게 하는 것은 유감이다. 이는 이전 문제의 핵심과 본질을
훼손해 합리적 논의에 도움을 주지 못한다."

10월 12일 국회 예산처의 국정감사 자료에 따르면, 행정 수도 이전 소
요 비용은 67조 원으로 이는 2003년 정부가 발표한 45조 6000억 원보다
50% 이상 많은 것이었다. 예산처는 "신행정 수도 건설로 인해 영남과 호
남, 강원도 지역에서 인구 유출과 노동력 및 소비 기반 약화, 공공투자
및 지원 감소, 상대적 박탈감 등 사회적 비용이 발생할 것"이라고 분석
했다.[88]

『한국일보』는 수치가 과다하게 부풀려졌다는 신행정 수도 건설 추진
위원회의 반박을 수긍한다 하더라도 "노무현 대통령이 후보 시절 당시
행정 수도 이전 비용으로 제시했던 5조 원과 너무 동떨어진 숫자라는 사
실은 더욱 분명해졌다. 이렇게 보자면 한나라당 측의 '수도 이전 공약은
최대의 대국민 사기극'이라는 비난도 지나치다고만 할 수 없게 됐다"고
논평했다.[89]

서울대 교수 노화준은 수도 이전의 정책 과정을 연구한 논문에서 "수
도 이전의 실행 가능성은 매우 낮다"는 결론을 내렸다. 그는 여러 이유
중의 하나로 "전 국민의 과반수, 수도권 주민의 70% 이상이 수도 이전에
반대하는 상황과 경기 침체가 계속되면 수도 이전을 찬성하는 열린우리

---

88) 김나래, 「행정 수도 이전 비용 2004년 기준 67조 원」, 『국민일보』, 2004년 10월 12일, 1면.
89) 「수도 이전, 실질적으로 접근해야(사설)」, 『한국일보』, 2004년 10월 13일, 31면.

당의 수도권 의원들이 재선을 의식해 수도 이전 반대로 돌아설 가능성이 크다"는 걸 들었다.[90]

헌법재판소의 행정 수도 위헌 결정

그러나 수도 이전을 어렵게 하는 정도를 넘어서 사실상 불가능하게 만든 복병은 10월 21일 헌법재판소에서 나왔다. 헌법재판소는 '신행정수도건설특별법'의 위헌 여부를 묻는 헌법 소원 사건 심판에서 재판관 8대 1의 의견으로 이 법은 "헌법에 위반된다"고 결정했다.

재판부는 결정문에서 "수도의 이전을 확정함과 아울러 그 이전 절차를 정하는 이 사건 법률은 우리나라의 수도가 서울이라는 불문의 관습 헌법 사항을, 헌법 개정 절차를 이행하지 않은 채 법률의 방식으로 변경한 것이어서 그 법률 전체가 (이 사건의) 청구인들을 포함한 국민의 헌법 개정 국민투표권을 침해했다"고 밝혔다.

재판부는 "서울이 수도라는 점은 우리의 제정 헌법이 있기 전부터 전통적으로 존재해온 헌법적 관습이며, 우리 헌법 조항에서 명문으로 밝힌 것은 아니지만 자명하고 헌법에 전제된 규범"이라고 강조한 뒤, "이런 국민적 합의가 사멸되었다는 사정이 보이지 않는 만큼 이를 폐지하기 위해서는 헌법이 정한 절차에 따른 헌법 개정이 반드시 이뤄져야 한다"고 지적했다.

재판관 김영일은 위헌을 전제로 한 '별개 의견'에서 "수도 이전에 관

---

90) 민동용, 「"수도 이전 실행 가능성 매우 낮아"」, 『동아일보』, 2004년 10월 15일, A5면.

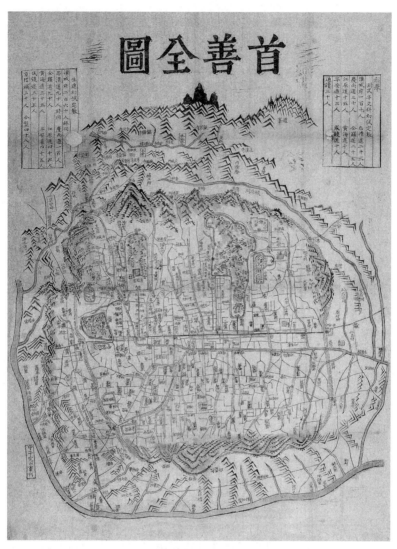

조선 시대 한성을 그린 『수선전도』. 헌법재판소는 수도 서울이 제정 헌법이 있기 전부터 전통적으로 존재해온 헌법적 관습이므로 수도를 이전하기 위해서는 헌법 개정이 있어야 한다고 판결했다.

한 의사 결정은 헌법 제72조가 규정하는 국방·통일 및 기타 국가 안위에 관한 중요 정책에 해당한다"며 "그럼에도 대통령이 이 문제를 국민투표에 부치지 않은 것은 대통령에게 부여된 재량권을 일탈·남용한 위헌적인 것"이라고 주장했다.

그러나 재판관 전효숙은 "청구인들의 국민투표권 침해 주장은 권리의 침해 가능성 자체가 인정되지 않아 부적법하다"며 각하 의견을 냈다. 전효숙은 '반대 의견'을 통해 "성문헌법 체계에서 국민주권의 행사는 저항권의 행사와 같은 특별한 예외가 아닌 한 성문헌법의 테두리 안에서 정치적 의사 결정 구조에 맡겨야 한다"고 주장했다.

헌법재판소가 성문헌법이 아닌 '관습 헌법'을 근거로 결정을 내린 것에 대해 법학자들 사이에서도 의견이 엇갈려 뜨거운 쟁점이 되었다. 21일에 실시한 『중앙일보』의 여론조사 결과에 따르면, "헌재의 결정에 따라 수도 이전 계획을 전면 중단해야 한다"는 66%인 데 반해, "개헌해서라도 수도를 이전해야 한다"는 30%인 것으로 나타났다. KBS 여론조사에선 63.3%, MBC 여론조사에선 62.8%가 헌재 결정은 '잘했다'고 응답했다.

열린우리당은 헌재 결정에 대해 격렬하게 반발했다. 여당 인사들은 "헌재가 헌법을 훼손했다", "분수를 망각하고 오만방자한 결정을 내렸다", "헌재 재판관 임용에 문제가 있다", "재판관을 탄핵해야 한다"는 등의 발언들을 쏟아냈다.

열린우리당 의장 비서실장인 의원 정장선은 10월 23일 홈페이지에 띄운 글에서 헌재 결정에 대한 여권의 승복과 국정 쇄신을 촉구하였다. 그는 "일부에서 국민투표를 하자거나 헌법 개정을 하자는 것은 혼란을 가중시킬 뿐이며 더욱이 헌재 재판관을 탄핵하자는 것도 신중치 못한 것"

이라고 비판했다. 또 그는 "건교위에서 서울시장이나 경기도지사에게 '어떠한 경우에도 재판에 승복하겠는가'라고 질의해온 우리가 재판 결과 승복을 미루는 듯한 애매한 자세를 취하는 것은 옳지 않다"며 "국가보안법이든 과거사이든 국민과 함께하는 정치를 국민은 원하고 있다. 개혁이 아무리 필요해도 국민이 이해 못 하면 설득하고 기다리라는 김대중 전 대통령의 지적이 새삼스럽다"고 말했다. 그는 "여론조사를 봐도 그렇고 현장을 다녀도 피부로 느낀다"면서 "그럼에도 우리는 국민 전체보다는 우리 고정 지지층을 대상으로 하는 정치에 비중을 두고 있지 않은가 모르겠다"고 주장했다.[91]

노 대통령의 꿈은 무너졌나

대통령과 열린우리당이 헌재의 결정을 흔쾌히 받아들이지 않는데다 헌재 결정으로 인한 혼란이 가중되자 10월 25일 신문들은 23일에 이어 여전히 이 문제를 사설로 다루었다.

"충청권 주민들이 선의의 피해를 보지 않게 대책을 세우는 것은 당연한 일이다. 하지만 충청권 표만을 의식한, '제2의 수도 이전 논의'가 되어서는 안 된다. 그러기 위해서는 먼저 노 대통령이 깨끗이 승복하고 분위기를 바꿔야 한다."(『경향신문』 사설 「또 다른 정쟁의 시작인가」)

"국회와 청와대를 제외한 나머지 행정기관들을 모두 이전하는 '행정특별 도시'를 건설하는 방안"의 가능성을 거론하면서 "헌재의 결정 취지

---

91) 윤지희, 「"헌재 결정 승복하고 국정쇄신에 나서자"」, 『세계일보』, 2004년 10월 25일, 4면; 이훈, 「"지지층만 보고 정치한 건 아닌지······"」, 『동아일보』, 2004년 10월 25일, A3면.

는 외면하고 결정문의 자구만을 따지는 것은 '꼼수'에 불과하다."(『국민일보』사설 「행정 수도 대안 '꼼수'로는 안 된다」)

"지금 대통령에게 절실히 요구되는 것은 우리가 옳으니 물러설 수 없다는 '독선과 오기'가 아니라 물러서야 할 때 물러설 줄 아는 용기와 자기절제다."(『동아일보』사설 「노 대통령 법치 존중하고 민의 따라야」)

"어떤 형태든 행정 도시 건설은 검토할 만하다. 그러나 충청권 민심을 달래려고 졸속 추진되어서는 안 된다."(『서울신문』사설 「행정 도시 타당성 면밀히 검토를」)

"청와대와 국회를 뺀 여권의 행정특별시 방안이 과연 진정한 승복을 전제로 한 것이며 바람직한 대안인지 의문이 든다."(『세계일보』사설 「수도 이전 대안 국민 뜻 따라야 한다」)

"아무리 사정이 어렵더라도 현 정권이 헌재의 위헌 결정을 공격하는 것으로 정치적 타격을 만회하려는 것은 자신을 더욱 궁지에 빠뜨릴 뿐이다."(『조선일보』사설 「마음을 열어야 대책이 보인다」)

"위헌 결정에 대한 반발이나 오기로 수도 이전이라는 말은 쓰지 않되 포장만 바꿔 행정부처 대부분을 옮기는 편법을 쓰는 일은 없어야 한다." (『중앙일보』사설 「수도 이전 후속책, 정치적 계산 없어야」)

"헌법원리로 이해할 만한 관습헌법 개념이 더러 생소한 것을 빌미로 법률가들이 들어본 적도 없다고 말하는 데는 상식을 의심케 한다. 헌재가 국회 입법권을 침해, 삼권분립을 위협한다는 주장도 헌법이 정한 헌재의 역할과 삼권분립의 올바른 의미를 애써 무시한 억지다. 헌재의 사법 독재를 우려하며 헌재 구성을 바꿔야 한다고 떠드는 데는 선동 의도마저 엿보인다."(『한국일보』사설 「헌재의 결정을 비방해선 안 된다」)

1면 머리기사로 「"헌재 구성 다양화해야"」를 실은 『한겨레』의 25일자 사설 「아홉 중 7명이 경국대전을 찾아서야」는 "재판관 자격 요건을 개선해 교수 등 헌법학자가 참여할 수 있는 길을 열어야 한다. 또 선출된 권력이 아닌 대법원장의 재판관 3분의 1 추천도 국민적 대표성을 구현하는 방향으로 바꿔야 한다"고 논평했다.

『한국일보』이사 장명수는 10월 25일자에 쓴 「노 대통령의 꿈은 무너졌나」라는 칼럼에서 "노 대통령은 지금 민주주의를 모독하고 있다. 헌재 결정을 받아들이는 그의 자세는 기본적으로 독재 정권을 닮았다. 헌재 재판관들을 체포하지 않는다고 해서 민주 정권일 수는 없다. 승부수는 없다. 마음을 낮추는 사려 깊은 판단만이 노 대통령을 살릴 것이다"라고 주장했다.

대통령의 헌재에 대한 두 잣대

2004년 10월 26일 노무현은 국무회의에서 헌재의 위헌 결정에 대해 "앞으로 이와 같이 국회의 입법권이 헌재에 의해 무력화되는 일이 반복된다면 헌정 질서의 혼란을 우려하지 않을 수 없다"고 말했다. 그는 "일련의 과정을 보면 신행정수도건설특별법은 국회에서 여야 간 합의로 통과되었고, 그 이행은 지난 총선에서 여야 모두의 공약 사항이었다"며 "결국 (헌재에 의해) 국회의 헌법상 권능이 손상되었고 정치 지도자와 정치권 전체가 신뢰의 타격을 입었다"고 주장했다. 그는 "국회는 권능 회복을 위해 스스로 노력해야 할 것"이라고 말했다. 이에 한나라당은 "헌재 결정에 대한 불복이며, 대통령 스스로 헌정 질서에 도전한 것"이라고 강

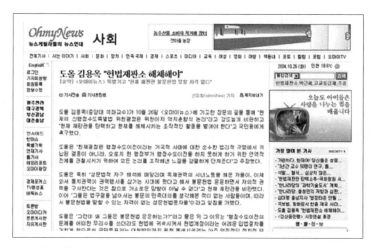

도올 김용옥은 『오마이뉴스』에 특별 기고한 글에서 헌법재판소가 관습헌법을 운운하며 내린 신행정
수도특별법 위헌 결정은 명백한 잘못이며, 헌법재판소의 재판관을 탄핵하고 헌법재판소를 해체하는
조직적인 활동을 벌여야 한다고 촉구했다.

력히 비판하고 나섰다.

친노 세력도 사이버상에서 궐기하고 나섰다. 10월 26일과 27일 『오마이뉴스』에 '신행정수도특별법 위헌 결정을 통박함'이라는 주제로 실린 김용옥의 글은 11월 2일 네티즌들이 모은 원고료가 2600만 원이 넘을 정도로 폭발적인 호응을 얻었다.[92] 그렇지만 '대통령의 헌재에 대한 두 잣대'가 설득력이 떨어진다는 건 누가 봐도 분명했다. 10월 28일자 신문 사설도 이 점을 비판했다.

"지난 5월 노 대통령은 자신에 대한 국회의 탄핵소추를 기각한 헌재 결정에 감사를 표하면서 '냉정하고 공정한 재판 진행과 마무리에 대해 국민 모두는 높은 신뢰를 보내고 있다'고 평가한 바 있다. 헌재가 국회

---

92) 이수강·안경숙, 「도올, 중앙서 오마이뉴스로 'U턴'」, 『미디어오늘』, 2004년 11월 3일, 3면.

의 결정을 뒤엎기는 그때나 지금이나 마찬가지인데, 불과 몇 달 사이에 어떻게 평가가 그처럼 백팔십도 달라질 수 있는지 어안이 벙벙할 따름이다."(『국민일보』 사설 「대통령의 헌재에 대한 두 잣대」)

"노 대통령이 시정연설에서 '효력을 부인하지 않겠다'고 수용 의사를 밝혔다가 헌재를 비판하고 나선 의도가 석연찮다. 4개 쟁점 법안의 위헌론을 의식해 헌재를 압박하기 위한 것은 아닌가. 국회 다수 의석을 차지한 권력이 헌재 기능을 위축시키는 발언을 거듭하는 것이야말로 헌정질서를 혼란케 하는 일이다."(『동아일보』 사설 「누가 '헌정 질서'를 혼란케하는가」)

"대통령의 잇따른 발언과 태도는 헌법이 법률의 위헌 심판 권한을 헌재에 부여한 근본정신을 부인하고 헌정 질서 자체를 흔드는 것이다."
(『조선일보』 사설 「대통령의 언행이 헌정을 흔들고 있다」)

"헌재의 존재로 가장 득을 본 사람이 바로 노 대통령이다. 국회는 지난 3월 12일 '헌법상의 권능'을 행사해 노 대통령을 탄핵소추 했다. 찬성 193표, 반대 2표라는 압도적 차이였다. 노 대통령의 말대로 국회의 결정이 그토록 절대적이라면 헌재는 국회의 탄핵을 기각하는 대신 군말 없이 수용했어야 했다. 노 대통령 사고방식대로라면 헌재가 국회의 탄핵 결정을 무력화함으로써 헌정 질서의 혼란이 왔다는 얘기가 된다. 그렇다면 노 대통령이 지금 대통령으로 남아 있는 것이 헌정의 혼란이라는 말이 된다. 따라서 노 대통령이 이제 와서 '헌재의 결정으로 정치 지도자와 정치권 전체의 신뢰가 타격을 입었다'고 주장하는 것은 모순이다."(『중앙일보』 사설 「헌재 부정은 헌법 부정이다」)

『한국일보』 정치부장 윤승용은 10월 28일자에 쓴 「헌재 결정이 여(與)

에 주는 교훈」이란 칼럼에서 정부 · 여당이 이번 사태가 초래된 근인(根因)을 따져볼 생각은 하지 않고 있다는 점이 문제라고 주장했다. 그는 수도 이전 문제가 헌재 소송으로까지 번진 과정은 '참여정부' 정치력의 한계를 적나라하게 드러내 보여줬다고 지적했다.

"여당은 이 공약을 내걸고 선거에서 이겼다는 승리감에 도취해 야당 등의 반발을 무시한 채 행정 수도 이전을 일사천리로 밀어붙였다. 여당은 심지어 야당마저 충청표를 의식해 울며 겨자 먹기로 특별법에 찬성한 약점을 적절히 활용하기까지 했다. 대선, 총선의 승리와 지난 국회에서의 여야 합의로 이미 국민의 동의를 받았다는 오만에 함몰된 여당은 정부가 밀고 나가면 국민은 따라올 것으로 오판했다. 야당의 반발과 일부 보수 언론의 공세를 참여정부를 흠집 내기 위한 정략적 발상이라고 치부해 아예 무시했다. 이미 수차례의 여론조사에서 드러났듯 국민의 과반수는 수도 이전에 반대하고 있었는데도 말이다."

과연 누가 행정 수도 이전을 망쳤는가?

과연 무엇이 문제였을까? 행정 수도 이전은 이전 그 자체만 중요한 게 아니라 '어떻게' 하느냐도 대단히 중요했다. 행정 수도 이전은 한나라당을 '포용'하는 방식으로 추진했어야 했다. 노 정권은 한나라당을 포용할 수 없는 이유를 말하고 싶었겠지만, 노 정권이 행정 수도 이전 문제에 대해 한나라당이 오락가락하고 있다는 걸 비판의 대상으로 삼는 것이 과연 온당한 일이었을까? 한나라당이 오락가락했기 때문에 '포용'이 얼마든지 가능하다고 생각하는 게 옳은 태도가 아니었을까?

노 정권은 행정 수도 이전 건으로 몇 차례 선거에서 많은 충청도 표를 얻었다. 문제의 핵심은 바로 여기에 있었다. 충청권은 열린우리당에 쏠려도 너무 쏠렸다. 한나라당이 무슨 생각을 했을까? 한나라당이 처음에 행정 수도 이전에 대해 찬성을 했던 건 충청권 유권자들을 의식한 것이었는데, 그 유권자들이 모두 열렬한 열린우리당 지지자로 변해버리면 한나라당은 어떻게 하느냐는 말이다. 한나라당은 차마 그 말을 할 수 없었다. 게다가 충청권을 완전히 포기할 수는 없었기 때문에 한나라당은 계속 확실한 당론을 미룬 채 엉거주춤한 자세를 보이면서 방식만 문제 삼는 반대 투쟁에 임하고 있었다.

노 정권은 그런 반대 투쟁을 탄핵 사태에 비유하면서 양분법 공세를 폈다. 이게 정치인가? 아니다. 그건 비생산적인 파괴였다. 행정 수도 이전 문제는 열린우리당의 성공보다 더 중요한 문제일 수 있었다. 그러므로 한나라당의 합의는 물론 한나라당의 적극적인 참여 속에 이루어져야 했다. 그렇게 하려면 노 정권은 행정 수도 이전 건으로 충청권에서 계속 재미를 보려는 선거 전략을 포기해야 했다. 충청도민들이 각자 색깔에 따라 표를 던지게끔 해줘야 했다. 여러 방안이 있었을 것이나, 우선 행정 수도 이전을 추진하는 팀에 한나라당 인사들을 참여시켜야 했다. '거국 팀'을 구성해야 했다는 것이다. 그래서 다음 대선에서 한나라당이 승리하더라도 행정 수도 이전은 계속 진행될 것이라는 확신을 충청권 유권자들에게 심어줘야 했다.

그렇게 하면 열린우리당이 선거에선 큰 재미를 보기 어려울진 몰라도 국가와 국민이 큰 재미를 볼 수 있었다. 이런 재미를 축적해나가면서 열린우리당은 표를 얻어야 했다. 이런 '포용' 방식에 무슨 문제가 있단 말인가? 우리는 북한도 포용하자고 외치고 있었다. 북한을 포용하는 것이 북한의 잘못되고 왜곡된 것을 그대로 받아들이자는 요구는 아니었을 것이다. 현상을 타파하겠다는 강한 열망은 국가와 민중을 위해 필요한 경우에 무릎도 꿇을 수 있는 겸허와 헌신도 포함하는 것이어야 했다. 아무리 옳고 정당하더라도 높은 곳에서 손가락질하며 꾸짖는 것만이 능사일 수는 없다.

포용의 결여라는 점에서 노무현 정권의 인사(人事) 역시 많은 문제를 안고 있었지만, 더욱 문제가 된 것은 포용 이전에 패거리주의에 함몰된 '정실 · 보은 인사' 였다.

인사 이렇게 하고도 개혁인가?
이해찬 파동과 정실 · 보은 인사 논란

이해찬 파동

2004년 10월 18일 국무총리 이해찬은 유럽 순방 중 현지 특파원들과의 만찬 간담회에서 한나라당을 비난하는 동시에 "전두환, 노태우 전 대통령은 용납할 수 있어도 『조선일보』, 『동아일보』의 역사에 대한 반역죄는 용서하지 못한다"고 주장하였다. 이해찬의 이런 주장에 대해 『조선일보』, 『동아일보』가 펄펄 뛴 건 말할 것도 없고 개혁적인 신문들도 비판적인 태도를 보였다.

『경향신문』 10월 21일자 사설, 「족벌 언론과 이해찬 총리」는 족벌 언론의 폐해엔 공감을 표시하면서도 "이 총리가 행한 한풀이식 족벌 언론 공격은 너무 정치적이다"고 비판했다.

"그는 지난해 방일영 전 『조선일보』 회장 사망 때 부부 동반으로 조문했고, 한나라당 박근혜 대표를 만나서는 박정희 전 대통령을 긍정 평가한 바 있다. 그런데 이제는 『조선일보』와 박 전 대통령을 다시 비난하고

『중앙일보』는 치켜세웠다. 그런 정치적 계산으로 언론 개혁을 지지한다면, 그것은 진정한 언론 개혁이라고 할 수 없다. 그리고 이 정권과 족벌 언론은 언제까지 적나라한 감정을 드러내며 서로 치고받는 대소동을 벌일 것인가. 만에 하나 그런 식의 적대적 공존이 서로에게 이익이 된다고 믿지 않기 바란다. 그것은 성공할 수 없다. 정권의 실책과 무능은 결코 족벌 언론 공격으로 감춰지지 않고, 족벌 언론의 그런 행태는 언론 개혁의 정당성을 강화해주기만 할 뿐이기 때문이다."

『한겨레』 10월 21일자 사설 「이해찬 총리의 언론 비판」은 "총리는 '『조선일보』, 『동아일보』는 내 손아귀 안에서 논다'라거나 '까불지 마라'라는 표현까지 쓴 것으로 알려졌다. 진의가 어떻든 이는 신중하지 못한 발언임이 틀림없다. 하지만 그런 자극적인 말 때문에 총리 발언의 주요 내용이 묻히는 것은 바람직하지 않다. …… 문제는 정부·여당의 언론에 대한 인식과 정작 내놓은 언론법안 사이에 괴리가 크다는 점이다"고 주장했다.

10월 28일 국회 대정부 질문 과정에서 이해찬은 열흘 전 독일 베를린 현지 특파원들과 만찬을 겸한 간담회에서 한나라당과 『조선일보』, 『동아일보』를 비난한 것과 관련된 질문을 받고 다시 한나라당을 '차뗴기 정당', 『조선일보』, 『동아일보』를 '역사의 반역자'라고 비난했다. 이해찬의 비난에 대해 한나라당 원내대표 김덕룡은 "총리가 술이 아니라 권력에 취했다"고 비난했다.

같은 날 민주당 의원 이낙연은 대정부 질문에서 "노 대통령은 국회, 대통령, 헌법재판소가 얽힌 국가적 불행의 원인 제공자"라며 "탄핵 소동 때는 이기고도 상처를 입었고 수도 이전 파동에서는 지면서 신뢰의 위기에 빠졌다"고 주장했다. 그는 "분열의 리더십과 갈등의 정치로 개혁을 열망하는 에너지가 소진되고 있다"며 "아무리 좋은 목표도 국민의 동의 없이는 힘을 잃기 마련"이라고 말했다. 그는 이해찬에 대해서도 "지도자의 거친 언동은 국민의 정서를 황폐하게 하고 국가의 격을 떨어뜨린다"고 비판했다.[93]

열린우리당 의원 김부겸은 "여당 의원으로서, 개혁하자고 하면서 혁명하듯 조급하게 덤볐던 것은 아닌지 반성하고, 국민적 동의를 구하는 일에 왜 그토록 서툴렀는지 자성한다"고 말했다. 그는 "모든 것을 이념적 차원으로 가져가서 이념적 대립으로 환원시키는 것은 일종의 미친 바람이다. 이런 광풍(狂風)에 휩싸여 모든 것이 제자리를 잃고 있다"고 주장하면서 현 상황을 '이념의 과잉과 정책의 과소'로 정의했다.

김부겸은 "무엇보다도 대통령께서는 앞으로 가급적 이념 문제에 대해서는 한 발짝 물러나주시기를 부탁한다. 그것은 국정 최고 책임자로서 대통령이 취할 자세가 아니다. 가급적 국회에 맡기는 것이 맞다"고 말했다. 그는 "대통령의 방향을 그 누구도 부정하지 않는다"며 "그러나 지금 중요한 건 형식이고 메시지"라며 노무현의 국정 운영 방식을 문제 삼았다. 그는 "정책 외에는 호불호(好不好)를 드러내지 말아달라", "대통령의 메시지는 무엇보다 온화해야 한다"고 주문했다. 그는 이해찬에 대해서도 "언론 시장의 공정성만 얘기하면 충분하지, 뭣 하러 특정 신문이 반역자니 하는 말씀을 하셨느냐"며 "총리도 총리답지 못했다"고 비판했다.

---

93) 박상준, 「민주당 이낙연 "분열 리더십으로 개혁 에너지 소진"」, 『한국일보』, 2004년 10월 29일, A3면.

절이 싫으면 중이 떠나면 된다

한나라당은 이해찬의 발언에 항의해 의사일정을 거부하고 나섰다. 10월 29일에 열린 열린우리당 의총에서 이부영은 "상대방이 잘못하고 강짜를 부려도 책임은 여당에 돌아오는 것"이라며 "총리는 한나라당에 유감을 표명해서 국회를 정상화해야 한다"고 말했지만 전반적인 분위기는 강경파가 우세했다.

임종인은 "보수 세력이 총공세를 펴는 제2의 탄핵 사태"라며 "한나라당이 뒤집기를 시도하는 것을 되치기해야 한다"고 주장했다. 그는 당내 비판에 대해선 "등 뒤에다 대고 총질하는 것"이라고 비난했다. 이은영도 "언론 환경 등 모든 면에서 몰리고 있는 약자적 입장에서 유감 표명을 하면 비굴해질 뿐"이라고 주장했다. 열린우리당 홈페이지 게시판엔 김부겸 등을 겨냥해 "기회주의자", "자기 집(한나라당)으로 가라", "위장 입당" 등 원색적인 비난이 난무했다.

같은 날 열린우리당 유시민 의원은 기자 간담회에서 "여당 내 차기 주자 행보를 보면 이 총리처럼 행동하는 사람이 없다"면서 "당에 정국 주도권이 없으니까 대통령에게 몰린 하중을 덜기 위해 이 총리가 치고 나온 것"이라고 주장했다. 그는 "소위 차기 주자라는 사람들은 국민들이 좋아하는 '중용지도'에만 급급해 싸움을 벌이지 않고 있다"면서 "당이 전선을 치고 싸워야 할 상황인데도 전혀 그러질 못하고 있다"고 말했다. 그는 또 "내가 보기에 열린우리당 내 온건 보수와 진보 세력 비율은 7 대 3 정도"라며 "소위 '천·신·정'도 기본적으로 온건 보수이고, 김근태 그룹도 보수화됐다"고 주장했다.

유시민은 정장선과 김부겸 등을 겨냥해 "충언이라도 공개적으로 하면 모욕이 되는 법"이라며 "(당과) 결별할 각오를 하지 않으면 그처럼 대놓고 얘기하지 못할 것"이라고 비난했다. 그는 간담회 도중 정장선과 마주치자 "연인에게 속삭이듯 개인적으로 대통령에게 이메일을 보낼 것이지 왜 공개적으로 떠들었느냐"며 "절이 싫으면 중이 떠나면 된다"고 말했다. 이에 정장선은 "말을 너무 심하게 한다"며 정색하며 돌아서버렸다.[94]

『한겨레』 10월 30일자 사설「조폭 세계의 '기 싸움' 끝내라」는 연일 비틀거리고 있는 국회의 '기(氣) 싸움' 행태가 '조폭 세계'의 그것과 다를 바 없다고 비판했다. 『한국일보』 10월 30일자 사설「국회 파행, 이 총리가 매듭 풀어야」는 "먼저 파문의 원인을 제공한 이 총리가 사과하는 것이 순서다"고 주장했다. 서강대 교수 손호철은 11월 2일 『한국일보』에 기고한「예정된 사고」라는 칼럼에서 이해찬은 원래부터 그렇게 독선적이었다고 비판했다.

전국언론노조 위원장 신학림은 『월간 말』 2004년 12월호 인터뷰에서 국무총리 이해찬의 보수 신문 비판에 대해 다음과 같이 반박했다. "'민족 반역 신문'이라고 한 것은 틀린 말이 아닙니다. 그렇지만 이분들이 신문 시장 정상화에 대해서 이제껏 한마디라도 한 적이 있습니까? 언론 개혁 입법에서 소유 지분 제한을 일부러 뺀 열린우리당의 행태를 혹시 이분들이 비판한 적이 있습니까? 이들의 주장엔 '감정'만 있을 뿐입니다. 아니, 오히려 언론 개혁을 원하는 사람들을 '친노'나 열린우리당의 추

---

94) 박정철,「"당 리더십 없으니 총리가 나선 것": 유시민, 지도부 정조준」,『매일경제』, 2004년 10월 30일, A7면; 송용창,「"밀리면 개혁도 밀려": 우리당」,『한국일보』, 2004년 10월 30일, 3면; 정녹용,「여 '한나라 탈당파' 소신 행보」,『한국일보』, 2004년 10월 30일, 4면.

종자처럼 오해하도록 하는 악영향만 끼칠 뿐입니다. 냉정하게 말해서 이분들은 하는 일마다 언론 개혁에 도움이 되지 않는 짓만 골라서 합니다."[95]

결국 이해찬의 발언은 한나라당의 큰 반발을 사 한동안 국회를 파행시키는 데에 이바지했지만, 실질적인 성과는 얻어내지 못했다. 이에 분노한 서강대 교수 손호철은 『한국일보』 11월 30일자에 기고한 「개혁과 전략」이라는 칼럼에서 열린우리당은 "일종의 명분 쌓기 차원에서라도 한나라당을 예우하고 대화와 설득으로 문제를 풀어나가려고 노력하는 모습을 보여줬어야 했다. 그래서 개혁 법안들을 일방적으로 통과시켜도 국민이 '오죽하면 그랬겠느냐'고 이해를 해줄 것이었다"고 지적하면서 다음과 같이 비난했다.

"그러나 그것이 아니라 이 총리가 막말 시비나 하고 나선 것이다. 그 결과 열흘 이상 국회가 공전됐고 이후 열린우리당은 국회 일정에 쫓겨 한나라당에 끌려다니는 꼴이 되고 말았다. 또 여론이 나빠져 더 이상 일방 통과 강행은 어려워지고 말았다. 답답한 일이다. 한마디로 이 총리 발언은 한나라당으로서는 울고 싶은데 뺨 때려준 격이었고, 노무현 정부의 입장에서는 개혁 법안 통과를 어렵게 만든 '이적 행위'였다. 사태가 이러하기에 그간의 경력을 볼 때 자신의 발언이 이 같은 사태를 가져올 것임을 모를 리 없는 이 총리가 막말 시비를 했던 것은 개혁 법안 통과를 어렵게 만들어 원내대표 경선에서 자신을 낙방시킨 천정배 원내대표에게 복수하기 위한 것이 아니었는가 하는 엉뚱한 상상까지 하게 된다."

---

95) 양문석, 「"정부·여당, 언론 개혁에 도움 안 되는 일만 골라서 한다": 언론노조 신학림 위원장 인터뷰」, 『월간 말』, 2004년 12월, 212~215쪽.

인사 이렇게 하고도 개혁인가

2004년 10월 26일 정신문화연구원 13대 원장에 전 교육 부총리 윤덕홍이 내정됐다. 윤덕홍은 2003년 12월에 경질돼 4월 총선 때 대구에서 출마했으나 낙선했다. 10월 27일 대통령 노무현은 민주평화통일자문회의 수석 부의장에 전 의원 이재정, 정부 공직자 윤리위원장에 전 대법관 이용훈을 임명했다. 이재정은 지난 대선 당시 노무현의 대통령 당선을 위해 뛰었고, 이용훈은 대통령 탄핵 심판 사건 때 노무현 측 법률 대리인단으로 활동했다.

이재정은 2002년 대선 노무현 캠프 유세위원장 시절 불법 정치자금 10억 원을 받았다는 소문이 나돌자 "법적 대응도 불사하겠다"며 펄쩍 뛰었다. 며칠 뒤 "전달만 했다"고 목청을 낮추었고, 구속에 이르러서는 "참으로 부끄럽고 죄송합니다"로 시작되는 대국민 '참회록'을 공개했다. 이재정이 구속 수감된 후 일단의 성공회 사제들은 열린우리당을 방문해 노무현 대통령과 열린우리당에 거칠게 항의했다.

"대선 자금 총책임자이며 궁극적 수혜자인 노무현 대통령과 열린우리당은 국민 앞에 공식으로 사과하여라", "부정한 돈으로 대통령이 된 사람은 딴전을 피우고 단순 전달자인 이재정 의원은 매장하고 용도 폐기하는 거냐", "이 정권은 단물 다 빨아 먹고 그를 단두대에 보냈고 치사한 방법으로 감옥에 보내는 것도 모자라 두 번 세 번 죽이고 있다."

이재정은 1월 말 구속돼 1심에서 징역 1년 집행유예 3년, 2심에서 벌금 3천만 원을 선고받았다. 그는 6월 말 상고심을 포기하고 본업인 사제로 돌아가 경기도 남양주시의 외국인 노동자 쉼터 '샬롬의 집' 사목으로 발령을 받았지만, 불과 3개월여 만에 공직에 되돌아온 것이다. 민주평통 의장은 대통령이며, 수석 부의장은 국내외 1만 4,000여 자문 위원을 대표하는 자리로 부총리급이다. 언론은 이런 일련의 인사를 '정실 · 보은(報恩) 인사'라고 비판했다.[96]

『중앙일보』는 10월 28일자 사설「'봐주기' 인사 지나치다」에서 "불법 정치자금 거래에 연루된 정치인과 특정 정파의 선출직 후보로 나섰던 사람에게 이런 식으로 자리를 주면서 개혁을 말할 자격이 있는가. …… 불과 몇 달 전 형이 확정된 사람을 자숙 기간도 없이 덜컥 고위직에 임명하니 이는 인사 원칙도, 도덕성도 없는 행위다. 정권을 차지했으니 마음대로 하겠다는 자만이자 국민을 무시한 처사다"라고 주장했다.

같은 날 『문화일보』는「구태 되풀이하는 챙겨주기 인사」라는 사설에서 "코드 인사든, 보은 인사든, 배려 인사든 공통점은 인물 등용 과정이 자의적이라는 지적이다. 그 기저에는 공직을 정권의 전리품이나 논공행상 대상쯤으로 여기는 인식이 깔려 있다. 이 정부는 다면(多面)평가니, 능력 위주의 인사니 하면서 과거 정권과 차별성을 강조해왔다. 그러나 일련의 인사를 보면 자신들이 비판해온 구태(舊態)를 그대로 물려받아 되풀이하고 있다"고 주장했다.

『국민일보』의 29일자 사설「인사 이렇게 하고도 개혁인가」는 "정부 출범 초기에는 '인사 혁명'을 일으킬 기세이더니 어느새 옛날의 관행을 답습하고 있다. 대선의 논공행상이 여전하고 신세 갚기, 위세 과시, 측근 챙기기 인사가 거리낌 없이 행해진다. 과거 정부들은 세인의 눈치를 보

---

96) 김광덕,「노 대통령 '보은(報恩)의 인사'」,『한국일보』, 2004년 10월 28일, 4면; 손현덕,「노 '보은(報恩)인사' 논란」,『매일경제』, 2004년 10월 28일, A7면; 박주호,「민주평통 수석 부의장 '공신(功臣)에 낙점' 언제까지……」,『국민일보』, 2004년 10월 28일, 4면.

는 시늉이라도 했으나 지금의 '개혁 정부'는 당당하게 이를 데 없다. 그
간 몇 차례의 정실 인사를 두고 여론의 지탄이 만만찮았지만 정부의 인
사 책임자들은 오불관언이다. 이러면서도 개혁을 말하고 역사를 운위할
염치가 있는지 어이가 없을 지경이다"고 주장했다.

코드인사, 보은 인사, 동문 인사

2004년 11월 1일 대한주택공사 사장에, 지난 4·15 총선 때 열린우리당
비례대표 후보(37번)로 출마했고, 이후 우리당 재정위원장을 맡았으며,
노무현의 부산상고 1년 선배이기도 한 한행수가 임명되었다. 언론은
「'부산상고 출신' 없어서 못 쓴다?」, 「부산상고 인맥 전성시대?」, 「정
실·보은(報恩) 인사 홍수 '시스템'이 떠내려간다」, 「특정 학맥…… 보
은(報恩)…… 정실 참여정부 인사 변질되나」 등의 기사로 이 인사를 비판
하였다.[97]

『국민일보』기사 「정실·보은(報恩) 인사 홍수 '시스템'이 떠내려간
다」에 따르면, "'또 부산상고냐'는 비아냥이 정치권에서 흘러나오고 있
다. 실제로 지난 9월 중순 주공 사장 공모에 30여 명이 신청했을 때부터
한 사장이 유력하다는 설이 파다했다. 주공 노조 관계자는 '총선에 낙선
한 두 사람이 경합을 벌였는데, 여권에서 막판에 한 사장으로 조정했다
고 들었다'고 주장했다. …… 청와대 인사 수석실에서 항상 강조해온

---

97) 김범현, 「참여정부 부산상고 인맥 '약진'」, 『내일신문』, 2004년 11월 2일, 2면; 김정훈, 「부산상고 인맥 전
성시대?」, 『동아일보』, 2004년 11월 2일, A8면; 박래용, 「'부산상고 출신' 없어서 못 쓴다?」, 『경향신문』,
2004년 11월 2일, 4면; 김광덕·박천호, 「부산상고 인맥 공기업도 진출」, 『한국일보』, 2004년 11월 2일,
5면; 조현석, 「참여정부 출범 이후 부산상고 약진」, 『서울신문』, 2004년 11월 4일, 9면.

'시스템 인사'가 정실과 보은에 무너진 예는 곳곳에서 발견된다. 최근 주요 공직이나 공기업 장(長)은 대부분 총선 낙선자, 대선 공로자, 우리 당 창당 주역 등이 임명되고 있다."[98]

『문화일보』기사「특정 학맥…… 보은(報恩)…… 정실 참여정부 인사 변질되나」도 비슷한 문제의식을 담았다. "국민의 눈에 비치는 참여정부의 인사는 집권 초기의 '코드 인사' 시비를 거쳐 최근의 특정 학맥 중용, 보은(報恩) 인사, 제 식구 챙기고 감싸기 논란에 이르기까지 과거 정권의 구태에서 완전히 벗어나지 못하고 있다. 그래서 인사 시스템이 제대로 작동하지 않고 있거나, 시스템이 구태 인사를 합리화하는 도구로 전락한 것 아니냐는 지적마저 나오고 있다."[99]

『동아일보』11월 3일자 사설「코드 인사, 보은(報恩) 인사, 동문(同門) 인사」는 "'정실 인사는 그래도 믿을 사람은 내 사람밖에 없다'는 위기의식의 표출이다. 과거 정권의 경우 집권 후반기에나 나타났던 현상이 이 정권에선 집권 2년도 안 돼 나타나고 있다. 정권의 위기의식이 그만큼 높다는 얘기다. 그럴수록 마음을 열어야 한다. 코드와 내 사람에 집착하면 할수록 국정 운영의 폭은 좁아질 수밖에 없다"고 주장했다.

부산상고 '청와대 동창회'

2004년 11월 24일자 『동아일보』는 2003년 1월에서 2004년 11월 초까지 정부 20개 부처 산하 140개 기관의 임원과 간부들이 어떻게 이동했는지

---

98) 박주호, 「정실·보은(報恩) 인사 홍수 '시스템'이 떠내려간다」, 『국민일보』, 2004년 11월 2일, 6면.
99) 한종호, 「특정 학맥…… 보은(報恩)…… 정실 참여정부 인사 변질되나」, 『문화일보』, 2004년 11월 2일, 7면.

大選 '전리품'… 盧측근 대거 입성

산자부-건교부 관련기관이 主타깃
연봉·판공비 합쳐 평균 1억 넘게 받아

**"논공행상식 임명 지적… 野圈출신 1명도 없어
부산인맥 등 포진… 총선 낙선 '위로인사' 의혹도
취업기관 업무 전문성 부족… 노조 반발 불러"**

■ '낙하산' 어디로 떨어지나

「동아일보」는 노무현 대통령이 당선된 뒤 정부 산하기관이나 유관 기관의 임원 자리가 후보 시절 참모나 선대위 관계자 위주로 채워졌으며 전문성이 떨어진다고 지적했다.(「동아일보」, 2004년 11월 24일)

자료를 분석, 정치권 인사 61명과 공무원 출신 83명 등 144명이 정부 산하기관이나 유관 기관의 임원으로 취업한 것으로 나타났다고 보도했다.

『동아일보』는 1면 머리기사에 이어 3면 머리기사 제목을 '대선 전리품…… 노(盧) 측근 대거 입성: 정치권 출신 61명 노 정부 낙하산 인사 실태'라고 뽑고 중간 제목을 '논공행상식 임명 지적…… 야권 출신 1명도 없어 / 부산 인맥 등 포진…… 총선 낙선 위로 인사 의혹도 / 취업 기관 업무 전문성 부족…… 노조 반발 불러'라고 달았다.

『국민일보』(2004년 11월 25일)는 「'학맥 인사' 논란 시선 곱지 않던 이달 초 부산상고 '청와대 동창회'」라는 기사에서 노무현이 11월 초순 부산상고 동문을 부부 동반으로 청와대로 초청해 다과회를 베풀었으며 참석자는 200여 명인 것으로 알려졌다고 보도했다.

『국민일보』(11월 26일) 사설 「청와대서 열린 고교 동창회」는 "넓게 보면 이번 일 역시 일종의 편 가르기나 다름없다. 설령 청와대 바깥에서 열린 고교 동문 모임이었다고 해도 대통령 참석 여부는 신중하게 검토했어야 하는 법이다. 하물며 지금이 어떤 시대인가. 학벌주의, 학맥 중시 등 잘못된 관행과 반칙 청산을 스스로 유별나게 강조해온 터이니 참여정부의 언행 불일치가 도마에 올라도 할 말이 없게 됐다. …… 이번처럼 공사 구분이 불분명하고 정권 측의 평소 말과 행동이 어긋나서야 국민이 어떻게 그들을 제대로 신뢰하겠는가"라고 주장했다.

이튿날 『조선일보』 논설위원 김태익은 「청와대 동창회」라는 칼럼에서 "개인 기업에서도 사장실에서 사적인 동창 모임을 갖는 것은 생각하기 어려운 일이다"고 주장했다.

『문화일보』 논설위원 이신우는 "청와대는 이 나라 공공 기관 중 가장 상징적인 장소다. 결코 개인 저택이 아니다. 그런데도 이런 곳에서 대규모 '사적 모임'이 이뤄진데다, 그 소요 경비가 국가 예산으로 지출된 것인지 아니면 대통령의 개인 월급봉투에서 나온 것인지조차 밝혀지지 않았다"며 사립학교에 개방형 이사제를 도입하기에 앞서 "공공 기관의 상징인 청와대가 개방형 이사제를 도입, 솔선수범하는 모습을 보여야 사리에 맞을 것이다"고 말했다.

『국민일보』(2004년 11월 27일) 기사 「통합거래소 이사장 인선 '진흙탕'」은 "내년 1월 출범 예정인 통합거래소 이사장 인선을 둘러싸고 청와대 개입설이 나도는 가운데 정건용 전 산업은행 총재 등 최종 후보에 오른 3명이 모두 사퇴하는 등 사상 초유의 공모 무산 사태가 발생해 파문이 일고 있다"고 보도했다.

『경향신문』 정치부 차장 박래용은 11월 30일자에 쓴 칼럼 「2006년 선거를 위한 알박기」에서 통합거래소 이사장 추천 위원에게 전화를 걸어 "아무개가 청와대로부터 낙점을 받았으니 밀어달라"고 했다는 전 청와대 고위 관계자는 여러 정황으로 미뤄 지난해 총선 출마를 이유로 청와대를 나간 부산 출신의 한 수석 비서관인 것 같다며, 그가 밀었다는 한이헌은 다음 지방선거에서 부산시장 재수를 꿈꾸고 있는 강력한 후보라는 점에 주목했다.

"본질은 여기에 감춰져 있다. 바로 부산·경남 지역 여권 인사들의 2006년 지방선거를 겨냥한 '그랜드 디자인'이다. 작금의 인사 중 영남 출신이 발탁된 사례는 거의가 영남권 여권 인사들의 입김이 작용하고 있다고 봐도 무방하다. 통합거래소 이사장 건은 그중 하나일 뿐이다. 이들은 다음 지방선거 승리를 위해서는 지금부터 가능성이 있는 인물들을 요소요소에 배치, 경력과 영향력을 쌓도록 해줘야 한다는 논리를 펴고 있다. 실제로 이런 시나리오는 꽤나 진척이 되고 있다. …… 청와대 안에서 '우리가 남이가'라며 부산상고 동창회를 연 것이나 지난달 해외 순방을 준비하는 바쁜 일정에도 부산 지역 시구의원들과 무더기로 청와대 만찬을 가진 것도 같은 맥락이다. '총선 올인'에 이어 '지방선거 올인'이 시작된 격이다. '총선 올인'이 현직 장차관을 징발하는 것이었다면, '지방선거 올인'은 그를 위해 미리 '알박기'를 해두는 것이 차이다. 인사를 선거 승리의 도구로 활용하겠다는 무시무시한 발상으로, '정략 인사'란 용어 말고는 달리 표현할 길이 없다."

책략 정치와 개혁 포기

이후에도 '코드인사, 보은 인사, 동문 인사' 는 계속되었다. 언론인 박창래는 12월 2일 『내일신문』에 기고한 「만개한 낙하산」이란 칼럼에서 "정계나 관계는 물론이고, 은행, 보험, 증권, 문화, 출판, 공기업, 연구소, 투자 기관, 산하단체 등 정부의 입김이 닿는 곳이라면 하늘에서 때아닌 낙하산이 떨어지지 않는 곳이 없을 정도다" 며 "개혁이 지금까지 남이 먹던 것을 자기 것으로 삼기 위한 위장된 구호가 아니라면 낙하산 인사는 즉각 중단되어 마땅하다" 고 역설했다.

12월 6일 여신금융협회 직원들은 성명을 내고 "협회 실무를 총괄하고 회원사 간의 이견을 조율해야 하는 상무이사직 자리를 놓고 청와대가 낙하산 인사를 단행하려 하고 있다" 며 "낙하산 인사를 즉각 중지하고 협회의 자율적 임원 제청권을 보장하라" 로 주장했다. 이들은 이어 "인사 청탁을 하면 패가망신시키겠다는 노무현 대통령의 깨끗하고 투명한 인사 정책은 어디로 갔느냐" 며 "뜻이 관철되지 않을 때에는 해당 인사의 출근 저지 등 대정부 투쟁을 강력히 전개해 나갈 것" 이라고 말했다.[100]

12월 13일 청와대 인사 수석 정찬용은 청와대 홈페이지에 실린 자체 인터뷰에서 이른바 '코드인사' 비판에 대해 "코드인사는 반드시 필요하다" 고 반박했다. 그는 "220V에다 110V 코드를 꽂으면 타버린다는 점에서 코드와 철학은 맞아야 하고 노무현 대통령과 철학이 안 맞으면 같이 못 간다" 고 주장했다.[101]

12월 17일 『중앙일보』 회장 홍석현이 주미 대사로 내정되면서 노 정

---

100) 김선일, 「"낙하산 인사 반대, 자율권 보장"」, 『내일신문』, 2004년 12월 7일, 9면.
101) 신정록, 「"코드인사 반드시 필요"」, 『조선일보』, 2004년 12월 14일, A5면.

제5장 2004년: 대통령 탄핵과 행정 수도 파동 155

권의 인사가 너무 정략적이라는 비난이 다시 불거졌다. 2004년 10월 국무총리 이해찬이 유럽 순방 중 『조선일보』와 『동아일보』를 혹독하게 비난하면서도 "『중앙일보』는 역사의 흐름에서 중심을 잡고 가닥을 잡고 있다"고 말해, 그때부터 본격적으로 노 정권과 『중앙일보』 사이의 관계 정상화 또는 밀월이 점쳐지기도 했다.[102]

『프레시안』 대표 박인규는 『진보정치』 12월 20일자에 기고한 「책략 정치와 개혁 포기: 홍석현 주미 대사와 언론 개혁」이란 칼럼에서 "『중앙일보』 사주의 정권 참여는 책략, 정치 공학의 차원에선 대단한 위력을 발휘할지 몰라도 '권력과 언론 간의 건강한 긴장 관계' 형성이란 사회적 과제에는 치명적 독약이다. 후세에 노무현은 노회한 정략꾼(politician)으로 기억될 뿐, 결코 위대한 경세가(statesman)로 평가되진 못할 것이다. 그가 말해온 언론 개혁은 말짱 황이었다. 오늘(12월 17일)은 언론, 언론인에겐 참 슬픈 날이다"고 말했다.

홍석현의 주미 대사 내정은 '탈코드 인사'나 '포용'으로도 볼 수 있는 게 아니었을까? '포용'과 '정략'의 거리는 어느 정도였을까? 이런 고민이 필요했겠지만, 그간 노무현은 너무 많은 정략적 수를 노출했기에 신뢰를 잃은 건 아니었을까? 이게 바로 열악한 처지에서 높은 곳을 향하고자 할 때 나타나는 '권모술수의 내재화 현상', 즉 남들이 보기엔 권모술수지만 자신이 생각할 때엔 진정성이라고 믿는 현상이었을까?

---

102) 박창식, 「홍석현 회장, 대선을 보는가」, 『한겨레21』, 2005년 1월 4일, 26-27면; 송홍근, 「어느 사이 '홍석현 대망론' 솔솔」, 『주간동아』, 2004년 12월 30일, 18면; 정지환, 「주미 대사 홍석현의 명암」, 『시민의 신문』, 2004년 12월 27일, 17면.

뉴라이트, 침묵에서 행동으로
보수파의 인터넷 반격

뉴라이트, 침묵에서 행동으로

2004년 성균관대 교수 김일영은 노무현 정권이 "제도화가 따르지 않는 참여가 정치적 퇴행을 가져올 수도 있다"는 새뮤얼 헌팅턴의 고전적 명제를 무시했다면서 "지난 1년 동안 노 정권은 열세인 대의제도를 우회하여 대중과 무매개적 관계를 맺는 수단으로 사이버 공간을 적극적으로 활용함으로써 인류 역사상 처음으로 디지털 포퓰리즘의 가능성을 보여주었다"고 했다.

"이런 참여 과정에서 노 정권과 코드가 맞는 네티즌들이 '사이버 홍위병'으로 동원되어 사이버 공간의 익명성에 기대어 기성 질서를 공격하는 작업도 꾸준히 이루어졌는데, 이 역시 디지털 포퓰리즘의 가능성을 보여주는 증거라고 할 수 있다. 특히 이들이 기존 질서에 대해 보여주는 '분노의 정치' 내지는 '배설의 정치'는 포퓰리즘의 공격성과 파괴성을 그대로 보여주고 있다."[103]

그러나 '분노의 정치' 내지는 '배설의 정치'는 보수파의 것이기도 했다. 2004년 가을부터 보수파의 인터넷 반격이 본격적으로 시작되었기 때문이다. 11월 11일 대한민국재향군인회(향군), 헌법을 생각하는 변호사 모임 등 국내 보수 단체는 '인터넷 범국민구국협의회' 발대식을 열었다. 향군 인터넷신문인 『코나스』의 인터넷 회원 3만여 명이 주축이 돼 향군과 헌법을 생각하는 변호사 모임, 북한민주화네트워크 등 90여 개 단체 회원 5만 명이 '사이버 전쟁'을 벌이겠다는 것이다. 이들은 "현재 남한 사회에는 무수히 많은 친북 사이트들이 민족 공조를 앞세워 대남 선동에 광분하고 있다"고 주장했다. 이들은 "소리 없는 사상전에서 승리하기 위해서는 사이버 공간을 주도할 수 있는 애국 사이트를 증대시키고 네티즌을 결집해야 한다"며 "우리는 자유민주주의와 시장경제 및 국가 안보에 반하는 행위에 대해서는 국민의 이름으로 응징하겠다"고 선전포고 했다.

이에 대해 인하대 교수 김정호는 "이들의 활동이 단순한 의견 표출이나 반론 제기에 그치지 않고 사이버 테러로 변질될 우려가 있다"며 "이는 우리 사회의 갈등을 더욱 심화시키고 이들의 과격한 활동이 일반 네티즌들의 혐오감을 사 각종 사회 이슈에 무관심을 불러올 가능성도 있다"고 우려했다.[104]

2004년 11월 8일부터 6회에 걸쳐 「뉴라이트: 침묵에서 행동으로」 시리즈를 게재했던 『동아일보』는 11월 16일자 사설 「개신교 NGO 출범에

103) 김일영, 「민주화, 신자유주의적 포퓰리즘, 그리고 한국: 김대중 정권과 노무현 정권을 중심으로」, 『디지털 시대의 민주주의와 포퓰리즘』(철학과현실사, 2004), 11~40쪽.
104) 강주화, 「보수단체도 '인터넷 결집' 나섰다」, 『국민일보』, 2004년 11월 11일, 7면.

부처」를 통해 "교계 지도자들의 균형 잡힌 시각과 비당파적 태도가 절대적으로 중요하다"며 이들이 '새로운 대안 세력'이라고 주장했다. 이에 『기자협회보』는 "『동아일보』는 '뉴라이트' 기획을 위해 정치부와 문화부가 중심이 돼 한 달 전부터 준비해온 데다 자신들은 그동안 한나라당식 논리라든지 과거 수구 보수의 논리를 대변해왔던 것이 아니라는 것을 이번 기획을 통해 나타내려 했다는 점 등이 향후 논조 변화의 움직임을 추측케 하고 있다"고 분석했다.[105]

수구 꼴통과 진보 꼴통

2004년 11월 22일 우파로 전향한 일부 386 운동권이 중심이 된 '자유주의연대'와 초교파적 개신교 비정부기구인 '기독교사회책임'이 동시에 출범한 것을 보수 신문들이 대서특필해 이슈화함으로써 한국 사회에 본격적인 '뉴라이트(New Right)' 바람이 불게 되었다.

'자유주의연대'의 창립 선언문은 "집권 세력의 국가 정통성 훼손 등으로 조국이 위기에 빠져 있다. 21세기 시대정신은 산업 민주화 세력의 권위주의도, 일부 민주화 세력의 민중주의도 아니다. 선진국 진입을 위해 386의 제한적이고 폐쇄적인 경험을 뛰어넘어 새로운 길을 모색해나갈 것"이라고 밝혔다. 이 선언문은 또 노무현 정권은 '자학 사관'을 퍼뜨리고 있으며 "집권 386이 과거와의 전쟁에 명운을 걸고 친북주의적 사고에 젖어 있기 때문에 이런 운동이 설립됐다"고 주장했다.

---

105) 이종완, 「동아 '뉴라이트' 논조 변화 신호탄?」, 『기자협회보』, 2004년 11월 17일.

자유주의연대는 "수구 좌파와 수구 우파가 주도하는 '20세기 수구 연합'의 정치는 종말을 고해야 한다. 21세기 시대정신은 세계화·정보화·자유화를 온전하게 실현할 한국적 현실에 맞는 21세기형 자유주의다"고 선언했다. 전 『조선일보』 주필 류근일은 자유주의연대 고문 자격으로 행한 축사를 통해 "자유주의연대 발족은 한국 우파의 횃불이 기성 아날로그 우파의 손에서 젊은 디지털 우파의 손으로 넘어가는 것이자 시대착오적 좌파가 그들의 천적을 만났음을 의미한다"고 주장했다.

자유주의연대는 활동 목표로 '사상운동'을 표방했다. 그동안 "5년만 참으면 된다는 생각에 …… 수구 꼴통으로 몰릴까봐" 숨죽이며 살아왔던 일반 국민의 언로(言路)를 틔워주겠다는 목표다. 자유주의연대 대표 신지호는 뉴라이트와 올드라이트의 차이점에 대해 "구우파가 국가주의적 우파였다면 우리는 자유주의적 우파다. 기존 우파가 과거 회귀적인데 비해 우리는 미래 지향적이다. 이 같은 측면 때문에 우리는 '중도 우파'라는 막연한 명칭을 거절한다. 구우파가 중상주의적이었다면 우리는 시장주의적이다. 또 일방적 세계 질서가 아닌 다자주의를 지지한다는 점에서 미국의 '네오콘(신보수주의자)'과 다르고, 혹독한 약육강식의 처방을 거절한다는 점에서 김대중 정부나 미국 뉴욕 월가의 '신자유주의'와도 다르다"고 주장했다.[106]

자유주의연대의 출범으로 이제 386은 '우파 386', '중도 386', '좌파 386'으로 확연하게 삼분되었다. 서울대 82학번으로 『한 386의 사상혁

---

106) 김정훈, 「"수구 좌파·수구 우파 정치 막 내려야": '자유주의연대' 창립 회견」, 『조선일보』, 2004년 11월 23일, A4면; 유재동, 「"미래는 자유주의가 이끌어야": '자유주의연대' 신지호 대표 인터뷰」, 『동아일보』, 2004년 11월 23일, A5면.

2005년 11월 7일 '뉴라이트 전국연합 통합추진위원회'는 '뉴라이트 전국연합 창립대회'를 열고 우파의 가치를 재평가하고 계승하기 위한 '공동체 자유주의'를 사상적 기반으로 내세웠다.

명』이라는 책을 쓴 바 있는 김대호는 자유주의연대를 386 우파들의 새 집결체로 평가하였다. 자유주의야말로 21세기 대안이며, 386은 '민주화와 자기희생'이라는 자랑스러운 역사에 도취해 시대착오성이라는 자신의 업보를 돌아보지 못하고 있다는 김대호의 주장은 '자유주의연대'의 문제의식과도 통했다. 그러나 김대호는 자유주의연대가 "현 집권 세력이 좌파 포퓰리즘으로 한국 사회를 망치고 있다"는 식으로 현실을 진단하는 것엔 동의하지 않았다.

김대호는 『시사저널』(2004년 11월 25일) 인터뷰에서 386 우파의 최대 문제점은 자유주의와 더불어 시대정신을 이루는 또 하나의 축이 도덕성이라는 점을 간과했다는 사실이라고 지적했다. 그는 "일반 국민은 반미 또는 좌파 성향 때문에 현 정부를 선택한 것이 아니다. 기득권층이 보여준 도덕성에 대한 환멸, 그것이 노무현 정부를 탄생시킨 원동력이었다"면서 도덕성에 대한 요구가 여전히 유효함에도 386 우파가 이를 놓치고 있다고 주장했다. 진정한 자유주의라면 사회 곳곳에 산재한 불공정·불공평과 부도덕한 요소를 제거하는 방향으로 나아가야 한다는 것이다. 또 전교조와 대기업 노조 등의 좌파 편향을 공격하는 것도 이 같은 토대 위에서 이루어져야 설득력이 있다고 말했다.

김대호는 '수구 꼴통'과 '진보 꼴통'은 모두 시대가 낳은 기형이라고 진단했다. 그는 '우파 386'이 집권 여당의 386에 과거를 공개 반성하라고 촉구하는 것에 대해선 우리에게 현재 절실한 것은 반성적 성찰이지 '귀순 용사' 식 정치 쇼가 아니라고 반박했다.[107]

자유주의연대와 함께 '뉴라이트' 운동의 한 축을 형성한 기독교사회책임은 출범 선언문을 통해 "국민적 합의가 외면당하고 국론 분열과 이념적 양극화가 심해 우리 사회는 어느 때보다 어려운 상황에 처해 있다"며 "시류에 영합하지 않고 중도 통합과 개혁을 위한 바른 목소리를 낼 것"이라고 주장했다.

공동대표인 목사 서경석은 "우리 사회가 몇 년 전과 비교하면 진보 쪽으로 이동했기 때문에 중도 통합을 지향하는 우리 단체 성격이 일부에서 보수로 비칠 수도 있다"며 "(그러나) 우리는 보수가 아니라 나라를 살리고, 나라를 선진국으로 만들자는 것"이라고 말했다. 그러나 서경석은 지난 9월 말 단체 결성 준비 모임 전후로 가진 언론과의 인터뷰에선 "나라를 걱정하는 사람들을 조직해서 차기 정권은 우리나라를 선진국으로

---

107) 김은남, 「"우파 386이여, 헤매지 말라": '중도 386' 김대호 씨, 자유주의연대에 쓴소리…… "수구 세력 편
승은 큰 잘못"」, 『시사저널』, 2004년 11월 25일, 44~46면.

만들 세력이 집권하도록 하겠다"고 적극적으로 정권 창출 의지를 밝혔
다.[108]

뉴라이트와 한나라당

2004년 11월 25일 한나라당 '475세대'(40대, 1970년대 학번, 1950년대 출생)
초선 의원들은 당내 '뉴라이트' 모임을 발족시키기로 했다. 김정훈 등
의원 7명은 '자유주의와 실용주의를 추구하는 행동하는 중도 우파'를
자처하면서 "한나라당의 부패한 수구·보수 이미지에 대한 반성에서
출발, 열린우리당의 포퓰리즘적 민중 민주주의를 경계하면서 뉴라이트
를 한나라당의 궁극적 지향점으로 삼겠다"고 밝혔다. 이와 함께 한나라
당의 중도 우파 성향 모임인 푸른정책모임도 뉴라이트를 천명했다. 이
모임은 자유주의연대와의 공동 세미나 개최를 추진하는 등 당 바깥의
뉴라이트 세력과의 연대도 적극 추진하기로 했다.[109]

　11월 28일 한나라당은 '4개 국민분열법 바로 알기 네티즌운동' 선포
식을 갖고 열린우리당에 대한 사이버 선전포고를 하였다. 이어 12월 11일
경북 경주에서 세미나 형식으로 한나라당 국가발전전략연구회 소속 의
원들과 뉴라이트운동의 주도 세력이 첫 번째 만남을 가졌다. 의원 박계
동은 "한나라당에 새로운 사람을 들이고, 혁신이 필요하다"며 "그런 의
미에서 뉴라이트와 공동전선을 구축해 새로운 우파 정권을 만들자"고
했으며, 김문수는 "우리의 위기 탈출을 위해 연대 가능한 세력과 효과적

---

108) 이상복, 「"갈라진 나라 살리는 데 앞장"」, 『중앙일보』, 2004년 11월 23일, 2면.
109) 최문선, 「한나라 475세대 '뉴라이트' 뜬다」, 『한국일보』, 2004년 11월 25일, 4면.

인 운동을 펼쳐야 한다"며 "앞으로도 하나가 되는 노력을 하자"고 주장했다. 반면 홍준표는 "뉴라이트에서 한나라당의 살길을 봤다"면서도 "뉴라이트는 기존 정치와 거리를 두고 순수한 시민사회의 움직임, 국민운동으로 전개되는 게 옳다"고 했고, 공성진과 이계경도 "한나라당과 뉴라이트는 서로 거리를 두는 게 옳다"고 주장했다.

이에 대해 자유주의연대 대표 신지호는 "한나라당과 열린우리당 모두 잡탕 정당"이라며 "뉴라이트는 한나라당 지지 세력이나 열린우리당의 반대 세력이 아니며 자유주의를 제대로 하자는 것"이라고 했고, 기독교사회책임의 공동대표인 목사 서경석도 "기독교 정신으로 중도에서 좌우를 통합하고 국가를 선진화로 이끄는 노력을 하는 게 우선"이라고 주장했다.[110]

보수파의 인터넷 반격에 대해 진보 성향의 네티즌들은 '수구 퇴치'를 주장하며 온라인 공세에 나서 보 · 혁 간 '사이버 전쟁'이 가열되었다. 12 · 12 쿠데타 14주년을 맞은 12월 12일 개혁 성향 네티즌들은 '반수구 · 반한나라당'을 기치로 내걸고 서울 서대문구 충정로 경향신문사 5층에서 '수구 가라 온라인 공동행동(공동행동)'을 발족했다. 공동행동에는 노사모와 국민의 힘, 다음 카페 '국민을 협박하지 말라', 국보법 폐지를 바라는 네티즌연대, 서프라이즈 등 진보 단체 20여 곳의 회원과 네티즌들이 참여했다. 이들은 "수구 세력이 최근 막강한 자본력을 앞세워 온라인까지 침투하며 여론을 흐리고 있다"면서 "국회 파행과 개혁 후퇴를 꿈꾸고 있는 한나라당과 수구의 개혁 후퇴 실체를 국민에게 알리겠다"

---

110) 강연곤, 「한나라─뉴라이트 '동상이몽(同床異夢)'」, 「문화일보」, 2004년 12월 13일, 5면.

고 주장했다.[111]

12월 15일 변호사 이석연 등이 주축이 돼 출범한 '헌법포럼'이 서울 팔레스호텔에서 창립 총회를 열었다. 헌법포럼은 1차 목표로 헌법 정신 실현과 확산을 위한 '헌법 브나로드' 운동을 펼치겠다고 밝혔다. 브나로드(Vnarod)운동은 제정러시아 말기에 나타난 민중 계몽운동이다(브나로드는 '민중 속으로'란 뜻이다). 일제 치하인 1931년에서 1934년까지 『동아일보』가 네 차례에 걸쳐 학생 하기 브나로드운동을 전개해 문맹 타파와 한글 보급 운동을 벌인 바 있다.

자유주의연대 대표 신지호는 『월간조선』 2005년 1월호 인터뷰에서 '한국 우파의 부정적인 행태와 사고방식'에 대해 "자기 아들을 군대에 보내지 않는 것, 부정부패, '차떼기' 같은 행태는 심하게 말하면 이적 행위입니다. '우(右)는 옳고 좌(左)는 그르다'는 냉전 반공주의적인 사고방식도 잘못입니다. 저희는 건강한 좌파도 필요하다고 생각합니다. 지금의 한국 좌파는 병들고 시든 좌파여서 문제지, 좌파 자체가 나쁜 것은 아닙니다"라고 주장하였다. 이어 신지호는 80년대 학번을 '주사파' 이전과 이후로 나누면서 "1980년대 초반 학번인 우리에게는 나름대로 사고의 유연성이 있었습니다. …… 나중에 주사파가 헤게모니를 잡으면서 학생운동권 내에서 지적 황폐화 현상이 벌어졌어요. 뭐가 뭔지 모르면서 단순 논리로 무장되어버리는 현상이 벌어진 거죠. 그 지적 황폐화 현상이 사회 전반으로 확산한 것이 지금의 '노사모' 문화고, 인터넷 포퓰리즘입니다"라고 주장했다.

111) 유영규, 「보·혁 '사이버 전쟁' 점화」, 『서울신문』, 2004년 12월 13일.

그러나 인터넷 포퓰리즘은 우파도 간절히 원하는 것이기도 했다. 12월 19일 한나라당은 사무처 조직 개편을 하고 '인터넷 담당 부대변인직'을 신설키로 했다고 밝혔다. 이후 한나라당도 내부의 인터넷 포퓰리즘으로 골머리를 앓을 정도로 사이버 파워를 키워갔고, 이는 한국 정치를 더욱 이분법 구도로 격화시키는 결과를 초래한다.

국회는 오늘로써 사망선고를 받았다?
4대 개혁 입법 파동

노빠 대 김빠의 사이버 대전

한나라당이 사이버 대전 임전 태세 갖추기에 일로매진하는 동안 열린우리당 사이버 세력은 분열로 몸살을 앓고 있었다. 2004년 11월 19일 보건복지부 장관 김근태가 보건복지부 홈페이지에 올린 '국민 여러분께 드리는 글'이 그 발단이 되었다. 김근태는 이 글에서 "'콩 볶아 먹다가 가마솥 깨뜨린다'는 말이 있다"면서 '한국형 뉴딜'에 국민연금을 동원하겠다는 재정경제부 방침을 비판했다. 그는 "애초 취지에 맞지 않게 국민연금 기금을 잘못 사용하면 제도의 근간이 흔들릴 수 있다"면서 '하늘이 두 쪽 나도' 연금의 안전성을 지키겠다고 주장했다.

김근태의 발언이 알려진 19일 오후부터 22일 오후 5시까지 김근태의 홈페이지엔 900건이 넘는 글이 쏟아졌다. 『서울신문』은 "지금 인터넷에서는 노무현 대통령 지지자와 김근태 장관 지지자들 사이에 '전쟁'이 한창이다. 속된 표현으로, '노빠(노무현 오빠부대) 대 김빠(김근태 오빠부

대)'의 '사이버 대전(大戰)'으로도 불린다"고 보도했다.[112]

11월 20일 노사모 전 회장 명계남은 김근태의 개인 홈페이지에 올린 글에서 "대권을 염두에 두고 있는 정치인의 이해타산과 과욕을 읽었다면 제가 지나친 것일까요?"라면서 "홈페이지에 올려 언론을 타기 전에, 국무회의 석상에서 먼저 재경부의 재벌 마인드와 독주를 비판하고 주무 부처 장관으로서 온전히 그 책임을 져야 할 사람으로서의 위엄과 단호함을 보여줄 수는 없었을까"라고 주장했다.

친노 진영의 대표적 논객인 김동렬도 『서프라이즈』에 올린 글에서 "유교의 원리를 거스른 정치인치고 성공한 지도자가 없다. 이회창은 하극상을 저질렀고, 이인제는 김영삼의 뒤통수를 친 사람"이라며 "고건 따라 배우기나, 이회창 전철을 밟지 말기 바란다. 노무현 한 사람을 못 섬기는 사람이 어찌 8000만 겨레를 섬길 수 있겠는가"라고 주장했다.[113]

11월 22일 오후, 노무현이 칠레 방문 중 김근태 발언을 보고받은 자리에서 "나름대로 김 장관에 대해 최선을 다해 배려해 왔다고 생각했는데 참으로 아쉽고 실망스럽다"고 말한 것으로 전해졌다. 노무현의 '유감' 표명에 대해 김근태는 23일 국무회의에서 "결과적으로 많은 분께 심려를 끼쳐 죄송하다"고 '사과'했다.

11월 25일 『국민일보』 사설 「국정 운영 시스템이 이 정도인가」는 " '하늘이 두 쪽 나더라도 콩 볶아 먹다가 가마솥 깨뜨리는 일은 막겠다'고 장담하던 김 장관이 노 대통령의 한마디에 '많은 분에게 심려를 끼쳐 죄

---

112) 김상연, 「오빠 vs 김빠: 연기금 사이버 전쟁…… 막말 · 저주 도배」, 『서울신문』, 2004년 11월 23일, 5면.
113) 김종태, 「'김근태 쇼크' 아직도 여진」, 『문화일보』, 2004년 11월 22일, 4면; 최영해, 「"노를 거스르고 성공할 수 있겠나": 명계남 씨 등 친노 진영 '김근태 때리기' 나서」, 『동아일보』, 2004년 11월 22일, A8면.

송하다'고 머리를 숙이니 무슨 코미디를 보는 듯하다"고 주장했다.

11월 25일 김근태는 청와대에서 노무현과 '15분 티타임'을 가진 뒤 기자들에게 "노 대통령을 만나 내가 먼저 '결과적으로 대통령의 해외 순방 중 물의를 빚게 돼 죄송하게 생각한다'고 말씀드렸다"고 밝혔다. 김근태는 "노 대통령은 이런저런 표현을 써가며 굉장히 화가 났었다고 말했지만 나중에는 웃으셨다"며 "이제 오해가 풀렸고 더 이상 이 문제 가 거론되지 않으리라고 생각한다"고 말했다. 이로써 이 문제를 둘러싼 여권 내부 갈등은 종결되었다. 이에 한나라당은 "최소한 자신의 말 한마 디도 책임지지 못하는 장관으로서 무소신과 무능력이 유감스럽다"고 주장했다.[114]

『경향신문』 논설위원 임권모는 11월 30일자에 쓴 「'대선 주자' 장관 과 관료 장관」이라는 칼럼에서 "관료 장관과는 다른 정치인 장관 그것 도 대권 주자 장관이라면 국민 여론을 훨씬 민감하게 읽고, 반영하고, 소 신을 펼치는 게 필요하다"면서 다음과 같이 주장했다.

"김 장관의 국민적 공감이 있는 정책 소신 피력을 두고 '정치 행위'라 비난하고, '감히 누구에게 대드느냐'는 왕조적 힐난이 난무하고, 대통령 까지 '많이 배려했는데 아쉽다'며 감정적 배신감을 토로한 것은 대선주 자 장관에게 관료 장관과 똑같이 하라는 주문이다. 관료 장관 역이 필요 하다면 김근태, 정동영 장관보다 전문성 있는 사람이 얼마든지 있다. 굳 이 대권 주자를 장관으로 임명했다면 그 특성을 살려주든지, 아니면 바 꿔야 한다. 김 장관도 국민의 불안을 반영한 정책 소신을 내놓고도 그리

---

114) 김광덕, 「김 복지 "죄송" 노 "화났었다"」, 『한국일보』, 2004년 11월 26일, A4면.

쉽게 '죄송하다'고 고개 숙일 양이면 앞으로는 관료 장관 소임에 자신을 스스로 묶든지, 아니면 국회의원 김근태로 돌아가는 게 낫다."

국가보안법 파동

2004년 12월 6일 열린우리당은 국보법 폐지안을 국회 법제사법위원회에서 물리력으로 상정하였다. 열린우리당은 "위원장이 사회를 거부해 다수당인 여당 간사가 이를 대신했다"며 적법성을 주장했다. 이 일을 주도한 법사위 소속 열린우리당 간사 최재천은 국보법 폐지안 상정에 앞서 브리핑을 하고 "언제라도 국보법 폐지가 좌절되면 정치생명을 끝내겠다"며 "국보법 폐지에 정치생명을 걸겠다. 정치를 오래 하고 싶은 생각은 전혀 없다"고 밝혔다.[115]

　열린우리당 의원 유시민은 2004년 11월 23일 자신의 홈페이지에 '국가보안법 폐지 후 형법 보완'이라는 당론을 철회하고, 당론 투표가 아닌 자유 투표를 하자고 주장했다. 유시민은 "우리당이 한나라당 의원들을 끌어내면서 법안을 통과시키기도 어렵지만, 그럴 경우 탄핵 때 같은 후폭풍을 맞아 정치적 치명상을 입을 것"이라고 말했다. 현실적으로 한나라당이 국보법 폐지를 막겠다고 하면 여당이 물리력을 동원하는 수밖에 없는데, 이 모습이 텔레비전을 통해 생중계되면 여당에 대한 여론이 나빠질 것이라는 분석이었다.[116]

　12월 7일 오전 열린우리당 의원총회는 국보법 폐기안 상정을 "17대

---

115) 류정민, 「"국보법 폐지에 정치생명 걸겠다": 최재천 열린우리당 의원」, 『미디어오늘』, 2004년 12월 8일, 5면.
116) 정우상, 「유시민 "국보법 폐지 당론 철회하자"」, 『조선일보』, 2004년 11월 24일, A6면.

국회에서 제일 잘한 일"이라고 자축하였으며, 열린우리당 원내대표 천정배는 박수를 받았다. 임종인은 "국보법 폐지는 1925년 일제 강점기의 치안유지법부터 생각하면 80년 만의 쾌거다. 신채호 선생이 '천 대표 아주 잘했어', 문익환 선생이 '최재천 아주 훌륭했어' 하는 소리를 제가 들었다"고 말했으며, 사회를 본 정청래는 "백범 선생께서 '임종인 잘했어'라고 한다"고 말해 의총장엔 웃음소리가 터져 나오는 등 화기애애한 분위기였다.

그러나 안영근은 자유 발언을 통해 법사위의 국보법 폐지안 단독 상정을 '기습 날치기 통과'로 규정했다. 그는 "4년 전 어제와 똑같은 일이 벌어졌다"며 "당시 민주당 원내 부총무였던 천 원내대표가 교섭단체 완화 법안을 날치기로 통과시켰으나 국회 파행으로 아무것도 얻지 못했다"고 비판했다. 그는 "국민이 다들 지켜보고 있고, 국민의 동의를 얻어야 한다"며 "그런 점들에 대한 고려 없이 날치기 상정하고는 우리끼리 자축하는 분위기는 용납할 수 없다"고 주장했다.

이에 국보법 폐지에 앞장섰던 의원들 사이에서는 고성이 터져 나왔고, 우원식은 "야, 인마, 한나라당으로 가라"고 소리를 질렀고, 안영근은 "까불고 있어"라고 맞받아쳤다. 의총장 밖에서도 말싸움이 벌어졌다. 정봉주는 "똥오줌 못 가리고 정신 나간 사람이지, 엉터리 날치기 표현을 어떻게 쓰느냐"고 하자, 김부겸은 "숫자가 모자라 우리가 피눈물 흘린 게 겨우 6개월 전(한나라당이 탄핵안을 강행 처리한 것)이다. 똑같은 짓 하면 되느냐 국민이 보고 있다. 정치가 당신들 생각대로 되는 게 아니다. 말 함부로 하지 마라"고 반박했다.[117]

광기 유감

2004년 12월 22일, 4대 법안을 '합의 처리' 하기로 한 4인 대표 회담(열린우리당과 한나라당의 대표와 원내대표)의 결과 임시국회는 정상화됐지만, 열린우리당 의원총회에선 "합의문은 항복문서나 다름없다"는 격렬한 비판이 쏟아졌다. 유기홍은 국가보안법 연내 폐지를 주장하며 감정에 북받쳐 흐느끼기도 했고, 김태홍은 울먹이는 목소리로 지도부 불신임론을 주장하면서 "국보법 폐지를 위해 31일 자정까지 밥을 굶더라도 싸우겠다"고 말했다. 열린우리당 홈페이지엔 "이제 우리당 지지를 않을 것", "탈당하겠다", "원내대표 천정배는 역적", "늘 한나라당 만세나 들고 살라고" 등 기간 당원들의 지도부에 대한 비난이 넘쳐났다.[118]

12월 24일, 열린우리당 지도부가 국가보안법 연내 폐지, 형법 보완이라는 당론을 변경할 움직임을 보이자 강경파 의원들이 들고 일어섰다. 보안법 폐지 등 4대 법안의 연내 처리를 요구하며 지난 20일부터 국회 본청에서 '240시간 연속 의원총회'를 진행 중인 장영달, 유시민, 우원식 등 열린우리당 의원 74명은 기자회견을 열어 "국가보안법 폐지안을 국회 본회의에 직권 상정하지 않는다면 국민의 심판을 받을 것"이라고 국회의장 김원기를 강하게 비판했다. 유기홍, 허인회, 김희숙 등 중앙위원 26명(전체 72명)은 긴급 성명을 내 "이부영 의장과 천정배 원내대표는 시간 낭비하지 말고 4인 회담을 중단하라"고 촉구했으며, 평당원협의회는

---

117) 이지은, 「'법사위 파동' 우리당 후유증」, 『한겨레』, 2004년 12월 8일, 5면; 최영해·박민혁, 「일제 이후 80년 만에 손본 쾌거 신채호-백범 선생 칭찬 소리 들린다」, 『동아일보』, 2004년 12월 8일, A3면; 최원규·안용균, 「'날치기' 이튿날의 여(與) 의총」, 『조선일보』, 2004년 12월 8일, 1면; 허범구, 「"날치기를 쾌거라니 천 대표는 책임져라"」, 『세계일보』, 2004년 12월 8일, 3면.

118) 문소영·김준석, 「발칵 뒤집힌 여 의총」, 『서울신문』, 2004년 12월 23일, 6면; 윤종구·박민혁, 「여 강경파 "농성 안 풀겠다" 지도부에 반발」, 『동아일보』, 2004년 12월 23일, A4면.

"지도부는 현 사태에 대해 책임을 지고 즉시 총사퇴하라"고 요구했다.[119]

12월 25일 열린우리당의 강경파 당원들이 국보법 연내 처리를 주장하며 원내대표 천정배의 국회 사무실을 점거하는 사태가 벌어졌다. 천정배의 핵심 참모인 원내기획실장 윤석규는 그 당원들을 만나 대화를 마치고 자신의 홈페이지에 올린 「광기 유감(狂氣有感)」이란 글에서 "절대로 광기가 정치를 지배하도록 해서는 안 된다"며 여당 내 강경파들을 비판했다. 그는 "정치가 광기에 사로잡히면 비극이 발생한다"며 "개혁을 바라는 간절함, 소망, 열정, 의지 모두 좋다. 그러나 사실에 입각한 합리적이고 이성적인 토론이 아니라 데마고기(대중 선동)와 마타도어(흑색선전)만이 판을 친다면 이것은 광기의 전조"라고 말했다. 이 글이 파문을 불러오자 윤석규는 "개혁을 앞세워 자신의 모든 행동을 정당화하는 그들의 행태는 그들의 뜻과 다르게 개혁 세력 전체의 정당성과 호소력을 좀먹을 뿐이라는 생각이 들었다"고 말했다.

2004년 12월 26일 밤 열린우리당 강경파 의원들은 국회의장 김원기가 국보법 폐지안 직권 상정을 하지 않으면 의장 불신임 운동도 벌이겠다며 국회 146호실에서 농성을 벌였다. 정청래는 "국회의장이 심신상실(心身喪失)로 권한 대행을 지명하지 못하면 다수당 부의장이 사회권을 승계하게 돼 있다"며 "직권 상정 요구를 거절하면 국회의장의 정치생명이 끝날 것"이라고 말했다. 유시민은 "국회의장 선출 방식을 바꿔야겠다. 국회의원 오래 해서 의장이 됐는데 무슨 딴소리를 하겠는가"라고 말했다.[120]

---

119) 황준범, 「'지둘러 선생'을 더 못 기다려!: 여 강경파 "보안법 직권 상정 않을 땐 국민이 심판"」, 『한겨레』, 2004년 12월 25일, 5면.

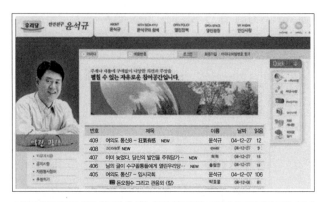

전정배 원내대표의 핵심 참모인 윤석규 원내기획실장은 자신의 홈페이지에 올린 '광기 유감(狂氣有感)'이라는 글을 통해 국가보안법의 연내 폐지를 주장하는 당내 강경파 의 원들을 비판했다.

국회는 오늘로써 사망 선고를 받았다?

2004년 12월 30일 열린우리당 원내대표 천정배와 한나라당 원내대표 김 덕룡은 국회의장 김원기 주재로 3자 회담을 잇달아 열고 국가보안법 등 4대 법안과 뉴딜 관련 3법의 일괄 타결을 위한 잠정 합의안을 도출했지 만, 국가보안법 대체 입법안이 문제가 돼 열린우리당 의원총회에서 전 격 부결되었다.

12월 31일 열린우리당 의장 이부영은 "의식 과잉된 양당 강경파들 때 문에 타협에 이르지 못했다"고 비판했다. 그는 "이들은 50~60년대와 70~80년대 의식에서 벗어나지 못한 채 과거의 풍경에만 정신이 팔려 있 다"며 "지금 보안법은 머릿속에만 있을 뿐이지 실체가 없지 않느냐"고

120) 안용균, 「"광기가 정치 지배해선 안 된다": 천 대표 참모, 여 강경파 비판」, 「조선일보」, 2004년 12월 28일, A6면; 오남석, 「"광기가 정치 지배해선 안 된다"」, 「문화일보」, 2004년 12월 28일, 5면; 정우상, 「여(與) 일부, 김 의장 인신공격」, 「조선일보」, 2004년 12월 28일, A6면.

말했다. 12월 31일 열린우리당 의원 문희상도 자신의 홈페이지를 통해 강경파를 겨냥해 "개혁 주체 세력이 아집과 독선에 빠지고, 선과 악의 이분법적인 사고를 갖는 바람에 국민의 평가를 받지 못했다"고 말했다.[121]

12월 31일 밤 국회는 우여곡절 끝에 예산안과 이라크 파병 연장 동의안, 그리고 신문법만을 가까스로 처리하고 국가보안법 등 나머지 3개 법안은 다음 국회로 미뤘다. 유시민은 "국회는 오늘로써 사망 선고를 받았다"고 비난하면서 지도부 책임론을 강력히 주장했다. 2005년 1월 1일 새벽 임시국회 폐회 직후 천정배는 4대 개혁 입법의 연내 처리 실패에 대한 책임을 지고 사퇴했다.

이와 관련해 『한국일보』 정치부 부장 대우 이영성은 전격 사퇴한 천정배와 여당 강경파 의원들에겐 국가보안법이 전부인 것 같다며 다음과 같이 말했다. "유시민 의원은 '지위가 높아질수록 다선일수록 국민의 생각과 멀어지는 현상이 있다'며 대체 입법을 주장하는 중진들을 비난했다. 도대체 유 의원이나 강경파들이 말하는 국민은 누구인가. 여론조사에서 국민의 절반 이상이 국보법 폐지를 반대하는 것으로 나오는데 그들은 국민이 아니란 말인가. 행여 개조해야 할 대상물 정도로 생각하는 것은 아닌지. 지금은 유신 시대도 군사정권 때도 아니다. 바로 새벽을 기다리던 당신들이 정권을 잡고 있다. 가난한 자도, 중산층도, 부자도 당신들과 함께 가야 할 국민들이다."[122]

역사 평론가 이덕일은 「조선 사림파와 386 정치권」이라는 칼럼에서

121) 남도영, 「여야 강경파들이 '정치 부재' 만든다」, 『국민일보』, 2005년 1월 1일, 11면; 어윤대 외, 「386 정치인에 대한 충고」, 『조선일보』, 2005년 1월 1일, A19면.
122) 이영성, 「삶의 새벽은 언제 오려나」, 『한국일보』, 2005년 1월 3일.

조광조로 대표되는 사림파는 전횡과 부패를 일삼는 훈구파와 맞서 싸우면서 많은 지지를 받았지만 집권 이후 사림파가 보여준 행보는 '선비의 배반'으로 불릴 만한 것이었다고 말했다.

"박하게 말하면 사림파는 집권하지 않는 것이 그 자신을 위해서나 역사를 위해서 더 나았을 정치 집단에 불과했다. 그들의 역사적 효용은 훈구파의 비정을 공격하는 정도에 있었지 집권에 있었던 것은 아니었던 무능 집단이기 때문이다."

이어 이덕일은 현재의 386 정치권을 볼 때 조선의 사림파가 연상되는 것은 그만큼 유사성이 많기 때문이라고 말했다. 강한 이념 지향성, 남다른 결속력, 사회 주류 세력과의 끈질긴 투쟁 등이 그렇다는 것이다. 그는 386 정치권은 이념적 문제에나 관심이 있지 경제에는 관심이 없다는 일각의 비판을 겸허히 받아들여야 할 것이라며 다음과 같이 말했다.

"올해 정치권은 여야 할 것 없이 이념적인 문제, 비경제적인 문제로 죽고 살기로 싸웠고 지금도 싸우고 있지만 이는 대다수 국민의 관심과는 거리가 멀어도 한참 멀다. 중산층 이상 국민의 관심이 웰빙에 있다면 중하층 국민의 관심은 그야말로 생존 그 자체에 있는 것이 오늘의 현실이다. …… 대한민국 국회는 16대나 17대나 여전히 '그들만의 리그'인 것이다. 386 정치권마저, 아니 386 정치권이 앞장서 그들만의 리그에 전력투구하는 이런 현상이 계속된다면 조선의 사림파가 그랬던 것처럼 그들 자신이 극복의 대상으로 전락할지도 모른다."[123]

그러나 어차피 일관성은 한국인의 미덕은 아니었다. 아니, 한국인이

---

123) 이덕일, 「조선 사림파와 386 정치권」, 『서울신문』, 2004년 12월 27일.

이덕일
역사평론가

조선 사림파와 386정치권

> "
> 현재의 386정치권을 볼 때 조선의 사림파가 연상되는 것은 그만큼 유사성이 많기 때문이다. 강한 이념지향성, 남다른 결속력, 사회 주류세력과의 끈질긴 투쟁 등이 그것이다.
> "

우리 역사에서 조선의 사림파만큼 주목받았던 정치세력을 찾기도 쉽지 않을 것이다. 조광조로 대표되는 사림파는 전횡과 부패를 일삼는 @구파와 맞서 싸우면서 많은 지지를 받았다. 율곡 이이는 '석담일기(石潭日記)'에서 '조광조가 대사헌이 되어 법을 공정하게 시행하니 감동한 사람들이 그가 시장(市井)에 나가면 몰려들어 '우리 상전(上典: 주인이라는 뜻) 오셨다.'라고 반들었다.'고 적을 정도였다. 사림파가 @구파의 공작정치와 4화사화를 극복하고 정권을 잡을 수 있었던 것은 탄압을 받을수록 백성들의 신망은 더욱 올라갔기 때문이기도 했다. 백성들은 사림파가 정권을 장악하면 도학정치(道學政治)가 펼쳐질 것이라고 믿어 의심치 않았고, 이런 믿음을 바탕으로 사림파는 명종 말~선조 초에 정권을 장악했다.

그러나 집권 이후 사림파가 보여준 행보는 '선비의 배반'으로 불릴 만한 것이었다. 집권과 동시에 분열한 사림파는 @구파와 싸울 때 이상으로 맞서 싸웠으니 그것이 바로 당쟁이었다. 양란(兩亂: 임진왜란·병자호란) 때 극도로 무능했던 것은 둘째 치고 양반 이후 낡은 성리학적 질서의 극복과 새로운 사회의 수립을 요구하는 일반 백성들의 바람과는 반대로 사림파는 성리학적 질서의 강화라는 퇴거지향적인 길을 걸었다. 그 결과는 진보세력에서 수구세력으로의 전락이었다. 박하게 말하면 사림파는 집권하지 않는 것이 그 자신을 위해서나 역사를 위해서 더 나은 정치집단에 불과했다. 그들의 역사적 효용은 @구파의 비정을 공격하는 정도에 있었지 집권에 있었던 것이 아니던 무능집단이기 때문이다.

현재의 386정치권을 볼 때 조선의 사림파가 연상되는 것은 그만큼 유사성이 많기 때문이다. 강한 이념지향성, 남다른 결속력, 사회 주류세력과의 끈질긴 투쟁 등이 그것이다. 386정치권이 정권의 주류로 등장한 것은 분과 2년 남짓하므로 여 시점에서 그 성패를 단정짓기는 이를 것이다.

그러나 현 정권 2년의 중간성적을 기준으로 볼 때 성공적이라고 보기 어렵다는 점은 명백하다. 이런 박한 평가의 가장 큰 이유는 IMF외환위기 때보다 더하다는 경제위기 때문일 것이다. 386정치권은 이념적 문제에나 관심이 있지 경제에는 관심이 없다는 일각의 비판을 경히 받아들여야 할 것이다. 윤레 정치권은 여야 할 것 없이 이념적인 문제, 비경제적인 문제로 죽고 살기로 싸웠고 지금도 싸우고 있지만 여는 대다수 국민들의 관심과는 거리가 멀어도 한참 멀다. 중산층 이상 국민들의 관심이 쏠린들에 있었던 종하층 국민들의 관심은 그야말로 생존 그 자체에 있는 것이 오늘의 현실이다. 일자리를 잃은 30대 영세민의 5살 난 아이가 영양실조로 숨졌다는 최근의 기사는 우리가 정말 21세기에 살고 있는지를 의심하게 한다. 조선시대도 아니고, 아프리카도 아닌 오늘 이 나라에서 어찌 사람이 굶어 죽을 수 있단 말인가?

많은 경제학자들, 특히 한국의 경제문제를 보다 객관적으로 볼 수 있는 해외 경제학자들은 한국의 경제체를 경제외적인 요인, 즉 정치에서 찾는 경향이 있다. 이런 분석이 맞느냐 틀리냐의 여부는 오늘 국회가 무엇을 가지고 죽기살기로 싸우는지를 보면 자명해진다. 대한민국 국회는 16대나 17대나 여전히 '그들만의 리그'인 것이다. 386정치권마저, 아니 386정치권이 앞장서 그들만의 리그에 전력을 투구하는 이런 현상이 계속된다면 조선의 사림파가 그랬던 것처럼 그들 자신이 극복의 대상으로 전락할지도 모른다.

그러지 않기 위해서는 빨리 시야를 미시적으로는 한 끼 식사거리를 못 구해 고통 받는 국민층에게 돌려야 하고, 거시적으로는 세계와 미래로 돌려야 할 것이다. 기존의 선병성에 여러 현실적·개방적·미래지향적인 가치관으로 무장할 때 이들은 미래 한국정치의 희망이 될 수 있을 것이다. 386정치는 이런 점에서 이제 시작일지도 모른다. 답은 앞으로의 행보에 있을 것이다.

이덕일은 386 정치권과 조선 사림파의 유사성을 지적하며, 386 정치권이 앞장서 그들만의 리그에 전력투구하는 현상이 계속된다면 조선의 사림파가 그랬던 것처럼 그들 자신이 극복의 대상으로 전락할지도 모른다고 경고했다.(『서울신문』, 2004년 12월 27일)

일관성을 중요하게 생각하지 않는 건 아니었지만, 그것보다는 늘 역동성에 압도되곤 했다. 이덕일의 경고처럼 386 정치권은 조선의 사림파가 그랬듯이 그들 자신이 극복의 대상으로 전락하는 운명에 처하게 되지만, 탄핵 사태와 같은 돌발적 역동성에 의해 구제된 것처럼 또 다른 사태 전개에 구제되는 '역동성의 축복'을 누리게 된다.

근본주의의 범람인가?
성매매 특별법 논쟁

성매매 여성들의 '아침이슬' 시위

기존의 윤락행위방지법을 대체한 성매매 특별법('성매매 알선 등 행위의 처벌에 관한 법률'과 '성매매 방지 및 피해자 보호 등에 관한 법률')이 2004년 3월 2일 국회를 통과하여 2004년 9월 23일부터 시행되었다.

묘한 일이었다. 정부는 사실상의 성매매가 이뤄지는 룸살롱은 그대로 두면서 집창촌(集娼村)만 없애겠다고 나섰으니 말이다. 2004년 4월 전국의 집창촌 업주들이 2007년부터 사창가를 단계적으로 폐쇄하겠다는 정부 방침에 강하게 반발, 집단 대응 움직임을 보인 건 어찌 보면 당연한 일이었는지도 모른다. 전국 집창촌 업주들의 연합체인 '한터'(한 터전에서 일하는 사람들)의 강 아무개 사무국장은 "단란주점, 룸살롱, 안마 시술소, 이발소, 노래방, 여관 등 사회 곳곳에서 성매매가 이뤄지고 있는 상황에서 집창촌만 없앤다고 성매매 문제가 해결될 줄 알면 큰 오산"이라며 "정부가 뾰족한 대책 없이 집창촌을 폐쇄하면 오히려 '음성적인' 성

매매는 더욱 기승을 부리게 될 것"이라고 주장했다.[124]

실제로 성매매 특별법이 시행되면서 전통적인 성매매 업소가 위축되는 대신 휴게텔, 출장 마사지, 노래방 등에서 변종 성매매업이 기승을 부렸으며, 성매매는 집창촌을 벗어나 주택가까지 파고들었다. 또 차로 옮겨 다니며 하는 '이동 성매매업'이 출현했고, 룸살롱의 경우엔 업소 안에서 음주와 성매매를 동시에 해결하는 '원스톱 서비스' 도입으로 대처했다.

9월 29일 서울 성북구 하월곡동 속칭 '미아리 텍사스'의 한 업소 종업원은 유서를 남기고 자살을 기도하였다. 그 종업원은 유서에서 "내가 죽는 것은 악덕 업주 때문이 아니라 우리나라의 정책 때문"이라며 "우리 벌금으로 잘 먹고 월급도 받는 당신(국회의원)들이 왜 밑바닥까지 들어온 우리를 죽여야 하느냐"고 항변하면서 정치인들을 겨냥해 "부모보다도 날 보살펴준 곳이 여기였단 걸 (당신들은) 모른다"며 "당신들 딸처럼 좋은 환경에서 태어났다면 여기 있지 않았을 것"이라고 썼다.

10월 7일 서울 여의도 국회 앞에선 전국 12개 집창촌에서 모인 성매매 여성 3,000여 명이 생존권 보장을 요구하며 성매매 특별법에 따른 단속 중지를 촉구했다. 경찰은 참가 여성들이 알몸 시위를 벌일 가능성이 있다는 첩보를 입수하고 100명으로 구성된 여경 1개 중대와 담요 60장을 현장에 긴급 투입했지만 알몸 시위는 벌어지지 않았다. 여성들은 서로 '미아리 자매님들', '영등포 자매님들' 등과 같이 '자매'라는 호칭을 썼으며, 징, 북, 꽹과리를 동원해 집회 분위기를 고조시키면서 중간마다

---

124) 유희경, 「사창가 업주들 '폐쇄' 방침에 헌소 등 대응키로: "룸살롱 놔두고 왜 우리만……"」, 『문화일보』, 2004년 4월 5일, 23면.

2004년 3월 성매매 특별법이 국회를 통화함에 따라 정부는 단계적인 집창촌 폐쇄 방침을 밝혔다. 그러나 더 음성적인 성매매만 확산시킬 것을 우려하는 목소리도 있었다.

'아침이슬' 등의 노래를 불렀다.

같은 날 한국여성단체연합 등 80여 개 시민·사회단체는 기자회견을 하고 "한 달만 지나면 다시 원상 복귀될 것, 더 음성적인 성매매가 확대될 것이라는 식의 부정적 여론을 조장하면서 성매매 방지법을 무력화시키려는 흐름을 경계하며 이에 대한 사회적 성찰과 반성을 촉구해야 한다"고 주장했다.

『중앙일보』 논설위원 이세정은 10월 9일자에 쓴 「성매매 논란」이란 칼럼에서 3년 전 일선 경찰서장으로 '미아리 텍사스'와 전쟁을 벌였던 김강자가 공창(公娼) 문제를 제기했음을 상기시키면서 "성매매 근절이라는 이상(理想)만 활개를 칠 뿐, 성매매의 현실을 인정하고 부작용을 최소화하기 위한 목소리는 수면 아래로 가라앉아버렸다. 현실을 무시한 이상적인 제도의 후유증이 걱정된다. 김 전 총경의 고민을 다시 들어보자"고 주장했다.

그러나 변호사 박원순은 『문화일보』 10월 11일 기고한 「'성매매 악순환' 고리 끊을 때」라는 칼럼에서 성매매 여성들의 시위는 조직적으로 동원된 것이라고 주장하면서 언론의 보도 태도를 비판하였다. 그는 "언론들은 신이 났다. '성매매 방지법, 여여 갈등', '성매매 여성-시민단체 충돌' 등으로 기사의 제목을 뽑았다. 마치 흥밋거리라도 생긴 모양이다"고 꼬집었다.

성매매, 정말 없앨 수 있다고 보나?

2004년 10월 11일 경북 지방경찰청 국정감사에서 한나라당 의원 김충환은 "단기간에 성매매를 척결한다면 고교를 졸업한 이후인 18세부터 30세 사이의 남성들의 성적 욕구를 사회적으로 해결할 방법이 없다"며 "미성년자나 강요에 의해 성매매를 하는 비자발적 종사자부터 단속해 서서히 단속 대상을 확대하는 단계적 시행이 필요하다"고 주장했다. 이어 같은 당 의원 김기춘도 "성매매 특별법의 단속 대상인 사람 중 향락을 목적으로 성을 사거나 영리를 목적으로 성매매를 중개하는 업자들은 엄단해야겠지만 생존을 위해 성을 파는 사람은 범법자인 동시에 일종의 피해자"라며 "생존을 위해 성매매를 하는 여성을 국가가 보호하지도 못하고 무조건 단속만 하는 것은 문제가 있다"고 주장했다. 한국여성단체연합 소속 28개 여성 단체와 7개 단체로 구성된 '성매매문제 해결을 위한 전국연대'는 12일 "성매매 범죄를 옹호하는 김충환·김기춘 의원은 국회의원 자격 없다"는 성명을 발표했다.

10월 11일 열린우리당 의원 전병헌은 "성매매 특별법 시행의 여파로 은행 부실채권이 급증할 것으로 우려된다"며 대책 마련을 촉구했다. 호텔, 모텔, 여관 등 숙박업소들이 2002년부터 2004년 6월까지 은행에서 모두 8조 2755억 원을 대출받았는데, 이 가운데 4조 397억 원은 아직 갚지 못했다는 것이다. 실제로 숙박업 경기가 급속도로 냉각돼 연체율이 오르고 담보 부동산 가격이 내려가고 있었다.

호남대 영문과 교수 최병현은 『한국일보』 10월 12일 기고한 「법으로 가둘 수 있는 것과 없는 것」이라는 칼럼에서 "선악이 구분하기 어려울 정도로 뒤엉켜 있는 우리 사회는 생각보다 복잡하다. 내가 염려하는 바는 우리 사회에서 성매매를 추방했을 때 그 자리를 무엇이 대신하는가 하는 것이다. 빈자리에 과연 원했던 대로 인권과 도덕이 자리 잡을 수 있을는지? 일찍이 사회가 법과 규제를 통해 건전하게 되었다는 소리를 들어본 적이 없는 것 같은데……"라고 주장했다.

경희대 국문과 교수 최혜실은 10월 21일 『주간조선』에 기고한 「성매매, 정말 없앨 수 있다고 보나?」라는 칼럼에서 "전국적으로 성적 서비스를 제공하고 있는 업소는 20만여 개라고 한다. 방법도 인터넷 채팅, 전화 등 다양해지고 있는데 이것은 어찌 막을 것인가? 대한민국 경찰 정도가 아니라 군부대가 투입되어 전면적인 전쟁을 치러도 부족할 이 방대하고도 뿌리 깊은 '사업'을 겨우 단속 수준으로 막을 수 있다고 보는 것인가?"라고 의문을 제기했다. 최혜실은 성매매를 "발설하기에 점잖지 못하나 어쩔 수 없이 존재하는 측면도 있는 것, 공식적으로는 타도될 대상처럼 도덕성의 너울을 쓰면서도 이면적으로는 억압의 배출구로 그럭저럭

명맥을 유지하게 하여야 하는 사회적 필요악(必要惡)"이라고 주장했다.

10월 21일『한겨레21』은 전국 집창촌 업주 대표(강현준)와 집창촌 종사자(김문희)까지 참석시킨 대담회를 게재하였다. 강현준은 성매매 특별법에 대해 "종사원들의 인권을 강조하고 있는데, 그러면 왜 강제 보호처분을 두는가. 보호시설은 사실상 감옥이다. 이것은 인권침해가 아닌가. 또 보호시설에 수용되면 일단 강요된 성매매를 한 것으로 낙인찍혀 나쁜 이미지로 매도당할 수밖에 없다. 적발된 업주들의 재산을 전액 환수한다고 했는데, 이는 위헌적 발상이다"라고 주장했다. 김문희는 "여성단체나 여성부, 정치인들은 집창촌의 실체를 잘 모르는 것 같다. 우리가 강제적으로 몸을 판다고 하는데 모든 종사자들이 그런 것은 아니다. 상당수는 자율적인 상황에서 일한다"고 주장했다.

서원대 정외과 교수 박종성은 "현실적으로 최선이 불가능하다면 '차악'을 찾아야 한다"면서 "'무균질 사회' 만을 주장할 것이 아니라 '몸 파는 여성' 에게도 시민·유권자로서 인권이 있다는 사실을 인정하는 방향의 논의가 이제는 공론화될 필요성이 있다"고 말했다. 박종성은 "자발적으로 성매매에 뛰어든 성인 여성은 그들의 선택을 인정해야 한다"며 "대신 세금을 걷어 성매매 여성의 성병 예방 등 건강관리, 직업훈련 등에 쓰는 것이 바람직하다"고 주장했다. 성매매 피해 여성 지원 센터인 '다시함께센터'의 소장 조진경은 "성매매를 합법화하자는 것은 살인을 없앨 수 없으니 인정하자는 논리나 마찬가지"라고 주장했다.

도덕주의와 만난 법의 함정

2004년 10월 13일 한국경제연구원 원장 좌승희는 "성매매 특별법은 인권을 침해하는 정책으로 좌파적 발상에서 나온 것" 이라고 주장했다. 그는 "자신이 믿는 '도덕적 가치'를 실현하기 위해 남의 자유를 규제해야 한다는 것이 좌파적 생각이며 성매매 특별법은 도덕적 가치를 제고하기 위해 인간의 성욕을 막는 법" 이라면서 "현재 한국 사회의 구도는 진보와 보수가 아니라 자유와 반(反)자유의 문제로 지성의 자유도 없다" 고 주장했다.[125]

극작가 홍사종은 『중앙일보』 10월 13일자에 기고한 「도덕주의와 만난 법의 함정」이라는 칼럼에서 '강요된 성'과 악덕 업주에 대한 처벌은 법에서 단호한 조치를 하더라도 '개인의 윤리와 도덕의 문제까지 법이 시퍼런 칼날을 들이대고 개입해야 하느냐'에는 의문을 떨칠 수 없다며 다음과 같이 주장했다.

"우리 사회에 만연한 성매매 풍조는 성을 사고파는 개인들의 문제를 뛰어넘어 사회적으로 복잡한 요인을 지니고 있다. 왜곡된 경제구조와 급격한 사회 윤리관의 해체, 남녀의 생물학적 본능의 차이 등도 아름다워야 할 성을 사고파는 시장 물건처럼 전락시키는 데 기여했다. 따라서 법 시행 이전에 성매매 종사자나 구매자에 대한 일자리 마련, 혹은 성 윤리에 대한 건전한 사회교육이 선행됐어야 마땅하다는 것이 나의 생각이다. 도덕의 문제를 법의 칼날만 믿고 강제하다보면 오히려 중세 사회처럼 법에 의한 통제가 불가능한 순간을 앞당길 수 있다. '법을 강행하다

---

125) 박중현, 「"성매매 특별법은 인권침해 좌파적 정책"」, 『동아일보』, 2004년 10월 14일, 2면.

보면 물 풍선 효과처럼 음성적 거래만 촉발할 것'이라고 말한 경찰청 김강자 전 총경의 말은 그런 뜻에서 '도덕주의'와 만난 법의 종말을 예고하고 있음이 아닐까."

전 총경 김강자는 성매매 특별법 시행에 따른 경찰의 단속을 "전략도 준비도 없이 하는 마구잡이식"이라고 비판했다. 그는 "공개형 성매매 형태인 집창촌부터 단속하면 성매매 여성들이 건전한 직업으로 옮겨가는 것이 아니라 단속을 피해 주택가로 들어가 전국을 오염시킬 것"이라며 "우선 술집, 다방, 보도방 등 음성형 성매매 형태부터 처벌한 뒤 집창촌은 국가에서 철저히 관리하면서 탈(脫)성매매 여건을 갖추어나가는 식의 단계적 접근이 바람직한 해법"이라고 주장했다. 집창촌을 철저히 관리하면 오히려 성병 확산이나 성범죄 등 사회적 문제 발생을 최소화할 수 있고, 성매매 여성에 대한 인권 유린도 막을 수 있다는 것이다.

『한국일보』 논설위원 황영식은 10월 15일자에 쓴 「근본주의의 범람」이라는 칼럼에서 성매매 특별법은 사회 현실을 윤리 문제로 환원한 대표적인 예라며 이렇게 주장했다.

"매매춘의 만연은 사회의 건전성을 해친다. 또 업주의 착취나 '인신매매' 관행도 막아야 한다. 그러나 매매춘을 단숨에 뿌리 뽑겠다거나 사회윤리를 명분으로 아무런 대책을 마련하지 않은 채 수많은 종사자의 밥줄을 끊어도 된다는 발상은 현실성을 결여하고 있다. 당장 종사자들의 생존권 요구 시위가 잇따르는 한편 오피스텔 등에 은밀하게 파고드는 신형 매매춘이 보고되고 있다. 매매춘을 사회악으로 규정, 세균을 박멸하듯 사회적 병원균도 무조건 척결해야 한다는 근본주의적 발상 자체가 위험하고 폭력적이다."

10월 15일 『동아일보』는 "요즘 정치권에는 '금기(禁忌)'가 하나 있다. '성매매 특별법'을 두고 하는 말이다. 사석에서는 단골로 화제에 오르고 있고 그럴 때마다 법안에 대한 성토가 쏟아진다. 하지만 공식적인 언급은 절대 금물이다. …… 한 의원은 '제발 그 문제를 묻지 말라'고 손사래를 쳤다. '어차피 말해봐야 소용도 없는데 괜히 벌집을 건드릴 수 있다'며 황급히 자리를 피했다"고 말했다.

도덕적 근본주의

2004년 10월 16일 『중앙일보』는 한국형사정책연구원이 2002년 말 한국의 성매매 종사 여성 수를 33만 명으로 추산했는데도 불구하고 여성부가 성매매 특별 단속을 앞두고 마련한 전국 38개 재활 기관의 수용 인원은 750명에 지나지 않는다고 비판했다.

'해외 원정 성(性) 접대'가 기승을 부리는 등 중상층은 해외 성매매로 전환함으로써 외화 유출이 늘어나고 있다는 지적도 나왔다. 또 성매매가 인터넷과 모바일로 옮겨감에 따라 성병이 창궐할 위험이 크다는 우려도 나왔다. 『동아일보』(2004년 10월 18일)는 "특별 단속 이후 보건소의 집창촌 종사 여성들에 대한 성병 검사 시스템은 사실상 붕괴한 상태"라고 했다.

『중앙일보』 경제 전문 대기자 이장규는 10월 19일자에 쓴 「무책보다 못한 정책」이라는 칼럼에서 심각한 퇴폐 행위가 학교 주위나 주택가 한복판까지 파고들어와 있는 것부터 바로잡아야 하는데, "지금의 정책은 오히려 거꾸로 가고 있는 셈이다. 무차별적인 단속을 벌여 주택가로, 음성화로 더 부채질하고 있는 꼴이다"고 비판했다.

10월 19일 전국 17개 지역 집창촌 성매매 여성 2,800여 명은 서울 전농동 청량리역 광장에서 제2차 생존권 보장 촉구 집회를 열고 성매매 특별법 철폐를 주장했다. 이들은 대회 선언문에서 "아무런 대책 없이 시행된 성매매 특별법은 우리를 벼랑 끝으로 내몰고 있다"면서 "인권을 보호하겠다고 만든 법이 오히려 인권유린을 자행하는 악법이 됐다"고 주장했다. 또 이들은 "정부는 성매매 업소 밀집 지역의 여성들을 직업인으로 인정해달라고 요구한다"며 "성매매 특별법은 곳곳에 퍼져 있는 음성화된 사업을 강력히 단속해 뿌리 뽑도록 시행돼야 하며, 성매매 업소 밀집 지역은 차등 적용돼야 한다"고 주장했다.

『중앙일보』 논설 고문 최철주는 10월 20일자에 쓴 「성매매와 편견 그리고 허상」이라는 칼럼에서 "복합 불황 시대에 집창촌에서 일하던 여성들이 자활할 수 있는 직종에도 한계가 있다. 수많은 남성조차 실업자로 떠돌아다니면서 3D 업종은 아예 거들떠보지 않는 현상을 가볍게 볼 수 없다. 직업으로서 '성매매'를 해온 여성들에 대한 본질과 내면을 들여다보지 않고 편견과 오해, 그리고 정치적·행정적 과시에만 매달린다면 그 여성들은 다시 '돈 벌기 쉬운 직업'으로 되돌아갈 것이다"라고 주장했다.

소설가 복거일은 『월간조선』 2004년 11월호에 기고한 글에서 성매매를 형벌의 관점에서 살필 때 긴요한 것은 그것이 다른 사람들에게 뚜렷한 피해를 주지 않는다는 사실이라며, 성매매와 관련해서 사회가 해야할 일은 모든 성매매가 자발적 거래며 강제로 매춘하는 사람이 없도록 하는 일이라고 말했다. 그는 성매매 특별법 시행을 "지금 우리 사회를 휩쓰는 전체주의 사조(思潮)의 징후들 가운데 하나"라고 주장했다.

전 총경 김강자는 『월간조선』 2004년 11월호에 기고한 글에서 성매매 여성들을 만나기 전에는 "매춘을 당장 근절해야 한다"고 생각했지만, 그들을 만나면서부터 "매춘은 근절해야 하지만, 탈출구를 만들어주고 밀어붙여야 한다"로 생각이 바뀌었다고 말했다. 사창가에서 인권유린이 없도록 철저하게 관리하면서, 성매매 여성들에게 탈(脫) 매춘 여건을 끊임없이 조성해줘야 한다는 것이다. 그는 현재 정부가 벌이고 있는 식의 단속은 절대로 성공하지 못한다면서 "매춘을 당장 근절하겠다"고 외치는 사람들에게 꼭 해주고 싶은 말이 한 가지 있다고 주장했다. "제발 그곳에 가서 몸을 팔아서 생계를 연명하는 여성들을 만나 보십시오. 우리 사회에서 가장 가난하고, 불쌍한 이들을 그곳에서 내몰 때 그들이 어디로 갈지 한 번쯤은 생각해보십시오."

인하대 교수 김진석은 『교수신문』 11월 1일자에 기고한 「성폭력 안에서 희생양 만들기」라는 칼럼에서 성매매 방지법 옹호자들이 성매매 자체가 이미 여성 인권을 침해한다고 보면서 어떤 종류의 '자발적' 성매매도 인정하지 않는 관점을 고수하는 것은 "도덕적으로는 명분을 갖지만, 자칫하면 도덕적 근본주의로 흐를 수 있다. 이 경우 그 기준으로 입법하고 단속하는 것은 무리일 듯하다"고 주장했다. 그는 "집창촌 여성들도 구조적으로는 남성 권력의 희생자인 것이 분명하지만, 따지고 보면 이들은 여성 중에서도 가장 바닥에 있는 약자일 것이다. 그렇다면 가장 약한 피해자에 초점을 맞춰 그들까지 처벌하는 일(강력하게 성매매를 처벌하는 스웨덴에서조차 여성을 처벌하지는 않는다)은, 약자를 희생양으로 삼는 일이다. 결국 그들은 희생양 의식(儀式)의 희생자인 셈이다"고 말했다.

청소년 성매매 연령 낮아진다

2004년 11월 3일 대전대 교수 권혁범은 『동아일보』에 기고한 「'남성 공화국' 대한민국」이라는 칼럼에서 성매매 특별법 논란에 대해 일부 사람들이 "이 문제를 '먹고사는 데 지장 없는' 여성 지식인 · 운동가 대 빈곤층 매매춘 여성의 대결 구도로 교묘히 몰고 간다"면서 "인신매매와 성폭력으로 얼룩진 성 산업의 현실을 외면하다가 법이 시행되자마자 '인권'과 '생존권'을 외치며 극소수의 '자발적 선택자'에게 초점을 맞추는 의도는 과연 어디에서 오는 것일까"라고 주장했다.

반면 『월간중앙』 12월호의 집창촌 탐방 기사에 인용된 한 성매매 여성은 다음과 같이 주장했다. "밖에 있는 사람들은 여기에 있는 사람들을 사람도 아니고 나쁘다고 하는데요, 시골집에 생활비, 동생 학비 부쳐주는 착한 아가씨들이 더 많아요. 물론 사치하는 아가씨들도 있는데, 그들은 룸살롱에서 빚을 지고 들어온 경우예요. 우리끼리도 그렇게 사치가 심한 사람은 욕해요. 이렇게 보면 돼요. 집창촌 아가씨 100명 중 50%는 탈성매매에 성공하고, 30%는 유흥업소를 다람쥐 쳇바퀴 돌 듯 나갔다 들어오기를 반복해요. 나머지 20%는 만세 부르고(선불금을 신고해 탕감받는 것) 나가요."[126]

성매매 특별법을 둘러싼 갈등과 파동은 12월까지도 계속되었다. 12월 11일 『중앙일보』에 따르면, "여성부가 서울 여의도 국회 앞에서 40일째 농성 중인 성매매 여성들 때문에 속앓이를 하고 있다. 10일 현재 6명의 성매매 여성이 지난달 1일부터 생명 유지에 필요한 최소한의 음식과 물

---

126) 권주리애, 「불 꺼진 집창촌: '이브'의 50일 심충르포」, 『월간중앙』, 2004년 12월, 184~199쪽.

만 섭취하며 농성 중이다. 처음엔 15명이 시작했으나 추위와 허기에 지쳐 농성자가 줄었다. 게다가 지난 6일과 9일에는 30여 명의 성매매 여성이 광화문 외교통상부 건물 앞에서 소복을 입고 머리를 푼 뒤 '여성부는 해체하라'는 현수막을 걸고 차가운 길바닥에 앉아 시위를 벌였다. 이들의 요구사항은 '성매매 단속을 하지 말라'는 것."

대한상공회의소 회장 박용성은 12월 21일 기자 간담회에서 정부·여당이 "나는 깨끗하다"는 것을 나타내기 위한 '과시성, 투명성 중후군'을 앓아 '오버'하고 있다면서, 성매매 특별법을 겨냥해 "싱가포르에서는 길거리 미화를 위해 껌도 못 씹게 하지만 그런 법은 없다"며 "국가가 섹스를 관리하는 나라가 어디 있느냐"고 주장했다.[127]

성매매 특별법이 경제에 미친 부정적 영향을 다룬 기사들도 적잖이 나왔다. 예컨대 12월 22일 『매일경제』에 따르면, 대한숙박업중앙회 총무국장 김문수는 성매매 특별법 시행 뒤 숙박업소들이 문을 다 닫아버릴 지경이라며 대책 마련을 호소했다. 전국 2만 6,000개 회원 업소 중 현재 경매 처분을 당하거나 부도가 날 위기에 처한 업소만 3,700개가 넘는다는 것이다.

『중앙일보』는 그런 문제를 제대로 다루지 못한 걸 자책했다. 12월 22일 「2004 바로잡습니다 ③경제」는 "정부는 연초 도입한 접대비 한도 규제나 9월 23일 시행한 성매매 특별법 등이 내수에 미치는 영향도 간과했으나 본지도 당시에는 이런 정부 발표를 전달하는 데 급급했습니다. 경제 상황과는 정반대의 법안들이 여과 없이 집행되는 문제점을 지적했어야

---

127) 배극인, 「"여권 과시-투명성 증후군 공정거래법 개정 등 오버"」, 『동아일보』, 2004년 12월 22일, A9면.

옳았습니다. 또 심도 있는 취재를 통해 앞으로 내수가 살아나기 어렵다는 사실을 알렸어야 했지요. 실제 이 두 제도의 시행 이후 내수 침체는 가속됐습니다"라고 말했다.

성매매 특별법의 실효성에 의문을 제기하는 기사들도 많았다. 예컨대 『세계일보』 12월 11일자에 조동석 기자가 쓴 기사 「청소년 성매매 연령 낮아진다」는 성매매를 근절하겠다는 정부의 강력한 단속 의지에도 청소년 성매매가 급증하고 있고, 특히 성매매 청소년의 연령이 점점 낮아지고 있는 것으로 나타나고 있다고 보도했다. 경찰에 검거된, 돈을 받고 성을 판 18세 이하 청소년은 2002년 1,221명, 2003년 1,316명을 기록한 데 이어 2004년 들어 11월까지는 1,559명이 적발됐으며, 이 중 14세 이하는 2002년 205명(16.8%)에서 2003년 168명(12.8%)으로 줄었지만 2004년 들어 11월까지 185명(18.2%)으로 다시 크게 늘었다는 것이다.

너는 성매매를 용인하는 것이냐

성매매 특별법에 대한 진보적 관점의 문제 제기를 가장 왕성하게 한 건 『월간 말』이었다. 독일인으로 경제 주간지 『이코노미21』 기자로 일하는 한네스 모슬러(한국 이름 강미노)는 『월간 말』 2004년 12월호 인터뷰에서 왜 여성부가 딱히 성공했다고 보기 어려운 스웨덴 방식을 모델로 삼았는지 모르겠다며 성매매 특별법의 성공 가능성에 대해 회의를 표시했다. 그는 법적 제재와 처벌로 성매매를 근절할 수 있다고 보는 금지주의가 문제라며 이렇게 말했다.

"양성평등이 정착되고 복지 제도가 발달한 스웨덴과는 다릅니다. 성매매 이외의 생계 수단이 없는 여성들이 분명히 있고 당장 성매매 집결지가 문을 닫으면 더 깊은 지하로 숨어들 수밖에 없습니다. 아무리 강력하게 금지를 해도 금지되지 않는다는 말이죠." [128]

대학교수이자 성매매 현장을 직접 뛰어다니는 인권 운동가인 원미혜는 『월간 말』 2004년 12월호 인터뷰에서 성매매 합법화와 공창제에 반대하면서도 그런 주장들을 근본적으로 잘못된 것이라고 규정하고 배제하는 것도 바람직하지 않다고 주장했다. 이 방안들을 여러 가지 대안 중 하나라고 보는 열린 자세가 필요하며, 성매매 근절주의를 넘어선 대안을 제시했을 때 "너는 성매매를 용인하는 것이냐"고 딱지를 붙이는 태도를 버려야 한다는 것이다. 그는 특히 여성 단체들이 성매매 '근절' 이라는 '명분' 과 성매매 처벌법이라는 '제도' 에 매달려 성매매 문제를 풀어나가려는 것에 대해 깊은 우려를 표시했다.

"여성주의에는 두 가지 책무가 있다. 하나는 가부장적인 문화 · 구조에 대한 근본적인 물음을 갖고 이를 전복할 수 있는 전반의 구조를 바꾸는 일, 또 하나는 한 여성에게서 출발해 그가 처한 현실을 돌봐야 하는 일이다. 그 여성들이 먼저 성매매 구조를 벗어나야지만 돕겠다는 태도는 잘못된 것이다. 정책은 그 수혜자들이 가장 접근하기 쉬운, 그들이 원하는 방식으로 움직여야 실효성이 있다. 그런데 그걸 차단하고 자신의 아이디어로 일방적으로 돕겠다고 하는 건 오만이다. 성매매 구조에서 이미 떠날 사람은 떠났다. 떠날 조건이 되었기 때문에 떠났다. 그리고 그 조건이 안 돼서 남아 있는 사람들도 있다. 이들은 어떻게 할 것인가." [129]

---

128) 이정환, 「"현상만 훑지 말고 핵심을 파고들어라": 강미노 「이코노미21」 기자」, 『월간 말』, 2004년 12월, 52~53쪽.

한국빈곤문제연구소 소장 류정순은 『월간 말』 2005년 1월호 인터뷰에서 성매매 특별법이 여성들에 대한 어떤 사회적 배려나 준비도 없이 졸속으로 이뤄졌다고 비판했다. 류정순은 "한국의 여성 단체들, 너무 과잉 세력화되어 있다고 본다"며 다음과 같이 주장했다.

"시민단체들이 이번 성매매 처벌법에 100% 힘을 실어줬다. 왜? 안 그러면 '악의 축'이 되기 때문이다. 특히 상식이 있는 남성들은 성매매 문제에 관해 '원초적 약점'이 있어서 '끽' 소리도 못한다. 그러나 정책을 조금만 들여다보면 이게 '깜짝쇼'에 불과하다는 게 드러난다. 한계 계층 여성들이 추운 겨울날 길거리로 내몰렸다. 빈곤 영향 평가라든지, 법 시행 이전에 최소한 수행되어야 할 조치들은 전혀 없었다. 중산층 이상 여성들의 복지를 위해 한계 계층 여성들의 복지를 희생한 것이다. …… 성매매와 같은 사안은 외국에서도 항상 논란의 대상이고 정답이 있을 수 없다. 그렇다면 사회적 합의와 준비 과정이 무엇보다 중요하다. 상류층한테 세금 걷는 걸 성매매 처벌법 밀어붙이듯 화끈하게 추진했으면 국민한테 박수받을 것이다."

성매매 특별법의 가장 큰 문제는 '준비 부족'에 있었다. 나중엔 쑥 들어갔지만 한동안 성매매 특별법을 참여정부 개혁의 상징이자 이정표로 삼겠다는 의욕이 발설되곤 했다. 무언가 보여주기 위한 전시효과 의욕만 앞섰던 셈이다. '준비' 타령만 하다간 영영 할 수 없다는 반론도 가능하겠지만, 성의마저 부족했다. 성매매 특별법 주체와 적극 지지자는 고압적인 계도 의욕은 충만했지만 '고통 분담'엔 소홀했다.

---

129) 이정은, 「"성매매 '근절'을 원하십니까?"」, 『월간 말』, 2004년 12월, 96~101쪽.

천만 관객 블록버스터의 탄생
〈실미도〉와 〈태극기 휘날리며〉

스크린쿼터제 논란

2004년 6월 11일 문화부 장관 이창동의 스크린쿼터 축소 검토 발언으로 스크린쿼터 문제가 다시 수면 위로 떠올랐다. 10월엔 공정거래위원회가 국회에 낸 국정감사 자료에서 "국내 영화 산업도 이제는 스크린쿼터제 등의 과도한 보호 장치 없이 자체적인 경쟁력 향상으로 외국 영화와 경쟁할 필요가 있다"며 "스크린쿼터는 오히려 질 낮은 국산 영화 생산에 따른 인적, 물적 자원의 낭비를 조장하고 있다"고 주장했다.

10월 19일 『한겨레』는 「스크린쿼터가 질 낮은 영화 만든다니?」라는 사설에서 "스크린쿼터제와 한국 영화에 대한 공정위의 몰이해를 적나라하게 드러낸 이런 언급은 놀랍기만 하다"고 비판했다. 10월 21일 영화인 100여 명은 과천 정부 청사 앞에서 공정거래위원장 사퇴를 요구하는 집회를 했다.

영화인들은 '한미투자협정 저지와 스크린쿼터 지키기 영화인대책위원회'를 구성했다(대책위원장 영화감독 정지영, 한국영화인협회 회장 신우철, 영화배우 정진영, 영화감독 여균동, 시네2000 대표 이춘연, 영화제작자협회 회장 김형준 등). 대책위는 집회에서 "공정위의 망발은 전 영화인에 대한 모독이며 국제사회가 인정하는 정당한 보호 제도조차 매도하는 터무니없는 발언"이라며 "프랑스 등 유럽 각국도 국가 차원에서 자국 영화와 방송 사업을 보호하기 위한 제도를 마련하고 있는데다 국제법이 인정하고 헌법재판소가 정당한 제도로 판정한 스크린쿼터제를 통상 마찰이라는 이유로 축소, 폐지하려는 정부 기관은 과연 어느 나라 기관이냐"고 비판했다.

공정위는 21일 해명 자료를 내고 "스크린쿼터제는 경쟁 제한성이 있지만 문화의 정체성을 고려, 문화관광부와 영화인들이 적절한 결론을 내릴 사안"이라면서 "공정위 견해는 스크린쿼터제가 지속되면 영화 산업 전반의 경쟁력이 약화할 수 있다는 점을 강조하기 위한 것이며 한국 영화 전체의 질적 수준이 낮다는 것을 의미하지는 않는다"고 해명했다.

11월 1일 주한 미국 대사인 크리스토퍼 힐은 고려대 초청 강연회에서 'FTA(자유무역협정)로 가는 길'이라는 제목의 강연을 통해 "한국은 스크린쿼터제와 FTA 둘 중 하나를 골라야 하는 상황"이라며 FTA 체결을 위해 스크린쿼터제를 포기해야 한다고 주장했다.

11월 17일 전국경제인연합회, 한국무역협회 등 경제 5단체 부회장단은 '스크린쿼터제도 개선에 대한 대정부 건의문'을 공동 발표했다. 이들은 건의문을 통해 "스크린쿼터에 따른 양국 간 갈등 때문에 한미투자협정과 한미자유무역협정 논의가 지연되고 있다"면서 "합리적인 선에서 스크린쿼터제를 축소하면 국내 영화 산업에 대한 피해는 최소화하면서도 미국과의 관계에서 더 큰 실익을 기대할 수 있는 만큼 기회를 놓쳐서는 안 된다"고 주장했다.

영화계 일각에서도 연간 146일(최소 106일)로 정해진 한국 영화 스크린쿼터는 축소가 불가피하다는 불가피론이 제기되었다. 이 같은 불가피론엔 영화감독 시절 스크린쿼터 사수의 선봉에 섰던 이창동이 '스크린쿼터 축소 검토 발언'으로 노무현 정권을 위한 총대를 멘 뒤 장관직을 그만둔 것이 적잖은 영향을 끼쳤다. 다른 한편에선 예술영화 등 비상업적 영화 지원안으로 바꾸자는 '마이너리티 쿼터' 의견도 나왔다.

산업연구원 연구 위원 오정일은 11월 20일 『매일경제』에 기고한 「스크린쿼터는 재산권 침해다」라는 칼럼에서 헌법재판소가 스크린쿼터제를 합헌으로 판단한 1995년의 국산 영화 시장점유율은 약 20%에 불과했던 반면, 지금은 50%를 넘고 있으므로 헌재의 판단 근거였던 '유치산업 보호'의 명분은 사라졌다고 주장했다. 그는 "특별한 보상 규정이 없는 스크린쿼터제의 근거 법인 영화진흥법은 사업자(극장주)의 재산권을 침해하는 위헌적 법률이 될 가능성이 크다. 기존의 쿼터를 세분하여 예술영화와 사업 영화에 대한 각각의 쿼터를 설정하자는 '마이너리티 쿼터(minority quota)제' 역시 위헌의 여지가 있다"고 말했다. 한국 영화 시장이 과거와는 달라졌다는 주장에 대해 시네2000 대표이며 영화인회의 이사장인 이춘연은 "교통사고 다발 지역에 신호등을 설치해서 사고를 줄였습니다. 그렇다면 사고가 줄었으니 다시 신호등을 없애도 되겠습니까?"라고 반박했다.

천만 관객 블록버스터

2004년 '천만 관객 블록버스터' 라는 캐치프레이즈까지 나타났다. 4월 4일 영화 배급사인 쇼박스에 따르면, 2월 5일에 개봉된 영화 〈태극기 휘날리며〉가 토요일인 3일까지 1109만 3천 명이 관람해 지난해 12월 24일에 개봉돼 1107만 8천 명의 관객을 불러 모은 〈실미도〉를 앞질렀다. 두 영화를 제외한 흥행 3~7위는 〈친구〉(818만 명), 〈쉬리〉(621만 명), 〈공동경비구역 JSA〉(583만 명), 〈살인의 추억〉(530만 명), 〈조폭 마누라〉(525만 명) 등이었다.[130]

2004년 5월 동아대 교수 출신으로 한나라당 개혁파의 '브레인' 으로 통한 박형준 의원은 "한나라당이 사회 문화적 헤게모니를 완전히 상실한 것이 가장 큰 문제다. 1000만 명이 보는 영화를 만드는 감독들은 다 저쪽이다. 미디어 쪽의 권력이 완전히 저쪽으로 넘어가 있어서 뭘 하려고 해도 갑갑하다. 한나라당에서 앞으로 문화 분야를 담당할 의원은 4년 내내 문화계 인사들과 만나 어울려야 한다"고 주장했다.[131]

영화 평론가 김영진은 『문학과 사회』 2004년 겨울호에 기고한 「한국 영화, 할리우드 콤플렉스에서 벗어나는가」라는 글에서 "블록버스터란 말은, 마치 심형래의 〈용가리〉가 그랬던 것처럼 한국의 대중에게 할리우드식 판타지를 자국산으로 소비할 수 있다는 어떤 검증되지 않은 쾌감을 준다"며 다음과 같이 말했다.

"블록버스터 운운하는 한국 영화계는 일종의 모순, 자가당착, 아니면

---

130) 황수정, 「'태극기……' 관객 '실미도' 앞질렀다」, 『서울신문』, 2004년 4월 5일, 8면.
131) 「문화일보 초청 초선 릴레이 토론회 ①: 한나라 당선자 4인과 3시간 격론」, 『문화일보』, 2004년 5월 7일, 4면; 김민철, 「박형준, 한나라 개혁파의 '브레인'」, 『조선일보』, 2004년 5월 3일, A4면.

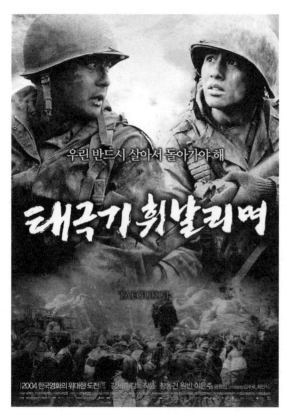

한국 영화 최초로 천만 관객을 돌파한 영화 〈실미도〉와 함께 '블록버스터 천만 관객 시대'를 연 영화 〈태극기 휘날리며〉의 포스터.

교묘한 환상의 그물에 갇혀 있다. 블록버스터라는, 장르와 마케팅 배급을 아우르는 용어는 바로 그 대중의 취향이라는 고리에 할리우드의 자장을 갖다 붙이고 스스로 할리우드의 상상적 영토에 발을 갖다 붙이려는 한국 영화계와 대중의 자기만족적이며 변방의 중심인 체하는 나르시시즘의 거대한 욕망이다. 블록버스터를 표방하고도 성공한 영화들, 〈쉬리〉와 〈공동경비구역 JSA〉와 〈실미도〉와 〈태극기 휘날리며〉는 할리우드의 닮은꼴을 표방하는 블록버스터의 환상과 로컬 영화의 특수성을 살린 소재가 지닌 돌파구 사이에서 아슬아슬하게 곡예를 벌이고 있다."

김영진은 〈태극기 휘날리며〉는 140억 원에 가까운 제작비, 〈실미도〉
는 80여억 원의 제작비를 썼다고 지적하면서 블록버스터 붐의 부작용을
꼬집었다. 거대 마케팅과 배급 물량 공세 등으로 대중의 관심 독점에 사
활을 거는 체제 속에서 작은 영화들은 급속히 사라지고 있다는 것이다.
또 그런 와중에서 베를린영화제에서 감독상을 받은 김기덕의 저예산 영
화 〈사마리아〉같은 영화도 100개가 넘는 전국 스크린을 통해 주류 영화
못지않은 마케팅 비용을 치르며 개봉해야 하는 웃지 못할 기현상까지
벌어졌다는 것이다. 그래서 〈사마리아〉의 경우 마케팅과 배급에 드는
비용이 영화의 실제작비를 훨씬 초과해버렸다는 것이다.

2004년 12월 14일 IM픽처스 대표 최완, 튜브엔터테인먼트 대표 김승
범, 기획시대 대표 유인택, 사이더스픽처스 제작총괄 이사 노종윤 등이
국회 미래전략특위에 제출한 '한국 영화 산업 발전 방향' 보고서는 한
국 영화 산업이 2007년을 기점으로 내리막길에 접어들 것으로 전망했
다. 극장 포화 상태, 비디오 시장 침체, DVD 시장의 저성장, 메이저 투자
배급사의 독과점화 등의 악재가 겹쳐 점차 경쟁력을 잃게 되리라는 것
이다.

이틀 뒤 『문화일보』는 2003년 말 현재 37개의 투자펀드에 3400억 원
규모로 결성된 영상투자조합의 80%가 2005년 말에는 만기에 도달해 재
결성 여부가 불투명하다고 보도했다. 미국의 경우 50% 이상인 DVD 관
련 매출이 국내에서는 불법 복제와 비디오 시장 침체로 지난해 2.5%에
그쳤고, 극장 상영 비중이 70%를 차지하는 후진적 구조도 문제로 지적
되었다. CJ, 쇼박스, 롯데시네마 등 대기업의 제작·투자·배급·극장
독점화에 따른 획일적인 상업 영화 제작도 한국 영화의 경쟁력을 해치

는 요인으로 지목되었다.[132]

돈 놓고 돈 먹기

영화평론가 강한섭은 2004년 12월 17일에 발간된 『한국의 영화학을 만들어라』라는 책에서 한국 영화의 평균 제작비 추이에 주목했다. 총제작비는 1995년 10억 원, 1997년 13억 원, 1998년 15억 원, 1999년 19억 원, 2000년 21억 5000만 원, 2001년 26억 원, 2002년 30억 5000만 원이었으며, 총제작비 중 마케팅비는 1995년 1억 원, 1997년 2억 원, 1998년 3억 원, 1999년 5억 원, 2000년 6억 5000만 원, 2001년 8억 9000만 원, 2002년 9억 7000만 원으로 늘었다. 〈실미도〉와 〈태극기 휘날리며〉는 각각 27억 원과 45억 원을 마케팅 비용으로 동원했다고 한다.

이처럼 돈을 워낙 많이 들였기 때문에 그걸 뽑기 위해 어떤 일이 벌어지는가? 강한섭은 "이제는 이판사판이다. 돈 놓고 돈 먹기다. 스크린 독과점 전략이 펼쳐진다. 그래서 전국 1,200개의 스크린 중 500개를 하나의 블록버스터 영화가 차지하게 된다. 이쯤 되면 관객이 자기가 보고 싶은 영화를 선택하는 것이 아니라 그 영화를 보도록 내몰림당하는 형국이 되어버리는 것이다"라고 말했다.

그가 지적한 스크린 독과점 실태에 따르면, 〈실미도〉는 400개 스크린에서 개봉했고, 〈태극기 휘날리며〉는 2월 5일 개봉 시 452개였지만 그다음 주엔 513개로 늘었다. 전국의 스크린 수 1,241개 중에서 하나의 영화

---

132) 김남석, 「'호황' 한국 영화 내일은 '불투명'」, 『문화일보』, 2004년 12월 16일, 3면.

가 41.3%를 차지한 것이다. 2월 9일을 기준으로 보면 〈태극기〉가 452개, 〈실미도〉가 220개로, 두 편의 블록버스터가 전체 스크린의 53%를 차지했다. 그는 일본의 경우 흥행 1위 작이 전체 스크린 2,635개 중 408개 스크린에서 개봉돼 20%에 못 미쳤고, 미국은 3만 5,804개 중 3,703개로 10% 선에 불과했다고 지적하며 "스크린 독과점은 단순한 반칙이 아니라 범죄 행위"라고 주장했다. 그는 한국 영화 붐을 특징짓는 하나의 표현을 들자면 "대박 아니면 쪽박이다"라는 유행어라고 꼬집으면서 이런 현실이 영화의 다양성을 죽인다고 개탄했다.

또 그는 비디오 시장이 몰락한 가장 큰 이유는 극장 요금의 덤핑에서 찾아야 한다고 주장했다. 이 주장에 따르면, "요즘 7,000원 입장료를 다 주고 영화 보는 관객은 아줌마나 아저씨들뿐이다. 신용카드사와 이동통신사들이 멤버십 서비스라는 명목으로 관람료의 1,500원~3,000원을 할인해주고 있다. 여기에 멀티플렉스 극장들은 두 개의 카드 중복 할인을 인정하고, 자사 회원 카드를 사용하면 10%를 추가로 적립해준다."

그는 "한국의 영화 산업계는 결정적으로 중요한 가격 시스템을 신용카드사와 이동통신사들에 헐값으로 헌납해버린 것이다"라고 지적하면서 "영화 요금의 덤핑이 더 이상 현재와 같은 파행적인 형태로 계속될 수는 없는 것이다. 극장 요금의 할인이 사라지면, 현재 3,000원으로 영화를 보는 청년들이 7,000원 입장료를 다 내고 영화관을 찾을 것인가? 극장 관객의 수가 급격하게 감소하는 것은 필연적이다"라고 말했다.[133]

『서울신문』 2004년 12월 31일자에 실린 기사 「'제작비 30억 원' 한국

---

133) 강한섭, 『한국의 영화학을 만들어라: 문화진화론자가 다시 쓰는 영화 담론』(삼우반, 2004).

영화의 덫인가」는 몇 편의 블록버스터로 2004년 편당 평균 제작비는 42억여 원이 되었으며, 일반적인 상업 영화의 경우엔 30억 원 안팎이 표준 가격처럼 정해졌다고 보도했다. 이 기사는 '제작비 30억 원'의 표준화가 창의성과 다양성을 사장시킨 채 '상업 영화의 표준화'라는 결과를 낳는다고 지적했다. 제작비 30억 원을 건지려면 적어도 100만 명의 관객을 보아야 한다는 것이다. 그러다보니 흥행성이 떨어지는 시나리오는 기획 단계에서부터 제외되거나 채택되더라도 상업성에 맞춰 '난도질' 당한다는 것이다. 한 인터넷 사이트에서 조사한 바로는 가장 많은 네티즌이 '대박 흥행 영화의 패턴 반복'을 한국 영화의 가장 큰 문제점으로 꼽았다. 뭐 하나가 크게 터지면 우후죽순 아류들이 줄을 잇는다는 것이다.

『내일신문』 2005년 1월 17일자 기사 「"영화 일 하려 아르바이트로 생계 유지": 영화판에 몸담은 지 6년 된 어느 조감독 넋두리」에 따르면, 영화만으로 먹고사는 사람은 정말 몇 안 된다고 털어놓는다. "대학 졸업 후 곧바로 영화판에 뛰어들어 이제 영화 경력 7년 차에 접어든 조감독 김 아무개 씨는 아직도 미혼이다. 결혼까지 약속한 사람이 있었으나 결국 헤어졌다. …… 천만 관객을 동원한 영화가 나와도 이들에게 돌아오는 것은 별로 없다. 수익은 극장과 투자사, 배급사, 제작사가 가져가고 인센티브도 배우, 감독, 작가, 촬영감독 등에게 돌아가기 때문이다."

이 기사에 따르면, 영화 관련 아르바이트로 먹고사는 것도 여의치 않아 건설 현장 일용직으로 나서는 것도 흔한 일이라고 한다. 이에 앞서 2004년 10월 한나라당 의원 박형준이 설문 조사한 결과에 따르면, 영화 제작 현장 스태프의 월평균 소득은 61만 8천 원에도 못 미치며 대부분이 부모, 배우자에게 의지하거나 아르바이트를 병행하고 있는 것으로 나타났다.

영화관 브랜드를 고르는 시대

『월간 말』 2005년 2월호 기사 「한류, '벌거벗은 임금님' 이 되려나」는 "한국 영화 붐은 착시 현상" 이라는 강한섭의 한국 영화 위기론을 소개했다. 그의 위기론은 ①1990년대 중반 국내 영화 시장의 매출 규모는 극장과 비디오를 합쳐 1조 5000억 원 정도였으나 2003년 1조 3000억 원 정도로 쪼그라들었다, ②한국 영화의 평균 수익률도 2002년 전체적으로 500여억 원의 적자를 낳아 -10.7%의 수익률을 기록했다, ③2004년 들어서도 개봉작 71편 가운데 흑자를 기록한 작품의 편당 수익은 22억 원으로 2003년에 비해 51% 감소했다, ④비디오 시장이 붕괴하였다 등에 근거하였다.

그러나 이런 위기론에 대해 영화진흥위원회 정책연구팀장 김미현은 "1999년 이후 한국 영화의 성장을 착시라고 보는 것은 지나치게 선험적이고 직관적인 판단" 이라고 반박했다. 김미현은 "한국 영화는 지난 5년 동안 18%씩 성장해왔다. 다른 국가나 한국의 다른 산업에 비교해봐도 굉장히 이례적인 성장률" 이라면서 한국 영화의 성장이 '거품' 이 아니라고 주장했다. 그는 "현 시점에서 점유율이 떨어지는 건 한 산업의 경기 순환 패턴 내에서도 충분히 예측 가능한 사태" 라고 설명하고 "내림세인 것은 인정하지만 S자 곡선을 그리며 다시 치고 올라갈 수 있을 것" 이라고 전망했다.

위기론을 내세우는 강한섭의 대안은 "충무로 영화 산업이 이미 글로벌 플레이어가 된 한국의 자랑스러운 기업들의 거시 경영전략과 공동 운명체가 되어야 한다" 는 것이다. 이에 대해 문화 평론가 이택광은 "현상분석에는 동의하는 부분이 있는데, 결론에 이르면 어처구니가 없다"

면서 "창조성의 원천은 자본에 있는 게 아니다. 인문학적 토대가 불모 상태인데, 자본의 마케팅 능력으로 뛰어난 작품이 나오길 기대하는 건 어불성설"이라고 일축했다. 이택광은 "몇몇 대기업이 좌우하는 예술은 몰락할 수밖에 없다. 한국 영화 제작비가 시장 규모에 비해 과도한 이유는 충무로가 투기 자본들이 횡행하는 투전판이 되었기 때문이다. 문화 콘텐츠의 상상력은 인문학에서 나온다. 대기업과 같이 놀 때가 아니다. 문화적 자생력에 대한 진지한 논의를 시작해야 한다"고 말했다.

강한섭은 2005년 1월 25일자 『스포츠조선』에 기고한 「세계 최다 '영화과' 보유국」이란 칼럼에서 대학교에 설치된 영화과의 수가 50개가 넘고 애니메이션이나 멀티미디어 같은 관련 학과까지 합치면 150여 개에 달한다며 다음과 같이 주장했다.

"매년 2월 2,000명의 영화과 졸업생이 영화 시장에 얼굴을 내민다. 그러나 그들을 기다리고 있는 것은 한 번 취업하면 매년 호봉이 올라가는 안정적인 직장이 아니다. 요즘과 같이 영하 10도의 삭풍이 몰아치는 들판과 거리에서 밤을 지새워야 하는 거친 영화제작 현장의 세컨드의 조수로 사회생활을 시작하게 된다. 임금이라고 할 수 없는 돈을 받고 몇 년을 지내게 되면 많은 수의 졸업생들이 영화 현장으로부터 중도 하차하게 된다. 이제 남아 있는 독종 친구들은 다시 젊음이 다할 때까지 대박 아니면 쪽박만이 있는 경박한 영화 시장과 싸워야 한다. …… 사정이 이런데도 전국의 대학에 영화과 창설이 유행병처럼 창궐해 한국은 세계에서 가장 많은 영화과를 가진 나라가 되었다. 국가는 영화 국립학교를 뚝딱 만들고 민간인들은 이에 뒤질세라 뭘 하겠다는 것인지 알 수 없는 영상 대학원을 만든다. 그리고 세계 최초로 영화 실기 박사 학위 과정도 개

설된다."

2005년 1월 26일 영화진흥회의 발표에 따르면 2004년 한국 영화 점유율은 서울 기준 54.2%인 것으로 나타났다. 2003년 2월 24일의 한국 영화 점유율 49.6%보다 4.6%p 증가한 수치다. 전국 기준으론 57% 수준으로 추정되었다. 2005년 1월 한 달 동안 한국 영화의 점유율은 서울 24%, 전국 29.6%였으며, 전체 영화의 관객 수는 지난해 같은 기간 대비 18.6%(전국)나 감소했다.

2005년 2월 23일 『한국일보』가 보도한 기사 「대형 극장 몸집 불리기 뒤탈 우려: 올해만 50개 극장 개관」은 2005년에 새로 문을 여는 극장만 50개가 넘는다고 보도했다. 2004년 말 전국 스크린 수는 1,400개(2003년 1,132개)였지만, 2005년 말에는 1,800개가 되리라는 것이다. 2004년 기준으로 한국의 스크린 1개당 인구수는 약 4만 2,000명이다.(미국 8,330명, 싱가포르 2만 명, 홍콩 3만 5,000명) 2004년 만 14세 이상 49세 이하 인구의 연간 영화 관람 편수는 평균 5.57편이었다(2003년 1인당 2.5편). 이 기사는 스크린 수는 연평균 12.3%씩 성장하다가 2007년경에 2,500여 개에 이르면 문 닫는 극장이 속출할 것이라는 전망이 나온다고 말했다. 미국에서 2000년에 멀티플렉스가 대규모 파산을 한 것과 비슷한 일이 벌어지리라는 것이다.

2005년 3월 19일 영화 〈말아톤〉이 개봉 52일 만에 전국 관객 수 500만 명을 돌파했다. 이전까지 500만 관객을 돌파한 영화는 2004년 초 1000만 명 이상의 관객을 동원한 〈태극기 휘날리며〉, 〈실미도〉를 비롯해 〈친구〉, 〈쉬리〉, 〈공동경비구역 JSA〉, 〈살인의 추억〉, 〈조폭 마누라〉, 〈가문의 영광〉 등 모두 여덟 편이었다.

2005년 3월 25일자 『중앙일보』는 「보는 곳이 좋아야 보는 것도 재밌어: 영화 먼저? 극장 먼저!」라는 기사에서 전국적 체인망을 갖춘 복합상영관 롯데시네마가 25일 문을 연 소공동 '롯데시네마 에비뉴엘관' 은 가장 사치스런 미끼 상품이라며 다음과 같이 말했다.

"롯데백화점의 명품관 에비뉴엘관 6, 7층에 자리 잡은 이 극장은 5개 관에 전체 좌석 수가 700여 석에 불과한데도 무려 200억 원 넘게 쏟아부었다. 특급 호텔급 인테리어에 전관 4웨이 음향 시스템 등 첨단 설비를 갖췄지만 티켓값은 다른 극장과 똑같은 7,000원이다. 롯데시네마 관계자가 '극장 운영만으로는 20년이 걸려도 투자액 회수가 불가능하다' 고 말할 정도다. …… 상영하는 영화에 따라 극장을 택하던 시대는 저물고 있다. 이제는 '영화관' 브랜드를 고르는 시대다."

유통이 생산을 압도하는 건 사회 분야에 걸쳐 일어나고 있는 공통된 현상이었다. 대형 유통업체가 지역 상권을 파고들면서 영세 상인들이 들고일어나는 일이 곧 벌어지게 된다. "큰 것이 아름답다"는 원리에 따라 움직이는 '브랜드 자본주의' 는 점점 더 뜨거운 갈등의 한복판으로 들어서고 있었다.

일본은 한국에 미쳤다
한류와 '욘사마 신드롬'

일본의 욘사마 신드롬

2004년 4월 3일 드라마 〈겨울연가〉의 주인공인 배용준이 〈겨울연가〉의 NHK 재방송 시작에 맞춰 일본 팬클럽 초청 행사에 참석하기 위해 일본 하네다 공항에 입국하자 일본 여성팬 5,000여 명이 몰려들어 큰 소동이 벌어졌다. 2003년 4월 NHK 위성방송을 통해 방영된 후 대히트를 한 〈겨울연가〉는 연말에 재방송이 나갔고, 2004년 4월 3일부터 매주 토요일 오후 11시 NHK 지상파 종합 채널에서 다시 방송되었다. 6월부터 시작할 NHK 교육 TV의 한글 강좌 교재도 겨울연가 대사를 사용한 덕에 20만 부가 팔려나가는 등 열성팬들 사이에는 한국어 공부 붐도 일어나고 있었다.[134]

이전의 한류가 주로 중국 중심이었다면, 2004년부터의 한류는 적어도

---

134) 신윤석, 「"배용준 오빠" 일 공항 5,000명 몰려」, 『한국일보』, 2004년 4월 5일, 9면.

일본 등 아시아에 수
출되면서 한류 열풍을
일으켰던 KBS 드라마
〈겨울연가〉.

언론 보도상으론 일본에서의 '욘사마 신드롬'으로 수렴되는 것처럼 보였다. '욘사마'는 배용준을 가리키는 일본어의 극존칭이다. 일본 기자들은 '욘사마 신드롬', '욘사마 사회현상', '욘사마 종교', '욘사마 교주', '욘사마병' 등 다양한 이름을 붙였다. 한국에서 배용준을 취재하기 위해 와 있는 일본 기자만 50여 명이나 되었으며, 일본 스포츠신문이나 주간지들은 배용준의 기사 게재 여부에 따라서 최소 5만~10만 부 이상의 판매 부수 차이가 났다.[135]

2004년 5월 일본 총리 고이즈미 준이치로의 2차 방북(訪北) 날이 〈겨울연가〉 방영 날과 겹쳤다. 방북 특집 때문에 〈겨울연가〉 한 회를 결방한 NHK엔 3천 건이 넘는 항의 전화가 쏟아졌다. 6월 19일 총리 고이즈미는 오카야마 시에서 열린 참의원 선거 유세 때 배용준을 언급하면서 "욘사마를 본받아 준사마로 불릴 수 있도록 노력하겠다"고 말했다.

---

135) 유재순, 「일본 언론들 '배용준 비즈니스'로 대박」, 『주간조선』, 2004년 10월 21일, 56~57면.

일본 시즈오카대 교수 고하리 스스무는 "심지어 한국에 이민 가고 싶다는 50대 주부들이 나올 정도지만, 이 말을 한국인들은 믿어주지 않는다"고 말한 적이 있는데, 이젠 그걸 믿는 한국인들도 크게 늘게 되었다. 일본 연예지들은 '욘사마 신드롬'과 관련, "한국의 남성 배우들은 일본인에게 없는 러브 파워를 갖고 있다"며 구체적으로 예의 바르면서도 여성을 즐겁게 하는 테크닉이 뛰어나다고 분석했다.[136]

2004년 9월 24일 드라마 〈겨울연가〉의 감독 윤석호는 관광의 날 기념식장에서 정부가 주는 대통령상을 받았다. 〈겨울연가〉의 주 촬영 무대인 남이섬, 춘천, 용평 등에 해외 관광객 30여만 명을 유치해 4290여억 원에 이르는 외화를 벌어들이게 한 공로를 인정받았기 때문이다.[137]

현실감각과 판타지의 조화

2004년 가을 약 1억 명의 중국인들이 매일 밤 한국 드라마를 시청했으며, 한류 열풍은 아시아를 넘어 동유럽과 중동으로까지 확산하였다. 드라마 〈올인〉이 동유럽에, 〈겨울연가〉와 〈가을동화〉가 중동 지역에서 방영되었다. 〈겨울연가〉는 아프리카에도 수출되었다.[138]

2004년 9월 22일 무역협회 산하 무역연구소가 수출 기업을 대상으로 한 조사에선 응답자의 76%가 한류 덕을 봤다고 대답했다. "직접적인 수출 증가에 도움이 됐다"가 10%, "국가 이미지 상승으로 간접적으로 도

136) 박용채, 「일(日) 한류 왜? '열풍' 넘어 '광풍'」, 『경향신문』, 2004년 11월 19일, 3면.
137) 백현락, 「떼돈 벌어들이는 한류 열풍」, 『조선일보』, 2004년 9월 30일, A21면.
138) 김후남, 「한류열풍 동유럽·중동으로 확산」, 『경향신문』, 2004년 10월 13일, 29면.

움이 됐다"가 66%였다. 그러나 중국에 진출한 한국 대기업들은 브랜드 중심의 마케팅 활동을 하고 있기 때문에 한류를 활용하지 않는다고 했다.[139] 그래도 한류의 덕을 보는 게 있지 왜 없겠는가? 서울대 언론정보학과 교수 이준웅이 2003년 3월 베이징과 상하이에서 실시한 설문 조사에 따르면, "전반적으로 한국 드라마 시청은 한국에 대한 태도, 한국 상품 이용, 그리고 한중 간의 호감 형성에 긍정적인 영향을 끼치는 것으로 확인되었다."[140]

국내에선 한류의 원인 분석이 활발하게 이루어졌다. 삼성경제연구소 수석 연구원 고정민은 "중국은 저개발의 상태에 있고, 일본은 정적인 문화다. 한국은 역동성과 창의성이 있다. 문화 산업에 적합한 민족성이다. 게다가 인터넷과 모바일 보급률 등 인프라도 뛰어나다"고 진단했다. SM 엔터테인먼트 대표 김경욱은 외모 자본의 경쟁력까지 꼽았다. "베이징과 도쿄보다 서울 거리에서 잘생긴 사람을 발견하기가 더 쉽다"는 것이다. 일본 문화 전문가 김지룡도 "일본에서 성공한 연예인은 꼭 한국계라는 소문이 돈다. 실제 한국계인 스타가 많은 것도 사실이다. 재일 교포들이 주류 사회에 편입하기 어렵기 때문이기도 하지만, 한국인의 외모가 상대적으로 뛰어나기 때문이기도 하다"고 진단했다. 『한겨레21』 기자 신윤동욱은 "일본의 소비자들은 보아가 한국 출신이라는 것과 아무로 나미에가 오키나와 출신이라는 것을 그다지 다르게 받아들이지 않는다. 애국주의적 관점을 벗어나 국제화할수록, 문화적 종 다양성을 이루어나갈수

---

139) 이철현, 「마케팅에 한류는 없다: 중국 진출 대기업들, '프리미엄 브랜드' 전략 따라 한류 활용 안 해」, 『시사저널』, 2004년 10월 21일, 63면.
140) 이준웅, 「한류의 커뮤니케이션 효과: 중국인의 한국 문화 상품 이용이 한국에 대한 인식과 태도에 미치는 영향」, 『한국언론학보』, 제47권 5호(2003년 10월), 5~35쪽.

록 한류의 지속 가능성은 커질 수 있다는 분석이다"는 총평을 내렸다.[141]

윤석진은 상호 이질적인 '현실 감각'과 '판타지'가 조화를 이루게 하는 것이 한국산 드라마가 아시아 시장을 석권할 수 있는 이유라고 주장했다. 한류 열풍의 진정한 주역은 '배우' 자신이 아니라 그 배우가 연기한 등장인물의 '이미지'라는 것이다. 그는 한국산 드라마의 아시아 시장 장악력을 지속시키고 싶다면 동시대 정서를 반영한 현실 감각과 판타지로 무장한 등장인물, 그리고 그들이 엮어내는 이야기를 만들어야한다고 말했다. 스타 마케팅이 아니라 현실감각이 어우러진 판타지를 충족시켜줄 수 있는 캐릭터와 이야기를 고민해야 하는 이유가 바로 여기에 있다는 것이다.[142]

문화사회연구소장 이동연은 "공중파의 막강한 자본능력이 경쟁력을 뒷받침하고 있고, SBS의 개국 이후 시청률 경쟁이 치열해져 한국 드라마의 수준이 높아졌다"고 진단했다. 수원대 언론정보학과 교수 이문행은 실증적 연구를 통해 "아이러니하게도 그동안 부정적으로 지적되어왔던 지상파 방송사의 수직 통합 구조가 오히려 높은 제작비와 고급 인력을 필요로 하는 드라마 제작 환경 조성에 긍정적으로 작용해 왔다"는 결론을 내렸다.[143] 사실 한류 이전 한국 신문들은 수시로 '지상파 독과점'의 문제와 과도한 오락 중심주의를 지적하면서 '드라마 망국론'을 제기하곤 했는데, 한류는 오히려 그 덕을 보았던 셈이다.

---

141) 신윤동욱, 「단기적 낙관, 장기적 비관: 전문가들이 보는 한류의 지속 가능성…… 문화적 다양성을 키울수록 미래는 밝다」, 『한겨레21』, 2004년 10월 21일, 70면.
142) 윤석진, 「'캔디렐라' 따라 울고 웃는다」, 『시사저널』, 2004년 9월 30일, 114면.
143) 이문행, 「한국 드라마의 국가 경쟁력에 대한 제작 환경적 요인 분석: 다이아몬드 이론에 연계하여 살펴본 지상파 방송사의 수직 통합 사례를 중심으로」, 『언론과학연구』, 제6권 2호(2006년 6월), 189~220쪽.

일본은 한국에 미쳤다

2004년 11월 23일 미국 AP 통신은 「일본은 한국에 미쳤다」는 기사에서 "현재 일본의 분위기는 한마디로 한국에 대한 찬미(adulation)"라면서 "일본인의 한국인에 대한 '감정적, 폭력적이고 믿을 수 없다'는 고정관념과 차별 행위에 비춰보면 깜짝 놀랄 만한 일"이라고 보도했다.[144]

2004년 11월 25일 일본 나리타공항엔 7개월 만에 일본을 찾은 배용준을 반기느라 여성팬 6,000여 명이 몰려들었다. 일본 민영 방송사는 나리타공항 개항 이래 최대 인파가 몰린 이 진기한 장면을 생중계했다. 11월 26일 영국의 『더 타임스』는 「일본인들이 오랜 적대국의 스타를 환영했다」라는 기사에서 "영국의 축구 스타 데이비드 베컴이나 미국의 영화배우 톰 크루즈가 왔을 때도 이 정도는 아니었다. 일본인들의 스타 사랑이 유별나지만 이런 히스테리 증상은 일찍이 없었으며, 더욱이 그 주인공이 한국인이란 사실은 놀랄 만하다"고 보도했다.[145]

2004년 11월 26일 배용준의 화보집 사진전 기자회견에 앞서 밀려드는 인파로 팬들이 다치는 사고가 일어났다. 10여 명이 넘어지고 깔리는 사고가 발생해 병원으로 실려갔다. 이튿날 배용준의 사진전엔 팬 7,000여 명이 몰려들었다.

2004년 11월 29일 『경향신문』 인터뷰에서 일본 여배우 구로다 후쿠미(48세)는 "일본인들을 가장 사로잡는 한국적 가치는 정(情)이며 바로 일본도 '정을 그리워하는 사회'에 접어들었기 때문에 '한류 열풍'이 일어

144) 안준현, 「"일본은 한국에 미쳤다": AP, 한류 열풍 특집」, 『한국일보』, 2004년 11월 24일, A2면.
145) 오병상, 「더 타임스 "욘사마로 일본 열도 떠들썩"」, 『중앙일보』, 2004년 11월 27일, 14면.

났다"고 분석했다. 일본인들도 자녀나 부부간의 속정은 깊지만 겉으로 표현하지 않는 문화적 전통을 이어온 데다 자녀가 20세가 되면 대부분 부모와 따로 살기 때문에, 직접적인 애정 표현이 듬뿍 녹아 있는 한국 드라마를 보고 충격을 받았다는 것이다. 그러나 구로다는 '개방 세대' 인 10~20대에게 〈겨울연가〉류의 드라마는 통하지 않고 있다고 말했다. 극의 진행 속도가 느린 데다 빈부격차나 학력 차이로 부모가 결혼을 반대하는 내용이 많아 이해하지 못한다는 것이다.[146]

2004년 12월 6일 영화 평론가 심영섭은 『국민일보』에 기고한 「한류, 동아시아 문화의 활력」이라는 칼럼에서 "배용준은 유난히 '흔적 마케팅' 이 잘 먹힌다고 한다. 그가 거쳐 간 장소, 의자, 벤치, 그가 닦았던 손수건 등등 그의 체취가 담긴 것이면 어떤 것이든지 불타나게 인기를 끈다는 것이다. 그의 흔적에조차 의미를 부여하는 일본 팬들의 모습에서 아폴로의 그림자라도 잡겠다고 신탁을 찾았던 고대인들의 심성이 어른거리는 것을 본다. 배용준은 일본의 중년 여성들에게 잃어버렸던 '순애보' 의 판타지를 대표하는 일종의 신, 사랑의 신인 셈이다"고 말했다.

이어 심영섭은 한류에 대한 국내의 담론은 크게 세 가지로 정리될 수 있다며 ①한류 열풍을 이어받아 국가를 살리는 길은 시작도 끝도 자본이라는 경제적 논리, ② "한국적인 것이 세계적인 것이다" 라는 우익적 담론, ③한국 대중문화는 일종의 미국 문화의 변종으로, 식민지적인 수출 산업의 연장선상에서 한류 열풍을 파악해야 한다는 주장 등을 들었다. 그는 "지금 우리에게 필요한 것은 진정한 한류 열풍의 실체에 접근

---

146) 김정섭, 「한국적 정(情) 일본인에 크게 어필: 일 배우 구로다 후쿠미 인터뷰」, 『경향신문』, 2004년 11월 29일, 6면.

하기 위한 객관적이고도 실증적인 고민"이라고 말했다.

김지하의 한류 예찬론

1970년대에 김지하 구명 활동을 벌인 일본의 철학자 쓰루미 슌스케는 1999년 일본을 방문한 김지하에게 "일본은 경제적으로 망해야 정신적으로 살아납니다. 그 전환의 열쇠가 한반도로부터 도래하는 새로운 문화와 사상일 것인데 이미 음식과 음악에서는 한국의 힘이 널리 퍼지고 있으며 문학에서도 재일 한국인의 에너지에 결정적으로 의지하고 있습니다"라고 말했다. 김지하는 『조선일보』 2004년 12월 16일자에 기고한 「한류!」라는 칼럼에서 쓰루미의 말을 소개하면서 다음과 같이 주장했다.

"한류! '욘사마 열풍'은 결코 일회적인 것도 아니고 '이제 엔간히 해 둬야 한다'는 따위 비판을 가할 수 있는 들뜬 유행도 아니다. 한반도가 사상과 문화에서 참으로 제 목소리를 내기 시작할 때 바로 그때가 도리어 일본 열도의 거대한 변혁의 시작이기 때문이다."

김지하는 『고려대 대학원신문』(2005년 4월 5일) 인터뷰에서도 "오늘 제가 류승범 주연의 「주먹이 운다」를 보면서 다섯 번이나 울었습니다. 한(恨)이 많은 우리 민족이 흥을 발휘할 때 그것이 한류를 일으킨다고 봐요. 인간 깊숙이 자리한 한을 흥으로 끌어올려 눈물을 나게 하는 우리의 문화적 역량, 바로 이 점이 한류로서 일본의 시민사회에 호소할 수 있는 역량이라고 봐요"라고 말했다.[147]

김지하가 긍정한 한국인의 감정 발산 기질이야말로 한류의 성공 요인 중 하나였을까? 차길진은 감정을 억제하지 않는 한국의 문화 풍토에 주목하면서 장례 문화만 하더라도 한일 간엔 큰 차이가 있다고 했다. 그는 일본의 한 장례식장에 갔다가 깜짝 놀랐다고 말했다.

"한국의 장례식장 분위기를 상상했는데 일본은 마치 중역 회의장에 온 것처럼 사방이 정숙하다 못해 고요했다. 누구 하나 소리 내서 우는 사람도 없었고 한국 장례식장처럼 떠들며 술을 마시거나 고스톱을 치는 일은 더욱더 없었다. 분명히 망자의 죽음이 슬펐을 텐데 심하다 싶을 정도로 자신의 슬픔을 죽이며 문상객을 맞는 모습이 충격에 가까웠다. 극도로 감정을 억제하는 힘, 이것이 일본의 파워인 동시에 가장 큰 단점이었다." [148]

정해승도 "놀기를 즐기는 것으로만 친다면야, 남미나 남부 유럽 등 우리보다 몇 배 선수인 나라들도 많다"며 '발산의 문화'에 무게를 두었다. 그 역시 한국의 장례식 풍경에 주목했다. 그는 "그동안 대형 사고가 잦았던 우리나라는 본의 아니게 CNN 등 외국 언론을 자주 탔는데, 그때마다 어떤 한 장면이 전 세계 사람들을 의아하게 만들었다고 한다"며 "그것은 바로 희생자 가족들이 통곡하는 모습이다"고 했다.

"외국인, 특히 서양 사람들은 절규하듯 땅을 치며 통곡하는 모습을 잘 이해하지 못한다. 서양인들의 장례식 풍경은 대개 검은 상복을 입고 흐느껴 우는 정도다. 우리와 같은 동양이면서 거리상으로도 가까운 일본이나 중국에서도 우리나라와 같은 통곡 장면은 찾아보기 쉽지 않다. …… 혹자는 그 이유를 한국인 특유의 '한(恨)' 문화에서 찾지만, 내 생

147) 김지하·송종호, 「동아시아 생명·평화의 길 "붉은악마"에게 달렸다: 한국예술종합학교 김지하 석좌교수」, 『대학원신문』, 2005년 4월 5일, 1면.
148) 차길진, 「일본의 한류 열풍과 원인」, 『스포츠조선』, 2004년 7월 27일, 24면.

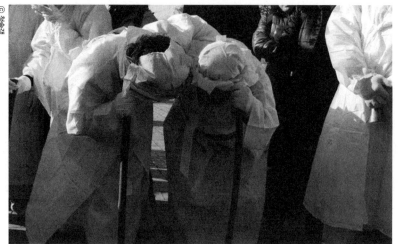

곡하는 상주들의 모습. 한국의 장례 의식은 조용하지 않다. 산 자와 망자를 위한 이와 같은 장례 의식은 삶과 죽음을 초월해 축제로 승화된다.

각은 좀 다르다. 필자는 그것을 자신의 감정을 그대로 발산하는 한국인 특유의 기질 때문이라고 생각한다. …… 한국의 노래방 문화는 '발산의 문화'를 대표적으로 보여주는 모습이다."[149)

한류 덕분에 '일본 열도의 거대한 변혁의 시작'이 가능한 건지는 몰라도 일본인들의 한국관이 바뀐 건 분명했다. 2004년 12월 18일 일본 내각부가 발표한 '외교에 관한 여론조사'(10월 조사)에 따르면 한국에 "친근감을 느낀다"는 비율이 56.7%로 사상 최고를 기록했다. 중국에 대한 친근감은 37.6%로 사상 최저를 기록했다. 내각부는 "욘사마 열풍 등 한류 붐으로 한국에 대한 일본인의 관심이 커진 것이 원인"이라고 분석했다.[150)

---

149) 정해승, 『엔터테인먼트 경제학』(휴먼비즈니스, 2006), 89~90쪽.

또 일본 『아사히신문』(2005년 1월 9일) 보도에 따르면, 2004년 5월 현재 전국 공사립 고교를 대상으로 외국어 수업 도입 상황을 분석한 결과 영어를 제외하면 한국어(247개교)가 중국어(481개교)에 이어 둘째로 많이 채택된 것으로 나타났다. 이어 프랑스어(231개교), 독일어(99개교), 러시아어, 스페인어 순서였다. 아사히는 "지난 한 해 한류 붐이 일본을 휘몰아치면서 한국에 대한 관심이 매우 증가한 것 같다"고 배경을 설명했다.[151]

근대화 중간 단계의 힘인가?

2004년 12월 30일 『한겨레21』은 한류의 핵심이라 할 드라마 붐에 대해 "문화인류학계에선 일본과 중국·동남아 사이에서 근대화의 중간 단계를 겪고 있는 한국의 상황이 드라마에 반영돼 각각 다른 차원에서 반향을 불러일으키고 있다는 풀이를 내놓기도 한다. 일본에선 일본 드라마가 놓치고 있는 가족과 순정을 재발견하는 복고 열기의 대상으로, 중국과 동남아에선 휘황한 배경과 개방적인 연애담 등이 대리 만족과 동일시의 대상으로 비치고 있다는 것이다. 지난달 방한한 가와이 하야오 일본 문화청 장관도 〈겨울연가〉같은 한국 드라마들이 경제적 성장으로 잃어버린 감정의 흐름, 마음의 여유를 그린 것이 일본에서의 히트 배경'이라고 설명한 바 있다"고 보도했다.

이 기사에 따르면, 전 문화방송 드라마국장 김승수는 "비사실적이고 부자연스러운 문학성과 영상 음향, 지고지순한 사랑을 담은 멜로가 한

---

150) 신윤석, 「일 "한국에 친근감" 사상 최고」, 『한국일보』, 2004년 12월 20일, A2면.
151) 박용채, 「한류 타고 한국어 뜬다: 일(日) 고교 제2외국어 채택 급증」, 『경향신문』, 2005년 1월 10일, 1면.

제5장 2004년: 대통령 탄핵과 행정 수도 파동 **217**

국 드라마의 특성이자 강점"이라고 말했다. 〈겨울연가〉를 연출한 PD 윤석호는 자신은 "기본적으로 사랑의 순수, 사랑의 아름다움과 같은 판타지를 좋아하는 감독"이라며 "일본인 중에 누가 〈겨울연가〉를 두고 일본 중년 여성에게 소녀를 다시 찾아줬다는 표현을 썼는데, 은유적이지만 포인트를 제대로 잡은 것 같다"고 말했다. 그런가 하면 포이보스 대표 김광수는 "일본에선 욘사마나 송승헌 등의 매력을 소비하기 위해 드라마를 본다"고 말했다. 반면 윤석호는 "〈겨울연가〉는 우리 사회가 만들어낸 문화의 산물"이라며 "그걸 배용준 혼자 독점하는 표현에는 당연히 반감이 든다"고 말했다.[152]

서경대 일어학과 교수 이즈미 지하루는 2004년 12월 30일자 『주간동아』에 기고한 글에서 일본의 평범한 아줌마들이 한류에 빠져드는 주요 이유로 ①1991년 버블 경제 붕괴로 생겨난 마음의 공허감, ②일본 TV 드라마가 젊은 여성들만을 상대로 하고 있다는 점, ③일본 아줌마들의 시간과 경제력, ④열광에 대한 남편의 이해 또는 무관심 등을 들었다.

이즈미는 "현재 일본 문화의 특징은 나약하고, 음울하면서도 '쿨'하다는 것이다. 한국 문화는 과거 일본의 활력을 추억처럼 떠올리게 한다"고 말했다. "풋, 이런 세상 따위……" 같은 말을 뇌까리는 일본의 청춘들과는 달리 드라마 속의 한국 청년들은 사랑 때문에 울고불고 쟁취하며 복수한다는 것이다.

이즈미는 한국 드라마의 매력으로 ①캐릭터가 뚜렷하여 명확한 줄거리 전개, ②순정 만화 세계와 같은 로맨틱한 설정, ③복고적인 순애보,

---

152) 손원제, 「'드라마' 가진 자, 한류를 얻는다」, 『한겨레21』, 2004년 12월 30일, 44~46면.

④드라마틱한 대사와 아름다운 말, ⑤효과적인 음악, ⑥복잡하지만 가족 간의 끈끈한 애정, ⑦끊임없이 어려움에 맞서는 주인공의 노력, ⑧남자가 우는 장면과 같은 신선함 등을 들었다.[153)]

연세대 사회학과 박사 과정에서 한류를 연구하는 히라타 유키에는 한류 이전 일본인들이 갖고 있던 한국에 대한 이미지에 주목했다. "한류 현상을 가능케 한 것은 지금까지 일본이 가졌던 한국에 대한 무지와 이미지의 부재, 또는 좋지 않은 이미지들이었다. 아이러니하게도 그것이 한류가 이렇게까지 일본에서 주목을 받고 있는 이유 중 하나이다. 몰랐던 것에 대한 앎의 욕구와 오해와 편견 속에서 만들어진 것에 대한 태도의 변화가 한류를 일본에서 더욱 확대시킨 요인이 되었다."[154)]

『월간조선』 2005년 1월호에 실린 기사 「'욘사마' 열풍의 진원지: 배용준의 한국 팬들」은 4만~5만 명 되는 한국 팬들도 배용준을 향한 열정에서 일본 팬들 못지않다고 썼다. 이 기사에 따르면, "배용준 팬들은 요즘 언론의 보도 태도가 못마땅하다고 했다. 동남아에서도 배용준 씨가 엄청난 환영을 받았는데, 부자 나라 일본에서 환영을 받자 그제야 언론이 떠드는 게 못마땅하다는 것이다." 배용준 팬들은 "만약 〈겨울연가〉가 끝난 뒤 인터넷이라는 공간이 없었다면 그냥 혼자서 좋아하다 말았을 것"이라고 말했다. 팬 홈페이지 '시티오브용준' 운영자 정윤희는 "일본 사람들이 저렇게 한꺼번에 공항에 모일 수 있는 것은 인터넷을 통해 혼자가 아니라는 것을 알기 때문에 가능했다고 본다"고 말했다.

2004년 12월 23일 미국 『뉴욕 타임스』 인터넷판은 「한국인이 어째서

---

153) 이즈미 지하루, 「"한류 덕분에 우리는 행복해요"」, 『주간동아』, 2004년 12월 30일, 32~34면.
154) 히라타 유키에, 『한국을 소비하는 일본: 한류, 여성, 드라마』(책세상, 2005), 152~153쪽.

진짜 남자인가, 일본 여성에게 물어봐라」라는 기사에서 배용준은 한국과 일본 사이에 무려 23억 달러의 경제적 효과를 창출한 '23억 달러의 사나이'가 됐다고 보도했다. 이 기사는 불확실성과 비관론으로 가득 찬 일본 사회에서 '욘사마'는 일본 여성들이 마음속에 그리는 과거의 향수와 일본에서는 찾을 수 없는 감정적 유대감에 대한 동경을 자극한다고 분석했다.

계간 『황해문화』 주간 김명인은 2004년 12월 31일 『경향신문』에 기고한 칼럼 「'욘사마'라는 화두」에서 "지금의 한류 열풍의 근저에는 우리가 지난 30~40년 사이에 이루어낸 고도의 압축 성장과 드라마틱한 민주화 과정에서 배태된 어떤 근원적 활력이 가로놓여 있는 것은 아닐까. 그 역동적 활력이 이제 비로소 나름의 독특한 문화로 전형되기에 이른 것은 아닐까. …… 그것이 무엇인가를 밝히고 거기서 이 대한민국의 근대적 정체성을 재구성해내는 일, 그것이 여태 혼돈에서 못 벗어나고 있는 우리 인문학이 '욘사마'를 화두 삼아 추구해야 할 최우선의 과제가 아닐까 생각해본다"고 말했다.

한국인이 지난 30~40년 사이에 이루어낸 고도의 압축 성장과 드라마틱한 민주화 과정에서 배태된 어떤 근원적 활력은 휴대전화 열풍으로 대변되는 모바일 문화에서도 나타나고 있었다. 한국 경제는 '셀룰러 이코노미'라는 말이 나올 정도로 한국인들은 휴대전화 소통에 열광했다.

한국 경제는 '셀룰러 이코노미'
휴대전화 열풍

한국 경제는 '셀룰러 이코노미'

2004년 한국 IT 산업의 국가 경제 기여도는 경제협력개발기구(OECD) 국가 중 1위로 수출의 34%(2002년), 국내총생산(GDP)의 16%를 차지했다. 특히 D램 반도체는 세계시장의 42%, 초박막액정표시장치(TFT-LCD)는 30%, 휴대전화는 25%를 차지하며 IT 산업을 연간 20%씩 키우는 성장 동력이 되었다. 이와 관련해 곽재원은 영어권 국가에서는 통신 서비스 지역을 마치 세포처럼 나눠놨다 해서 휴대전화를 '셀룰러 폰(cellular phone)'이라고 부르는 점에 착안해 한국 경제를 '셀룰러 이코노미(세포의 경제)'라고 불렀다.[155]

그렇게 부를 만도 했다. 2004년 12월 초 삼성전자의 애니콜은 모토로라를 제치고 노키아에 이어 세계 2위로 등극했다. 2004년 휴대전화 수출

---

155) 곽재원, 「경제 살리는 '셀룰러 이코노미'」, 『중앙일보』, 2005년 6월 23일, 35면.

Samsung *Anycall*

CYON

ᑯANTECH
&CURITEL

삼성전자의 애니콜을 비롯한 한국 휴대전화가 세계
시장점유율을 지속적으로 높여가면서 국내 휴대전화
시장도 고속 성장했다. 맨 위부터 삼성전자 애니콜,
LG전자 싸이언, 팬택앤큐리텔의 로고.

은 모두 1억 4800만여 대로 200억 달러를 넘어서 자동차 분야를 제치고 반도체(약 250억 달러)에 이어 2위 수출 품목으로 올라섰는데, 이 중 삼성전자의 애니콜이 130억 달러나 차지했다.[156]

2005년엔 전 세계 휴대폰 3대 중 1대가 한국산이 될 것이라는 전망이 제시되면서 삼성전자, LG전자, 팬택앤큐리텔 등 '한국 휴대전화의 쿠데타' 라는 말까지 나왔다. 팬택앤큐리텔이 목표치를 달성하면 한국 업체들의 2005년 세계 시장점유율은 30%에 육박할 것이며, 한국이 핀란드를 제치고 세계 최대 휴대폰 생산국이 될 날이 머지않았다는 것이다.[157]

국내 휴대전화 시장도 그간 고속 성장을 거듭해왔다. 2004년 10월 말 현재 휴대전화 가입자는 3625만 2,676명이었다. 1984년 3월에 국내에 선보인 뒤 1990년대 중반 이후 폭발적으로 증가해 1997년 9월 500만 명, 1998년 6월 1000만 명, 1999년 2월 1500만 명, 1999년 8월 2000만 명, 2002년 3월 3000만 명을 돌파했다. 6~9개월 만에 500만 명씩 늘어난 셈이다. 이동통신사로 보면 SK텔레콤이 1864만 명(51.4%)으로 가장 많았고 그다음으로 KTF 1170만 명(32.3%), LG텔레콤 590만 명(16.3%)의 순이

156) 이태희, 「휴대폰은 역시 한국산!: 작년 1억 4,800만 대 세계 1위」, 『한겨레』, 2005년 1월 20일, 27면.
157) 정철환, 「한국 휴대폰의 '쿠데타'」, 『한국일보』, 2004년 10월 28일, 16면.

었다.[158]

휴대전화는 2년만 쓰면 버튼이 잘 눌러지지 않고 고장이 났다. 그러나 기술력이 모자라서 그런 게 아니었다. 그런 불만을 토로하는 소비자에게 휴대전화 제조업체 관계자는 "몇 년 전 일본의 한 휴대전화 제조업체가 몇 년 써도 홈집조차 나지 않을 정도로 내구성이 뛰어난 제품을 내놨다가 망했다"며 "휴대전화 산업을 살린다 생각하고 새것으로 바꾸라"고 권고했다.[159]

학생들에겐 굳이 그런 권고를 할 필요가 없었다. 2년도 길다며 스스로 알아서 1년 내에 바꾸었기 때문이다. 2004년 YWCA의 조사에 따르면, 휴대전화를 가진 중·고등학생의 38.6%가 1년 이내에 휴대전화를 바꾸는 것으로 나타났다. 학교에서 압수당할 때에 대비해서 사용하지 않는 구형 휴대전화를 여분으로 지니고 다니는 학생들도 있을 정도라고 하니, 참으로 기특한 애국자라 아니할 수 없겠다.[160]

휴대전화를 분실하는 사람들도 많아 이 또한 '셀룰러 이코노미'에 이바지했다. 2004년 한 해 동안 분실 휴대폰은 전체의 12.5%인 458만 대로 개당 20만 원으로 환산했을 때 총액은 1조 3,700억 원이었으며, 이 중 주인을 되찾은 건 6만 3,300여 대에 지나지 않은 것으로 밝혀졌다. 2005년 3월 현재 휴대폰 보급률은 76%로 쓰지 않고 사장(死藏)된 휴대폰만 4000만 대에 이르는 걸로 추산되었다. 이른바 'e-쓰레기'의 문제도 심각했다. 평균 무게가 140g인 휴대폰 한 대에는 30가지가 넘는 물질이 들어 있

158) 이상범, 「공중전화 이러지도…… 저러지도……」, 『세계일보』, 2004년 10월 7일, 8면.
159) 김재섭, 「휴대전화, 오래 쓰면 망한다?」, 『한겨레』, 2005년 9월 27일, 20면.
160) 고재열, 「마약 중독 뺨치는 '모바일 중독'」, 『시사저널』, 2004년 12월 23일.

끊임없이 신제품이 쏟아져 나오는 휴대폰 시장의 과열 경쟁으로, 쓰고 버린 중고 휴대폰 이른바 'e-쓰레기'의 문제가 심각해졌다.

는데, 이것을 일반 쓰레기와 섞어 태우거나 땅에 묻으면 인체에 큰 피해를 줄 수 있다. 메이커에 반납하면 70억~80억 원의 수입을 얻을 수 있다지만, 그런 수거 시스템은 제대로 작동하지 않았다.[161]

디지털 망국론?

눈부신 외형 성장에도 한국 휴대전화 산업에 대해 '속 빈 강정'이라는 비판도 제기되었다. 국내 휴대폰 산업의 부품 국산화율은 2003년 기준으로 70.3%였다(1998년 40%). 2004년 휴대폰을 수출해 벌어들인 24조 원(223억 달러) 가운데 해외에 지출한 돈은 18조 원에 가까운 것으로 추

161) 홍현표, 「위험! 버려진 휴대전화 4,000만 대」, 『조선일보』, 2005년 3월 10일, A15면.

산되었다. 대일 무역 적자가 2003년 190억 달러에서 2004년 260억 달러로 폭증한 것도 휴대폰 부품 수입이 늘어난 탓이었다.[162]

휴대전화가 카메라폰으로 점차 진화하면서 핵심 부품의 해외 의존도가 더욱 높아졌다. 핵심 부품인 모뎀 칩·이미지 센서·벨소리 칩은 퀄컴, 야마하, 소니 등에서 거의 전량 수입했고, 플래시 메모리·배터리 등 나머지 부품들도 30~40%를 수입에 의존했다. LG경제연구원 연구 위원 박래정은 "휴대전화에 디지털카메라, MP3 플레이어 등 멀티미디어 기능이 대거 확충되면서 수입 의존 추세가 더욱 강화되고 있다"며 "이에 따라 반도체·휴대전화를 포함한 전기·전자 수출의 부가가치 유발 효과가 매우 낮고, 취업 유발 효과도 자동차나 선박보다 하락 속도가 훨씬 크다. 우리나라 전기·전자 산업의 고용 및 부가가치 창출 효과가 갈수록 적어지고 있다"고 말했다.[163]

2004년 12월 『한국일보』 논설위원 황영식은 중소기업을 경영하는 한 친구의 말을 소개하면서 휴대폰을 예로 들어 '디지털 망국론'을 제기했다.

"한국이 휴대폰 생산과 이용에서 세계적 명성을 얻고, 여러 기업이 세계시장의 강자로 떠올랐지만 속 빈 강정이야. 필터와 액정, 배터리 등 핵심 부품을 대부분 수입에 의존하거나 기술 사용료를 주어야 하기 때문에 부가가치가 별로 없어. 그나마 매출 규모가 커서 거액의 이익을 내지만 주주의 절반 이상을 차지하는 외국인에게 나가는 배당금 등을 빼고 나면 그 회사 종업원들이 일부 혜택을 누리는 게 고작이지. 가난한 사람

162) 정철환, 「핵심 기술 자립 없으면 수출 늘수록 '헛장사'」, 『한국일보』, 2005년 1월 12일, 19면.
163) 조계완, 「'IT 강국'은 갈수록 배고프다」, 『한겨레21』, 2005년 8월 16일, 76~78면.

들의 호주머니에서까지 다달이 수만에서 수십만 원의 이용료를 꺼내 가는 데 비하면 하잘 것 없어. 애초에 소재 · 부품 산업을 키우고, 그를 바탕으로 디지털 산업으로 조금씩 전환해야 하는데 우글거리는 '디지털 전도사들'이 마구 뿌리는 '디지털 복음'에 사로잡혀 아날로그 산업을 내버려둔 채 급히 디지털로 달린 결과지. 자본가에게 디지털 산업처럼 매력적인 것이 또 있겠어? 내가 아는 한 기업은 300억 원을 투자해 마련한 6,000평 규모의 공장에서 PDP 파우더를 생산해 연 200억 원의 매출을 올리고 있지만 공장 자동화로 종업원 21명이 3교대로 일하고 있을 뿐이야. 자본 수익률이 높은데다 노사문제도 없어. 하지만 고용 없는 이런 기업이 아무리 잘돼봐야 나라 경제에 무슨 도움이 되겠어."[164]

2004년 9월말 현재 휴대전화 신용 불량자는 258만 359명으로 전체 휴대전화 가입자의 7.1%에 이르렀으며, 10대 휴대전화 신용 불량자는 11만 2,374명이다.[165] 2004년 한 해 동안 국내 이동통신 3사들이 연예인 누드 등 성인 콘텐츠 서비스로 올린 매출은 SK텔레콤 860억 원, KTF 200억 원, LG 70억 원 등 총 1130억 원인 것으로 집계되었다.[166]

수능 부정행위 사건

휴대전화의 문자메시지 서비스(SMS: Short Messaging Service)와 멀티미디어 메시징 서비스(MMS: Multimedia Messaging Service)는 대인(對人) 커뮤니

---

164) 황영식, 「디지털 망국론」, 『한국일보』, 2004년 12월 24일.
165) 양재찬, 「휴대전화 신용 불량자만 258만 명」, 『월간중앙』, 2005년 1월, 115쪽; 권선무, 「휴대전화료 '신불자' 10대가 10만 명 넘어」, 『문화일보』, 2004년 10월 1일, 8면.
166) 류영현, 「이통사, 연예인 누드로 돈벌이?」, 『세계일보』, 2005년 2월 16일, A19면.

케이션 방식을 근본적으로 뒤흔들었다. SMS의 텍스트 용량은 한글로 된 메시지의 글자 수가 50자 정도로 제한돼 있었으나 MMS는 1천 자~2천 자 수준까지 지원되며 그림, 사진, 동영상, 음악 등 다양한 멀티미디어 데이터까지 전송할 수 있어 신세대의 사랑을 받았다. 2004년 YWCA 조사 결과 한국의 중·고등학생들은 하루 평균 53통씩 문자를 발송하는 것으로 조사되었다.[167]

2004년 11월에 일어난, 휴대폰의 문자메시지 기능을 이용한 대학수학 능력시험의 조직적 부정행위 사건은 한국 사회를 충격으로 몰아넣은 동시에 여러 논쟁거리를 제공했다. 11월 30일 서울경찰청 사이버범죄수사대는 수능 당일의 문자메시지 중 숫자로 된 24만 8,000여 건을 조사한 결과 수능 정답과 일치하거나 유사한 550여 건을 확보했고, 이를 통해 전국 21개 조 82명을 확인했다고 발표했다.

『한국일보』 2004년 12월 2일자 사설 「휴대폰 수사와 통신 비밀의 충돌」은 정보 통신 당국은 "이동통신사의 문자메시지 보관 자체를 폐지하거나 용도를 엄격히 제한해 보관 기간과 용량을 최소화하는 등의 대책을 강구해야 할 것이다"고 말했다. 12월 2일 이동통신 업체들은 2005년부터 휴대폰 문자메시지 내용을 아예 보관하지 않거나 최소화하기로 했다고 밝혔다.

12월 6일 교육부는 성적 무효 처리자 226명을 확정했으며, 경찰은 1,625명의 휴대폰 부정행위 의심자를 추가로 가려냈다. 경찰 수능 부정행위 수사 대상 중 다수가 수능 당일 보낸 일상적인 휴대전화 메시지로

---

167) 박방주, 「엄지 부활: 휴대전화 자판 누르는 일엔 "내가 으뜸"」, 『중앙일보』, 2004년 11월 16일, 2면.

밝혀지는 등 해프닝이 잇따르면서 애꿎은 피해자도 속출했다. 예컨대, '4444'(죽도록 사랑해) '2222너2222'(이 안에 너 있다)라는 유행어 메시지를 주고받은 연인이 용의자로 몰리기도 했다.

그러나 여론은 사생활 보호보다는 범죄 척결 쪽으로 기울었다. '함께하는 시민행동'의 개인정보 보호팀장 박준우는 "경찰 수사는 마치 우체국을 통째로 뒤져 편지를 보는 것처럼 걱정스럽다. 그러나 여론이 사생활 보호보다 경찰 수사를 지지하고 있어 시민단체도 어쩔 도리가 없다. 이참에 문자메시지 수사에 관한 명확한 지침과 규정을 만들 필요가 있다"고 말했다.

2004년 12월 9일자 『서울신문』은 「문자메시지 보관하라는 발상」이라는 사설에서 이동통신 회사들이 검찰의 반발 때문에 고객의 문자메시지 정보를 다시 저장하는 쪽으로 기울고 있다며 "형사소송법이나 통신 비밀법을 거론할 것도 없다. 국민적 분노로 수사는 문자메시지까지 확대됐지만 통신 회사 간 보관 정보량 차이로 형평성 문제는 풀 길이 없게 되지 않았는가. 여기에 법 근거도 없이 시행된 문자메시지 저장을 계속하라니, 이 나라에는 개인의 사생활도 없고 비밀도 없어야 한다는 말인가"라고 주장했다.

이런 논란 끝에 KTF는 12월 13일부터 SMS 전송 내용 저장을 중단했다. 12월부터 6바이트(한글 세 글자, 영문·숫자 여섯 글자)에 해당하는 문자메시지를 48시간 동안 보관해온 LG텔레콤은 2005년 1월 10일부터 SMS 내용 보관을 중단했다. 12월부터 앞 세 글자를 1주일 동안 보관해온 SKT도 2005년 1월 12일부터 SMS 내용 저장을 중단했다. 또한 이동통신 업체들은 수능 부정사건의 주범으로 지목된 휴대전화의 이미지 쇄신을 위해 이른바 '모티켓(모바일+에티켓) 운동을 전개했다.

휴대전화의 기술 발전엔 끝이 없었다. 2005년 5월 1일 위성 DMB가 첫 전파를 발사해 이른바 '손안의 TV' 시대를 열었다. DMB(Digital Multimedia Broadcasting)란 위성이 중계하는 디지털신호를 일반 TV는 물론 휴대전화, 개인 휴대 단말기(PDA), 차량용 TV 등으로 받아 여러 채널의 멀티미디어 방송을 시청할 수 있는 서비스다. 한국인들은 이 서비스에 또 한번 열광하지만, 열광의 끝은 없는 것처럼 계속 새로운 기술이 선을 보였다.

한국의 '셀룰러 이코노미'를 가능케 한 밑거름은 한국인들의 헌신적인 휴대전화 사랑이었지만, 그 사랑은 저절로 이루어진 건 아니었다. 'IT 선진국'을 이루기 위한 정치·경제적 목적이 큰 영향을 끼친 사랑이었다. 한국인 특유의 '쏠림' 현상을 순수한 자발성으로 보긴 어려우며 그런 '쏠림'을 유도한 거대 권력의 전투적 노력이 있었던 것이다. 우리는 휴대전화의 주인인가, 노예인가? 아무리 봐도 사람이 휴대전화를 쓴다기보다는 휴대전화가 사람을 쓰는 형국이 되었다고 보는 게 옳을 것 같다. 본말의 전도! 2005년을 포함하여 노무현 시대 전반을 꿰뚫는 키워드라 할 '영남 민주화 세력의 한(恨)'도 그런 관점에서 이해할 수 있지 않을까?

2005년: 영남 민주화 세력의 한

노무현의 정치철학을 다시 묻는다
민주당 파괴 공작 논란

2005년 1·4 개각

2005년 1월 4일 노무현 대통령은 교육인적자원부, 행정자치부, 농림부, 여성부, 해양수산부, 법제처 등 여섯 개 부처 장관을 교체했다. 노무현은 국무회의에서 "2년쯤 일하면 아이디어도 다 써먹을 만큼 써먹고 열정도 조금 식고 경우에 따라서는 매너리즘에 빠질 때쯤이 된다. 행자부, 여성부는 그런 기준이 적용되는 것 같다"고 했으며, 교육 부총리와 농림부 장관 교체에 대해서는 "열심히 했음에도 항상 바람이 세고 시끄러운 곳이 있다. 심정적으로 희생양을 준비해두기도 하고 국민 정서를 좀 달래기도 하고 그렇게 해야 할 필요가 있는 경우가 있다"고 설명했다.

노무현은 2003년 2월 27일 취임 이틀 후 조각을 발표하면서 "앞으로 분위기 쇄신용 개각은 하지 않겠다. 정해진 방향에서 지속적 개혁을 추진할 부처라면 대통령과 임기를 같이 하는 게 좋겠다"고 말한 바 있다. 1월 5일자 『국민일보』는 「쇄신 효과 기대 어려운 개각」이라는 사설에서 대통령의 위와 같은 발언을 상기시키면서 "그러나 이 약속은 지켜지지 않았고 이번 개각에서도 다시 확인됐다"고 비판했다.

시민·사회단체들은 신임 교육 부총리 이기준의 경우 서울대 총장 재직 시절 사외 이사 겸직, 판공비 과다 사용, 연구비 미신고, 아들의 병역 문제 등으로 도중에 총장직에서 하차했던 전력을 문제 삼았다. 참여연대, 전교조, 민주화를 위한 전국교수협의회(민교협) 등은 임명 철회를 요구했다.

『경향신문』은 "도덕성 시비를 낳고 있는 이기준 교육 부총리는 김우식 청와대 비서실장의 추천이 강하게 작용한 것으로 알려져 '정실 인사'라는 의혹까지 받고 있다. 두 사람은 모두 전공이 화공학으로 서울대·연세대 총장 시절부터 절친한 사이로 전해졌다. …… 오거돈 해양수산부 장관은 지난해 고 안상영 부산시장 사망으로 공석이 된 부산시장 보궐선거에 열린우리당 후보로 출마해 떨어지는 등 여당 불모지에서의 고군분투에 따른 '배려 인사'로 꼽힌다"고 보도했다.[1]

1월 5일자 『한겨레』 사설 「장관이 소모품인가」는 "개각에는 정부의 뚜렷한 정책 방향과 의지가 실려야 한다. 이번 개각이 그렇지 못한 것은 장관을 소모품으로 보고 있기 때문이다. 국민들은 이것이 개혁의 후퇴를 뜻하는 것은 아닌지 걱정하고 있다"고 말했다.

같은 날짜 『한국일보』 사설 「장관, 원칙 없이 너무 자주 바꾼다」는 "노 대통령은 그동안 분위기 쇄신이나 국면 전환용 개각은 하지 않겠다고 강조했었다. 또 우리나라의 평균 각료 재임 기간이 10개월로 미국의 30개

---

1) 박래용, 「색깔 없는 '땜질 개각' 뒷말 무성」, 『경향신문』, 2005년 1월 5일, 5면.

월, 일본의 20개월 이상과 비교해 너무 짧다는 점을 지적하기도 했었다"
는 사실을 상기시키면서 "참여정부 출범 후 만 2년도 안 됐는데 이번 개
각이 벌써 13번째다. 원칙과 기준 없이 땜질식 개각을 해온 결과다"고
말했다.

　여러 부적격 사유 의혹이 제기되면서 이기준은 3일 만에 퇴진했다. 이
인사 파동에 대한 책임을 지고 비서실장 김우식과 인사 추천에 관여한
수석 보좌관 등 청와대 수뇌부 여섯 명이 1월 9일 일괄 사의를 표명했다.
12일 노무현은 여섯 명 중 민정 수석 박정규와 인사 수석 정찬용의 사표
만 수리했다.

민주당 파괴 공작

2005년 1월 21일 노무현이 민주당 의원 김효석을 교육 부총리에 임명하
려다 무산된 사건에 대해 민주당은 "노무현 대통령이 민주당 파괴 공작
에 나섰다"며 강력히 반발했다. 대변인 유종필은 "민주당과는 아무 상
의도 없이 민주당 의원 개인과 말한다는 것은 탈당시켜서 빼가겠다는
의도"라며 "다른 장관도 아니고, 자라나는 2세를 위한 교육 부총리를 비
교육적이고 부도덕한 방법으로 임명하려는 것은 노 대통령이 잘못 생각
하는 것"이라고 비난했다.

　『문화일보』의 1월 22일자 사설 「교육 수장 인사까지 '정치 카드' 안
된다」는 "'김효석 카드'가 순전히 교육개혁을 위한 충정의 발로였다면
합리적인 절차를 밟았어야 했다. 사전에 민주당으로부터 충분한 양해를
구하는 것이 불필요한 오해도 막고 정치적 도리에도 맞다. 정치적 이해

득실로부터 교육 부총리 인사 문제를 고려하기에 교육은 너무도 중차대한 국가 대사다. 교육은 교육이다"고 말했다.

1월 23일 교육개혁시민연대는 "교육을 정략의 도구로 삼으려 했다는 의혹에 허탈감을 느낀다"는 비판 성명을 냈다. 노무현은 직접 나서서 "정치적 고려가 있었다"고 인정하면서도 민주당과의 합당을 염두에 둔 건 아니라고 해명했다. 그는 "정치인 장관이 가장 적절하다고 생각한다"고 주장했다. 이에 대해 『세계일보』 1월 24일자 사설 「'교육 부총리 제의' 정치적 포석 아닌가」는 "그런 논리라면 왜 교육 전문가인 이기준 씨를 임명했던가"라고 물었고, 『경향신문』은 「두 번이나 실패한 교육 부총리 인사」라는 1월 24일자 사설에서 "해도 너무한다. 노무현 대통령에게는 청와대에는 연일 터지는 교육 현장의 난맥상이 보이지 않나 보다"고 지적하면서 "게다가 민주당에 사전 설명이나 양해를 구하는 절차도 없었다. 정치적 논란이 없을 것으로 생각했다면 오만이다. 시비를 예상하고도 그리했다면 공작적이다"고 말했다.

같은 날 『동아일보』 사설 「대통령이 해명해야 하는 인사라면」은 "제의 사실이 공개된 것도 석연치 않다. 각료 제의를 받았다는 사실만으로도 민주당은 타격을 입었다. 당내 합당론자들을 부추겨 분위기를 합당쪽으로 몰아가도록 유도하기 때문이다. '민주당 와해를 노린 전형적인 치고 빠지기 작전'이라는 비난이 나올 수밖에 없는 이유다. 21세기 무한 경쟁 시대에 나라의 교육을 끌고 갈 수장을 이런 식으로 충원해서는 안 된다"고 말했다.

『조선일보』는 「교육 부총리 카드, 당당하지 못했다」라는 1월 24일자 사설에서 "노 대통령 지지자들은 민주당의 지역성을 비판하며 당을 깨고 나와 열린우리당을 만들었었다. 불과 1년여 전 민주당을 쪼갤 때의 그 대의(大義)는 어디로 가고 재·보선을 염두에 두고 합당 문제를 이렇게 끌고 가는 것은 당당하지 못한 일이다"고 말했다.

노 대통령의 정치철학을 다시 묻는다

『경향신문』(2005년 1월 26일)은 「노 대통령의 정치철학을 다시 묻는다」라는 사설에서 "정치적 격변이 하도 많다보니 한두 해 전에 일어난 정치 사건도 마치 한 세대 전에 있었던 옛날이야기처럼 들리곤 한다. 그러나 아무리 그렇다 해도 너무 생생해 잊으려야 잊을 수 없는 사건들은 있기 마련이다. 바로 민주당 주도로 국회가 노무현 대통령을 탄핵소추 하고, 그 때문에 민주당이 추락한 일이다"며 다음과 같이 말했다.

"노 대통령에 대한 민주당의 이러한 자기 파멸적인 적의에는 나름의 이유가 있었다. 노 대통령이 17대 총선을 앞두고 민주당을 반개혁 세력인 양 묘사하고, '민주당 찍으면 한나라당 돕는 것'이라는 식의 민주당 죽이기 선봉에 나섰기 때문이다. 민주당을 그렇게 미워하던 노 대통령이 어찌 된 일인지 이번에는 민주당에 장관 자리를 주려 애쓰고 있다고 한다. …… 선거에 도움이 된다고 미움을 부채질하던 장면이 아직 생생한데, 다시 선거 도움을 받겠다고 구애를 한다면 누구도 그런 장면에서 국정 최고 책임자로서의 진실성을 느낄 수는 없을 것이다. 한나라당을 놔두고 민주당과 상생하려 했다는 해명이나 장관은 정치인이 가장 적절하다는 새로운 인재론이 가슴에 와 닿지 않는 것도 그 때문이다. 평소 당정 분리를 강조하던 그 당당함 뒤에 이런 정치 공학이 작동된다면, 너무나 참담한 일이다. 눈앞의 승부를 두고 이겨야겠다는 본능에 사로잡힌 것인가. 노 대통령의 정치철학이 무엇인지 다시 묻고 싶다."

『한국일보』 논설위원 조재용은 1월 28일자에 쓴 「'실용'의 에러」라는 칼럼에서 "노 대통령은 자신이 정치 공작을 싫어하는 대통령이라고 말했지만, 이 시대에 공작이란 게 따로 있겠는가. 대통령이 알면서 개입한 정치 공학적 행위가 적지 않은 효과, 그것도 기존 질서에 파괴력을 갖는 결정이었으면 '과거의 용어'로 공작 여부를 따지는 것은 이미 의미가 없다. 만일 김 의원의 교육 부총리 인선이 성사됐을 때 벌어졌을 정치판도의 변화를 상상해보면 뻔한 얘기다"고 말했다.

2월 3일 민주당은 제4차 전당대회를 열어 전 대표 한화갑을 새 대표로 뽑았다. 이날 대표 경선에서 한화갑은 83.1%의 표를 얻어, 16.9%에 머문 김상현을 압도적으로 따돌렸다. 한화갑은 수락 연설에서 "당을 깰 때는 언제고 이제 와서 누구 맘대로 합당을 얘기하느냐"며 열린우리당과의 통합론에 강력한 반대 의견을 밝혔다.

노 정권과 열린우리당 사람들은 기회만 있으면 공식적·직접적으론 김대중을 찬양하거나 긍정 평가하는 데 열성이었다. 행여 김대중이 민주당에 곁을 줄까봐 염려하는 듯 보이기도 했다. 그런 노력 덕분이었는지 김대중은 계속 "나는 아무것도 몰라"라는 자세로 일관했다. 그러던 김대중이 2005년 들어 대북 송금 특검을 비난하는 등 말문을 조금씩 열기 시작했다.

2월 17일 김대중은 취임 인사차 방문한 민주당 대표 한화갑 일행을 맞아 "열린우리당의 젊은 초선 의원들이 4대 법안을 밀어붙이려고 했는데 지금은 그렇지 않은 것 같다. 그 사람들이 1년 동안 정치를 좀 배운 것 같다"며 "국민보다 반 발만 앞서 가야 한다. 국민이 이해 못하면 설득하고 기다려야 한다"고 말했다. 그는 또 "민주당이 창당된 지 50년이 넘었는 데 지금같이 어렵게 된 적은 없었다"며 "뼈를 깎는 자성을 하라"고 주문 했다.[2]

그러나 언제 한국 정치나 정당이 '자성'의 여부로 성공하거나 실패했겠는가. 민주당은 자성을 전혀 하지 않더라도 살아날 호기를 맞고 있었다. 그건 바로 노 정권의 인사 문제로 호남 민심이 돌아서기 시작한 것이었다. "권력 있는 곳에 PK 출신 있다"는 말이 서울에서 떠돌았고, 이는 호남에서 증폭된 효과를 발휘했다.

2) 김호경, 「DJ, 여(與) 초선들 향해 쓴소리」, 『국민일보』, 2005년 2월 18일, 5면.

권력 있는 곳에 PK 출신 있다
참여정부 '100대 요직 인사' 대해부

청와대 인사 왜 이러나

노무현 정권에 적잖은 타격을 입힌 1·4 개각 이후에도 노무현의 인사
는 '내 편 챙기기'로 갈팡질팡하는 모습을 보이고 있었다. 『경향신문』
정치부 차장 박래용은 2005년 2월 1일자에 쓴 「'내가 하는 일은 언제나
옳다'」라는 칼럼에서 "노 대통령의 내면에 '내가 하는 일은 언제나 옳
다'는 독선의 징후가 엿보이는 것은 몹시 걱정스럽다. 연초부터 한 달
내내 해온 인사가 그렇다. 역대 정권들이 집권 3년 차에 들어서 야당과
언론의 비판에 개의치 않고, 역사가 평가해주리라고 했던 자만을 노무
현 정부가 되밟고 있는 것은 아닌지 안타깝다"고 했다.

2005년 2월 2일 『기자협회보』 기사 「청와대 인사 왜 이러나」는 "집권
3년 차를 맞아 진행되고 있는 청와대의 정부 관료와 참모진 인사가 '일
관성과 신뢰성이 없다'는 비판이 제기되고 있다. 특히 내정을 언론에 흘
린 후 여론 추이에 따라 번복하는 일이 빚어져 청와대 인사 방식에 대한

재점검이 필요하다는 지적이다"고 말했다.

2005년 2월 11일『동아일보』는「'부산상고 전성시대' 란 말 나와서야」라는 사설에서 "감사원 사무총장에 노무현 대통령의 부산상고 1년 후배인 오정희 대통령 공직기강 비서관이 내정됐다. 이번 인선에 대한 논란은 7급 출신으로서 고속 승진했다는 이유만은 아니다. 노 대통령과 같은 부산상고 학맥을 갖고 있다는 점 때문이다. …… '코드인사' 로 비판받았던 정부가 '동문 인사' 를 계속하면서 개혁을 말할 수는 없다"고 말했다.

일주일 뒤『조선일보』는 사설「대통령 동문의 초고속 승진 행진」에서 오정희의 '초고속 승진' 을 문제 삼으며 "노 대통령은 누구보다도 학연과 지연을 따지는 것을 싫어한다는 정치인이다. 더욱이 대통령은 적재적소의 인사 원칙을, 청와대는 시스템 인사를 이 정부의 상징처럼 말해왔다. 청와대에 인사 수석실을 따로 두어 두루 인재를 고르고 민정 수석실이 검증 작업을 벌이며 인사 위원회를 거쳐 후보를 결정토록 하는 단계를 밟고 있다고 한다. 그런 인사 시스템 속에서 이번 오 총장 인선에 대해 누구도 한마디 하지 않았거나 못했다면 그 인사 시스템은 벌써 탈이 난 것이다"고 말했다.

이튿날『국민일보』의 사설「갈수록 두드러져 보이는 정실 인사」는 "현 정부는 출범 전부터 유난히 인사에 신경을 쓰는 인상을 주었다. '시스템 인사' 를 내세우며 마치 인사 혁명을 일으킬 듯했다. 그러나 유감스럽게도 정부 인사는 갈수록 '정실 인사', 이를테면 '보은 인사' '학연·지연 인사' , '인맥 인사' 등의 경향을 뚜렷이 드러냈다"고 지적하면서 "편향 편중 인사를 스스로 극복해내지 못하면 노무현 대통령과 참여정부는 훗날 다양한 갈등을 다방면에 걸쳐 확대재생산한 정부라는 비판을 면치 못하게 된다"고 충고했다.

같은 날 『세계일보』는 「청와대, '시스템 인사' 한다더니」라는 사설에서 "오 비서관의 능력이 출중하다 할지라도 노 대통령 당선 후 3년도 안되어 3단계나 뛰어오르는 초고속 승진을 했다는 게 지적의 대상이다. 더구나 그는 '교육 부총리 인사 파문' 당시 인사 검증 실무 책임자였는데도 징계를 받기는커녕 다른 곳도 아닌 감사원 사무총장으로 승진한다면 어느 공직자가 이를 사리에 맞는 일로 받아들이겠는가"라고 꼬집었다.

공직자의 월급 저축 어찌 볼 것인가

고위 공직자 재산 공개 시행 13년째를 맞아 2005년 2월 24일 공직자윤리위원회는 1급 이상 고위 공직자 594명의 재산 변동 내역을 공개했다. 594명 가운데 75%인 447명이 지난해 재산을 불렸으며, 1억 원 이상 재산을 늘린 고위 공직자는 87명인 것으로 나타났다. 직계존·비속 재산 공개 거부자는 337명이었다. 재산 증가 상위 20위 내 공직자 중 토지·임야의 수용 보상액과 아파트 매매값 등 소위 부동산 재테크로 재산을 늘린 사람이 14명이었는데, 경제 부총리 이헌재는 6년 새 65억을 불린 것으로 나타나 부동산 투기 의혹이 제기되었다.

2월 25일 대통령 노무현은 취임 2주년 국정 연설에서 '부동산 투기와의 전쟁'을 선언했다. 그러나 일부 시민은 이 발언에 분통이 터졌다며 신문사에 전화를 걸어 "고위 공직자라는 사람들이 대부분 부동산으로 재산을 불리고 있지 않습니까? 국민을 설득하려면 집안 단속부터 먼저 하라고 하십시오"라고 비난했다.[3]

대통령의 '부동산 투기와의 전쟁'이 무색하게 이헌재 경제 부총리의 땅투기 의혹이 제기되었다.

『서울신문』 2월 25일자 사설 「공직자의 월급 저축 어찌 볼 것인가」는 " '봉급 대부분을 저축했다'는 일부 공직자의 신고 내용은 상식선에서 이해되지 않는다. 그것이 관용 예산의 유·오용의 덕택이 아닌지 따져봐야 한다"고 말했다. 이 사설은 또 "노무현 대통령은 본인 및 장남의 봉급 저축으로 재산이 5800여만 원 늘었다고 신고했다. 이해찬 총리 역시 봉급 등을 저축해 3000여만 원을 늘렸다. 수백, 수천억 원을 정치자금으로 받던 과거 집권자와 비교하면 대견한 내용이다. 그러나 이제는 그것까지도 달라져야 한다고 본다. 세심한 부분까지 국민의 마음을 얻어야 진정한 리더십이 생긴다"고 말했다.

『동아일보』 논설위원 방형남은 2월 26일자에 쓴 「봉급 저축」이라는 칼럼에서 "1급 이상 공직자 87명이 1년 새 재산을 1억 원 이상 늘렸다. '봉급 저축'을 억대 재산 증식의 비결로 꼽은 고위 공직자가 9명이나 된다. 노무현 대통령도 연봉 대부분인 1억 6100만 원을 저축했던 2003년보다는 못하지만 지난해에도 봉급 가운데 3800여만 원을 저축했다고 신고했다. …… 국민의 세금으로 봉급을 받는 공직자들이 차곡차곡 거금을 쌓아가고 있다는 소식을 듣고 적자에 허덕이는 가난한 납세자들은 '절약이 미덕'이라는 생각을 할지……. 4700만 명이 같은 하늘 아래 한국인

3) 채수환, 「기자 24시: '부동산 부자' 공직자들」, 『매일경제』, 2005년 2월 28일, A6면.

으로 살지만 삶의 모습은 이렇게 천차만별이다. '인간은 평등하다'는 말은 고상하기는 하지만 아무래도 진실은 아닌 것 같다"고 말했다.

같은 날 『한국일보』의 사설 「고위 공직자 재산 증식 씁쓸하다」는 "부동산 투기는 반드시 뿌리 뽑겠다고 큰소리치면서 토지와 아파트 매매를 통해 수억 원에서 수십억 원을 벌어들이는 것을 보고서는 당국의 정책 의지에 의구심을 갖지 않을 수 없다. 봉급을 착실히 모아 재산을 늘렸다는 공직자가 많은 것은 장려해야 할 일이기는 하지만 선뜻 수긍이 가지 않는다. 별도 수입이 있지 않은 한 판공비로 생활하고 월급은 저축했다는 의혹을 사기에 충분하다. 판공비는 공직자들이 맘대로 쓸 수 있는 쌈짓돈이 아니라 공무 처리를 위한 비용이다. 만에 하나라도 그런 일이 없도록 최소한의 투명성이 확보돼야 할 것이다"라고 말했다.

권력 있는 곳에 PK 출신 있다

2005년 2월 23일 『한겨레』 정치부장 성한용은 「탈권위의 그늘」이라는 칼럼에서 '노무현 시대' 2년에 대해 "정부 고위직 인사에서 지역 안배를 철저히 함으로써 그런대로 균형을 유지하고 있다"는 평가를 하면서도 "각 조직의 내부를 들여다보면 사정이 달라진다"며 다음과 같이 말했다.

"경찰 안에서는 경상도가 다 말아먹는다고 아우성이다. '5공 장학생'들이 수뇌부에 포진해 있다는 지적도 나온다. 정부 산하 단체나 공기업 여러 곳에서는 부산·경남(PK) 출신들에 대한 인사 특혜 시비가 자꾸 불거지고 있다. 중앙 부처는 어차피 보는 눈들이 워낙 많으니 지역 편중이나 정실 인사를 하기가 어렵다. 하지만 외청이나 공기업 등 청와대에서 멀리 떨어져 있는 곳은 사정이 다르다. 호남을 중심으로 번지고 있는 '호남 차별' 목소리는 고위직 때문이 아니라 이런 '아래쪽' 때문에 증폭되고 있다."

3월 1일 『시사저널』 기사 「권력 있는 곳에 PK 출신 있다: 참여정부 '100대 요직 인사' 대해부」는 "요즘 들어서는 노무현 대통령의 부산 인맥 챙기기가 도를 넘었다는 뒷말도 무성하다"며 "부산·울산·경남 출신 인사들은 단순히 숫자만 늘어난 것이 아니다. 예컨대 검찰, 경찰, 법무부, 국정원, 국세청, 금감위, 금감원, 공정거래위원회, 부패방지위원회 등 권력 중추기관의 요직 31개 중 11개(35.5%)를 부산·울산·경남 출신이 장악할 정도로 비중이 높아졌다"고 말했다.

또 이 기사는 "100대 요직 분포로만 보면 앞으로는 '호남 소외론'이 아니라 '전북 소외론'이 더 힘을 얻을 것 같다. 절대적인 숫자에서 전북 출신이 줄어들고 있을 뿐만 아니라, 맡은 역할도 정보·사정 라인에서 한참 비켜난 탓이다. 특히 청와대의 경우 요직 21개 가운데 전북 출신은 단 한 명도 없다. 김원기 국회의장, 김덕규 국회 부의장, 정세균 열린우리당 원내대표, 김덕룡 한나라당 원내대표가 모두 전북 출신이라며 '국회에 전북 시대가 열렸다'고 한 세간의 호들갑과는 대조되는 대목이다"고 말했다.

일주일 뒤 『시사저널』은 「"권력 실세 끈 떨어지면 고발은 짧고 고통은 길다": 감사원 사무총장 내정 오정희 씨와 '양심선언' 현준희 씨의 엇갈린 운명」이라는 기사를 실었는데, 오정희가 1995년 감사원 재직 시절 효산콘도 비리 의혹 사건에 연루되었다는 주장이 제기돼왔으며, 그 사건에 대한 '양심선언'을 한 전 감사원 직원 현준희도 비슷한 주장을 하고 있다고 보도했다.

"'고발은 짧고 고통은 길다. 참여정부의 처사에도 절망을 느낄 뿐이다.' 오정희 씨가 감사원 사무총장에 내정되던 날 현준희 씨는 이렇게 장탄식을 내뱉었다. 그도 그럴 것이 현 씨는 이 사건으로 파면되고 구속된 후 9년째 감사원을 상대로 힘겨운 싸움을 벌이고 있다. 그는 파면된 후 살던 집을 날리고 연금조차 절반만 나오는 고통을 겪고 있다. …… (이해찬, 천정배 등 참여정부의 주요 인사들)이 그렇게 강조하던 '내부고발자 보호'는 말만 무성했지 현준희 씨 사례가 보여주듯 아직은 공염불이다."

『월간중앙』 2005년 3월호에 실린 기사 「노무현 정부 신(新)권력 지도」는 정치부 기자 106명을 대상으로 "노무현 대통령에게 영향력이 큰 사람은 누구인가"에 대해 조사한 결과를 보도했다. 이 조사에 따르면 안희정은 ①민정 수석 문재인, ②국무총리 이해찬, ③국회의원 문희상, ④국회의원 이광재에 이어 '노무현 정부 최강 실세' 5위를 차지했다. 이 월간지에 실린 별도의 기사 「안희정: 예고된 비상(飛上)…… 복역 불구 영향력 건재」에 따르면, 열린우리당 고위 인사는 "당직을 맡아 운영해보니 고급 정보가 당내에서는 안희정과 이광재에게 모이는 것을 직접 느낄 수 있더라. 그것을 보고 과연 그들이 아직 실세는 실세구나 하는 것을 절감했다"고 털어놓았다.

권력의 속성, 그건 진보와 보수를 막론하고 작동하는 인간세계의 영원한 법칙이었다. 게다가 참여정부 고관들의 '부동산 퇴진'이 이어지면서 이른바 '배부른 진보' 논쟁까지 나오게 된다. 개혁이니 진보니 하는 것이 그 주체의 배를 불리기 위한 면피용 명분은 아니냐는 근본적인 의문 제기였다.

고관들의 '부동산 퇴진' 언제 끝나려나
'배부른 진보' 논쟁

돈 없어 죽겠다던 의원들의 재산 증가

2005년 2월 28일 국회 공직자윤리위는 국회의원 294명의 재산 변동 사항을 공개했다. 68%에 해당하는 200명의 재산이 늘어난 반면, 재산이 줄어든 의원은 92명(31.3%)이었으며, 1억 원 이상 재산이 늘어난 의원은 65명(22.1%)인 것으로 나타났다. 68%의 재산 증가는 1993년 9월 공직자 재산 공개가 이뤄진 후 최고치 기록으로 밝혀졌다. 대법원과 헌법재판소 고위 법관의 81%도 재산이 늘어난 것으로 나타났다.

이에 대해 『경향신문』(2005년 3월 1일)은 '경기 침체 속 놀라운 재테크: 국회의원 재산 공개' 라는 제목의 기사로 보도하였고, 같은 날 『동아일보』와 『조선일보』는 각각 1면 기사 제목을 '불황-정자법(政資法) 개정으로 돈 없다더니…… 의원 3명 중 2명 재산 불렸다' 와 '정치자금법 개정 후 돈 없다더니…… 의원 68% 재산 늘었다' 로 뽑아 보도하였다.

3월 1일 『한국일보』 기사 「'1억 이상 증가자' 우리당이 더 많아」는 불황-政資法 개정으로 돈 없다더니…

議員 3명중 2명 재산 불렸다

작년 평균 9373만원 늘어… 1억이상도 65명

사법부 81%·헌법재판소 69% 재산증가 신고

국회 공직자윤리위원회가 28일 여야의원 294명의 지난해 재산변동 신고내용을 공개한 결과 경제난에도 불구하고 의원 1인당 평균 9373만원의 재산이 증가한 것으로 나타났다.

전체 의원 중 201명(68.4%)은 증가, 92명(31.3%)은 감소한 것으로 나타나 16대 국회 때인 지난해 재산변동 신고 때(증가 54%, 감소 42%)보다도 재산이 늘어난 의원이 많았다. 정치권이 '정치자금법 개정 이후 돈이 말랐다'고 하소연해 온 것과 개인재산 상황은 다른 것으로 드러난 셈이다.

▶6면에 관련기사

정당별로 보면 한나라당 의원들이 평균 1억1409만 원, 열린우리당 의원들이 5621만 원, 민주노동당 의원들이 2769만 원, 민주당 의원들이 1759만 원의 재산이 늘었다. 1억 원 이상 늘어난 의원은 65명, 1억 원 이상 줄어든 의원은 24명이었다.

개인별로는 김양수(金陽洙·한나라당) 의원이 70억9865만 원이 늘어나 재산증가 1위를 기록했고, 정동준(鄭亨準·무소속) 의원이 44억1611만 원, 김무성(金武星·한나라

당) 의원이 27억9136만 원, 이계안(李啓安·열린우리당) 의원이 15억4409만 원을 각각 늘렸다.

한편 대법원 공직자윤리위원회가 28일 관보를 통해 공개한 사법부 재산변동 신고내용에 따르면 고등법원 부장 판사 이상 고위법관과 1급 이상 일반직 간부 등 재산공개 대상 122명 가운데 99명(81.1%)이 재산이 늘었다. 또 헌법재판소 공직자윤리위원회

공보에 따르면 윤영철(尹永哲) 소장을 포함한 재판관 8명과 1급 이상 사무처 간부 4명 등 13명 가운데 9명(69.2%)의 재산이 증가했다.

대법원과 헌재의 재산공개 대상자 가운데 1억 원 이상 늘어난 사람은 18명(13.3%), 1억 원 이상 줄어든 사람은 4명(4.9%)이었다.

문영한 기자 yyc11@donga.com
초수진 기자 jsc0619@donga.com

국회 공직자윤리위가 공개한 국회의원 294명의 재산 변동 사항에 따르면 재산이 증가한 의원은 68%로 93년 9월 공직자 재산공개가 이뤄진 후 최고치 기록으로 밝혀졌다. 대법원과 헌법재판소 고위 법관의 81%도 재산이 늘어난 것으로 나타났다.

"정당별로 보면 열린우리당이 1억 원 이상 증가자가 31명으로 전통적으로 재력가들이 모인 한나라당(29명)을 앞섰다"고 보도했으며, 「386 의원들 재테크 '잘하네'」라는 기사에서는 "여야 386세대 의원들은 재테크엔 문외한일 것이라는 통념을 깨고 상당한 수완을 발휘한 것으로 나타났다"고 보도했다.

같은 날 『서울신문』의 사설 「돈 없어 죽겠다던 의원들의 재산 증가」는 "뚜렷한 재테크 수단이 없는 일부 초선이나 '386' 의원들이 재산을 증식시켰다는 사실은 세비의 용도를 다시 돌아보게 한다. 세비는 개인 돈이고, 정책 개발이나 의정 활동, 지역 관리 비용과 심지어 사적인 모임의 경비까지 정치자금이 들어오거나 국고에서 따로 지원되어야 쓴다는 생각을 하는 의원들이 있는 것은 아닌가"라고 말했다.

이튿날 『국민일보』는 「재확인된 공직자 재산 공개 무용론」이라는 사설에서 "공직자 재산 공개가 실효성이 없다는 지적은 매년 있었지만 아무것도 달라지는 게 없다. 애초부터 고위 공직자들이 스스로 족쇄를 채울 것을 기대하기는 어려울지 모른다. 하지만 되풀이되는 요식행위로 국민의 허탈감을 키우려는 게 아니라면 이제라도 실효성이 있는 공직자 재산 검증 장치를 마련해야 한다"고 말했다.

3월 2일 노무현은 부동산 투기 의혹으로 비판을 받은 이헌재에 대해 "경제정책의 일관성이 필요한 시기"라며 재신임 방침을 밝혔다. 이틀 뒤 노무현은 재경부의 업무 보고 내용을 극찬한 뒤 이헌재와 별도로 점심까지 하면서 재신임 의지를 재천명했다.

그렇지만 이헌재에 대한 부동산 투기 의혹이 가라앉지 않고 계속 제기됨에 따라 3월 7일 노무현은 결국 이헌재의 사표를 수리했다. 『경향신문』 정치부 차장 박래용은 3월 8일자에 쓴 「이 부총리 사퇴의 교훈」이라는 칼럼에서 "명분도 실리도 원칙도 신뢰도 다 잃었다. 이헌재 경제 부총리 유임과 사퇴 파동 과정에서 노무현 대통령과 청와대가 보여준 12일간의 태도는 국정을 책임진 위정자의 자세라 하기에는 너무나도 실망스럽다"며 다음과 같이 말했다.

"본질은 경제가 아니라 이 부총리를 둘러싼 의혹이 사실이냐 아니냐는 단순한 것이었다. 그럼에도 위장 전입, 명의 신탁, 매각 금액 축소, 미등기 전매, 특구 지정, 대출 과정 외압, 허위 계약서 작성 등 각종 의혹에 대해 청와대는 침묵했다. …… 이번에 참여정부가 잃은 것은 이 부총리뿐이 아닌 것 같다."

고관들의 '부동산 퇴진' 언제 끝나려나

3월 8일 『경향신문』 사설 「고관들의 '부동산 퇴진' 언제 끝나려나」는 "2002년, 청와대 인사 검증 과정에 참여했던 한 인사는 '총리 후보 70명 중 개혁성과 도덕성에서 만족스러운 인물은 딱 한 명이었다'고 고백한 바 있다. 사회 지도층과 공직자들의 자기 관리가 얼마나 허술한가를 전하는 증언이다. 개발독재와 권위주의 정권을 거치면서 윤리와 도덕성이 뒷전에 밀려온 탓이다. 그게 부패의 사슬을 만들고 정부에 대한 국민 불신을 심화시킨 근인이다"고 말했다.

같은 날 『한겨레』는 사설 「'이헌재 사태' 끝나지 않았다」를 통해 "의혹이 제대로 규명되지 않은 상태에서 사태가 종결되면 이 부총리에 대한 여론의 집단 분풀이에 그치고 만다. 의혹의 진위를 명확히 가린 뒤 불법이나 편법이 있었다면 합당한 책임을 묻고, 이를 원천적으로 막을 수 있게 제도를 정비해야 한다. 이런 연장선상에서 부동산 투기 의혹이 제기되고 있는 다른 공직자 쪽도 엄정한 실사를 벌여야 한다"고 말했고, 『한국일보』는 사설 「엄정한 공직윤리 세우는 계기로」에서 "이번 일로 노 대통령의 이른바 실용주의 노선 혹은 인사라는 것도 크게 상처를 입었다. 하지만 경제를 앞세운 '꿩 잡는 게 매'라는 식의 단순 논리가 우리 사회의 가치 기준마저 뒤흔들 수 없다는 것을 재확인한 것은 대가 못지않은 교훈이다"고 말했다.

3월 8일 노무현은 청와대 홈페이지에 올린 「국민 여러분께 드리는 글」을 통해 "해일에 휩쓸려가는 장수를 붙잡으려고 허우적거리다 놓쳐버린 것 같은 심정"이라며 "괴롭고 부끄럽다"고 말했다. 그는 "여러 가지 의혹들이 사직의 이유라면 인사권자로서는 진위를 조사, 확인한 후에 사표의 수리나 반려를 결정하는 것이 도리일 것"이라며 "그러나 지금은 이미 여론 재판이 끝나버린 상황이라 더 이상 부총리 직무를 수행하기 어렵게 되어버렸다"고 아쉬움을 표시했다. 그는 이어 "관계 기관으로 하여금 진실을 밝히도록" 해서 "책임질 일이 있다면 책임을 지게 하고 억울한 일이 있다면 억울함을 풀도록 하겠다"고 말했다.

이에 대해『문화일보』기자 한종호는 3월 9일자에 쓴「취재 수첩: 노 대통령의 공허한 '인사 해명'」에서 "인사권자인 노 대통령을 보좌하는 청와대는 이 전 부총리에 대한 의혹이 제기되는 동안 단 한 번도 사실 확인이나 정확한 해명을 한 적이 없다"며 "사실 확인 노력도 제대로 하지 않고 뒤늦게 탄식을 늘어놓는 것은 공허하고 무책임하게 들린다"고 말했다.

이튿날『경향신문』기자 강진구는「취재 수첩: 부총리 낙마가 '여론 재판' 탓인가」에서 "사태가 악화한 가장 큰 책임은 재경부와 청와대의 안이한 '초동 대응'에 있다고 볼 수 있다"며 "언론을 탓하기 전에 청와대 시스템을 다시 한 번 되돌아보는 것이 순서일 것 같다"고 말했다.

3월 11일『한겨레』사회부 차장 김정곤은「'장수'가 아니라 '국민'이다」라는 칼럼에서 다음과 같이 말했다. "'땅 파동'이 터지던 그 하루 전날, '부동산 투기와의 전쟁'을 선언한 건 바로 대통령 자신이다. 이 부총리는 바로 그 전쟁을 선두에서 지휘해야 할 장수였다. 부총리의 엄청나게 불어난 재산에 허탈감을 느낀 사람들이 대통령의 인식에 더욱 놀란 건 바로 이 때문이다. 대통령이 붙잡아야 할 것은 '도덕성의 화살을 맞은 장수'가 아니라, 그로 인해 '그보다 더욱 깊은 상처를 입은 국민'인 것 같다."

국가인권위원장 부동산 투기 의혹

『신동아』 2005년 4월호는 「특종 최영도 국가인권위원장 부동산 투기 의혹」이라는 기사를 게재했다. 이 기사는 "부인과 10대 아들, 위장 전입으로 용인 땅 취득 / 본인은 마포 성산동 농지 취득 위해 위장 전입 / 전국 개발 요지-아파트-상가 19곳 매입" 등을 보도했다. 최영도가 공직자윤리위원회에 신고한 63억여 원의 재산 중 부동산은 55억 원이었다.

3월 18일 최영도는 부동산 투기 의혹 해명 기자회견에서 "젊은 시절 사려 깊지 못한 과오"라고 자책하면서 위원장직은 그대로 수행하고 싶다고 밝혔다. 또 그는 "농지 구매를 위해 위장 전입을 한 것은 사실이나 투기 의도는 없었다"며 "제가 30년 동안 변호사 하면서 벌어들인 돈 중 3분의 2는 해외로 유출되는 토기를 미친 듯이 수집하는 데 썼고, 이 토기는 국가에 기증했다"라고 말했다.

『문화일보』의 사설 「최영도 국가인권위원장의 도덕성 문제」는 "최 위원장은 취임 때 소외 계층과 소수자의 인권을 유난히 강조한 바 있다. 그 소외 계층과 소수자들이 연이은 부동산 파동을 지켜보며 무슨 생각을 할 것인가"라고 말했다.

『국민일보』(2005년 3월 19일)는 「법률가이자 시민운동가의 불법행위」라는 사설에서 "최 위원장은 참여연대 공동대표, 대한변협 인권위원장, 민변 회장 등을 역임하며 자신의 말처럼 인권 변호사, 시민운동가로 활동해온 인물이다. 국민의 인권을 수호하는 기구의 수장을 맡은 것도 이처럼 양심적이고 올바른 그의 삶이 높은 평가를 받았기 때문이었다"며 다음과 같이 말했다.

"하지만 그 이면에서는 법률가로서 결코 있어서는 안 될 불법행위를 저지르는 등 전혀 다른 모습이 드러나고 있다. 더욱 어처구니없는 것은 최 위원장의 도덕 불감증이다. 그는 17일 배포한 해명서에서 (농지 취득 과정 등에) 불법이 있었지만 투기 의도는 없었다고 했다. 또 흠 없이 살고 자 했지만 '약간의' 흠을 갖게 됐다는 말도 했다. 누군가의 말처럼 '그 시절 다 그랬지 않느냐'는 항변과 궤를 같이하는 것이지만 한 마디로 짜 증스럽기까지 하다."

같은 날『동아일보』는 「'약간의 흠'도 최 위원장에겐 무겁다」라는 사 설에서 "청와대가 인사 검증을 제대로 했는지도 묻지 않을 수 없다. 부 동산 관련 투기 의혹을 알고도 최 위원장을 임명했는지, 아니면 검증 자 체가 부실했는지 국민에게 밝힐 의무가 정부에 있다. 그 어느 쪽이든 문 제가 있다. 이대로는 신뢰받는 정부가 되기 어렵다"고 말했고,『한국일 보』는 「국민 정서 반하는 인권위원장 의혹」이라는 사설에서 "국민들은 그가 내세우는 '도덕적이고 명예로운 한평생'과 부동산 투기 의혹이 어 떻게 다른지 납득하지 못한다. 아니, 오히려 그런 사람이 참여연대 공동 대표, 민변 회장, 대한변협 인권위원장이라는 이력을 갖게 된 것에 배신 감을 느끼고 있다. 시민운동계의 '도덕성'을 대표한다고 봐 왔기 때문 에 허탈감과 분노가 더 큰 것이다"고 말했다.

3월 19일 최영도는 청와대에 사의를 표명했다. 이와 관련, 2005년 3월 21일자『경향신문』사설 「청와대의 안이한 인식이 문제다」는 "부패와의 전쟁을 외치고, 잘못된 과거 청산을 일관되게 주창해온 참여정부다. 그 런 청와대가 '이미 걸러진 것'이라거나 '과거 일'이라는 자가당착적 기 준으로 연달아 인사 파동을 자초하고 있다. 혹여 '남이 하면 불륜, 우리 가 하면 로맨스'라는 그 편한 논리에 빠진 것은 아닌가"라고 말했다.

『문화일보』 논설위원 이신우는 3월 24일자에 쓴 「배부른 진보」라는 칼럼에서 "최근에는 막대한 부(富)를 갖고 있으면서도 이념적으로는 진보를 지향하거나 주창하는 사람들이 많이 출현하고 있다. 소위 '배부른 진보' 들이다" 며 다음과 같이 주장했다.

"하긴 이 세상에 배부른 진보처럼 멋있는 삶의 방식도 흔치 않을 것이다. 개인적으로야 불투명한 방식의 부동산 투기를 동원하면서까지 물질적 혜택을 한껏 향유하면서도 세상에 나가서는 사회적 약자를 위해 속세의 도덕과 정의의 빈곤을 질타할 수 있다면 그보다 신 나는 인생이 어디 있겠는가. 게다가 이들은 진보적 가치에의 편승에만 만족하지 않는다. 때마침 현 정부는 사회 개혁을 빙자해 하루가 멀다 하고 온갖 성격의 위원회를 양산해내고 있다. 이런 판에 조금만 진보 인맥을 동원한다면 위원회의 장(長) 자리를 얻는 것은 그다지 어려운 일이 아니다. 문제는 어떻게 진보 인맥에 줄을 대느냐는 것이지만 이마저도 손쉬운 방법이 있다. 자신의 물질적 수단을 발판으로 삼아 진보적 시민 단체를 설립하거나 적극적으로 활동함으로써 세상의 민심과 명성을 획득한 후 이를 출세의 도구로 삼는 것이다. 진보 정당이나 사회단체들도 이들을 폭넓게 활용하는 경향이 있다."

전적으로 동의하긴 어려운 주장이지만, '배부른 진보' 라는 이미지가 국민 일반에 널리 퍼진 건 분명한 사실이었다. 진보가 꼭 배고파야 한다는 법은 없었건만, 진보가 누리거나 무기로 삼아온 '도덕적 우월감' 이 그런 반감을 불러일으킨 것이다.

일본 패권주의 뿌리를 뽑겠다
노무현의 3 · 23 포퓰리즘

노무현의 3 · 1절 기념사

대통령 노무현은 2005년 3 · 1절 기념사에서 "일본은 과거 진실을 규명해서 진심으로 사과하고 배상할 일이 있으면 배상해야 한다"고 말했다. 그러나 그는 동시에 "과거사 문제를 외교적 쟁점으로 삼지 않겠다고 공언했고, 이 생각은 변함이 없다"고 말했다.

3월 2일 『중앙일보』는 「일본에 다시 배상을 요구할 건가」라는 사설에서 "배상문제를 제기하는 발언을 하면서 과거사를 외교 쟁점으로 삼지 않겠다니 도대체 어떻게 하겠다는 것인지 알 수 없다. 이러니 배상 관련 발언은 '국내용'이라는 말까지 나오고 있다. 노 대통령이 이런 혼란된 메시지를 보내는 것은 한일 관계나 국내적으로나 바람직하지 않다"고 말했다.

3월 2일 외교부 장관 반기문은 노무현의 배상 요구는 '광의의 포괄적 의미'로 "한일협정 자체를 재협상하자는 것은 현실적이지 않다"고 말했으며, 다른 당국자는 "배상은 법률적 의미를 뜻하는 게 아니다"고 말했다.

3월 3일 『중앙일보』 사설 「'배상' 문제 혼란스럽다」는 "노 대통령의 언급대로 우리가 배상을 요구하게 되면 한일협정의 재협상은 불가피해진다. 그럼에도 주무장관이 비현실적이라고 못 박으면 대통령은 비현실적인 발언을 하는 사람이란 말인가. 정부 차원에서 배상을 정말로 요구할 것인지, 아니면 일본이 알아서 성의를 표시하라는 것인지 종잡을 수 없다"고 말했다.

『문화일보』 정치부장 김재목은 3월 3일자에 쓴 「아마추어리즘이 빚는 화(禍)」라는 칼럼에서 노무현의 3·1절 기념사와 관련, 노무현이 2004년 7월 21일 제주도 한일 정상회담 뒤 "한일 간 과거사 문제를 공식적인 의제나 쟁점으로 제기하지 않으려고 한다"고 발언했던 것이 노무현의 발목을 잡고 있다고 말했다.

"노 대통령의 3·1절 발언이 갖는 무게는 과연 얼마나 될까. 일본 당국자의 진단대로 과거사 정국에 페달을 밟기 위한 '국내용'에 머무는 것일까. 아니라면 3·1 발언을 족쇄 채울 뿐 아니라, 핵심적 대일 지렛대를 사실상 포기한 지난해 7월 발언의 정책적 과오를 스스로 인정해야 하는 것은 아닐까."

『경향신문』 논설위원 이대근은 3월 8일자에 쓴 「외교라는 이름의 정치」라는 칼럼에서 "이런 일은 처음이 아니다. 2003년 5월 워싱턴에서 '북한 정치범 수용소' 실언으로 북한을 자극했던 노 대통령이 다음 해 LA와 미국에서는 북한을 배려하는 말로 미국을 자극했다. 이전 실수를 만회하고, 국내 여론과 미국 사이 균형을 찾으려 그랬던 것 같다"고 지적한 뒤에 다음과 같이 말했다.

"그러나 다른 시간, 다른 장소에서 다른 발언을 하는 방식으로는 균형을 찾을 수 없다. LA와 유럽에서 말할 수 있는 것이라면, 워싱턴에서도 말할 수 있어야 한다. 이쪽에서는 대내용, 저쪽에서는 대외용 발언을 하고 오늘은 국내 관중, 내일은 외국 관중을 위해 다른 말을 한다면 분열증 현상이나 다름없다."

국민 반일 감정 폭발 직전

2005년 3월 11일 '아시아평화와 역사교육연대'는 긴급 기자회견을 열어 일본의 '새로운 역사 교과서를 만드는 모임'이 만든 후소샤의 2005년도 역사 교과서를 입수해 분석한 결과, "조선인 강제 연행, 위안부 문제, 난징 대학살 등을 서술하지 않았던 2001년 검정본 후소샤 교과서의 잘못을 그대로 유지한 채, 식민 지배가 조선의 근대화에 기여했고, 대륙 침략은 중국이 자초했으며, 태평양전쟁은 대동아공영을 위한 것이었다는 등 더욱 '개악'된 내용을 담고 있다"고 비판했다. 모든 언론은 이를 대서특필하면서 정부의 적극 대응을 촉구했다.

3월 14일 소설가 이문열은 『조선일보』에 기고한 「시마네현 촌것들 다스리는 법」이라는 칼럼에서 일본 시마네현 의회가 '독도의 날'을 조례로 정하려는 움직임을 보인 것과 관련, 중앙정부 대신 울릉군의회가 나설 것을 촉구하면서 아쉬운 대로 세 가지만 우선 의결해 발표하면 좋겠다고 주장했다.

"그 첫째로는 시마네현이 울릉군 소속이라는 사실을 조례로 정해 내외에 널리 포고하는 일이다. 그 근거로는 대륙이 문화적 우위를 차지하고 있던 과거 어느 시대에 우리 조상이 영유(領有)의 의사로 시마네현을 선점(先占)한 적이 있었음을 우기면 된다. 그래도 100년 전의 명백한 침략 과정 일부를 영토 획득의 근거로 제시하는 시마네현의 조례보다는 훨씬 윗길이 될 것이다. 둘째는 독도를 미사일 기지로 빌려줄 수 있는 근거를 조례로 마련하여, 북한이 원하면 대일 방어용 미사일 기지로 이용할 수 있게 해야 한다. 그때 북한이 기지 건설 비용을 부담스러워 하면 우리 정부가 장기 저리 차관을 줘도 좋고, 국민 성금을 거두어도 된다. 바로 우리 정부에 미사일 기지를 설치하라고 건의할 수도 있지만, 자칫 대한민국 정부가 시마네현 촌것들의 몽매한 짓거리에 체신 없이 발끈하는 것같이 보일까봐 하여 짜낸 차선의 제안이다. 마지막으로는 다분히 감정적으로 비칠 염려가 있는 대로 울릉군에서는 일본의 공식적인 국가 명칭을 왜국(倭國)이라고 하고 일본 사람은 왜자(倭者)라고 부르게 하는 조례를 정하는 것도 괜찮아 보인다. '작고 초라하고 미개하다'는 뜻의 '왜(倭)'를 이제 와서 다시 쓰는 것은 국가 간의 예의가 아니라, 시마네현 촌것들이 먼저 일으킨 분란이고 쏟아낸 망발이다. 꼴사납지만 울릉군 수준에서라도 받아주는 수밖에."

『세계일보』의 3월 15일자 기사 「국민 반일(反日) 감정 폭발 직전」은 "일본의 역사 교과서 왜곡에 이어 시마네현의회의 '다케시마의 날' 제정 조례안 통과가 임박한 가운데 14일 서울 종로구 주한 일본 대사관 앞에서 '단지(斷指)' 시위가 벌어지는 한편, 한 독도 관련 단체는 시마네현 본회의장에서 직접 조례안 통과 저지 의사를 밝히고 나서는 등 국민 반일 감정이 더욱 악화되고 있다"고 보도했다.

2005년 3월 16일, 시마네현의회는 2월 22일을 '다케시마의 날'로 선포하였다. 일본의 리앙쿠르 암초(Liancourt Rocks) 편입 100주년에 즈음한 것이다.

　이튿날 『동아일보』는 1면에 독도의 사계(四季) 사진 넉 장을 크게 싣고 '이 아름다운 독도를 누가……'라는 제목을 붙였으며, 『조선일보』도 1면에 독도의 전경을 담은 사진을 크게 싣고 '독도 바위를 깨면 한국인의 피가 흐른다'는 제목을 달았다.

　그러나 3월 16일 일본 시마네현은 2월 22일을 '다케시마의 날'로 기념하는 조례를 제정했다. 이날 문화재청장 유홍준은 기자회견을 갖고 천연기념물 제336호 '독도천연보호구역'을 문화재 보존에 영향이 없는 범위에서 일반인에게 개방하기로 했다고 밝혔다.

　『한국일보』(2005년 3월 19일)는 사설 「독트린 이후, 중요한 것은 절도다」라는 사설에서 "국회 국방위원장을 지낸 장영달 의원은 '해병대를 독도에 보내자'고 밝혔고, 유시민 의원은 '군대를 보내자'고 거들었다. 김원웅 의원은 '대마도는 우리 땅'을 외쳤다. 대중의 정서에 편승해야 하는 고민은 이해하지만 여당 지도자가 되겠다는 사람들의 사태 인식으로서는 지나치게 치졸하다"고 지적했다.

일본 패권주의 뿌리를 뽑겠다

2005년 3월 22일 노무현은 육군3사관학교 제40기 졸업 및 임관식에 참석, 연설을 통해 "우리는 이제 한반도뿐 아니라 동북아시아의 평화와 번영을 위한 균형자 역할을 해나갈 것"이라며 "앞으로 우리가 어떤 선택을 하느냐에 따라 동북아의 세력 판도가 변화될 것"이라고 말했다.

3월 23일 노무현은 '국민에게 드리는 글'을 통해 일본의 독도 영유권 주장과 역사 교과서 왜곡을 거론하며 "일본이 침략과 지배의 역사를 정당화하고, 또다시 패권주의를 관철하려는 의도를 더 이상 두고 볼 수 없게 됐다"며 "어떤 어려움이 있더라도 흐지부지하지 않고 이번에는 반드시 뿌리를 뽑겠다"고 말했다. 또 그는 "이 싸움은 하루 이틀에 끝날 싸움이 아니라 지구전이다. 서로 얼굴을 붉히고 대립하는 일도 많아질 것이고 각박한 외교 전쟁도 있을 것이다"며 "우리 경제를 어렵게 하지는 않을까 하는 우려가 있지만, 충분히 감당할 만한 역량을 가지고 있다"고 말했다.

언론은 이 발언을 '외교적 선전포고'로 규정하면서 대서특필하였다. 『경향신문』 3월 24일자 기사 「"가슴이 떨렸다, 속 후련하다": 노 대통령의 "NO" 국민 반응」은 국민 반응은 대체로 "속 시원하다"는 쪽이었다고 보도했다. 열린우리당, 민주노동당, 시민 단체, 네티즌들도 환영을 표했으며, 일부 네티즌들은 "드디어 옳은 소리 하신다. 지금까지 중 최고로 멋있다"고 환호했다.

『중앙일보』 3월 24일자 기사 「노 대통령 승부사 기질 외교에서도 재현되나」는 "평소 자신의 정치 역정이나 정국의 고비마다 보여왔던 '승부사 노무현'의 모습이 외교 관계에까지 재현되는 게 아니냐는 지적도 나온다"고 보도했다. 3월 24일자 사설은 어떤 내용을 담고 있는지 살펴보자.

"세계 어느 나라에서도 외교 사안이 생길 때마다 대통령이 직접 나서서 외교부 장관의 업무를 대신하지 않는다. 그것이 얼마나 위험천만한 일인지를 알고 있기 때문이다."(『조선일보』 사설 「대통령이 할 말을 도맡는 외교에 대한 걱정」)

"당장에는 국민의 감정적 지지를 얻는 효과를 보겠지만 나라와 대통령에게 부담으로 작용할 수 있다."(『중앙일보』 사설 「대통령은 한발 물러서 있어야」)

"외교를 총괄하는 국정 최고 책임자와 역사학자·역사 평론가 간의 차이라는 문제에 대해 노 대통령은 물론 국민도 심각한 고민이 있어야 한다." …… "이런 식의 접근은 포퓰리즘(대중영합주의)이라는 비판을 새겨듣기 바란다. 노 대통령이 혹 자신의 지지도 높이기를 위해 이런 극언을 하는 것 아니냐는 의혹도 적지 않기 때문이다. …… 노 대통령이 어떤 수단과 방법으로 일본의 패권주의를 반드시 뿌리 뽑을 수 있다는 얘기인지, 유감스럽게도 허장성세로 들린다."(『문화일보』 사설 「노 대통령 대일(對日)발언 전략적인가」)

"국민이 느끼는 분노를 대신 풀어주고, 일본을 따끔하게 비판한 것은 그런 점에서 의미가 있다. …… 그러나 단어, 문장 하나에 노 대통령의 거친 숨소리가 배어난다. 감정은 폭발할 듯하고, 격정은 넘쳐 난다." ……

노무현은 '국민에게 드리는 글'을 통해 일본의 독도 영유권 주장과 역사 교과서 왜곡을 거론하며 "일본이 침략과 지배의 역사를 정당화하고, 또다시 패권주의를 관철하려는 의도를 더 이상 두고 볼 수 없게 됐다"며 "어떤 어려움이 있더라도 흐지부지하지 않고 이번에는 반드시 뿌리를 뽑겠다"고 말했다.

이런 글이 국민의 마음속을 후련하게 해줄 수는 있다. 그러나 외교가 국민적 카타르시스의 제물이 되어서는 안 된다. 더구나 우리에게 한일 관계는 '일회용 배설'로 끝낼 수 없는 중요한 정치적, 경제적, 문화적 문제이다. 그런데 국민에게는 '냉정함을 잃지 말고 차분하게 대응해나가야 한다'고 주문한 그가 스스로 냉정함을 잃었다. '어떤 어려움이라도 감수하겠다는 비장한 각오' 등 한계상황을 암시하기도 했다. 마치 '외교 전쟁'이 눈앞에 닥친 듯한, 한일 간 교류 위축으로 경제 위기가 도래할 듯한 불안감과 공포감을 던져주었다. 대통령이 국민감정을 가슴으로 받아들여야 한다는 의미는 대통령이 국민감정에 휩쓸려 다니거나 부추겨야 한다는 뜻이 아니다. 그런데 지금 대통령이 나서서 차분해지려는 국민감정에 불을 댕기고 있다."(『경향신문』 사설 「'외교 전쟁 불사'의 외교」)

김영삼의 노무현 칭찬

2005년 3월 25일 노무현은 일련의 비판을 염두에 둔 듯 "외교가 기교적일이라지만 외교에도 진실과 혼이 담겨 있어야 한다"고 말했다.

『한국일보』 정치부 부장 대우 이영성은 3월 28일자에 쓴 「YS · 부시처럼 말해서야……」라는 칼럼에서 김영삼이 대통령 재임 시절 한 중진 의원에게 한 말을 소개했다. "요즘 걱정이 하나 있는데, 클린턴과 장쩌민의 사이가 별로 안 좋다는 것이야. 주변 다른 나라들은 내 말을 잘 듣고 지내는데, 미국과 중국은 그렇지 않아. 내가 잘 설득해 사이 좋게 지내게 하겠어." 김영삼은 95년 11월 14일 한중 정상회담 후 "일본에서 계속 망언이 나오고 있다. 문민정부의 당당한 도덕성에 입각해 그런 버르장머리를 기어이 고쳐놓겠다"고 말했다. 이영성은 이 발언으로 인해 우리는 통쾌했지만 일본은 들끓었다며 이렇게 말했다.

"일본의 정계와 재계는 '보복'에 암묵적인 동의를 했으며 97년 들어한국 금융기관 등에 빌려준 돈의 만기가 돌아오자 통상적인 만기 연장을 해주지 않고 회수하기 시작했다. 일본의 자금 회수가 외환위기의 중요한 원인 중 하나였다. 지금 노무현 대통령도 비슷하다. …… '뿌리를 뽑겠다'는 등의 극단적인 용어는 김 전 대통령의 '버르장머리 발언'을 연상시킨다. 세계 최강의 미국이라면 부시처럼 거칠게 행동하고 거칠게 말해도 크게 문제 되지 않는다. 그러나 우리는 미국이 아니다. 의지를 충분히 보여주면서도 품격 있는 용어로 일본을 제어하는 것이 현명한 외교의 ABC다."

그러나 충분히 예상되었듯이, 일단 민심은 노무현의 손을 들어주었다. 청와대가 미디어리서치에 의뢰해 3월 26, 27일 이틀 동안 실시한 여론조사 결과에 따르면, 노무현의 지지도는 계속 상승세를 타면서 48%를 기록했다. 3·23 발언이 상승세의 주요 이유로 분석되었으며, 3·23 발언에 대한 지지도는 89%로 압도적으로 높았다. 노무현의 대승리라 해도 좋을 듯하다. 앞에서 예로 든 "드디어 옳은 소리 하신다. 지금까지 중 최고로 멋있다"는 한 네티즌의 환호가 일반적인 민심임이 드러난 것이다.[4]

3월 31일 서울대에서 열린 한 토론회에서 서울대 언론정보학과 교수 강명구는 "일본 우익뿐 아니라 한국 정치권도 민족주의를 내세워 국민 동원의 정치에 치중하고 있습니다. 한국도 '반성'의 자세가 필요합니다"라고 주장했다.[5]

『국민일보』 논설위원 이강렬은 2005년 4월 2일자에 쓴 「칭찬과 아첨」이라는 칼럼에서 외교통상부 장관 반기문이 노무현에게 업무 보고를 하면서 노무현의 3·23 발언에 대해 "외교부의 역량이 미치지 못할 때 대통령께서 명쾌한 지침을 주셔서 앞길을 가르쳐주신 데 대해 깊이 감사드린다"고 말한 것과 관련, "과연 역사는 이 말을 어떻게 평가할지 자못

4) 김정훈, 「노 대통령 잘한다」 48%: 대일 강경 노선에 지지도 상승」, 『동아일보』, 2005년 3월 30일, A6면.
5) 김윤종, 「민족주의에 묻힌 민주주의」, 『동아일보』, 2005년 4월 2일, A21면.

궁금하다"고 말했다.

노무현은 독일의 유력 일간지 『알게마이네 차이퉁』(2005년 4월 8일)과 인터뷰에서 일본의 과거사 왜곡과 관련 "일본의 태도는 인류 사회가 함께 추구해야 할 보편적 가치와 맞지 않는다"며 "침략과 가해의 과거를 영광으로 생각하는 사람들과 함께 산다는 것은 전 세계의 큰 불행"이라고 말했다.

4월 14일 문희상 등 열린우리당 지도부의 예방을 받은 김영삼은 "일본의 패권주의를 뿌리 뽑겠다"는 말로 압축되는 노무현의 대일(對日) 대응에 대해 "노 대통령이 대응을 잘했다. 정말 잘 대응했다"고 칭찬했다. 상임 중앙위원 김혁규가 "요즘 들어 (1995년 김 전 대통령이 했던) 일본 버르장머리를 고쳐야 한다는 말씀이 생각난다"고 하자, 김영삼은 "그때 일본이 꼼짝 못했고, 망언한 의원 다섯은 목이 잘려버렸다"고 주장했다.[6] 믿거나 말거나.

이즈음 새만금 간척지, 천성산 터널, 사패산 터널, 경인운하, 계룡산 국립공원 관통도로 등 5개 대형 국책 사업의 공사를 둘러싼 치열한 논란과 갈등이 벌어지고 있었지만, 국민의 반일 감정과 이에 호응한 노무현의 "일본 패권주의 뿌리를 뽑겠다"는 발언이 다른 모든 의지들을 압도하고 있었다. 아니, 어쩌면 국책 사업 논란엔 이렇다 할 해법이 존재하지 않기에 그런 카타르시스 효과가 필요했던 건지도 모르겠다.

---

6) 박민선, 「"노 대통령 일본 대응 잘하고 있다": 일(日) 버르장머리 고쳐놓겠다던 YS」, 『조선일보』, 2005년 4월 15일, A6면.

김대중의 끝나지 않은 이야기
김대중·노무현의 매트릭스

『김대중의 끝나지 않은 이야기』

매트릭스(matrix)란 자궁, 모체, 행렬을 뜻하지만, 이젠 사이버공간을 의미하는 말로 쓰이고 있다. 사이버공간이 고도의 수학에 기반을 두고 있다는 의미에서다. 김대중과 노무현의 관계는 매우 복잡하다는 의미에서뿐만 아니라 그들 개개인이 대표하는 역사적·정치적 의미들 간의 관계이기도 한 이중 구조로 되어 있다는 점에서 매트릭스라 부를 만했다. 영화 〈매트릭스〉의 주인공 '네오'는 실재인 줄 알았던 현실 세계가 사실은 컴퓨터가 만든 가상 세계임을 알게 되면서 큰 혼돈에 빠져드는데, 한국 정치도 그런 혼돈의 소용돌이에 놓여 있었다.

2005년 4월 그런 혼돈을 정면으로 건드린 책이 출간되었다. 김욱의 『김대중의 끝나지 않은 이야기』다. 노무현 시대의 성격을 이해하는 데에 중요한 문제들이 다뤄졌기에 심도 있게 논의해보기로 하자. 김욱은 자신의 비장한 각오를 「머리말: 김대중과 위선의 역사」에서 다음과 같

김욱의 『김대중의 끝나지 않은 이야기』 표지.
김욱이 보는 노무현은 '역사의 배신자' 였다.

이 밝혔다. "내가 어떤 신념에 따라 확신을 갖고 이런 발언들을 한다 하더라도 모두에게 익숙한 지배적 논리를 위선이라며 드러내고 반박하는 작업은 거북한 일임이 틀림없다. …… 그러나 나는 어떤 거북함도 피하지 않고 정면에서 대결하려 한다. 가혹한 비판이 있더라도 각오하고 있다."[7]

김욱이 보는 노무현은 '역사의 배신자' 였다. 지난 대선에서 노무현에게 표를 던지지 않은 유권자들을 대상으로 이런 말을 한다면 듣는 이들이 신을 낼 일이지 고통스러워할 일은 아니었을 것이다. 그러나 김욱의 주요 청중은 "노무현이라는 정치인이야말로 다시 김대중의 십자가를 진 시대의 양심이라고 분명히 그렇게 말했고 그 양심의 승리라는 환희를 만끽했던 기억" 을 가진 사람들이었다. 김욱도 그런 사람 중의 하나였다. 그러니 노무현을 비판할 때 비장해지는 건 당연한 일이었다.

2003년 9월 노무현은 "호남 사람들이 나를 위해서 찍었나요? 이회창이 보기 싫어 이회창 안 찍으려고 나를 찍은 거지"라고 말했다. 이에 대해 김욱은 "도대체 어떻게 표를 행사해야 그들은 호남 표에 비아냥거리지 않고 진심으로 고마움과 존경심을 표시할까?"라고 개탄했다. 또 김

7) 김욱, 『김대중의 끝나지 않은 이야기』(인물과사상사, 2005), 9쪽.

욱은 "영남인인 노무현은 노무현이라는 정략으로 역사적 당위성을 실현하고 싶었던 광주를 이해하지 못했다. 영남인인 노무현은 이 광주의 선택을 '호남 지역주의=영남 지역주의' 라는 '당위 없는 정략' 으로만 폄훼함으로써 많은 호남인들을 절망하게 하였다" 고 말했다.

이어 김욱은 "노무현은 대북 송금 특검법에 거부권을 행사하라는 지지자들의 요구를 뿌리친 뒤 이를 '한나라당에 대한 선물' 이라고 말한 것으로 전해진다. 왜 한나라당에 선물을 해야 할까? 완곡한 표현이다. 그것은 한나라당의 지지 기반인 영남인들에 대한 선물이었다. 노무현은 앞으로 자신의 영남에 대한 선의를 인정받기 위해 선물을 한 것이다" 며 다음과 같이 말했다.

"노무현이 민주당을 양비론적 지역주의 정당으로 규정한 근거는 당연히 호남인들의 90%가 넘는 일방적 지지다. 그는 이 지지가 부끄럽다고 잘못됐다고 생각하는 것이다. 즉 김대중이 얻었던 90%를 넘는 호남인들의 지지는 물론이고 자신이 얻었던 역시 90% 이상의 호남인들 지지도 잘못됐고 부끄럽게 생각한다는 고백인 것이다. 그는 역사를 모욕하고 그 역사 속에서 자부심을 갖고 외롭게 투쟁한 호남인들을 모욕하면서 이제는 열린우리당을 통해 단절적으로 새 출발 하자고 주장했던 것이다."

심약한 호남인?

여기까진 민주당 분당에 반대했던 사람들이 다 동의할 수 있는 이야기였다. 독자에 따라 다르긴 하겠지만, 이제부터는 그들 사이에서도 의견이 달라질 수 있는 대목이다. 김욱은 다음과 같이 말했다.

"어이없는 사실은 호남인들은 2003년 4·15 총선에서 깡패들의 팔뚝에 새긴 '차카게 살자'는 문신을 보고 감동한 사람들처럼 혹은 그들의 협박에 질려 겁먹은 사람들처럼 눈치만 보다 결국은 탄핵을 핑계로 열린우리당을 압도적으로 지지했다. 그리고 심약한 호남인들의 이런 선택을 인정할 수 없는 또 다른 호남인들은 이제 호남 근본주의의 유혹을 받고 있다. 호남인들의 선택 동기가 무엇이었든 사실상 열린우리당이 민주당을 대체한 '도로 민주당'이 되었음에도 내가 지역 문제가 그대로인 것이 아니라 더 악화하였다고 말하는 이유는 이 때문이다."

김욱은 책의 결론 부분에 이르러서도 '심약한 호남인'이라는 메시지를 다시 역설했다.

"결국 영남인들의 인정을 받는 것은 실패로 끝났지만 노무현의 신당 소동은 분명히 영남 패권주의 이데올로기에 투항하는 것으로 영남 패권주의 문제를 해결하자는 양비론의 메시지였다. 호남인들은 이런 부정의한 제안에 묵묵히 순응했다. 그들이 발언했다면 민주당의 분당은 없었을 것이고 탄핵이라는 극한적 대립도 피할 수 있었을 것이다. 그러나 호남인들은 그저 이런 제안을 거부할 경우 자신들이 오히려 지역주의자로 몰리는 것을 염려했다. 끊임없이 타인의 시선을 의식해야 하는 부끄러운 콤플렉스를 운명처럼 감수했다."

김욱은 '천·신·정'을 비롯한 호남 정치인들에게는 비판을 거의 하지 않았다. 비판이라고 볼 수 있는 것도 안타까움의 정서가 강하게 느껴지는 성격의 것이었다. 김욱이 그들마저 '심약한 호남인'으로 보고 있다는 인상마저 주었다. 과연 그렇게 보아야 하는가?

김욱이 지적한 대로 분명히 '심약한 호남인'들이 있었을 것이다. 그러나 그들은 소수일 뿐 다수는 아니었다. 역설이지만, '호남의 진보' 라고나 할까? 매우 다양한 모습이 있었다. 과거 김대중을 중심으로 단일 대오를 형성하던 호남인이 더 이상 아니었다.

무엇보다도, 민주당 분당과 그 이후 벌어진 사태는 호남의 신구(新舊) 엘리트 간 헤게모니 투쟁의 산물이기도 했다는 점을 지적하지 않을 수 없다. 만약 민주당 분당이 되지 않았더라면 호남 출신인 천·신·정 모두가 하루아침에 당 의장과 원내대표를 꿰차고 여당 지도부를 장악할 수는 없었을 것이다.

헤게모니 투쟁이라고 해서 천·신·정의 개혁 선의를 의심할 필요는 없는 일이었다. 인간의 행동을 촉발하는 요인은 매우 복합적이기 때문이다. 한 가지 안전하게 말할 수 있는 건 그들이 민주당 분당이라는 험난한 투쟁을 순전히 이타적인 목적만으로 해냈으리라고 상상하는 건 불가능하다는 것이며, 이는 그들의 지도부 진입으로 입증되었다는 점이다. 가장 공격적이었던 신기남의 경우 지도자에 대한 열망이 매우 강했다는 것도 충분히 입증되었다.

호남인은 결코 심약하지 않았다

호남인들에게 김대중은 무엇이었던가? 여러 의미였겠지만, 가장 중요한 건 '권력 쟁취' 였다. 김대중은 그 소임을 다하고 물러났다. 그러고 나서 나타난 게 천·신·정이었다. 물론 이들의 지역주의 인식엔 큰 문제가 있었지만, 그것이 호남 민중과 유리된 '호남 귀족 엘리트' 로서 그들의 원래 타고난 수준이었는지 아니면 권력욕에 눈이 어두워 알고도 모른

3인구도 '협력속 경쟁' 관계로

돈독한 신뢰불구 두차례 경선과정서 '미묘'

'큰꿈' 키워가는 세사람 차기 다가올수록…

지난 11일 열린우리당 원내대표 경선장에서 천정배 의원의 연설을 듣던 유시민 의원은 "천 의원은 지금 당장 의장직에 도전해도 당선될 정도로 우리 당에서 인기가 높음을 실감했다"고 말했다. 유 의원은 이해찬 의원을 지지했다.

천 의원의 당선을 지켜본 다른 의원들도 '실무형으로만 알았던 천 의원이 대권주자가 될 수 있음을 보여준 선거'라고 평가했다.

신기남 상임중앙위원은 최근 보좌진의 정무기능을 대폭 보강하는 등 대권준비에 들어갔다고 한 측근이 전했다. 정동영 의장은 오래전부터 큰 꿈을 꿔왔으니, 이제 '천·신·정'이 본격적으로 경쟁관계에 들어선 셈이다.

세 사람은 우리 정치사에서 흔치 않은 '우정'을 보여왔다. 3년 전

12일 오전 서울 영등포 열린우리당 당사에서 열린 확대간부회의에서 천정배 원내대표와 정동영 의장, 신기남 상임중앙위원(오른쪽부터)이 밝은 표정으로 나란히 앉아 있다. 윤운식 기자 yws@hani.co.kr

강원도 산속에서는 "우리는 피를 나누지 않았지만 의형제나 마찬가지다, 죽을 때까지 배신하지 말자"고 '도원결의'를 맺은 사이다.

물론 고비도 있었다. 2년 전 대선후보 경선 때 정 의원이 급진론을 들먹이며 노무현 후보를 공격하자 천 의원과 신 의원은 경악했다. 정 의원은 나중에 이들에게 정중하게 사과했다. 1월11일 전당대회 때는 신 의원이 정동영 추월을 기대하며 '올인' 작전을 펼쳤다. 천 의원도 출마를 포기하며 신 위원을 밀어, 간접적으로 그 경쟁구도에 합류했다.

그래도 금이 가지 않는 이유는 서로간의 역할 차이 때문이다. 천 대표가 논리형이라면, 신 위원은 추진력이 돋보이고, 정 의장은 대중성에서 앞선다. 세 사람은 수시로 넥타이를 풀고 당 현안을 논의해 오면서 신뢰를 쌓아 왔다.

"현대 한국 정치사에서 2명 이상이 끝까지 같이 가는 것을 본 일이 없다. 당신들은 참 놀랍다. 당신들이 흐트러짐 없이 같은 길을 가면 경탄할 일을 해낼 수 있을 것이다." 정대철 전 민주당 대표가 세 사람에게 했다는 말이다. 과연 세 사람이 어떤 관계를 맺어나갈지가 주목된다. 김의겸 기자

천정배, 신기남, 정동영 세 사람은 정치사에서 흔치 않은 '우정'을 보여주며 개혁 진보 세력을 대표해왔다. 동시에 대권 경쟁에서도 미묘한 경쟁 관계를 형성했다.

척했던 건지 그건 확실치 않다. 어찌 됐건 중요한 건 호남인들의 절대다수는 '하산한 김대중'보다는 노무현을 등에 업은 '전도양양한' 천·신·정을 택했다는 사실이다.

민주당 분당에 반대했던 소수파 호남인들은 무엇보다도 호남 지역주의가 영남 패권주의와 같이 양비론으로 모독당하는 걸 견딜 수 없었을 것이다. 그러나 호남인들의 절대다수는 그것들에 개의치 않고 천·신·정을 택한 것이다. 좋게 말해서, 호남인들은 실질이 더 중요하다고 본 것이다. 좋게 말하는 김에 '실용주의 노선'이었다고 말해도 무방할 것이다.

민주당 분당의 최대 목적은 '영남에 보여주기'였다. "10석을 건지더라도 전국 정당을 하겠다"는 명분과 더불어 자신의 정치적 고향에서 인정을 받고 싶었던 노무현의 강력한 의지가 만들어낸 사건이었다. 바로 여기에 호남의 신구 엘리트 간 헤게모니 투쟁이 접목된 것이었다. 분당의 돌격대 노릇을 했던 신기남이 "선혈이 낭자하게 싸우자"고 외치면서 "호남 소외론이 더 확산하고, 구주류가 신주류를 더 공격해야 한다. 호남 쪽이 흔들흔들해야 영남 유권자들로부터 표를 달라고 할 수 있다"고 말했던 걸 상기할 필요가 있다. 이게 바로 열린우리당 탄생의 근본 배경이었던 것이다.

어렴풋하게나마 그걸 모를 호남인들이 아니었다. 호남인들의 정치 감각을 과소평가할 뜻이 없다면, 열린우리당을 지지한 호남인의 주류는 실용주의 노선으로 보아야 할 것이다. 여기서 천·신·정은 천·신·정만을 의미하는 게 아니다. 민주당을 뛰쳐나간 모든 호남 출신 정치인까지 포함하는 개념이다. 이들 중엔 김대중이 대통령에 당선되자 엉엉 운 사람에서부터 시작하여 갖가지 유형의 소위 '김대중 광신도'들이 포함돼 있었다. 이는 천·신·정 그룹을 지지한 호남인들의 경우에도 마찬가지였다.

그들은 '김대중 광신도'로서 천·신·정을 택하는 것에 대해 마음이 좀 불편했을 것이다. 그 불편함을 해소해준 결정적인 사건이 바로 대통령 탄핵이었다. 그러나 여기서 조심해야 한다. 거의 모든 이들이 탄핵 때문에 민주당을 버렸다고 말하는데 그걸 그대로 곧이들으면 안 된다. 민주당이 탄핵을 주도한 건 호남인들이 민주당에서 열린우리당으로 급속하게 이동한 시점과 일치했다는 사실에 주목할 필요가 있다. 호남인들이 민주당을 지켜주리라는 게 확실하게 보이는데도 민주당이 탄핵을 시도할 만큼 어리석은 집단이었겠는가?

'김대중 광신도'로서 천·신·정을 지지한 사람들의 유형도 여러 가지로 나눌 수 있지만 가장 중요한 건 역시 이해관계였다. 국회의원과 의원 지망생 한 명당 자신의 이해관계 네트워크에 포진한 인구가 누구나 몇천 명은 된다. 이들은 동네 유지급이라 이들의 영향력을 다 합하면 오히려 4·15 총선에서 호남의 열린우리당 표는 생각보다는 적게 나온 편이라고 말할 수도 있다. 지방으로 내려갈수록 여당과 야당의 차이는 더욱 벌어져 하늘과 땅 차이가 된다. 평소 줄에 목매 사는 모습이 보기에 눈물겨울 정도였다.

김욱은 '심약한 호남인'을 강조하지만, 고통스럽더라도 이런 실용주의적 선택의 규모도 직시해야 하지 않을까? 더욱 고통스러운 건 '가혹한 비판'을 각오하는 김욱의 '정면 대결'의 상대가 영남 패권주의이기 이전에 호남 실용주의라고 하는 사실일 것이다.

돌이켜 생각해보자. 호남인들이 김대중은 물론 노무현에게도 90%가 넘는 몰표를 주었을 때 그들은 심약했던가? 아니다. 그들은 전혀 심약하지 않았다. 다른 지역 사람들이 어떻게 보건 전혀 개의치 않았다. 대담무쌍했다. 그런데 왜 그런 호남인들이 갑자기 심약해진단 말인가? 오래 생각할 것 없다. 답은 '실용성'에 있다. 김대중과 노무현의 대통령 당선은 호남인들에게 실용적으로 좋은 결과를 가져다줄 수 있기 때문에 그들은 대담할 수 있었지만, 실용성이라곤 눈을 비비며 찾아봐도 찾을 수 없는 민주당에 무얼 기대할 수 있었겠는가 말이다.

왜 김대중은 열린우리당을 지지했나?

이제 김대중 개인으로 넘어가 보자. 김욱은 "호남인인 김대중은 과연 자신이 이끌던 민주당을 지지했을까 아니면 영남인들에게 자신과 절연했음을 보여주기 위해 만든 열린우리당을 지지했을까?"라는 질문을 던졌다.

"총선 5개월 후 김대중의 거주지인 마포 을에 출마한 열린우리당의 정청래는 김대중에게 이 곤란한 질문의 즉답을 요구했다. 김대중은 이 질문에 '제가 찍었습니다(나도 한 표 줬다)'라고 대답했다. 사실 김대중은 당연히 한 사람의 유권자에 불과하지만 정통성을 다투고 있는 두 당의 입장에서는 간단한 문제가 아님에도 김대중은 그렇게 말했다."

김욱은 "왜 그랬을까? 물론 그의 발언은 정당 투표에 대해서는 말하지 않았기 때문에 완전한 지지 표시를 한 것은 아니다. 그러나 열린우리당을 전면 부정한 것이 아님은 분명하다. 나는 오히려 그가 열린우리당 후보에게 투표한 것을 공표했다는 사실에 주목한다. 그저 초연한 척 중립을 지키면서 자신의 입지만을 생각할 수도 있었을 텐데 평소의 그답지 않게 왜 적극적으로 발언했을까?"라는 질문을 던진 뒤에 이런 답을 제시했다.

"나는 그가 호남의 '정치적 실리'를 위해 발언했다고 믿는다. 호남은 열린우리당을 일방적으로 지지했다. 그런데도 노무현은 자신의 대통령으로서의 존재 근거인 지역 구도 해소를 위한다며 김혁규나 영남발전특위 사례에서 보듯 영남 구애를 절대로 포기하지 않고 있다. 거꾸로 생각해보면 된다. 표는 호남에서 얻고 공은 영남에 들이는 이런 상황에서 김대중이 '나는 민주당을 지지했다'고 말하면 노무현과 열린우리당은 얼

6 · 15 남북공동성명 4주년 국제학술토론회에 참석한 자리에서 악수하는 노무현과 김대중.

마나 홀가분해지겠는가? 김대중은 말하자면 호남을 대변해 열린우리당이 '도로 민주당' 임을 공표하며 노무현 정권에 대한 정치적 권리 주장을 한 것이다."

이어 김욱은 "나는 김대중의 이 발언을 듣고 실망했지만 놀라지는 않았다"며 다음과 같이 말했다. "나는 그가 앞에서 말한 대로 마키아벨리스트라고 생각하고 있기 때문이다. 대한민국에서 아마도 유일하게 초대받지 않은 '노빠'가 있다면 김대중일 것이다. 김대중의 열린우리당 후보 지지라는 흥미로운 이 발언은 대한민국의 주요 미디어에서 눈에 거의 띄지 않았다는 사실이 이를 입증한다. 영남 패권주의적 반노 미디어는 호남의 정권 기득권을 우기는 김대중의 발언에 관심이 있을 리가 없고 김대중과 호남을 부담스러워하는 친노 미디어는 오히려 당혹스러울 뿐인 뉴스였던 것이다."

김욱의 이 가설에 일리를 인정할 수는 있지만, 다른 가설에도 주목할 필요가 있을 것 같다. 두 가지다. 하나는 김대중이 정청래의 당돌한 질문에 당황해 엉겁결에 대답했을 가능성이다. 또 다른 하나는 김대중의 보신주의, 즉 김대중이 자신과 자신의 측근들을 보호하기 위해 그런 입장을 취했을 가능성이다. 노 정권이 맘먹고 건드리기 시작하면 김대중의 측근 중 남아날 사람이 얼마나 있었겠는가? 노 정권의 대북 송금 특검을 봐선 얼마든지 가능한 시나리오였다. 노 정권의 저돌성으로 보아선 김대중 자신도 크게 다칠 수 있었다.

두 가설 모두 가능성이 있다. 김대중의 확실한 분당 반대와 열린우리당 비판은 노무현의 지지율이 10%대로 떨어진 2006년 10월에서야 나온다는 건 무얼 말하는가? 김대중의 그런 의견 표명은 너무 늦은 시점에 나온 것이라 아무 효과가 없었을뿐더러 자신의 명예마저 손상하는 결과를 초래하고 만다. 이는 나중에 따로 자세히 살펴보기로 하자.

'민주화=호남'에 대한 반감

김욱은 김대중이 "나는 민주당을 지지했다"고 말하면 노무현과 열린우리당은 홀가분해질 거라고 말했는데, 이는 앞서 김욱이 천·신·정을 비롯한 호남 정치인들을 '심약한 호남인'으로 보는 시각과 일맥상통하는 것이다. 그렇게 볼 수도 있겠지만, 역으로 노무현과 열린우리당이 부담스러워할 수도 있었다. 아무리 노무현의 영남 구애가 강해도 현실적으로 여당은 호남 중심이며, 호남 출신 의원들은 여전히 영남 패권주의에 대해선 예전의 '김대중 광신도'로 돌아갈 수 있는 사람들이었기 때문이다.

예컨대, 2004년 5월 영남발전특위가 거론되고 검사장 인사에서 부산·경남 인맥이 요직을 차지한 것에 대해 열린우리당 호남파가 열받았던 사실을 상기할 필요가 있다. 앞서 보았듯이, 당시 열린우리당 당선자 신중식(전남 고흥-보성)은 "한국 현대사에서 모든 권력을 장악해온 영남을 발전시키겠다고 특위까지 구성하는 것은 소가 웃을 일"이라는 비판을 퍼부었으며, 이런 비판엔 여러 의원들이 가세했다.[8]

물론 김대중이 호남의 '정치적 실리'를 생각할 사람이라는 건 분명하지만, 그건 침묵만 하고 있어도 실현될 수 있는 일이었기 때문에 굳이 정청래를 찍었다고까지 말할 필요는 없었다는 것이다. 민주당 구주류에 대해 강한 혐오감을 갖고 있던 개혁·진보파 언론은 김대중의 침묵을 민주당 분당파에 대한 지원사격으로 몰고 가지 않았던가?

예컨대, 『대한매일』 2003년 7월 3일자에 실린 백무현의 [대한만평]은 민주당 구주류의 광주 대회를 '밥그릇 사수 결의 대회'로 묘사하면서 그들이 "DJ 팔아 계속 해먹자"고 외치는 모습을 담고 있었다. 침대에 누워 그 장면을 TV로 본 김대중은 '아이구……'하며 기가 막혀 한다는 내용이다.

개혁·진보파 언론의 민주당 구주류에 대해 강한 혐오감은 구주류의 한심한 작태에 기인한 것도 있었지만 상당 부분은 민주화 지도자로서의 김대중의 리더십 때문에 '민주화'가 호남이라는 지역성의 지배를 받는 것에 대한, 평소 자신들도 느끼지 못하는 잠재된 반감의 표출이었다.

---

8) 범기영, 「여 호남파 "열받네": 영남발전특위…… PK, 검(檢) 요직 차지……」, 『한국일보』, 2004년 5월 29일, A5면.

민주당을 살리기 위한 김대중의 시도는 노무현 측의 노회한 정치 공학에 좌절되었으며, 노무현 측이 향후 아예 김대중 개입의 씨를 말리기 위해 민주당 분당을 더욱 원했을 거라고 보는 가설도 가능하다.

『동아일보』특별 취재팀의 『김대중 정권의 흥망』에 따르면, "한화갑은 대권 경선에 나섰다가 2002년 3월 광주 경선에서 노무현, 이인제에 이어 3등을 한 직후 대권 레이스에서 도중하차해 당권 쪽으로 돌아섰다. 이와 관련해 당시 여권의 한 핵심 관계자는 '한화갑이 경선에서 도중하차한 뒤 당권으로 돌아선 배경에는 '영남 대권-호남 당권' 구도를 만들겠다는 DJ의 의중이 암묵적으로 작용한 것이 사실이다'고 전했다."[9]

노무현 측은 '영남 대권-호남 당권' 구도를 만들더라도 김대중의 의중이 실리지 않은, 노무현식의 구도를 원했을 것이고, 그래서 호남 신구 엘리트 간 전쟁을 조장했을 것이라는 가설도 가능하다.

김욱이 주목했듯이, 2004년 말 노무현은 "지역 분열 구도는 모든 문제의 근원으로, 이를 극복하는 게 한국 사회에서 매우 중요하다"면서 "노력을 했지만 큰 성과를 내지 못한 점이 가장 아쉬운 대목"이라고 말했다. 김욱은 이 발언을 '때늦은 자탄'이라고 했지만, 아무리 봐도 그건 '자탄'은 아닌 것 같다. 오히려 노무현 자신의 전의(戰意)를 다지기 위한 말이었을 것이다. 김욱의 표현 그대로 "표는 호남에서 얻고 공은 영남에 들이는 이런 상황"은 노무현의 임기가 끝나는 날까지 계속되었기 때문이다.

그런 상황에 대한 호남의 반발을 무마하고 선거 때마다 호남표 이탈

---

9) 동아일보 특별 취재팀, 『김대중 정권의 흥망』(나남출판, 2005), 129쪽.

을 막기 위한 차원에서 김대중에 대한 상징적 예우도 계속되어야만 했다. 4월 12일 정부가 국무회의를 열어 '연세대학교 김대중도서관'이 추진하는 김대중 기념사업비 124억 원 중 48%에 해당하는 60억 원을 '전직 대통령 예우에 관한 법률'의 관련 규정에 따라 지원하기로 결정한 것도 그리 볼 수 있을 것이다.

'통추 이념'으로의 회귀

김욱은 노무현 시대에 이르러 지역 문제가 그대로인 것이 아니라 더 악화하였다고 진단했다. 사실 지역주의 문제에 관한 사회적 인식의 수준은 김대중의 대통령 당선 이전으로 복귀했다. 『한국 현대사 산책: 2000년대 편 2권』에서 논의했던, 이른바 '통추 이념'으로 회귀한 것이다.

1995년 정계에 복귀한 김대중 전 대통령이 새정치국민회의를 창당하자 합류를 거부한 민주당 인사들의 결사체였던 국민통합추진회의(통추)는 칭찬받아 마땅한 민주화 집단이었지만 지역주의에 관한 한 양비론의 산실이었다. 그래서 통추 이념의 득세는 사실상 김대중 정권을 '일탈'로 규정하는 결과를 초래하게 돼 있었다. 통추의 뜻대로 됐더라면 '김대중 정권'의 탄생은 불가능했을 것이다. 그 불가능했던 정권이 만들어지고 나서 통추는 김대중 정권을 다시 자신들의 양비론에 따라 지역주의로 매도한 것이고, 이제 달라진 환경에서 힘의 논리에 민감한 호남인들은 그 매도를 수용한 것이었다.

대통령 한 사람의 뜻에 의해 정당성을 인정받았던 역사가 이렇게까지 뒤집어질 수 있다는 것은 한국의 특유한 초강력 중앙집권적 소용돌이

문화의 가공할 위력을 말해주는 것이지만, 또 다른 의미도 있다. 이는 역설적으로 노무현이야말로 자기 권력을 스스로 해체하는 모습을 보여주었음에도 그 문화의 파괴력을 드라마틱하게 드러나게 하였다는 점에서 여전히 강력한 대통령이었다는 걸 말해주는 것으로 볼 수 있다. 한국의 독특한 권력 구조와 권력 문화에 대한 흥미로운 연구 의제를 던져준 사건임이 틀림없다.

그러나 세상을 낙관적으로 보자면, 이렇게 볼 수도 있겠다. 호남인들은 실용주의 노선을 따르느라 양비론적인 호남 지역주의 비판을 수용함으로써 앞으로의 지역주의 논쟁에서 영남과의 대화가 수월해졌다는 점이다. 그간 영남이 인정하지 않았던 점을 호남 스스로 포기함으로써 영호남은 이제 같은 도덕적 수준 위에서 지역주의 논쟁에 임하게 되었다는 것이다. 이는 보는 시각에 따라 미래지향적인 진보일 수 있다.

물론 극소수나마 호남의 실용주의는 얄팍하기 짝이 없는 소탐대실(小貪大失)이었다는 비판도 가능하다. 호남인들은 눈앞의 실용을 위해 도덕적 정당성을 포기했다는 것이다. 자신들의 과거 한(恨) 맺힌 정당성이 모독당하고 유린당해도 지금 당장 실리만 취하면 된다는 '과잉 정치화'의 포로가 되어 '역사의 배신' 행위에 공범자로 참여했다는 것이다. 이 점에서 보자면 노무현이 저지른 가장 큰 죄는 호남인들이 만들어준 자신의 대통령 권력을 이용해 호남인들을 역사의 배신 행위에 동참하도록 만드는 데에 결정적인 기여를 했다는 사실에 있는지도 모른다.

그런 시각도 가능하긴 하지만, 호남인의 절대다수가 지역주의 양비론이라는 대승적 자세를 취하겠다는 걸 어찌 나무랄 수 있겠는가. 오히려 그런 대국적 양보에 박수를 쳐줘도 좋을 일이었다. 어찌 됐건 압도적 수적 우위라고 하는 점에서 호남의 대표성은 실용주의파에 있었다. 이후의 역사가 말해주듯이, 이들은 노무현 집권이라고 하는 지역주의 완화의 역사적 호기를 노무현과 더불어 완전히 망쳐버리는 데에 일조한다.

유시민은 '코카콜라' 인가?
유시민-386 논쟁

유시민의 당권 도전

2005년 2월 22일 유시민은 당 의장 도전을 선언하고는 이전보다 더욱 강한 전투적 자세로 무장하였다. 유시민의 전투성을 비판하는 목소리가 열린우리당 내에서 점점 높아지기 시작했다. 3월 12일 열린우리당 국회의원 정청래는 "유시민을 지지하면 선이고, 그렇지 않으면 악이라는 식의 선동에 모든 네티즌들이 숨죽여야 할까요? 유시민은 아무 흠결이 없을까요?"라며 유시민의 전투성을 공개 비판했다.

3월 15일, 열린우리당 당 의장을 뽑는 상임 중앙위원 경선에 뛰어든 8인 후보 중 한 명인 송영길은 유시민을 겨냥해 "더 이상 개혁이라는 미명하에 '탈당' 운운하면서 당과 동지들을 위협해서는 안 되고, 개혁을 말하면서 편을 가르거나 '당을 깨겠다'는 독설이 용인돼선 안 된다"고 말했다. 송영길은 "전선에서 아군 지휘관이 '적군이 가까이 다가올 때까지 사격하지 말라'고 명령했는데, 일부가 명령을 어기고 사격을 가하

당 의장과 상임 중앙위원 등 열린우리당 새 지도부 선출을 위한 예비 경선에서 본선 진출이 확정된 8명의 후보자. 위 왼쪽부터 김두관, 김원웅, 문희상, 송영길 후보. 아래 왼쪽부터 염동연, 유시민, 장영달, 한명숙 후보.

면서 명령을 기다리던 나머지 대원들을 '적이 오는데 총도 안 쏘는 비겁자들' 이라고 비난하는 것과 같다"며 유시민을 '분열적, 독선적 개혁론자' 라고 비판했다.[10]

3월 16일 SBS 토론회에서 송영길은 유시민을 겨냥해 "완장 차고 하는 개혁은 경계해야 한다. 국민과 당에 상처를 주는 개혁은 당의 발전을 저해한다"고 비판했으며, "국보법 폐지론자였던 유 후보가 당론을 포기하고 전원위원회에서 자유투표를 하자고 한 것은 모순된 것 아니냐'고 꼬집었다. 이날 토론회에서 사표가 되는 정치인을 들어보라는 진행자의 돌발 질문에 대해 다른 후보들은 김대중, 김구 등을 들었으나, 유시민은

10) 김선하, 「과열되는 여 당권 경쟁」, 『중앙일보』, 2005년 3월 16일, 6면; 황준범, 「유시민 후보 '집중 표적'」, 『한겨레』, 2005년 3월 16일, 5면.

이해찬을 꼽았다.[11]

이즈음 유시민의 '당비(黨費) 미납 사건'이 터졌다. 『문화일보』 3월 21일자 기사 「유시민 '늦게 낸 당비' 도덕성 시비」는 유시민이 도덕성 논란에 휩싸였다고 보도했다. 당헌 당규상 국회의원은 월 50만 원, 시도당 위원장은 100만 원의 당비를 납부토록 돼 있는데 경기도당 위원장인 유시민은 지난해 도당 위원장분을 5개월이나 납부하지 않았다는 사실이 뒤늦게 밝혀졌기 때문이다. 이 기사에 따르면, 문희상 후보 캠프 측의 한 의원은 "2,000원짜리 회비 3개월 미납부 시 기간 당원 자격을 박탈해야 한다는 조항을 가장 강력하게 부르짖었던 인사가 유 의원인데 스스로 당비를 내지 않았다는 것은 일관성과 책임성의 문제"라고 성토했다.

미납 논란은 당 게시판에 인천의 한 당원이 후보 여덟 명에게 당비 납부 내역을 공개해달라고 요청하면서 비롯됐다. 유시민만 공개를 미루다가 17일 미납 당비를 뒤늦게 낸 뒤 18일 게시판에 실무 착오이며 그동안 납부를 독촉받은 적이 없었다고 해명했다. 그러나 『서울신문』 3월 22일자에 따르면, 중앙당 관계자는 "두 차례 등기까지 보낸 서류를 갖고 있다"고 반박했다.

『서울신문』 3월 22일자는 "유 후보는 이날(21일) 부산MBC 합동 토론회에서 '열린우리당 당원으로 많이 가입하라. 당비는 월 2,000원'이라며 '이제부터 나는 열린우리당 왕 삐끼'라고 자신을 규정했다. '왕 삐끼'를 자임한 유 후보는 그러나 5개월치 밀린 당비 700만 원을 지난 17일 뒤늦게 납부한 것으로 밝혀져 도덕성 시비에 휘말렸다. 당비를 납부하는

---

11) 오남석·김남석, 「여(與) 당권 경쟁 운동권 출신 양대 후보 '맞짱'」, 『문화일보』, 2005년 3월 16일, 6면.

기간 당원 육성은 유 후보가 강력히 주장해온 사안이기 때문에 더욱 그랬다"고 보도했다.[12] 『동아일보』 논설위원 송영언은 3월 23일자 칼럼 「당비」에서 "자신을 돌아보지 않고 남만 탓하는 '관념적 도덕주의' 가 결국 부메랑이 된 셈이다"고 말했다.

동지의 가슴에 비수를 꽂는 잔인성?

『한겨레21』(2005년 3월 29일)의 유시민 인터뷰 기사는 "노무현 정권 창출의 특등 공신", "노무현의 삼별초", "토론의 달인", "정치 천재" 등 유시민을 따라붙는 몇 가지 수식어를 소개하면서도, 유시민에 대한 다른 의원들의 원성이 자자하다고 말했다. 유시민은 자신에 대한 비판을 자신이 도입한 기간 당원제로 촉발된 정당 민주화와 파워 시프트(권력 이동) 과정에서 기득권을 상실한 '낡은 세력' 의 의도적 반감, 딴죽걸기로 규정했다.

"기간 당원제를 뼈대로 한 당헌은 과거 당 의장이나 총재, 지구당 위원장, 국회의원, 원외 유력 정치인, 시도당 위원장, 계파 보스가 가지고 있던 각종 권력을 평당원에게 돌려주는 정당 내부의 미시 혁명, 권력 이동을 일으키고 있다. 이런 개혁의 흐름 속에서 기득권을 잃고 자신의 정치적 운명을 당원 손에 좌우당하게 된 기득권 세력들이 내놓고 저항은 못하고, 그런 파워 시프트를 기획하고 집행한 나를 원수처럼 보는 것이다. 과거 정당에서 기득권을 쥐고 있던 사람들은 나를 싫어할 충분한 이

---

12) 문소영, 「여 경선 변수?」, 『서울신문』, 2005년 3월 22일, 6면.

해관계가 있다. 내가 그들의 이익에 도움이 되면 단점도 가려지고 장점이 돋보일 텐데, 반대의 상황이 되니 나를 싫어하고 약점을 공격하는 것이다."

이어 유시민은 정동영 계보가 당면 과제인 정당 민주화를 가로막는 기득권 집단으로 전락해 각종 구태를 보이고 있기 때문에 결별했다고 주장했다. 또 그는 여러 차례 "실용주의도 인정한다. 그쪽이 정당 개혁만 좋다면 협력할 수도 있다. 그러나 기간 당원제를 근간으로 한 정당 민주화에서 이렇게 퇴행적인 모습을 보이는 정동영 장관 쪽과 타협은 불가능하다"고 단언했다.[13]

이 기사는 열린우리당 내에 폭풍을 몰고 왔다. 3월 23일 구당권파 의원 모임인 바른정치모임 회장 이강래가 기자 간담회에서 유시민을 겨냥해 "자신이 직책 당비를 내지 않은 것을 호도하기 위한 발언"이라며 "유시민 의원은 허위 사실을 유포하고 시골 출신 의원들을 반개혁 세력으로 매도한 발언 등에 대해 사과하라"고 비난했다. 이강래는 "동지들을 낡은 세력으로 매도해 적대 관계로 규정하는 사람이 지도자가 될 자격이 없다"며 "유 후보가 터무니없는 독선과 아집, 분파주의, 말과 행동의 경박성, 의장 경선 불출마를 번복한 말 바꾸기 등 네 가지 이유 때문에 당내에서 왕따를 당하는 것"이라고 비난했다. 그는 "당비를 강조하던 유 의원이 직책 당비 때문에 큰 시빗거리를 만든 것을 봤다"면서 "어떻게 이렇게 뻔뻔스러운 인터뷰를 할 수 있느냐"고 개탄했다.

친정동영 성향인 국민참여연대(국참연) 고문 이기명도 홈페이지에 쓴

---

13) 신승근, 「'왕따'에서 당 개혁의 리더로?」, 『한겨레21』, 2005년 3월 29일.

글에서 "왜 정동영·김근태를 자꾸만 들먹여서 편을 가르느냐"며 불만을 표시하면서 "작전상 손을 잡는 모양인데 필요에 따라 잠시 잡았다가 볼일 끝나면 털어버리는 비정을 한두 번 본 것이 아니다. 잔머리 굴려서 표 얻을 생각은 말라"고 유시민을 비난했다. 그는 "표 몇 장 얻을 수 있다면 동지의 가슴에 서슴없이 비수를 꽂는 잔인성은 기존의 썩은 정치에서 신물이 나도록 봤다"며 "제 얼굴에 묻은 시커먼 때는 보지 못하고 상대에게 손가락질하는 모습은 성장하는 지도자의 자세가 아니다"고 말했다. 국참연 수석 부의장인 이상호도 당 홈페이지에 올린 글에서 "계보 정치의 망령을 부활시키는 유시민 의원의 개혁은 무엇을 위한 개혁인가"라며 비난했다.

정동영은 몇몇 당내 인사에게 전화를 걸어 "이렇게까지 정치를 해야 하느냐. 정말 서글프다"는 뜻을 전했다.[14] 『조선일보』(2005년 3월 24일)에 따르면, 정동영 측은 "유 의원이 처음 정치에 입문한 2002년 8·8 재·보선 때 정 장관이 유 의원 부탁을 받고 선대본부장으로 도와줬는데 이럴 수가 있나"라고 개탄했으며, 또 여당 창당 과정에서 유시민은 정동영에게 민주당 탈당을 촉구하면서 "평생 업고 다니겠다"는 말도 했다는 걸 상기시켰다.

유시민은 100m 미인

2005년 3월 23일 열린우리당 의원 임종석도 "당비 납부 문제에 대해 겸

---

14) 『중앙일보』, 2005년 3월 24일.

손히 사과해야 할 마당에 왜곡된 대립 구도를 만들어 정치적 반사 이익을 얻으려 한다"고 비판했으며, 김현미는 "유시민 의원을 지지하는 현역 의원은 다섯 명도 안 된다"고 비판했다.[15]

『문화일보』 3월 24일자에 따르면, 재야 출신 의원 유인태는 사석에서 "유시민은 예의범절부터 다시 배워야 한다"며 유시민이 의총에서 다른 사람 발언 도중 소리를 지르고, 연장자에게 직접 면박 주는 행동을 문제 삼았다.[16]

3월 24일 문희상은 "유 후보의 발언은 당이야 어찌 됐든 말든 표만 얻어보자는 심산"이라며 "결코 사술을 부려선 안 된다. 정도가 최선의 방향이다"고 비난했다. 송영길도 "유 후보가 당내 유력 대권 후보를 적대 세력으로 규정하며 마치 한나라당과 조선일보를 상대하듯 몰아치고 있다"며 "유 후보의 지나친 당권 욕심 때문에 전당대회가 위기를 맞고 있다"고 주장했다. 같은 날 한명숙은 강원 지역 텔레비전 토론회에서 "당의 단결과 단합이 중요한 시점에 유 후보가 더 자중하고 신중했어야 한다"고 충고했다.[17]

3월 24일, 2004년 6월 유시민을 노무현의 '정치적 경호실장'이라고 공격했던 민주노동당 국회의원 노회찬은 유시민을 '100m 미인'이라고 불렀다. 그는 "유 의원을 대중매체를 통해 접한 사람들은 그의 달변과

---

15) 문소영 · 박록삼, 「여 '유시민 발언' 회오리」, 『서울신문』, 2005년 3월 24일, 7면; 박두식, 「정동영계 "유시민 행동 경박"」, 『조선일보』, 2005년 3월 24일, A4면; 이수호, 「여 당권 경쟁 계파 싸움」 노골화」, 『중앙일보』, 2005년 3월 24일, 8면; 이용욱, 「정동영-김근태계 '대리전'」, 『경향신문』, 2005년 3월 24일, 4면; 정녹용, 「구당권파 · 개혁당파 정면 충돌 조짐: 유시민 '반(反)정동영' 발언 후폭풍」, 『한국일보』, 2005년 3월 24일, 4면.
16) 공영운, 「여 '유시민 왕따' 논쟁 점입가경」, 『문화일보』, 2005년 3월 24일, 6면.
17) 박정철 · 임성현, 「문희상 "유시민 발언 표만 노린 것"」, 『매일경제』, 2005년 3월 25일, A13면; 김정욱 · 김선하, 「송영길 후보 "유시민 욕심에 전대 위기"」, 『중앙일보』, 2005년 3월 25일, 3면.

제6장 2005년: 영남 민주화 세력의 한 **287**

개혁성을 높이 평가하지만, 가까이서 직접 겪어본 사람들의 평판은 대체로 좋지 않다"고 말했다.[18]

그러나 『조선일보』 3월 25일자 기사 「유시민 일단 작전 성공?」은 유시민의 홈페이지에 '우리의 희망'이라는 식의 지지 글이 넘쳤으며, 친(親)정동영 쪽으로 방향을 잡은 국민참여연대 소속 회원들 중에 유시민 지지로 돌아선 사람들도 있다고 보도했다. 같은 날 『한겨레』에 실린 기사 「유시민 '강진'에 여당 지각 변동?」도 "온통 유시민 얘기다. 열린우리당 당 의장 선거가 막바지로 치달으면서, 초반의 '개혁 대 실용' 논쟁은 사그라지고, 유 의원에 대한 '찬성 대 반대'가 최대 쟁점이 되고 있다. 급기야 김근태 장관과 정동영 장관의 계파를 지칭하는 지티(GT)계와 디와이(DY)계에 이어, 유 의원의 이름을 딴 에스엠(SM)계란 용어가 통용되기 시작했다"고 보도했다.

옳은 소리를 싸가지 없이 말하는 재주

2005년 3월 25일 386 초·재선 의원 모임인 '새로운 모색'의 공동대표인 김영춘은 유시민에게 보낸 공개서한에서 "유시민에 대한 비판을 종합해보면 가장 앞서는 것이 '진실성의 결여'"라고 지적했다. 그는 이 편지에서 "'옳은 소리를 저토록 싸가지 없이 말하는 재주는 어디서 배웠을까?' 하고 생각했던 적이 있다"고 말했다.

김영춘은 "젊은 의원들 대부분이 학생운동과 사회운동을 경험한 사

---

18) 정우상, 「노회찬 "유시민은 100m 미인" 또 독설」, 『조선일보』, 2005년 3월 25일, A5면.

람들이라 동지로서, 선배로서 형(유 의원)에 대한 마지막 애정과 미련이 있었기 때문에 공개 비판을 주저했다"며 "이제 더 이상 지지할 수 없어 이 글을 쓴다"고 말했다.

김영춘은 "요즘 (유 의원은) 마치 유대인들에게 탄압받는 선지자처럼 말하고 있다"며 "선거 결과에 상관없이 이미 우리당 최대 실력자 중 한 명이고, 정동영계·김근태계 그런 계파가 있다면 깨는 것이 유시민의 역할인데, 왜 유시민계를 만들어 권력의 합종연횡을 하려 하느냐"고 말했다. 그는 이어 "궁정정치, 음모적 권력정치의 총아가 바로 유시민 자신이 될 수 있다"며 "운동권 정치를 겪고 현실 정치에 뛰어든 사람들 중에 정치를 속물적으로 파악하는 일부 얼치기 프로들에게서 흔히 나타나는 현상"이라고 꼬집었다.[19]

『한국일보』 3월 28일자는 유시민에 대한 당내의 거부감은 단지 그가 경쟁자이기 때문이 아니라 "저런 사람이 의장이 돼선 큰일 날 것"이라는 식이라고 보도했다.[20]

같은 날 『경향신문』은 「구태 반복하는 열린우리당의 당권 경쟁」이라는 사설에서 열린우리당의 경선 과정을 지켜보고 참여한 당내 인사들은 "선거를 지켜보면 이렇게 저질스러울 수가 없고, 우리당 당원으로 생각할 수 없는 짓거리를 자행하고 있다", "부끄러워 얼굴을 들 수 없을 정도"라고 개탄하고 있다고 전했다. 이 사설은 후보 간에도 마치 사생결단의 살기가 번득인다며 유시민을 겨냥해 다음과 같이 말했다.

"특히 어떤 후보는 혼탁한 경선판에 '정동영계 적대론, 김근태계 연

19) 정우상, 「"시민이 형! 형의 문제는 진실성이 없다는 것입니다"」, 『조선일보』, 2005년 3월 26일, A5면.
20) 조경호·양정대, 「유시민의 앞날은?」, 『한국일보』, 2005년 3월 28일, A5면.

대론'을 제기, 당을 파벌로 갈라놓고 그 사이에서 이득을 보기 위해 사투하는 모습까지 보여주었다. 그는 '선거란 본래 그런 것이다'라는 정치 기술자의 면모를 드러냈다. 그러면서도 '경쟁을 통해 당이 발전하는 것이다'라는 개혁주의적 수사를 쓰기도 했다. 그러나 그런 경쟁은 정치를 마키아벨리즘으로만 여기던 '옛 한국 정치'를 끝장내고 '선진 정치'를 하겠다던 열린우리당이 애용할 것은 못 된다."

이튿날 『동아일보』 기자 윤승모는 자신이 쓴 「기자의 눈: '인터넷 정치인' 유시민의 한계」에서 "인터넷 정치가 대중 동원의 수단으로 자리 잡은 이후 '튀는' 이벤트 지향형 정치인이 각광을 받아온 것은 사실이다. 열린우리당은 이런 흐름을 가장 적극적으로 활용해 성공한 집단이기도 하다. '유시민 신드롬'에 대해 열린우리당 내의 상당수 사람들이 '이건 아닌데······'라는 회의와 성찰을 하게 된 것은 최근 우리 정치 흐름에 대한 총체적 반성의 결과인 것처럼 보인다"고 말했다.

유시민은 '배부른 왕따'인가?

2005년 3월 30일 『조선일보』 논설위원 홍준호는 「'배부른 왕따' 유시민」이란 칼럼에서 유시민의 정동영 비난에 대해 "기성정당을 모조리 부패 기득권 세력으로 몰면서 만든 정당이 열린우리당이다. 그 정당을 앞장서 만들고 그 당을 대표해 총선을 지휘한 사람이 채 1년도 지나지 않아 '반개혁 기득권'의 대표 선수로 공격받고 있으니 참으로 헷갈리는 정당이다"고 말했다. 그는 유시민에 대한 당내 비판만 보고 '왕따 유시민'을 떠올리면 유시민을 잘못 본 것이라며 다음과 같이 말했다.

"유 의원의 전매특허인 냉소와 비아냥은 이전에도 그를 향한 냉소와 비아냥으로 되돌아오곤 했지만, 그는 이런 난타전을 통해 자신의 정치 급수를 올리는 데 특출한 재능을 보여왔다. 이번에도 그는 상당히 남는 장사를 하고 있다는 것이 세평이다. …… 정치 방식도 노 대통령을 빼닮았다. '노무현식 정치의 적자(嫡子)'를 따지자면, 유력 차기 주자로 꼽혀 온 정동영, 김근태 장관보다 유 의원 쪽이 훨씬 가깝다. 그런 유 의원이기에 그의 도발적인 내부 투쟁은 일회성으로 끝나지 않을 것이다. 앞으로 그 도전은 더욱 거세질 것이고, 대선이 다가오면 제2, 제3의 유시민이 줄을 이을지 모른다."

『내일신문』(2005년 3월 31일)의 기사 「정치판엔 영원한 적도 동지도 없다」는 정동영과 유시민의 "뜨거운 사이가 적대적 관계로 돌아선 실제 이유는 '밥그릇 다툼' 성격이 강하다"며 유시민의 정치 행태를 "차기 주자 간 틈새를 공략, 자신의 입지를 넓히려는 고도의 정치 공학 게임"으로 진단했다. 이 기사는 "그간 유 의원의 정치 행보를 보면 어떤 경로가 될지 쉽게 전망해볼 수 있다. 차기 주자 간, 현역 의원과 기간 당원 간 분열과 대립, 노선과 당 운영에서의 갈등과 대결 구도를 적절하게 활용하는 것이 그것이다"라고 말했다.

유시민의 유별난 정치 행태는 혹 유시민보다는 인터넷에 더 큰 책임이 있는 건 아니었을까? 언론인 김주언은 "모든 인터넷 미디어가 포함되는 것은 아니지만 지나친 당파성과 피아를 적대적으로 구분하는 편 가르기 행태가 계속 이어지고 있는 것이 사실"이라고 진단했다. 그는 "사건의 전체적인 맥락과 진행 과정, 배경 등을 무시한 기사의 개인화와 파편화도 심각한 지경에 이르렀다"며 다음과 같이 말했다.

"인터넷에는 조갑제, 전여옥, 유시민, 진중권 등 누리꾼들의 관심을 끄는 인터넷 유명 인사들이 다루어지고 있습니다. 이들이 내뱉은 한마디의 말과 일거수일투족은 그대로 인터넷 매체에 등장합니다. 인터넷 매체의 독자들은 자기 눈에 들어오는 기사를 선택적으로 보는 특성이 있으므로 편식성이 심한데다 진지한 문제들을 멀리하기 때문에 정치의식과 사회의식이 낮아지고, 파편적인 '모자이크 민주주의'로 나아갈 우려도 크다고 봅니다. 이러한 인터넷 매체와 경쟁이라도 하듯이 인쇄 신문에서도 이를 따라가는 경향이 짙습니다. 이제는 가십 기사에 불과한 정치인의 실언이나 실수가 인쇄 신문의 1면에 버젓이 대서특필됩니다. 방송도 시청자들의 눈길을 끌기 위해 말랑말랑한 뉴스가 많아졌습니다."[21]

치밀한 정치 공학의 달인인가?

유시민은 열린우리당 전당대회 후보 연설을 "왕따를 당해도 즐거운 유시민입니다"라는 말로 시작하면서 "모함을 당해도 즐겁다", "돌팔매를 맞아도 굴복하지 않겠다"고 말하는 등 자신을 '왕따'로 각인시키는 데에 주력했다. 이와 관련, 유시민과 갈등을 빚은 여당 386 의원들은 유시민이 네티즌들을 향해 자신을 피 흘리는 왕따나 순교자처럼 묘사하는 '치밀한 정치 공학의 달인'이라고 주장했다.

열린우리당 전당대회는 끝났다. 4월 2일 전당대회는 1만 3,461명의 대

21) 김주언 외, 「미디어 환경 변화, 위기인가, 기회인가」, 『열린미디어 열린사회』, 제15호(2005년 가을), 130쪽.

의원 가운데 1만 478명이 투표(1인 2표제)에 참여해 78%의 투표율을 기록한 가운데 문희상을 당 의장으로 뽑았다. 후보별 득표수와 득표율은 ①문희상 4,266표(43.0%), ②염동연 3,339표(33.7%), ③장영달 3,092표(31.2%), ④유시민 2,838표(28.6%), ⑤김두관 2,687표(27.1%), ⑥송영길 1,468표(14.8%), ⑦김원웅 1,076표(10.9%), ⑧한명숙 1,058표(10.7%) 등이었다.

이로써 상임 중앙위원엔 염동연, 장영달, 유시민, 한명숙(여성 1인 당연직) 등이 선출되었다. 유시민은 붙고 김두관은 떨어진 것과 관련, 『한국일보』는 "개혁당파는 유 의원만 상임 중앙위원에 턱걸이했다. '반정동영' 발언 이후 급격한 역풍을 맞아 탈락 위기에 놓였다가 간신히 회생했다. 그가 살아남은 이유는 '유빠'로 불리는 지지층의 공고함 때문이다. '꼴찌를 해도, 왕따를 당해도……'라는 선동적인 유세 덕도 봤다. 5위인 김 전 장관과의 151표 차이는 현장에서 뒤집어졌다는 분석도 나온다."며 다음과 같이 말했다.

"최대 이변은 김 전 장관의 낙마. 시종 2위를 달리던 김 전 장관은 '유시민 역풍'에 희생됐다는 분석이 많다. 수도권에서 유 의원의 2번 표가 장 의원 쪽으로 상당 부분 빠져나간 것이다. 상대적으로 위험해 보였던 유·장 의원 쪽으로 개혁파, 재야파 표가 방향을 틀었다는 후문이다. 김 전 장관 측은 '표를 얻겠다는 유 의원의 욕심에 배신당했다'고 말했다. 이런 속사정 때문에 개혁당파 내부의 분열이 불가피하다는 관측이 나온다. 전체적으로 실용 진영의 승리였지만 개혁 진영과의 득표 차이는 그리 크지 않다. 문희상·염동연·송영길·한명숙 후보가 1만 131표, 장영달·유시민·김두관·김원웅 후보가 9,693표를 얻었다. 균형과 견제

김두관 전 장관의 낙마는 열린우리당 당 의장 경선의
가장 큰 이변이었다.

의 절묘한 표심이다."[22]

『일요신문』 4월 10일자 기사 「정동영, 유시민 '30일 전쟁'」은 유시민의 '정동영 때리기'가 김두관과의 경쟁을 염두에 둔 포석이었다는 분석도 있다고 보도했다. 이 기사에 따르면, 열린우리당의 핵심 인사는 "재야파(장영달)는 영남권에서 지지를 받고 있던 김두관 전 장관과의 연대를 모색했던 것으로 알고 있다. 이에 유 의원이 선수를 치고 나온 것 같다. 장영달 후보와의 연대 의사를 천명함으로써 경선에서 2등을 차지하려 했던 것으로 보인다"고 말했다.

유시민은 열린우리당 지도부 첫 회의에서 "선거 기간 중에 저에게 주신 질책, 저의 부족함을 지적한 말씀들을 잊지 않고 새기겠다"고 몸을 낮췄다. 또 그는 4일 오전 문희상의 서울 영등포 청과물시장 상인들과의 '조찬 해장국 간담회'에 상임 중앙위원 당선자로는 유일하게 참석해 문희상을 '수행'했다. 그는 상인들이 문희상에게 잇따라 술을 권하자 '흑기사'로 나서기도 했으며, 나중에 "오늘 의장님 술 상무 했다", "저도 당

---

22) 조경호, 「2위 예상 김두관 낙마 이변: 의장 경선 표 분석」, 『한국일보』, 2005년 4월 4일, A8면.

의장 하려면 의장님처럼 덕을 쌓아야 하는데, 저는 성격이 못돼 가지고"
너스레를 떠는 붙임성도 보였다.[23]

유시민·한홍구의 우정 파동

열린우리당의 4·2 전당대회를 전후로 해서 벌어진 이른바 '유시민 파
동'은 『한겨레21』 지상에서 '유시민·한홍구의 우정 파동'을 낳았다.
유시민의 '서울대 운동권 친구'인 성공회대 교수 한홍구가 『한겨레21』
4월 12일자에 「유시민처럼 철들지 맙시다: 너무 빨리 어른이 되어버린
열린우리당의 386 형님들에게 '친구 유시민'을 말하다」라는 글을 투고
해 초래된 '파동'이었다.

한홍구는 '독불장군', '독선', '이분법' 등 유시민에게 쏟아지는 비판
은 3년 전 대통령 후보 노무현에게 쏟아졌던 비판과 신기할 정도로 똑같
다면서 386을 당시 노무현을 비판했던 사람들과 동일시했다. 한홍구는
"내가 굳이 이 글을 쓰는 이유는 유시민의 옛 친구라서도 아니고, 정치
인 유시민이 당 의장이 되는 것을 바라서도 아니다. 열린우리당 경선 과
정을 보면서 너무 빨리 어른이 돼버린 386 의원들에게 한편으로는 크게
실망하면서, 그래도 독수리 5형제 세대의 막내인 젊은 그들의 앞날이 걱
정됐기 때문이다"고 밝히면서 다음과 같이 말했다.

"386이나 유시민이나 나나 이제 같이 늙어가는 처지인데, 386 의원들
이 너무 빨리 어른이 돼버려 이제 그분들을 형님으로 모셔야 하는 것이

---

23) 김용출, 「기(氣) 산 장영달…… 몸 낮춘 유시민」, 『세계일보』, 2005년 4월 8일, A4면.

서울대 운동권 동기 사이인 유시민과 한홍구.

아닌가 하는 쓸데없는 생각마저 든다. 의원이 되었기 때문에 어른이 된 것인지, 아니면 숱한 386 중에서도 일찍 어른이 된 의장님, 회장님들만 의원이 된 것인지는 알 수 없으나 마음이 편치만은 않다.

유시민을 오래 알고 지낸 사람으로서 386들이 유시민의 어떤 점 때문에 거품을 무는지도 요즘 말로 안 봐도 비디오다. 그러나 유시민을 비판하는 386 의원들에게 꼭 한 가지 물어보고 싶은 것이 있다. 유시민의 잘못을 비판하는 것의 반의반만큼이라도 수구에 날을 세워 싸워봤느냐고……."

『한겨레21』 4월 26일자엔 함돈균의 「노회한 유시민의 직무 유기」라는 글이 실렸다. 이 글에서 함돈균은 한홍구의 유시민 옹호론은 '옳지 못한 당파성'을 보여주고 있다며 다음과 같이 비판했다.

"한 교수는 이 글에서 유시민이라는 한 '개인'이 겪은 과거의 수난사를 장황하게 이야기하면서, 그가 현재 당내에서 겪고 있는 '싸움'의 모습을 은연중에 독재와 맞서 싸우던 과거 순교자의 이미지와 겹치게 하는 논법을 구사한다. 그러나 그는 '개인' 유시민의 과거만 이야기할 뿐, 정작 '국회의원'이 된 뒤 유시민의 구체적 '실천'에 대해서는 전혀 언급하지 않는다. 유시민의 싸움이 누구를 위한 것이며 무엇을 향한 것인가라는 근본적 질문은 생략돼 있다."

함돈균은 유시민은 노무현 정부에 대해 쓰디쓴 소금 역할을 하는 대신 언제나처럼 '노무현 사수'를 외치며 노무현 정부의 이데올로그를 자처했고, 그 결과로 그가 의도했든 의도하지 않았든 노사모와 기존의 개혁당 조직을 흡수해 자신의 '계보'를 형성했다고 지적했다. 그는 유시민이 그 과정에서 중요한 가치를 지닌 사회적 사안들에 대해 단 한 번도 현 정부에 정직한 비판과 고뇌 어린 충고를 해본 적이 없으며, "어쩔 수 없는 일이다"는 식의 교묘한 현실론만을 반복했다고 비판했다.

함돈균은 한홍구가 유시민이 "철이 안 들었다"고 옹호한 것도 사실의 왜곡이라고 공박했다. "내가 보기에 유시민은 너무 영리하고, 그래서 너무 노회하다. 아직 사십 대인 그의 정치 행보는 어정쩡하게 늙어버린 386보다 '정치 9단급'에 가 있기 때문에 '철이 덜 든 것'처럼 보일 뿐이다. 그의 정치적 행보는 프로이트식으로 말한다면 이미 '쾌락원칙'이 아니라 철저한 '현실원칙'에 입각해 있으며, 상상력이 발동하는 자유로운 율동성이 아니라, 마키아벨리적 기술 공학의 논리에 침윤돼 있다."

유시민은 소금국을 만들었다

2주 뒤 『한겨레21』은 유시민과 싸운 386 의원들의 반론을 실었다.[24] 김영춘은 "유 의원은 집권 여당이 썩지 않게 하는 소금 역할이 아니라, 소금을 너무 많이 뿌려대 아무도 먹을 수 없는 소금국으로 만드는 무리를 범했다"면서 이렇게 비판했다.

---

24) 신승근, 「당을 소금국으로 만드는 소금!: 유시민 재논쟁」, 『한겨레21』, 2005년 4월 26일, 18~20면.

"유 의원에 대한 비판은 갑작스러운 게 아니다. 오히려 그동안 쭉 쌓인 감정이 터진 것이다. 유 의원은 노무현 대통령을 만든 일등 공신이다. 또 개혁당이라는 현실 정치 세력의 대표 주자라는 실체를 갖췄다. 그는 누구보다 집권 여당의 성공을 위해 지도력과 포용력을 보여야 했다. 하지만 유 의원은 개혁성이 좀 뒤떨어진다 싶은 동료 의원을 공격하고 적대적 비판을 쏟아내면서 내부를 편 가르고 많은 상처를 남겼다. 그런 상황을 방치한다면 당은 회복될 수 없는 정신적 분열 상태로 갈 것으로 판단했다."

임종석은 "우리는 집권 여당 의원이 된 뒤 '보수화됐다'는 시민 단체의 비판을 달게 받겠다는 자세로 정부의 입장, 반대자와 현실 조건 등을 두루 따지며 일을 도모했는데, 유 의원은 열린우리당에 들어온 지 1년도 안 되는 기간 편 가르기 식 정치를 거듭해왔다"면서 "그런 유 의원이 당 의장이 된다면 자신의 지지층만 보고 인기 영합적인 선택을 하면서 편을 가르고 당을 만신창이로 만들지 않을까 걱정했고, 그것이 유시민 공격에 나선 밑바탕"이라고 말했다. 그는 특히 "올해와 내년은 국민들 사이에 개혁 세력인 열린우리당이 보수 세력인 한나라당보다 뛰어난 국정 운영 능력이 있다는 것을 증명해 재집권의 틀을 다져야 하는 상황"이라며 "만약 여기에 몰두하지 않고 '포퓰리즘적 자기 정치'를 하는 지도부가 출현한다면 문제는 굉장히 심각해질 수밖에 없다"고 말했다.

송영길은 "우리는 그가 노무현 정권 창출에 기여한 공로를 인정해 (2003년) 같은 당도 아닌 개혁당 이름으로 나온 유시민 의원을 당선시키기 위해 새천년민주당 안에서 당권파의 격렬한 반대를 무릅쓰면서 정식으로 뽑힌 당 후보까지 끌어내렸다. 나는 그 후보에게 제발 독자 출마를 하지 말고 유시민을 도와달라고 함께 술을 마시며 매일 아침 문안 전화를 했다. 결국 그가 선대위에 들어가 운동을 했고, 정동영 장관, 호남향우회도 다 나서 '이번에는 2번 민주당이 안 나온다. 3번 유시민을 찍어달라'고 호소했다"면서 "고도의 정치적 이익을 본 유 의원이 동료 의원에 대한 배려나 당의 앞날에 대한 진정한 고려 없이 당 의장이 되겠다는 집요한 욕망 속에서 자기편이 아닌 나머지를 모두 반개혁 세력으로 몰고 가는 것은 심각한 문제였다"고 말했다.

386은 유시민을 '코카콜라'로 본다

김영춘 · 임종석 · 송영길 · 우상호 등 386 4인방은 유시민이 기간 당원제 도입 과정에 쏟아부은 다른 당원들의 노력을 폄훼하고 사실관계를 왜곡하면서까지 여권의 잠재적 대권 주자들의 편을 갈랐다며 다음과 같이 비판했다.

"적어도 우리가 민주당을 깨고 나온 핵심적 이유는 기간 당원제와 상향식 공천제 관철이었다. 이를 거부하는 동교동계와 후보단일화추진협의회에 맞서 천정배 · 신기남 · 정동영 의원과 386 의원들이 탈당계를 써놓고 투쟁했다. 대통령 선거에서 이긴 민주당을 깬다는 비판을 감수하고 이미경 의원처럼 머리끄덩이 잡혀가며 싸운 것도 기간 당원제를 실현하려는 것이었다. 그런데 기간 당원제 도입 과정에서 일부 규정이 농촌 현실에 안 맞으니 개선해보자고 문제를 제기한 이강래 의원의 발언을 근거로 정동영계 전체가 기간 당원제를 거부하며 허송세월한 반개혁 집단이라고 매도하는 것은 명백한 왜곡이자 동지에 대한 용서할 수 없는 배신이었다."

또 이들은 "열린우리당 창당 당시 대다수 인사가 47석의 중소 정당인 열린우리당의 지지율을 끌어올리고 총선에서 승리하려면 기간 당원에 의한 당 의장 직선제가 필요하다고 주장할 때 자신과 가까운 김원기 국회의장을 당 의장으로 옹립하려고 끝까지 의장 간선제를 주장한 사람은 바로 유시민 의원이었다" 면서 "그런 그가 정당 개혁 독점권을 주장하는 것은 논리적 모순" 이라고 비난했다.

우상호는 "내가 김근태 장관과 가깝지만, 유 의원의 정동영계 비판이 김 장관에게 유리하게 작용했다고 박수 칠 상황이 아니다" 면서 "여당의 잠재적 대권 주자를 반개혁주의자로 몰고 유 의원이 얻을 정치적 이익이 무엇인지 아직도 이해할 수 없다"고 말했다. 그는 "유 의원 스스로 대권을 꿈꾸며 강력한 잠재적 대권 주자인 정동영 장관과 의도적으로 각을 세운 게 아니냐는 의구심도 있다"고 말했다.

송영길은 유시민에 대해 "열린우리당의 현재는 정치적 사망까지 각오하고 민주당과 한나라당을 탈당한 동료 의원들이 서로서로 조금씩 노력해 보탠 결과인데 '재주는 곰이 부리고 돈은 XX이 번다' 는 말처럼 코카콜라 같은 튀는 발언과 인터넷에 매번 자신의 활동상을 커밍아웃하는 '알리바이용 개혁' 으로 자신이 다한 것처럼 말한다" 며 강한 불만을 토로했다.

이들 386들은 "유시민의 잘못을 비판하는 것의 반의반만큼이라도 수구에 날을 세워 싸워봤느냐" 는 한홍구의 비판에 대해서도 사실 왜곡이며 일방적인 모략이라고 반박했다.

우상호는 "386 정치인들이 패거리를 지어 권력적 이득을 추구한 바

없고, 80년대 학생운동은 군사정권과 목숨을 건 고통스러운 투쟁의 과정이었는데 그 과정은 거세한 채 그 시대 학생회 회장이었다는 경력, 그 시대 대중운동의 수혜자라는 이유만으로 수구와 싸우지 않았다고 비난하는 것은 정당하지 않다"고 말했다.

송영길은 "천·신·정과 젊은 386들이 민주당에서 동교동계를 상대로 당 민주화를 위해 더 처절히 싸웠고, 노무현 정권 창출의 기폭제인 국민경선제를 도입하고 지켜내는 싸움에서도 유시민 의원이나 김근태 장관 중심의 재야파보다 우리가 더 개혁적으로 버텼다"면서 "유시민 의원처럼 코카콜라식으로 떠들지 않았다고 수구 세력에 저항하지 않았다고 말하는 것은 진실에 대한 왜곡"이라고 말했다.

임종석은 "정당 개혁에 대한 우리의 진지하고 책임 있는 고민을 마치 '유시민은 그 나이가 돼서도 선명한 개혁을 외치면서 기득권에 안주하려 하지 않는데, 너희 386은 권력에 줄 서고 보수화됐다'는 식의 논쟁으로 이끌어가는 게 과연 정당하냐"면서 "연구실에 앉아 인터넷 공간을 통해 정치 영역을 들여다보는 학자들 가운데는 네티즌이 어느 한쪽으로 쏠렸을 때 왜곡된 편싸움에 굉장히 쉽게 부화뇌동하는 경향이 있다"고 한홍구를 에둘러 공박했다. 그는 "한 교수도 인터넷 공간이 때로는 현실과 많은 차이가 있다는 점을 한번 점검했으면 좋겠다"고 말했다.

앞서 지적했듯이, 유시민 파동이 제기한 사회적 의제 중의 하나는 '인터넷 시대의 대중 정치'다. 그 점에서 유시민은 진지하고 심각한 정치학적 연구의 대상이 될 가치가 있겠다.

축! 열린철새당
4·30 재·보선 논란

4·30 재·보선 공천 논란

2005년 3월 28일 열린우리당은 보궐선거 지역인 충남 아산에 전 충남 부지사 이명수를 공천했다. 이명수는 자민련 출신으로 대통령 탄핵에도 동참했던 인사였다. 지역 당원 3,000여 명은 자민련 출신 인사를 열린우리당의 후보로 선정한 하향식 전략 공천에 대해 곧바로 탈당 성명을 발표하며 거세게 반발했다. 전 의원 복기왕도 지난 총선 때 자신과 맞섰던 적장을 영입하는 것은 자신을 두 번 죽이는 부관참시라고 반발했다. 그러나 아무도 듣지 않았다.

성공회대 교수 정해구는 『미디어오늘』 3월 30일자에 기고한 「열린우리당의 철새 만들기」라는 칼럼에서 "열린우리당이 명분도 없고 그 실체도 불분명한 '중부권 신당'에 겁먹고, 의석 하나하나에 목을 매는 좀스런 정당에 불과하며, 따라서 욕을 먹더라도 챙길 것은 챙기겠다는 천박성을 스스로 보여주고 있다"고 비판했다.

서강대 교수 손호철은『한국일보』4월 5일자에 기고한「축! 열린철새당」이라는 칼럼에서 "입만 열면 3김식의 밀실 공천이 아니라 당원들이 후보를 뽑는 상향식 민주 정당을 만든다고 큰소리를 쳐놓고 전략 지구라는 미명하에 또다시 밀실 공천을 한 것이다. 게다가 자민련 출신으로 대통령 탄핵에도 동참했던 반개혁적 인사를 단순히 당선 가능성이 크고 최근 추진되고 있는 중부권 신당을 저지해야 한다는 이유로 공천하다니, 어안이 벙벙하다"고 비판하면서, 열린우리당에 "축! 열린철새당"이라는 화환이라도 보내주고 싶다고 말했다.

　4월 5일 한나라당은 노무현이 신임 건설교통부 장관에 추병직을 임명하는 등 영남권 낙선 인사들을 잇달아 기용한 데 대해 "대통령의 빚 갚기 인사가 혁신이냐"며 강력히 비난하고 나섰다. 여권의 영남권 낙선 인사 공직 임명 사례는 추병직(건교부 장관), 오거돈(해양수산부 장관), 윤덕홍(한국학중앙연구원 원장), 공민배(대한지적공사 사장), 권욱(소방방재청장), 이영탁(증권선물거래소 이사장), 최홍건(중소기업특위 위원장), 박재호(국민체육진흥공단 감사), 노혜경(청와대 국정홍보 비서관), 이강철(청와대 시민사회 수석), 송인배(청와대 시민사회 수석실 행정관), 정윤재(총리실 민정2 비서관), 정해주(한국항공우주산업 사장) 등이었다.[25]

　『내일신문』4월 6일자 기사「청와대 인사 기준 1순위는 '보상' : 영남권에 집중…… 아직 '배려' 못 받은 사람 많아」는 4·15 총선에서 영남권에 출마했다 낙선한 인사들 중 아직 배려를 받지 못한 사람이 많이 남아 있다고 보도했다.

---

25) 권혁범,「한 "빚 갚기 인사" 비난」,『한국일보』, 2005년 4월 6일, 8면.

4월 8일 노무현은 신임 국민고충처리위원장(차관급)에 열린우리당 울산시당 위원장을 지낸 변호사 송철호를 임명했다. 한나라당은 논평을 통해 "여당 출신 인사나 선거 낙선자 중 아직 한자리를 못한 사람들은 '팔불출'이라고 한다"면서 "보상 인사가 이제 참여정부의 공식 인사 시스템으로 자리 잡아가고 있다"고 비판했다.[26]

이튿날 『경향신문』 「줄 잇는 정실 인사, 권력의 오만」이라는 사설에서 "참여정부에도 '출세'하는 첩경이 생겼다. 선거 때 무조건 야당에 들어가는 것이다. 후보로 나섰다가 낙선하거나, 공천에서 탈락하더라도 낙담할 필요가 없다. 장차관이나 공기업 사장이 되는 길이 나 있기 때문이다. 이런 식이 되면 '능력이고 뭐고 줄 잘 서는 게 제일'이라는 타락한 출세주의가 판칠 수밖에 없다"고 말했다.

산불 대피령 속에 총리가 골프를 쳤다니

열린우리당에 불리한 사건이 계속해서 터져 나왔다. 강원 양양과 고성에서 대형 산불이 발생한 4월 5일 오후 국무총리 이해찬은 총리실 고위 간부들과 함께 경기도 포천에서 골프를 쳤으며, 그래서 강원 지역 산불 대책 관계 장관 회의가 오후 6시 30분이 지나서야 열렸다는 사실이 8일 드러났다. 총리실은 이해찬이 오전 식목일 행사를 마친 뒤 산림청장에게 "불길이 일단 잡혔다"는 보고를 받고 안심해 골프를 치다가 "산불이 계속 번지고 있다"고 보고받은 직후 라운딩을 중단했다고 해명했다. 한

---

26) 박래용, 「경력 관리용 또 '보은 인사?' : 국민고충처리위원장에 송철호 변호사 임명」, 『경향신문』, 2005년 4월 9일, 3면.

나라당 대변인 전여옥은 "대통령은 태풍 때 뮤지컬을 관람하고 총리는 산불 속에 골프를 치는 것이 분권형 정권이냐"고 비판했다.

이해찬은 교황 요한 바오로 2세의 장례식에 참석했다가 9일 귀국했다. 공항에서 기자들은 골프 사건에 대해 질문 공세를 펼쳤지만 그는 묵묵부답이었다. 『경향신문』 4월 11일자 사설 「산불 대피령 속에 총리가 골프를 쳤다니」는 "이 총리의 이날 행동은 너무 안이했다. 국정 책임자가 아니라 골프에 푹 빠진 보통 사람과 같았다. 총리라면 설사 불길이 잡혔다 하더라도 골프를 취소하고 재난 상황 점검 및 복구 대책 마련에 나서야 마땅했다. 만일의 사태에 대비하는 치밀함도 보였어야 했다. 이 총리가 판단을 잘못 내린 데는 골프를 향한 남다른 열정이 크게 작용한 것 같다. 골프에 대한 집착이 일을 그르친 것이다"고 말했다.

같은 날 『국민일보』는 「산불 난리 속 총리 골프와 공직 기강」이라는 사설에서 "과거 공직자들은 자연재해 등 특이 사항이 있을 경우 철야·비상근무 등 나름대로 최선을 다하려는 자세가 있었다. 하지만 현 정부 들어 이런 자세는 대단히 느슨해지고 있다"고 말했다.

4월 11일 이해찬은 정치 분야 국회 대정부 질문에서 열린우리당 의원 이호웅이 '식목일 골프' 문제를 언급하자 "이 자리를 빌려 국민에게 심려를 끼친 것에 대해 심심한 사과를 드린다"고 말했다. 그는 이어 "안이한 판단을 했기 때문에 걱정을 끼친 것에 대해 다시 한 번 사과드리며, 다시는 이런 일이 없도록 근신하겠다"고 했다.[27]

『중앙일보』(2005년 4월 12일)에 따르면, "수준급의 골프 실력을 지닌 이

---

27) 이가영, 「이 총리 "산불 난 날 골프 죄송"」, 『중앙일보』, 2005년 4월 12일, 2면.

이해찬 총리와 골프

2004년 9월 5일 군부대 오발사고 희생자 조문 직전 골프 모임

"총리 일정이 빡빡해 운동은 일요일에만 할 수 있다" (총리실 해명)

2005년 4월 5일 강원도 대형 산불, 낙산사 소실 때 골프

"이런 일이 다시 없도록 근신하겠다" (이 총리의 국회 대정부 답변)

2005년 7월 2일 남부지역 집중호우 피해 때 제주도서 골프

"일처리에 문제가 발생하지는 않았다" (총리실 해명)

2006년 2월 28일 브로커 윤상림씨와 골프 모임 관련 홍준표 의원과 공방

"브로커와 놀아난 적 없다" (윤상림 관련 홍준표 의원의 추궁에 대한 답변)

이해찬 총리의 골프 사랑은 끊임없이 문제를 일으켰다. 2006년에는 3·1절 행사에 불참하고 골프 모임을 연 일로 파문이 일자 총리직에서 사퇴했다.

총리와 이 의원은 정치권에서 골프 친구로 잘 알려져 있다. 그래서 여권에선 '이 의원이 야당 의원들의 비판을 누그러뜨리기 위해 첫 번째 질문자로 나서 결과적으로 이 총리를 도왔다'는 얘기가 나왔다."

방송대 교수 이필렬은 『한겨레』 4월 16일자에 기고한 「정치인과 골프」라는 칼럼에서 "비난이 총리의 사과 한마디로 쑥 들어간 이유는 어디에 있을까? 대통령의 공연 관람에 대해서는 계속해서 말이 꽤 많았던 것으로 기억하는데, 그때는 대통령의 사과가 없었다는 차이는 있지만 그래도 이렇게 반응이 다른 원인을 따져보는 것도 재미있을 것 같다"며 다음과 같이 말했다.

"일부 정치인이나 언론인은 섭섭하게 생각하거나 악의적이라고 할지 모르겠지만, 나는 주요 원인이 그들 자신도 상당수가 자주 골프를 치지만 문화 공연은 어쩌다 한 번 갈 뿐이라는 데 있다고 생각한다. 산불이 났을 때 아마 꽤 많은 정치인과 언론인이 골프를 치고 있었을 것이다. 그러니 총리에 대해서 어쩌다 잘못 걸렸다고 동정하는 마음도 있었을 터이고, 사과가 나오자 더 이상 문제 삼지 않고 넘어갔던 것이다. 골프에 대한 국민적 거부 정서는 부차적인 사항이었을 뿐이다."

열린우리당은 '선거 전문가 정당'

2005년 4월 16일 열린우리당은 이명수가 이중 당적 문제로 후보 등록 자격이 취소되자 전 중앙선관위 사무총장 임좌순으로 후보를 교체했다. 임좌순은 한 지인에게 "당에서 나오라고 해서 내려갔고, 그만두라고 해서 그만뒀다. 다시 나오라고 하니 어쩌겠느냐"고 토로한 것으로 보도되었다.

이에 열린우리당 당원들은 "의석 한 석을 더 얻기 위해 추잡하게 전략 공천이란 이름으로 정도를 벗어난 공천을 하더니 이게 무슨 꼴이냐"며 당 지도부의 사죄를 요구하고 나섰다. 4월 18일 한나라당은 임좌순이 중앙선관위 사무총장이었음을 들어 "편파 불공정 시비가 벌어질 수 있다"고 비판했다. 한나라당 사무총장 김무성은 "직전 사무총장을 역임한 임씨가 공천되는 바람에 선관위의 공명선거 풍토가 '십 년 염불 도로아미타불' 꼴이 돼 안타깝다"며 "공명선거 분위기를 유지하기 위해서 임 씨가 즉각 자진 사퇴해야 한다"고 말했다.[28]

언론의 비판도 빗발쳤다.

"원칙도 신의도 없는 정치 현실을 보여주는 정치 코미디의 뒷맛이 개운치 않다."(『동아일보』)

"책임 다수당인 열린우리당이 원칙과 정도를 무시하고 '꼼수' 정치를 펴려다 자업자득을 당한 모습은 한 편의 코미디를 연상케 한다."(『매일경제』)

---

28) 김남석, 「"선관위 사무총장이 재선거 후보라니……"」, 『문화일보』, 2005년 4월 18일, 4면; 김용석, 「망신살만 뺀친 여 '공천 취소 소동'」, 『경향신문』, 2005년 4월 18일, 2면; 박정철, 「여당의 한심한 공천」, 『매일경제』, 2005년 4월 18일, A6면; 정용관, 「여 후보 교체 '코미디 정치'」, 『동아일보』, 2005년 4월 18일, A30면.

"우리 사회에는 권력의 유혹 앞에서 자신의 전력(前歷)만이 아니라 자기가 속했던 기관의 명예까지 흠을 입히는 사람이 적지 않다. 현실적으로도, 아산 선관위 직원들이 얼마 전까지 '총장님, 총장님' 하며 모셨을 임 씨를 아무 부담 없이 감시하고 조사할 수 있겠는가."(『조선일보』)

"수단 방법을 가리지 않고 오로지 승리에만 몰두하는 선거 악습의 단면이다. 개혁이니 새 정치니 요란을 떨 땐 언제고, 자민련 부지사 출신 인사를 공천한 것부터가 옹색했는데, 당적 정리가 안 돼 후보 등록을 못 했다니, 코미디도 이런 코미디가 어디 있는가."(『한국일보』)

"더 큰 문제는 유권자가 보기에 민망스런 일이 거듭되는데도 당 내부에서 제대로 된 비판 한 번 나오지 않는다는 것이다. '조용한 것이 좋다'는 과거 여당식 체질에 젊은 의원들조차 젖어든 것이 아닌지 모르겠다. 도덕성을 특히나 앞세워온 것이 우리당 아니던가."(『경향일보』)

"이명수 파동은 승리 지상주의가 판치고, 영원한 적도 동지도 없는 배신과 보복, 협력과 견제가 거듭되는 물고 물리는 대한민국 정치판의 냉혹한 현실이 그대로 담겨 있는 상징적 사건이다. 이명수 파동의 근원은 열린우리당의 '승리 지상주의적' 재·보선 전략에서 비롯됐다."(『한겨레 21』)

『경향신문』 논설실장 송영승은 2005년 4월 20일자에 쓴 「재·보선의 정치학」이라는 칼럼에서 "열린우리당은 점차 승리 자체에 목표를 두는 '선거 전문가 정당'(electoral professional party)의 면모를 보인다"고 진단했다.

열린우리당은 '철새 도래지'

2005년 4월 20일, 이번엔 한나라당을 탈당했던 대전시장 염홍철이 열린우리당에 입당해 비난이 빗발쳤다. 『한국일보』 기자 정녹용은 4월 21일자에 쓴 「기자의 눈: 철새 도래지 우리당」에서 "우리당이 그토록 자랑하고, 때로는 야당을 폄하하는 무기로 사용했던 상향식 공천, 개혁, 원칙 같은 것은 충청권 승리라는 지상명령 앞에서 철저히 무시됐다"며 다음과 같이 말했다.

"이쯤 되면 여권이 추진하는 행정 도시 건설의 순수성도 의심을 받을 수밖에 없다. 결국은 행정 도시도 백년대계에 따른 게 아니라 차기 대선에서 충청권 민심을 잡기 위한 전략에 불과한 게 아니냐는 것이다. 충청권 대책도 중요하고, 원내 과반수 회복도 급하지만 집권당이기에 먼저 명분과 상식에 충실한 정치를 보여주기 바란다면 과욕일까."

『국민일보』 4월 22일자 사설 「개혁 독점 정당이 철새 영입이라니」는 "열린우리당이 내세운 정치 개혁이란 무엇을 의미하는 것인가. 정치적 기회주의와 목적 지상주의, 이로 인해 빚어지는 온갖 비리, 부조리, 부도덕, 무신의 등의 추방을 핵심 과제로 한 게 아니던가. 그 명분으로 구정치와 구정치인을 그처럼 격렬하게 비난해왔으면서도 스스로 구태를 답습하는 것은 또 어찌 된 일인가"라고 말했다.

일주일 뒤인 4월 29일 『동아일보』는 「이런 선거전 벌이며 '정치 개혁' 운운하나」라는 사설에서 "우리 정치에 희망이 있음을 현장에서 보여줘야 할 '책임 있는 여야 지도부'가 저질 행태의 선봉에 서고 있으니 이 나라 정치의 미래에 절망을 느끼지 않을 수 없다"며 다음과 같이 말했다.

"경북 영천에서 열린우리당은 5년간 10조 원을 끌어와 기업 도시를 유치하겠다고 공약했다. 인구 10만 명의 도시에 10조 원이면 주민 1인당 1억 원꼴이다. 한나라당도 마찬가지다. 영천 지역 200만 평에 인구 10만 명 규모의 전원형 미래 도시를 유치하겠다고 했다. …… 열린우리당 문희상 의장은 경기 성남·중원과 경북 영천에서 여당 후보가 당선되면 당장 국회 건설교통위원장을 시키겠다고 했다. 도대체 국회 건교위원장 자리가 몇 개란 말인가. 현직 국회 건교위원장은 충남 공주·연기에서 '시가(時價) 이상으로 토지 보상을 하겠다'고 공언했다. …… 유권자에게 돈 봉투 돌리고 식사 대접하는 것이 작은 '돈 선거'라면 세금 쓰는 공약을 남발하는 것은 더 큰 '돈 선거'다. 당신들은 국민에게 개혁을 말할 자격이 없다."

개표 결과, 한나라당은 국회의원 선거 6곳 중 5곳, 기초 단체장 7곳 중 5곳, 광역 의원 10곳 중 8곳에서 승리했으며 열린우리당은 23곳에서 전패했다. 4·30 재·보선 결과 국회 원내 의석 분포는 열린우리당 146석, 한나라당 125석, 민주노동당 10석, 민주당 9석, 자민련 3석, 무소속 6석으로 재편되었다. 이로써 열린우리당의 152석은 1년 만에 146석으로 줄어 여대야소가 여소야대로 바뀌었다.

『경향신문』 5월 2일자 사설 「왜 집권당은 패배했는가」는 "열린우리당이 1년 내내 표 깎아 먹을 일만 하다 재선거가 다급하다고 벌인 행태만 보아도 패배는 너무 자연스러운 결과이다. '새 정치', '다른 정치'를 자신의 존재 이유로 자처했던 정당이다. 그런데 가장 낡고 더러운 선거 수법을 다 동원했다."며 다음과 같이 말했다.

"그 정당은 선거 승리에 정신을 빼앗겨 자신들이 무슨 짓을 하는지 몰랐겠지만, 시민들은 다 알고 있었다. 다른 정당 인물을 빼내오는 철새 정치, 후보와 당 정체성의 불일치, 유권자 매수 시비에서 그 정당은 선두에 있었다. 이런 자기부정이 없다. 그들이 부풀려놓은 기대와 실제 행동 사이의 괴리가 시민을 더 큰 절망 속에 빠뜨렸음을 아는지 모르겠다. 열린우리당은 왜 이겨야 하는지, 어떻게 이겨야 하는지 성찰하지 않았다. '선거니까 이겨야 한다'고 했다면, 굳이 열린우리당을 선택할 이유가 없다."

근조! 열린철새당

그러나 열린우리당은 4·30 재·보선의 교훈을 다른 방식으로 해석했다. 2005년 5월 2일 열린우리당 의장 문희상은 관훈클럽 초청 토론회에서 "민주당과 통합을 실질적으로 거론할 시기가 됐다"고 주장했다. 그는 "대의명분과 절차가 투명하다면 제 정파와의 연대가 가능하다"고 전제한 뒤 "출생이 같고 대통령을 같이 만든 것 이상의 대의명분은 없다"며 통합 상대로 민주당을 언급했다.

이에 대해 민주당 대변인 유종필은 "열린우리당이 민주당을 대하는 태도는 거의 스토커 수준"이라며 "4·30 재·보선에서 참패한 열린우리당이 민의를 바탕으로 국정 운영을 어떻게 잘할 것인가를 생각하지는 않고 엉뚱하게 합당론을 거론하고 있다"고 비난했다. 한화갑은 "사라질 정당과 왜 통합하느냐? 대통령이 당선된 후 만든 정당은 대통령 임기 후엔 다 없어졌다"면서 여당을 단명 정당으로 규정했다.

5월 3일 유시민은 MBC 라디오 〈손석희의 시선집중〉에서 "당 지도부가 합당론을 함부로 말하는 것은 매우 부끄러운 일이다"고 문희상을 비판했다. 그는 "(분당 이후) 민주당은 아무것도 변한 게 없다"며 "조선 시대 여자 보쌈도 아니고 공개적으로 싫다고 하는 상대를 갖고 계속 결혼하자고 우기는 것은 부적절하다"고 주장했다.[29]

이에 유종필은 "민주당은 열린우리당이 갖고 노는 탁구공이 아니다"라고 반박했다. 그는 "안 한다는 통합론을 자꾸 꺼내는 열린우리당은 스토커냐"고 반문한 뒤 유시민에 대해서도 "(한국 정치에) '유시민 바이러스'가 끼치는 해악이 크다"고 비난했다. 그는 "말리는 사람이 또 민주당을 능멸하고, 스토커보다도 더 지능적으로 민주당을 괴롭히고 있다"고 말했다.[30]

『경향신문』 5월 3일자 사설 「이해할 수 없는 여권의 '선거 이후'」는 "선거가 끝난 지 며칠도 안 돼 청와대는 대통령에 누가 될까 궁금하고, 열린우리당 의장은 (민주당과의 통합을 거론하는) 정치 공학적 발상을 내뱉고 있다. 자기들이 의뢰했던 여론조사 결과를 내세워 '대통령 인기는 높다'고 하면 뭐가 달라지는가? 선거라는 통로를 통해 객관적으로 민심이 확인됐는데도 끝내 무시한다면 대체 어쩌자는 것인가"라고 말했다.

서강대 교수 손호철은 『한국일보』 5월 3일자에 기고한 「근조! 열린철새당」이라는 칼럼에서 "후보자의 민주적 경선이라는 정당 혁명을 헌신짝처럼 저버린 충청 지역 철새 정치인들의 낙하산식 공천과 영입에서부터 돈 봉투 사건, 기업 도시 건설과 같은 공약 남발 등 17대 총선의 선거 혁명을 모두 다 던져버린 열린우리당의 행태는 일일이 열거하기조차 싫다. 주목할 것은 열린우리당이 선거 과정에서 승리 지상주의에 따라 그

29) 김종태, 「열린우리 "재결합합시다" 민주당 "딴 사람 있어요"」, 『문화일보』, 2005년 5월 3일, 4면.
30) 정연욱, 「민주 "여(與)서 어르고 빰치나"」, 『동아일보』, 2005년 5월 4일, A4면.

동안 주장해온 원칙을 다 버리고도 완패했다는 사실이다. …… 그러한 철새 정치의 결과가 기껏 23 대 0의 참패라면, 이번에는 초상집 분위기에 어울리는 '근조! 열린철새당'이라는 화환을 보내주고 싶다"고 말했다.

『국민일보』 논설위원실장 이진곤은 5월 4일자에 기고한 「먼저 국민에게 물어보고……」라는 칼럼에서 열린우리당은 경북 영천에서뿐만 아니라 목포시장 선거에서도 10조 원짜리 '무인도 연결 공사'를 경품(?)으로 내걸었다고 지적하면서 "국회의원 자리 하나에 10조 원, 기초 자치단체장 자리 하나에 10조 원을 건 배포와 오만이 놀라울 따름이었다"고 말했다.

"이런 공약 역시 국민적 승인이 없으면 추진하기가 불가능하고 추진해서도 안 된다. 국민 돈, 또는 기업의 돈을 아무리 집권당이라고 마음대로 쓸 수 있는 것은 아니기 때문이다. 그리고 국토 개발 사업이란 것이 이처럼 표의 대가로 추진된다고 할 때 정부·여당이 금과옥조로 여기는 지역 균형 발전은 애당초 헛구호가 되고 만다."

5월 6일 열린우리당 원내대표 정세균도 기자 간담회에서 조기 실현이 어렵다는 전제를 달긴 했지만 "같은 형제나 마찬가지인 민주당과 합당은 해야 한다"고 밝혔다. 그는 이어 한화갑에 대해 "이제는 집착의 정치를 버려야 할 시대"라면서 "드라이빙 시트(운전석)에 앉아 어디로 가는지 모르도록 해서는 안 된다"고 주장했다. 민주당은 정세균의 발언을 '망언'으로 규정했다. 대변인 유종필은 논평에서 "정치 이전에 인간적인 윤리에 크게 벗어나는 언행"이라면서 "더 이상 민주당에 대해 이러니저러니 말하지 마라"고 했다.[31]

왜 열린우리당은 민주당에 대해 그런 '스토커' 노릇을 했을까? 그럴

여소야대 정국… 黨·政 "전략 수정중"

"힘·억지없는 국회 운영을"

■ 정세균 우리당 원내대표

열린우리당 문희상 의장에 이어 정세균 원내대표가 민주당과의 합당론을 제기했다.

정 원내대표는 6일 출입기자들과 가진 오찬 간담회에서 "민주당이 불과 얼마 전에 전당대회를 통해 합당 반대를 결의했는데, 그렇게 빨리 될 수 있겠느냐."면서도 "같은 형제나 마찬가지인 민주당과 합당은 해야 한다."고 밝혔다. 조기 실현이 어렵다는 전제를 달긴 했지만, 문 의장의 합당론에 민주당이 강한 불쾌감을 드러낸 직후여서 그 배경에 관심이 쏠리고 있다.

●文의장 이어 민주와 합당론 제기

그는 이어 한화갑 민주당 대표에 대해 "이제는 집착의 정치를 버려야 할 시대"라면서 "드라이빙 시트(운전석)에 앉아 어디로 가는지 모르도록 해서는 안 된다."고 꼬집었다.

민주당은 '망언'이라며 또다시 발끈

했다. 유종필 대변인은 논평에서 "정치 이전에 인간적인 윤리에 크게 벗어나는 언행"이라면서 "더 이상 민주당에 대해 이러니 저러니 말하지 말라."고 밝혔다.

앞서 정 원내대표는 국회에서 기자간담회를 갖고 "양당이 대화와 협상에 적극 나서야 한다."고 주문했다. 오는 6월 임시국회에서 처리할 국민연금법과 사립학교법, 국가보안법, 비정규직 관련법, 내년 지방선거에 대비한 선거법 등을 염두에 둔 것이다. 이같은 발언은 여소야대 구도가 여야 모두에 양날의 칼이 될 수 있음을 암시한다. 어느 쪽이든 무리수를 두면 여론의 역풍을 맞을 수 있다는 것이다. 한나라당이 재·보선 이후 "무엇이든 터놓고 얘기해 보자."며 명석을 깔고 있는 것도 같은 맥락이다.

박찬구기자 ckpark@seoul.co.kr

정세균 열린우리당 의장의 합당론에 민주당은 '망언'이라며 크게 반발했다.

만한 충분한 이유가 있었다. 2004년 4·15 총선 때 광주에서 열린우리당의 득표율은 54.0% 민주당은 36.4%, 전남은 열린우리당이 46.9% 민주당이 38.4%, 전북에서는 열린우리당이 64.6% 민주당이 18.7%였지만, 이후 선거에선 모두 민주당이 승리를 거두었다. 2004년 6·5 재·보선 전남도지사(35.0 : 57.6), 진도군수(36.8 : 48.1), 화순군수(20.7 : 23.4), 2004년 10·30 재·보선 전남 강진군수(41.2 : 58.8), 해남군수(12.4 : 33.0), 2005년

---

31) 박찬구, 「"힘·억지 없는 국회 운영을": 정세균 우리당 원내대표」, 『서울신문』, 2005년 5월 7일, 5면.

4 · 30 재 · 보선 전남 목포시장(37.4 : 45.2) 등에서 민주당이 열린우리당을 압도했다.[32]

호남에서 민주당이 열린우리당을 압도한 것에 대해 열린우리당 내부의 시각은 출신 지역에 따라 엇갈렸다. 호남 출신은 두려워한 반면, 영남 출신은 영남에서의 입지가 더욱 넓어진 것을 의미했다. 열린우리당이 결국 깨지고야 말 것임을 시사한 셈이었다.

---

32) 한민수 · 박재찬, 「우리-민주당 통합론 "호남 민심에 먼저 물어봐"」, 「국민일보」, 2005년 5월 10일, 4면.

'빽바지'와 '난닝구'의 전쟁
인터넷 정치의 축복과 저주

지금 누가 반칙하고 특권 행사하나

2005년 5월 15일 노무현은 부처님 오신 날 봉축 메시지에서 "원칙이 반칙에 의해 좌절되고 상식이 특권에 의해 훼손되는 사회에서는 신뢰가 피어나지 않는다"고 말했다. 또 그는 "원칙이 바로 서고 정정당당하게 승부 하는 사람이 성공하는 사회가 되어야 한다"고 했다.

『조선일보』 5월 16일자 사설 「지금 누가 반칙하고 특권 행사하나」는 "반칙과 특권 얘기는 노 대통령이 지난 대선 과정에서 자주 쓰던 말이다. 하지만 노 대통령은 지난 2월 취임 2주년 국정 연설에선 '과거 우리 사회에는 여러 불법과 반칙이 있었는데 지금 많은 진보를 이루어냈다'고 했다. 그래 놓고 다시 원칙과 반칙, 상식과 특권의 가르기를 하고 나선 것이다"

"노 대통령은 취임 2주년 연설에서 '이제 정경유착은 없고, 권력기관들은 정권 눈치를 살피지 않을 것이며, 권언유착도 해소됐다'고 했다.

대통령이 이 시점에서 다시 반칙과 특권을 거론하려면 이 정권 들어 생겨난 '신(新)반칙', '신(新)특권'에 눈을 돌려야 한다. 대선 자금과 아무 관련도 없이 개인 비리로 대법원의 유죄판결을 받았다가 대통령의 후원자라는 이유로 특별사면을 받은 것이 특권이 아니고 무엇인가."

5월 16일 노무현은 김두관을 정무특보로 임명했다. 이에 대해 『동아일보』 5월 17일자 기사 「노 대통령 또 측근 챙기기」는 노무현이 지난해 6월 4일 열린우리당 지도부 초청 청와대 만찬에서 "당과 대통령의 관계에 관한 불필요한 오해를 없애기 위해 정치특보 제도는 폐지한다"고 밝혔다는 걸 지적하면서 "정치특보라는 명칭이 정무특보로 바뀌긴 했지만 결국 노 대통령이 '식언(食言)' 한 것 아니냐는 얘기도 나온다"고 말했다.

2005년 5월 31일 열린우리당은 워크숍을 마친 뒤 '새 출발 운동(new start movement)'에 나서겠다고 선언했지만, 당시 열린우리당을 분열시킨 최대 갈등 중 하나인 기간 당원제 문제가 발목을 잡았다. 열린우리당에서 '동원 당원'의 문제에 대해 이른바 '개혁파'는 "기간 당원 요건을 강화해 해결하자"는 입장인 반면, '실용파'는 "당원 가입 요건만 강화하면 더욱 '닫힌 우리당'이 된다"고 우려했다. 기간 당원제가 정착될 경우 정치 신인들의 등장이 요원해지는 것도 문제로 지적되었다. 당 핵심 관계자는 "기간 당원제는 현역 의원들에게 절대적으로 유리하다"며 "4년 동안 기간 당원과 함께하는 현역 의원과 정치 신인이 경선에서 맞붙는 것은 어른과 아이의 싸움"이라고 비유했다.[33]

『경향신문』(2005년 8월 18일)은 "내년 5월 31일 실시될 지방선거를 앞

---

33) 신용호, 「선거 때 급증…… '동원 당원' 상당수: 삐걱대는 열린우리 '기간 당원제'」, 『중앙일보』, 2005년 5월 9일, 8면.

두고 출마 예상자들 간에 벌써부터 당원 확보 '전쟁'이 벌어지고 있다"
며 "일부 지역에서는 출마 예상자가 9월말 전까지 자신을 지지해줄 당
원을 확보하기 위해 매월 내는 당비를 대신 납부해주거나 모집책을 동
원해 입당 원서 1장에 5만~10만 원을 주고 당원을 끌어모으는 과열 현상
이 벌어지고 있다"고 했다.[34]

바로 이런 짓 때문에 '열린우리당의 성지'라는 전북의 경우 전체 유
권자의 10% 이상이 기간 당원이 되는 희한한 일이 벌어졌다. 전북의 인
구(191만여 명)는 전 국민(4830만여 명)의 4%가 안 되는 데, 열린우리당 기
간 당원은 전체 당원(60만 명)의 20%나 차지하는 '믿거나 말거나' 사태
가 벌어진 것이다.[35] 이에 대해 전북 참여자치 사무처장 김영기는 "무리
한 당원 모집 경쟁으로 정치 발전에 역행하는 많은 문제점을 노출시켰
고 도리어 꼭 없애야 할 학연, 혈연, 지연, 관권 동원을 강화하고 민주주
의를 후퇴시키는 결과를 초래하였다"고 비판했다.[36]

인터넷 정치의 축복과 저주

기간 당원 문제보다 더욱 골치 아픈 건 이른바 '사모'들이었다. 정치판
에서 사모는 상대편 사모에 대해 매우 전투적이었다. 일부 열린우리당
지지자들은 한나라당 지지자들을 '수구 꼴통', '박빠(박근혜 열성 지지

---

34) 「당원 '입도선매' 극성」, 『경향신문』, 2005년 8월 18일, 1면.
35) 이해석, 「지방의원 선거 벌써 후끈: "연봉 5,000만~7,000만 원이 어디냐" 너도나도 깃발」, 『중앙일보』,
    2005년 9월 29일, 1면.
36) 「열린우리당 전북도당 10만 기간 당원 시대」, 『새전북신문』, 2005년 9월 2일, 2면; 김정훈 외, 「몰려드는
    입당 원서 공천 노린 박수 부대?」, 『동아일보』, 2005년 9월 5일, A4면.

318 한국 현대사 산책 · 2000년대 편③

자)', '차떼기', 민노당 지지자들을 '민노 찌질이'라고 부르고, 한나라당 지지자들은 '노빠', '유빠', '뇌사모', '뚜껑열린당' 등의 딱지를 즐겨 썼다.[37]

　같은 당내에서도 사모들 간 전쟁이 치열했다. 박사모는 최고위원 원희룡이 4·30 재·보선 개표 현장에 나오지 않았다는 이유로 탈당을 요구했고, 조기 전당대회를 주장한 홍준표, 고진화 등에 대해 "스스로 목을 쳐라"라며 원색 비난했다. 유시민을 지지하는 유빠는 국참연대를 향해 실용파에 기대고 있다며 '궁물연대'라고 비하했으며, 국참연대는 유빠를 '광신도 집단'으로 불렀다.[38]

　『중앙일보』 2005년 5월 7일자는 1면 기사에서 인터넷 정치에서 열린우리당의 우위가 무너지고 있다고 보도했다. 여권 내부에서조차 "2002년 대통령 선거 이후 인터넷에서 지켜오던 절대 우위를 이미 상실한 지 오래"라는 분석을 내놓고 있다는 것이다. 열린우리당에서 인터넷 검색 순위 집계 사이트인 '랭키닷컴' 등을 통해 집계한 자료에 따르면, 인기 싸이월드 미니홈피 상위 30위에 랭크된 현역 국회의원 중 22명이 한나라당 의원인 반면 열린우리당 의원은 8명에 지나지 않았다. 네이버 블로그와 다음 카페 상위 10위권에 든 여야 의원 비율 역시 각각 8 대 1, 9 대 1로 한나라당이 절대 우세다. 또 다른 인터넷 검색 순위 집계 사이트인 '피양'이 발표한 5월 5일 기준 정당별 홈페이지 방문자 수는 한나라당 8,114명, 열린우리당 6,433명, 민주노동당 2,882명, 민주당 924명, 자민련

---

37) 정우상, 「"사이버 정치 너무 심한 것 아냐": 인터넷 최대 수혜자 여당 안에서 우려 목소리」, 『조선일보』, 2005년 5월 14일, A5면.
38) 양정대, 「여야, 외곽단체 언어폭력 '몸살'」, 『한국일보』, 2005년 5월 14일, 6면.

271명의 순이었다.[39]

심지어 열린우리당은 일부 열혈 네티즌 당원들에 대해 짜증을 내면서 비판을 하는 지경에까지 이르렀다. 국회의원 유인태는 "의원들이 당 게시판의 네티즌 눈치를 보면서 벌벌 떨고 말도 안 되는 행동을 하고 있다"고 비난했다. 5월 4일 여야가 합의한 과거사법안에 대해 일부 지도부와 의원들이 국회 본회의에서 반대표를 던진 것을 지적한 말이었다. 사무처장 박기춘도 "의원들이 네티즌 당원과 시민 단체를 의식, 당론을 무시하는 일이 벌어지고 있다"며 "당론 결정이란 민주적 절차를 무너뜨리는 행위"라고 했다. 당 의장 문희상은 5월 16일 유시민 등 강경 개혁파와 그들을 지지하는 네티즌 당원을 겨냥해 "혼자만의 역사의식에 빠져 나만 옳다고 하는 도그마에 빠진 사람들이 있다"고 주장했다. 정동영 장관 측의 한 의원은 "여당 여론을 주도하는 당원들은 전체의 1%도 안 된다. 침묵하는 다수의 목소리는 묻혀 있다"고 말했다.

여당에선 당원 게시판에 시도 때도 없이 글을 올리는 열성 당원을 '당게파' 혹은 '당게 낭인(浪人)'이라고 불렀는데, 당 관계자는 "140여 명에 불과한 당게파가 사실상 당 분위기를 주도한다"고 했다. 한 중진 의원은 "여당 의원 146명이 네티즌 당원 140여 명을 당하지 못하고 끌려가는 꼴"이라고 했고, 수도권 초선 의원은 "당게파들 눈치를 보며 약삭빠르게 노는 의원들이 먼저 망할 것"이라고 경고했다.[40]

이와 관련, 『경향신문』 2005년 5월 19일자 사설 「네티즌에 우왕좌왕하

---

39) 박소영, 「"인터넷=여당 우위 무너졌다" – 열린우리 분석」, 『중앙일보』, 2005년 5월 7일, 1면.
40) 배성규, 「"당게파 140명이 야당 흔들어": 중진들 "더 이상 못 참아" 대응 모임 추진」, 『조선일보』, 2005년 5월 18일, A6면.

는 정당」은 "언제는 그 네티즌들의 순수성과 열정을 한껏 찬양하더니, 이제 와서는 마치 그것 때문에 당이 운영되지 않은 것처럼 돌리는 것은 비겁하다. 과반에 육박한 의석의 집권 여당이 제대로 된 노선 투쟁이나 정책 작업은 손도 못 대면서 일부 네티즌을 놓고 거친 신경전만 펼치는 것은 무책임하다"고 말했다.

'당게 낭인' 12인의 활약

2005년 5월 30일 『조선일보』는 열린우리당이 '인터넷 간첩 색출'에 나섰다고 보도했다. 여당 주장에 따르면, 한나라당의 지령을 받고 열린우리당 당원 게시판에서 암약하는 사람들이 있으며, 이들은 당원들만 사용하는 '당원 게시판'에 반복적으로 여당을 비판하고 분열시키는 글을 올리고 있다는 것이다. 간첩으로 추정하는 근거로 여당은 특정인 10여 명이 비슷한 내용의 글을 반복적으로 올리고, 이들 중 일부 아이피(인터넷 발신지 주소)가 한나라당 관련 건물의 것이라고 밝혔다. 이들은 여당에 위장 입당해 당내 개혁파(일명 빽바지)와 실용파(일명 난닝구)의 갈등을 조장하거나 "여당을 탈당하겠다"고 말하는 등 당원들을 동요시키고 있다는 것이다.

여당의 '사이버 간첩' 잡기는 여당의 인터넷 정화(淨化) 작업 중 하나였는데, 여당 관계자는 "최근 황우석 교수의 무균 돼지 이야기를 꺼내면서, 문희상 의장을 임상 시험용으로 기증하자는 말까지 나오고 있다"며 "이 정도면 갈 데까지 간 것 아니냐"고 말했다. 여당은 욕설·비방 글을 상습적으로 쓰는 일부 당원에 대해선, 이름에 빨간색을 칠하는 초강수까지 고려했지만, 네티즌들의 표현의 자유를 줄곧 옹호해온 여당이 '사이버 매카시즘'(간첩으로 몰기) 수준까지 가는 것 아니냐는 비판도 있었다.

한나라당도 야당 지지자를 가장한 여당 지지 성향의 네티즌들을 여당이 고용한 간첩으로 의심하고 있었다. 한나라당 홈페이지는 회원제가 아니라서 누구나 글을 쓸 수 있었는데, 당내에선 상습적으로 비방 글을 유포하는 네티즌을 규제해야 한다는 말이 나왔지만 실행엔 옮기지 못하고 있었다.[41]

6월 16일 열린우리당 홈페이지 당원 게시판에 공개된 한 기간 당원의 분석으로는 6월 1일부터 15일까지 보름간 게시판 게시물 2,201건 중 30%에 달하는 485건이 당게 낭인 12인의 글이었다. 한 당게 낭인은 15일 동안 90건의 글을 올린 것으로 조사됐다. 당게 낭인이 쓴 글들은 이른바 실용파들에 대한 비판이 주였다. 당 핵심 관계자는 "우리당 의원 146명이 당게 낭인 12인을 이기지 못하고 끌려다닌다는 것은 부끄러운 일"이라며 "당 차원에서 대책을 검토할 것"이라고 말했다.[42] 열린우리당 당원 게시판을 자주 찾는 A씨는 "게시판 세계에서도 치열한 권력 투쟁이 벌어지고 있다"고 말했다. 게시판에서 우위를 점하고 세력을 형성하려는 일종의 권력의지가 작용하고 있다는 것이다.[43]

41) 정우상, 「"사이버 간첩 잡아라"」, 『조선일보』, 2005년 5월 30일, A6면.
42) 한민수, 「여(與) 홈페이지 '당게 낭인 12인' 이 장악?」, 『국민일보』, 2005년 6월 20일, 2면; 이철호, 「여(與) 홈피 '당게 낭인' 12인이 점령」, 『세계일보』, 2005년 6월 20일, A9면.
43) 정용관·이승헌, 「"극단적으로 써야 댓글 많이 올라와"」, 『동아일보』, 2005년 7월 2일, 5면.

시청률 50%를 넘긴 '삼순이 신드롬'

인터넷의 등장으로 TV 드라마의 전성시대는 지나갔다는 말이 무성했지만 MBC 수목드라마 〈내 이름은 김삼순〉은 '삼순이 신드롬'까지 낳음으로써 TV 드라마의 건재를 확인해주었다. 2005년 7월 21일 〈내 이름은 김삼순〉이 16회를 마지막으로 대단원의 막을 내릴 때 시청률은 50%를 넘어서는 대기록을 세웠다. 2000년 이후 시청률 50%를 넘긴 드라마는 〈내 이름은 김삼순〉을 포함해 7개에 불과했다.

왜 사람들은 〈내 이름은 김삼순〉에 열광했던가? 여러 이유가 거론되었지만, 김삼순(김선아 분)의 전투적인 명대사를 빼놓을 순 없었다. '삼순이 어록'까지 유행하게 할 정도였다. 예컨대, 삼순의 막말에 대해 남자 친구가 '반지성적 행동'이라고 하자, 삼순이는 "내 수준에 맞춰 쉽게 말해! 엿 같은 소리 집어치워"라고 큰소리치는가 하면, "백수라고? 그게 내 잘못이야? 경제 죽인 놈들 다 나오라고 해!" 등과 같은 전투성을 유감없이 구사하였다.[44]

김삼순은 단지 전투적이기만 한 건 아니었다. 미디어몹 에디터 박현정은 "삼순이는 한국 드라마(특히 트렌드 장르) 최초로, 소통 능력이 있는 여자 캐릭터였다. 그것은 기존 캐릭터들처럼 소통을 포기했던 희진(정려원)과 뚜렷한 대조를 이뤘다. 삼순이의 특성이 가장 잘 드러난 장면은 삼식이가 삼순이에게 못생겨서 이상형이 아니라며, '이게 손이야 족발이야' 따위 대사를 할 때다"며 다음과 같이 말했다.

"울거나 따귀를 칠, 이미 소통이 파탄 난 상황에서도 삼순이는 '너도

---

44) 김진철, 「삼순이를 뒤따를 또 다른 삼순이를 기다린다」, 『MBC 가이드』, 2005년 8월, 35쪽.

제6장 2005년: 영남 민주화 세력의 한 **323**

'삼순이 어록'까지 유행할 정도로 '삼순이 신드롬'을 일으키며 화제를 모았던 MBC 수목드라마 〈내 이름은 김 삼순〉.

내 이상형 아니야. 왜? 너는 솔직하지 못하니까'라며 맘 없으면 흘리고 다니지 말라고 통쾌한 언어적 싸대기를 날린다. 내 남자 내놓으라는 연 적에게 삼순이는 '무슨 물건도 아니고, 스스로 결정하게 두자고요, 네?' 라면서 조목조목 반박한다. 비련의 여주인공이 되어 떠나는 게 아니라. 삼순이는 그만큼 합리적 언어를 사용하는 캐릭터였다. 삼순이의 욕설은 오히려, 그녀의 합리성을 방증하는 도구다. 삼순이가 쌍욕을 하는 경우 는 대부분 상대가 합리적 대화를 거부하거나 배려가 없거나 협상 자체 를 불가능하게 만들 때였다."[45]

---

45) 박현정, 「삼순이의 '쌍욕'을 욕되게 하지 말라」, 『한겨레』, 2005년 9월 22일, 34면.

아닌 게 아니라 여태까지 드라마의 여자 주인공들 중에서 삼순이만큼 소통 능력이 뛰어난 인물도 없었던 것 같다. 물론 시청자들은 '쌍욕'을 통한 카타르시스 효과도 만끽했을 것이다. '욕 전문가'인 김열규는 "커뮤니케이션의 포기 혹은 파괴로 인해 마지막으로 나오는 게 욕"이라면서 "자위권의 발동이라고 보면 된다"고 말했다.[46] 삼순이의 자위권 발동은 평소 수많은 사람이 꿈꾸면서도 막상 실행엔 옮길 수 없는 성격의 것이었다고 보는 게 옳을 것이다.

그렇다면 삼순이가 누린 높은 인기는 현대인들이 그만큼 소통 장애에 시달리고 있다는 걸 의미한 것일까? 사실 첨단 디지털 기기는 소통의 양은 폭증시켰지만, 대면(對面) 커뮤니케이션의 양은 감소시켰다. 특히 인터넷 소통은 도저히 소통이라 부를 수 없을 만큼 수많은 소음을 양산했다. 소통의 인터페이스(interface)에 큰 변화가 일어난 것이다. 이 변화를 드라마틱하게 실증해 보인 인물은 단연 노무현 대통령이었다.

노무현의 '인터넷 서신 정치'

노무현은 밤늦은 시간까지, 때론 새벽까지 컴퓨터 앞에 앉아 있는 경우가 많았으며, 자주 편지를 띄우는 이른바 '인터넷 서신 정치'를 즐겨 했다. 이를 우려한 전 열린우리당 고문 정대철은 2005년 7월 병상에서 "노무현 대통령 주변에 쓴소리꾼이 없다. 노 대통령 자신은 인터넷을 통해 여론을 빠짐없이 점검하고 있다고 생각하겠지만, 그것이 오히려 독이

---

46) 『서울신문』, 2004년 11월 26일자.

될 수도 있다. 노 대통령이 하루빨리 인터넷에서 빠져나와야 한다"며 다음과 같이 말했다.

"인터넷 여론은 주로 양극단을 대변하고, 그것도 감정적일 때가 잦다. 거기 빠지면 자기와 같은 의견에 대해서는 '거 봐라, 내가 맞지' 하며 위안을 삼고, 반대 의견에 대해서는 반감이 앞서면서 어떻게든 설복해야겠다는 승리욕에 사로잡히게 된다. 그러다보면 말 없는 다수의 여론을 놓치는 우를 범하게 된다."[47]

물론 노 대통령은 이 고언을 듣지 않았다. 세상으로부터 '박해'를 당한다고 느낀 노 대통령은 밤마다 열성 지지자들이 몰려 있는 인터넷을 찾아 위로를 얻고 전의를 충전했다. 그는 심리적으로 열성 네티즌들의 지지에 크게 의존하고 있다는 걸 시사한 발언을 여러 차례 하기도 했다. 훗날 이 주제로 박사 학위 논문이 나오리라 믿지만, 노 정권은 '인터넷 대중화 시대의 첫 정권'이라는 점에서 분석할 때 그 실체가 온전히 규명될 수 있을 것이다.

인터넷은 정치인과 정치 세력에는 축복이자 저주다. 과거엔 만날 수 없었던 열성 지지자들을 쉽게 모이게 함으로써 큰일을 해낼 수 있다는 점에선 축복이다. '인터넷 콤플렉스'가 강한 언론의 홍보 효과를 얻는 데에도 말 없는 10만 명보다는 전투적인 인터넷 지지자 10명이 훨씬 더 큰 도움이 되는 게 현실이다. 그러나 이런 축복은 저주의 부메랑이 될 수도 있다. 세 가지 위험을 지적할 수 있겠다.

인터넷 정치의 첫째 위험은 '대표성의 왜곡'이다. 인터넷의 특성이라

---

47) 이숙이, 「"노 대통령 주변에 쓴소리꾼이 없다": 정대철 병상 고언 / 연정 제안 등 최근 정치 행보에 우려」, 『시사저널』, 2005년 7월 26일, 26~27면.

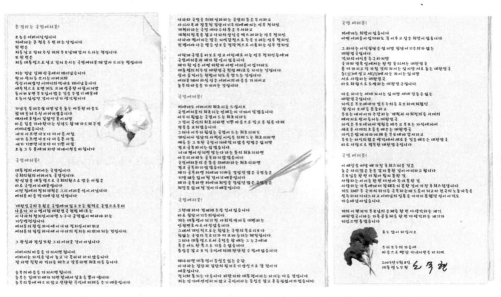

노무현은 인터넷 서신 정치를 즐겨 했다. 어버이날을 맞아 530만 명에게 보낸 이메일에서는 '(국민) 여러분께서는 잡초 같은 정치인을 솎아내는 어버이의 마음과 농부의 마음을 가져달라'고 당부했다. 더욱 강도 높고 직설적인 화법으로 국민에 의한 적극적인 정치 개혁을 강조한 것이다.

할 청년층과 열성파의 과다 참여는 전투적 스타일을 부추긴다. 전투적 정치인들의 한결같은 공통점이 인터넷을 통한 정치자금 모금 실적이 뛰어나다는 사실은 결코 우연이 아니다. 전투적 정치인들은 국민이나 다수를 향해 말하기보다는 자신의 골수 지지자들을 염두에 둔 발언에 능하다. 즉각적으로 반응을 확인할 수 있는 인터넷에 중독되었기 때문이다.

인터넷 정치의 둘째 위험은 '연대의 왜곡'이다. 네티즌 지지자들 내부에서도 누가 이름을 얻느냐 하는 경쟁이 벌어지는데, 주로 강경파·비분강개파·근본주의파가 득세한다. 실제로 각종 '사모' 사이트를 방문해 주요 논객들의 글을 살펴보면, 각자 정치적 지향점은 달라도 논조와 논리 전개 방식이 믿기지 않을 정도로 유사하다는 데에 새삼 놀라게 될 것이다. 이들의 득세는 연대 집단을 거의 종교 집단 비슷하게 몰아가는 기능을 수행하고 있다.

인터넷 정치의 셋째 위험은 '소통의 왜곡' 이다. 도움이 될 고언의 씨를 마르게 한다. 열성 네티즌들은 자신의 의견 표명에만 그치는 게 아니라 다른 의견에 폭격을 퍼붓는 데에도 열성적이다. 특히 내부 비판을 공격하는 데에 더 열성을 보이며, 광적인 인신공격도 불사한다. 이미 여러 지식인이 공개적으로 이런 인신공격 때문에 자기 검열을 하게 되더라고 토로한 바 있다.

그러나 이런 위험에도 불구하고 인터넷 정치는 계속될 것이다. 정치인과 정치 세력이 가장 견딜 수 없는 것은 무관심이기 때문이다. 인터넷은 정치인들에게 피하기 어려운 유혹이지만, 과도한 의존은 치명적인 부메랑이 될 수 있다. 정치인에겐 자업자득(自業自得)일망정 그로 인한 공적 피해가 막심하니 그것이 문제다.

'강남 불패' 신화의 부활
부동산 투기 광풍

고위 공무원 인사 때 강남 거주자를 배제하자

2005년 2월 15일 열린우리당 의원 전병헌은 국회 본회의 대정부 질문에서 "교육이나 부동산 정책을 담당하는 고위 공무원 인사 때 서울 강남 거주자를 배제하자"고 제안했다. "정책의 신뢰성을 높이기 위해 재경·건교·교육부 등 특정 부처 고위 공무원 인사에서 신(新)상피제(相避制)를 도입하자"는 것이다. 상피제란 조선 시대 지방관을 파견할 때 자신이 자란 곳에는 보내지 않던 제도다. 전병헌은 오늘날 유사 사례로 재경부 금융정책국 관계자들의 증권 투자 금지를 들었다. 결국 강남에 사는 공직자가 교육과 부동산 정책 등을 결정할 때 팔이 안으로 굽는 것을 막자는 것이었다.

『한국일보』는 이에 대해 "단지 강남에 산다는 이유로 특정 직위에서 배제하는 게 말이 되느냐"는 실소와 "집값 편차와 8학군 문제가 오죽 심각하면 그런 생각을 했겠느냐"는 두둔이 엇갈렸다고 보도했다.[48] 그처럼 엉뚱한 제안이 나올 정도로 집값 편차와 8학군 문제는 심각했다. 몇 가지 통계를 살펴보자.

2005년 3월 4일 대구 가톨릭대 경제통상학부 교수 전강수가 종합토지세 납부 자료를 근거로 연구한 결과, 국내 땅 부자인 상위 1%가 전체 토지의 절반에 가까운 45.3%, 상위 10%가 72%를 소유하고 있는 것으로 나타났다.

2005년 3월 21일 행정자치부 부동산정보관리센터가 발표한 '거주지 및 연령대별 토지 · 건물 소유 현황'에 따르면, 서울 시민이 전국에 서울시 면적의 14배에 달하는 땅을 소유하고 있으며, 20세 미만 미성년자의 땅도 여의도 면적의 21배에 달하는 것으로 밝혀졌다.[49]

2005년 5월 1일 건설교통부에 따르면 공시지가를 기준으로 2004년 한국의 전체 땅값은 1,829조 7072억 원이며, 서울의 면적은 전국의 0.53%에 불과하지만 지가 총액은 586조 8655억 원으로 전체의 32.54%를 차지한 것으로 나타났다. 경기도는(전국 면적 대비 10.29%)는 438조 8454억 원으로 24.33%, 인천(1.01%)은 89조 9817억 원으로 4.99%를 차지해, 서울 · 경기 · 인천 등 수도권의 땅값은 전체의 61.86%였다.[50]

2005년 6월 초 서울 강남의 전용면적 25.7평(32~35평형) 안팎 일반 아파트의 호가가 10억 원대에 진입했다. 강남구 대치동 선경아파트 55평형은 보름 동안 1억 원 이상 올라 19억 원 선에 거래되는 등 '강남 불패' 신화가 되살아났다.[51]

---

48) 조경호, 「"강남에 사는 관료들은 교육 · 부동산 정책 못 맡게"」, 「한국일보」, 2005년 2월 16일, 4면.
49) 양홍주, 「서울시민 땅 '서울 14배'」, 「한국일보」, 2005년 3월 22일, 1면.
50) 남호철, 「우리나라 전체 땅값 1829조 7072억」, 「국민일보」, 2005년 5월 2일, 12면.
51) 정임수, 「강남 대형 아파트 보름 새 1억 "껑충"」, 「동아일보」, 2005년 6월 4일, A17면.

8학군 문제는 곧 사교육비 문제이기도 했다. 성균관대 교육학과 교수 양정호는 한국노동패널조사의 2001~2004년 자료 가운데 고등학생 이하 자녀에게 사교육비를 지출한 1,500가구를 분석한 결과, 사교육비 지출 하위 20% 계층과 상위 20% 계층 사이 격차가 2001년 7.6배에서 2004년에 8.6배로 늘어나는 등 사교육비 지출의 양극화가 갈수록 깊어지고 있다고 밝혔다.[52]

2004년 8월과 2005년 2월 대학을 졸업한 젊은이들의 대학별·전공별 취업률 자료에 따르면, '학원 강사직'으로 진출한 숫자가 1만 5,789명(10.2%)으로 일반 행정·사무 1만 1,948명(7.7%)을 제치고 대졸자 진출 직업 순위 1위를 차지한 것으로 나타났다. 사교육 시장의 전체 규모는 13조 6000억 원으로 국내총생산(GDP)의 2.3%를 차지했다(덴마크는 0.3%, 프랑스는 0.4%, 미국은 1.6%).[53]

반상회와 아파트 부녀회의 활약

주택문제에 관한 한 진보는커녕 퇴보가 계속되었다. 노무현 정권은 진보를 해보겠다고 애를 쓰긴 했지만 너무 뒤늦게 시작했고 일관성도 없는 데다 감정을 앞세우는 무능함을 보이고 있었다. 2005년 6월 10일 서울시장 이명박은 출입 기자 오찬 간담회에서 "정부가 강남의 아파트값을 떨어뜨리려는 정책을 쓰는데 '강남 아줌마'들은 담합해서 가격을 올리는 상황이 벌어지고 있다"며 "정부 정책이 이들 아줌마 수준보다 못

---

52) 이창곤·이정애, 「사교육비 양극화 심화」, 『한겨레』, 2006년 2월 2일, 1면.
53) 「대졸자의 10%가 학원 강사로 취직하는 나라(사설)」, 『조선일보』, 2005년 10월 3일, A23면.

하다"고 꼬집었다.

강남뿐만이 아니었다. 『경향신문』 2005년 6월 17일자 1면 머리기사 「전국 '투기 광풍' 땅값이 춤춘다」는 "땅값이 요동치고 있다. 공공 기관 이전과 기업도시, 각종 프로젝트 추진 지역에 외지인들이 몰리면서 1년 만에 땅값이 2~6배까지 급등하는 등 투기 열풍이 '땅끝 해남에서 휴전 선 인근 철원까지' 번지고 있다"고 보도했다.

'투기 광풍'엔 반상회까지 가세했다. 반상회는 1980년대 후반 민주화 와 더불어 아파트 생활의 보급으로 쇠퇴하다가 2002년 부동산 광풍 이 후 집값 담합 등 이익집단화의 수단으로 활용되기 시작하면서 부흥기를 맞았다.[54] 윤혜숙은 "우리 아파트에서 두 달에 한 번 열리는 반상회에 가 보면 통장의 주도 아래 주민들이 담합하여 아파트값을 올려야 한다는 말을 빼놓지 않고 듣게 된다"며 "통장의 무용담 중에는, 작년 통장을 비 롯한 주민 몇 명이 거짓으로 집을 팔 것처럼 광고를 내면서 집값을 거의 2배로 올려놓았다는 것도 있다"고 했다.[55]

2005년 7월 4일 공정거래위원장 강철규는 아파트 부녀회의 가격 담합 에 대해 "공정거래법은 사업자를 대상으로 하기 때문에 현행법상 사업 자 자격이 없는 부녀회를 조사할 수는 없다"며 "그러나 아파트와 상가 등 부동산 분양·임대를 둘러싼 허위·과장 광고 행위는 직권으로 조사 하겠다"고 밝혔다[56](그러나 2006년 들어 정부는 아파트 부녀회 등의 집값 담 합행위에 대한 형사 처벌 방침까지 밝혔지만 흐지부지되었다. 결국 7월 11일

---

54) 한장희·허윤, 「'무서운 반상회' : 집단 민원······ 집값 담합······ 위장 전입 색출」, 『국민일보』, 2005년 6월 29일, 1면.
55) 윤혜숙, 「독자 기자석: 반상회 집값 담합 한심」, 『한겨레』, 2005년 7월 1일, 30면.
56) 김신영, 「"부녀회 집값 담합 조사 못 한다"」, 『한국일보』, 2005년 7월 5일, 17면.

그 방침을 유보하고 아파트값 담합 지역에 대해 실거래가 수시 공개와 시세 발표 중단 등을 골자로 하는 집값 담합 단속 대책을 발표했다).[57]

이즈음 언론엔 아파트 부녀회와 더불어 '아줌마 부대'라는 용어가 대거 등장해 아줌마의 위상을 실추시켰다. 예컨대,『국민일보』는 "국세청에 따르면 '강남 아줌마 부대'는 지난해 초 서울 교남동 일대 강북 뉴타운 지역을 시작으로 경기도 성남 재개발 지역, 서울 청계천 복원 지역, 뚝섬 일대, 강남 신도시 예정지 등을 차례로 옮겨다니며 부동산 투기를 벌여 왔다"고 보도했다. "이들은 부동산 개발 정보를 사전에 입수해 저가로 부동산을 대량 매집한 뒤 자기들끼리 서로 비싼 값으로 사고팔기를 반복해 부동산값 거품을 만들었다가 일반인에게 비싸게 되파는 속칭 '되돌려치기' 수법으로 거액의 차익을 챙겼다고 국세청은 설명했다."[58]

노무현의 궤변

정부는 '투기 광풍'과의 전쟁에 나섰다. 국세청, 건설교통부, 행정자치부 등이 총출동했다. 2005년 7월 1일 국세청은 2000년부터 2005년 6월 말까지 서울 강남·송파구 등에 있는 9개 아파트 단지의 거래를 분석한 결과 전체 취득 건수 2만 6,821건 중 주택 세 채 이상 보유자의 취득 건수가 58.8%인 1만 5,761건에 이르렀다고 밝혔다.

'투기 광풍'까지 가세해 지지율이 밑바닥을 헤매자 노무현은 2005년 7월 13일 "나는 취임 초기부터 레임덕에 빠져 있었다"고 푸념했다.[59] 그

---

57) 박진석, 「'부녀회 집값 담합' 아파트 단지 실거래 가격 수시 공개」,『한국일보』, 2006년 7월 12일, 1면.
58) 황일송, 「국세청 '강남 아줌마 부대' 10여 개 조직 포착」,『국민일보』, 2005년 9월 1일, 1면.

러나 진보적 언론인 박태견은 이를 '사실과 다른 궤변'으로 단정했다. 취임 이틀 뒤인 2003년 2월 27일 지지도는 92.2%였으며 지지율 급락의 가장 큰 요인은 아파트값 폭등이었다는 것이다.[60]

2005년 8월 3일 건설교통부에 따르면 4월 말 고시된 전국 2791만 필지 (비과세 토지 제외) 907억 740만m²를 대상으로 개별 공시지가를 합산한 땅값은 모두 2167조 2000억 원으로 집계됐다. 91년 지가 총액이 1000조 원을 넘어선 지 14년 만에 두 배 늘어난 것이다. 지역별로는 서울이 면적은 0.53%에 불과하지만 땅값 총액은 661조 493억 원으로 30.37%를 차지했다.[61]

2005년 8월 25일 '국민과의 대화'에서 대통령 노무현이 "강남 재건축 아파트를 사서 기분 좋아하는 분들이 언제까지 웃을 수 있을지"라고 발언한 것에 대해 『중앙일보』는 "'어디 두고 보자'는 식의 증오와 뒤틀린 심정이 읽힌다"고 비판했다.[62]

박태견은 노무현이 2005년 7~8월에 한 일련의 발언들은 부동산 정책이 실패한 책임을 국민, 지식인 집단, 김대중 정부 탓으로 돌리는 걸로 일관했다고 지적했다. "노 대통령이 '네 탓 타령'으로 일관하는 데 대한 국민 반응은 얼음장 그 자체였다." 이후에도 노무현의 항변은 계속됐는데, 이에 대해 박태견은 "'공격적 뻔뻔스러움'의 극치"를 보였다고 비판했다.[63]

59) 김정훈, 「盧대통령 "나는 시작부터 레임덕이었다"」, 『동아일보』, 2005년 7월 14일, 2면.
60) 박태견, 『참여정권, 건설족 덫에 걸리다』(뷰스, 2005), 61~62쪽.
61) 류찬희, 「"안 사면 바보" 전국이 투기장: 땅값 총액 2000조 돌파…… 14년 새 2배로」, 『서울신문』, 2005년 8월 4일, 15면.
62) 「국민 심정 긁으려고 '국민과 대화' 했나(사설)」, 『중앙일보』, 2005년 8월 27일, 30면.
63) 박태견, 『참여정권, 건설족 덫에 걸리다』(뷰스, 2005), 244~257쪽.

2005년 8월 29일 행정자치부가 발표한 전국의 세대별 주택·토지 보유 현황에 따르면, 전체 세대의 5% 정도인 89만 세대가 두 채 이상, 17만 세대가 세 채 이상 주택을 보유하고 있으며, 자가 보유율은 54.6%로 나타났다.

8월 29일 민주언론운동시민연합(민언련)은 '부동산 종합대책 관련 언론보도의 현황과 문제점' 토론회에서 지난 3월부터 5월까지 3개월간 『조선일보』·『중앙일보』·『동아일보』의 전체 광고 지면 중 부동산 광고가 차지하는 비율은 각각 22.7%, 21.9%, 22.1%로 전체 광고의 5분의 1을 넘어선 반면, 『경향신문』과 『한겨레』의 부동산 광고는 각각 8.5%와 6.8%로 나타났다고 밝혔다. 민언련은 "일부 보수 신문이 건설 관련 규제 완화, 부동산 관련 세제 강화 반대 등을 잇따라 보도하면서 '집값 안정'을 해치고 있다"며 "이번 조사 결과는 주요 일간지들이 광고 때문에 보도에 있어서도 부동산 업계 광고주들의 영향을 많이 받는다는 의혹이 어느 정도 사실로 드러났음을 보여준다"고 주장했다.[64]

8·31 부동산 대책

"부동산 투기 억제를 위해 필요하다면 헌법상 대통령에게 부여된 긴급명령권을 발동해서라도 반드시 뿌리 뽑겠다."[65] 16년 전 대통령 노태우가 했던 말이지만, 부동산 투기의 뿌리는 여전히 건재했다. 또 다른 노

---

64) 최명애, 「"조·중·동 부동산 광고 비중 20% 넘어 건설 업체 등 이익 대변 위해 여론 왜곡"」, 『경향신문』, 2005년 8월 31일, 21면.
65) 최명철, 「평당 평균가, 1160만 원에서 2060만 원으로: 서울 아파트값, 2008년까지 오른다!」, 『신동아』, 2005년 10월, 233쪽.

대통령도 그때처럼 부동산 투기와의 전쟁을 선포했다. 2005년 8월 31일 발표된 정부의 부동산 종합 대책이 바로 그것이다.

이 종합 대책에 따르면, 종합부동산세의 실효세율을 현재의 0.15%에서 2009년까지 1%로 끌어올리고, 종부세 부과 대상 주택도 공시 가격 9억 원 초과에서 6억 원 초과로 낮추고, 투기적인 1가구 2주택에는 50%, 나대지에는 60%의 세율로 양도소득세를 매긴다. 공급 분야에선 서울 강남권 수요를 대체할 수 있도록 송파 일대 국공유지 200만 평에 신도시를 추진하고 서울 강북 뉴타운 등 최소 15만 평 이상의 광역 형태로 공공 개발이 이뤄지는 도심 재개발 지역은 '초고층 재개발'을 용이하게 했다.

아울러 수도권 주택 및 택지 공급을 위해 연간 900만 평씩 5년간 4500만 평을 개발해 150만 가구를 건설하고 이 중 42만 가구는 중대형으로 공급하기로 했다. 또 토지관련 대책으로는 개발 부담금제 부활, 기반 시설 부담금제 도입, 토지 거래 허가 및 사후 이용 규제 강화 등을, 서민지원책으로는 주택 구입·전세 대출 금리 최고 1%p 인하, 무주택자 주택 구입 지원용 모기지 보험 도입, 무주택자 청약 자격 세분화로 혜택 등을 제시했다. 경제 부총리 한덕수는 대책을 발표하면서 "부동산 정책이 시간이 흐르고 나면 바뀌고 말 것이라는 생각은 오늘이 마지막"이라며 "부동산 투기는 이제 끝났다"고 호언했다.

주택 종부세 대상인 16만 가구 중 서울이 76.8%인 12만 4,000가구이며, 이 중 7만 7,000가구(48.3%)는 강남 지역 4개 구에 몰려 있었다. 경기도는 15%인 2만 4,000가구에 이르렀다. 분당이 8,000가구(5%), 용인과 과천도 각 2,000가구, 1,000가구였다. 서울·경기에 인천(1.3%)까지 합하면 수도권이 93.1%인 15만 가구에 달했다. 이렇게 거둬들이는 종부세는

서울 송파 장지지구의 아파트 단지. 한덕수 경제 부총리는 8·31 부동산 종합 대책을 발표하면서 "부동산 투기는 이제 끝났다"고 호언했다.

2005년 7000억 원에서 2006년 1조 200억 원으로 증가하며, 이후 매년 2000억 원에서 3000억 원씩 늘어나 2009년에는 1조 8100억 원에 이를 것으로 전망되었다.[66]

『경향신문』은 "부동산 세제 강화와 관련해 그동안 보수 언론들이 '세금 폭탄'이라며 비난 공세를 퍼부었으나 실제는 '솜방망이 세금'에 가까울 만큼 곳곳에서 무른 내용으로 나타났다"며 이렇게 말했다. "서울 송파에 2백만 평 규모의 신도시를 건설하겠다는 계획도 여러모로 문제가 많다. 정부 스스로 구체적인 자료까지 제시하며 아파트 가격 폭등은 공급 부족 때문이 아니라고 누누이 강조해놓고서 이번 대책에서는 이를

66) 임상균, 「강남서 거둬 지방 준다」, 『매일경제』, 2005년 9월 1일, A5면.

부인하는 처방을 내놓은 꼴이다. 판교 신도시가 이 일대와 강남 지역 아파트 투기 붐을 일으켰던 전례에서 교훈을 얻지 못했기 때문일까."[67]

시민 단체와 노동계는 '미흡한 대책'이라고 비판했다. 경실련은 "정부가 송파 신도시, 강북 광역 개발 등 무분별한 공급 확대를 앞세워 투기와 집값 폭등을 조장하고 있다"면서 "정부·여당이 부동산 투기를 근절할 의지도, 능력도 없음을 다시 한 번 보여줬다"고 혹평했다. 참여연대는 "건설 회사의 무분별한 분양가 인상을 규제할 대책 등이 없다"고 밝혔다. 토지정의시민연대는 "올 상반기 부동산 투기는 공급 부족 때문에 생긴 것이 아닌 만큼 송파 신도시 건설 대책은 의미만 퇴색시키는 잘못된 정책"이라며 "조세 대책은 강화하고 공급 확대 정책은 철회해야 한다"고 말했다.[68]

노무현 정권의 감정적 대응

부동산 대책을 발표했음에도 송파 지역 집값이 폭등하자 2005년 9월 2일 국세청은 "송파지역 투기자는 평생 관리하겠다"고 밝혔다. 노무현은 "부동산 대책은 일부 부동산 투기 세력의 이익이냐, 국민 대다수의 이익이냐를 놓고 선택하는 전쟁"이라며 "큰 틀에서 흔들지 말고 국회에서 통과시켜 달라"고 했다.

『한국일보』산업부장 이창민은 "따지고 보면 부동산 투기의 주범은 '부동산 부자'라기보다 저금리와 400조 원이 넘는 부동 자금이다. 저금

---

67) 「'호랑이 아닌 고양이' 그린 부동산 대책(사설)」, 『경향신문』, 2005년 9월 1일, 27면.
68) 권기석·정동권, 「근본 대책 아닌 백화점식 나열」, 『국민일보』, 2005년 9월 1일, 8면.

리로 갈 곳을 찾지 못하는 부동 자금이 전 국민을 투기꾼으로 만들며 부동산 시장 주변에서 먹이를 찾는 하이에나처럼 떠돌고 있는 게 현실이다. 부동 자금을 흡수할 방안이 없다는 게 8·31 대책의 치명적인 결함이다. 부동산에만 몰리는 시중 자금을 다른 곳으로 유도하지 못하는 한 대책의 약발은 결코 오래가지 못한다"고 말했다.[69]

한신대 교수 윤평중은 "한편으로 행정 도시·기업 도시·복합 도시 등을 만든다며 정부가 전 국토를 투기 광풍으로 들쑤셔놓고 또 다른 한편으로 투기를 근절하겠다는 임시 조치들을 남발하니 약발이 들을 리 없다. 그 결과는 참혹하다. 노무현 정부 출범 이래 양극화 현상이 기하급수적으로 심화하고 있으며 서민과 중산층이 가장 고통받고 있는 것이다"고 말했다.[70]

9월 8일 참여연대, 토지정의시민연대 등 25개 시민·사회단체는 공동 기자회견을 열어 "정부 대책이 서민들의 내 집 마련 꿈을 이뤄주기보다 부동산투기만 부채질할 것"이라며 전면 재검토와 보완책 마련을 촉구했다. 이들은 ①보유세와 양도세 강화 대책의 흔들림 없는 입법, ②송파·거여 신도시 등 준비 안 된 개발 사업 철회, ③개발 부담금제 등 개발이익환수제도 보완, ④민간 택지 분양가 인하 대책 마련, ⑤공공 택지 실수요자 위주 청약 제도 실시, ⑥공공 택지 분양가 원가 연동제 보완, ⑦공공 택지 공공 개발 전면 확대, ⑧공공 택지 임대 아파트 건설 비율 확대, ⑨국민 임대주택 소득별 임대료 차등 부과, ⑩강북 광역 개발의 원주민 정착률 제고와 난개발 유발 정책 재검토 등 '주거 안정을 위한

69) 이창민, 「그날 이후」, 『한국일보』, 2005년 9월 7일, 30면.
70) 윤평중, 「'바보' 노무현」, 『중앙일보』, 2005년 9월 7일, 31면.

10대 보완 사항'을 제시했다.[71]

『한국일보』 논설위원실장 방민준은 "8·31 부동산 대책을 내놓으면서 뱉어놓는 정부 관계자의 말들이 하나같이 거칠고 위압적이다"며 "부동산 대책을 내놓은 뒤 신도시 예정지인 송파 지역에 투기 바람이 불자 한덕수 경제 부총리는 '지금 부동산 취득자는 상투를 잡는 계기가 된다'고 저주 섞인 말을 했고 김석동 재경부 차관보는 '송파 신도시의 부동산 투기꾼은 국세청이 평생 관리할 것'이라며 범죄자 다루듯 말했다"고 개탄했다.

"이미 청와대에서 '헌법만큼 바꾸기 어려운 부동산 정책을 만들겠다'고 으름장을 놓았고 대통령까지 '하늘이 두 쪽 나더라도 부동산 투기를 잡겠다'며 부동산 투기와의 전쟁을 선포한 터라 어느 정도 강경 발언에 대한 면역성이 길러져 있었지만 표현 강도가 나날이 더해가는 것을 보며 혹시 8·31 대책의 약발에 대한 불안 때문이 아닐까 불길함을 느낀다."[72]

경희대 경영학과 교수 권영준은 "정부는 최종 발표를 앞두고 스스로 자신의 진단을 뒤엎는 안정장치 없는 수도권 공공 택지의 대폭 확대와 송파 신도시 건설, 강북의 광역 개발 등 공급 확대 정책을 발표하였다"며 "정부의 8·31 부동산 대책은 한마디로 보약과 독약이 혼재된 돌팔이 처방이다"고 비판했다.[73]

숭실대 경상대 학장 이진순은 "8·31 대책은 이중 삼중으로 서민 부

71) 윤두현, 「시민 단체들 '8·31 대책' 거센 비판」, 『문화일보』, 2005년 9월 8일, 4면.
72) 방민준, 「말의 힘, 그리고 폐해」, 『한국일보』, 2005년 9월 10일, 26면.
73) 권영준, 「'8·31 대책'은 '돌팔이 처방」, 『세계일보』, 2005년 9월 10일, 27면.

담만 가중시키는 대책"이라며 "주택에 세금을 무겁게 물리면 전·월세 가격에 전가돼, 결국 집 없는 서민의 고통으로 이어지기 마련입니다. 8·31 대책을 만든 정책 당국이 도대체 경제학 원론이나 제대로 이해하고 있는지 의문입니다"라고 비판했다.[74]

아파트 학군 프리미엄

노무현 정권의 감정적 대응도 문제였지만, '투기 광풍'과의 전쟁에서 정부의 가장 큰 고충은 그것이 부동산 정책만의 영역은 아니라는 데에 있었다. 학군에 따른 아파트 가격 차이를 일컫는 아파트 학군 프리미엄은 부동산 정책으론 감당하기 어려운 것이었다.

2005년 8월 현재 서울 서초구 방배동 현대1차 25평형 가격은 3억 1000만 원에서 4억 원 수준이었지만 길 건너편 동작구 사당동 우성 2공구 24평형은 2억 원에서 2억 8000만 원에 그쳐 가격 차가 1억 1000만 원에서 1억 2000만 원에 이르렀다. 학군 차이 때문이었다. 대형 평형으로 갈수록 가격 차이가 더 심해져 46평형 아파트의 방배동–사당동 간 학군 프리미엄은 3억 원에 육박했다.[75]

바로 이런 문제의식 때문이었겠지만, 대통령 노무현은 2005년 9월 7일 한나라당 대표 박근혜와의 회담에서 "서울대 다니는 것 자체가 기회인 사회에서 강남 학생이 서울대의 60%라는 것은 문제"라고 말해 논란을 빚었다. 통계 수치를 잘못 인용했기 때문이다.

---

74) 나지홍, 「"경제학 원론이나 이해하는지……",」 『조선일보』, 2005년 10월 18일, B2면.
75) 이진우·오재현, 「길 하나 사이뿐인데…… 아파트값 차이는 '수억',」 『매일경제』, 2005년 8월 25일, B1면.

9월 8일 서울대는 2005학년도 전체 신입생 중 강남 지역(강남구·서초구·송파구) 학생의 실제 비율은 12.2%이며, 서울 비강남 지역 학생의 비율은 25.4%로 강남 지역의 두 배가 넘었다고 밝혔다(최근 10년간 서울대 전체 신입생 가운데 서울 강남 지역 학생 비율은 1995년 12.2%, 1996년 11.2%, 1997년 11.8%, 1998년 9.7%, 1999년 12.4%, 2000년 10.3%, 2001년 11.2%, 2002년 12.7%, 2003년 11.3%, 2004년 11.4%였다).[76]

이에 청와대는 60%라는 수치는 2004학년도 서울대 재외국민특별전형 합격자 53명 중 강남 학생이 차지한 비율로, 노무현 대통령이 교육 기회의 심각한 불평등을 강조하려는 취지에서 상징적으로 언급한 것이었다고 해명했지만, 궁색한 변명이었다. 언론의 비판이 쏟아졌다.

『조선일보』는 서울대가 제시한 통계를 제시하면서 "이 통계의 어디를 봐도 대통령과 그 참모들이 단정하듯이 서울대는 강남 출신만이 들어간다고 말할 수 없다. 그러나 그들은 이런 진실과 거짓의 구분에 개의치 않았다. 소수를 적으로 몰면 다수는 내 편이 된다는 포퓰리즘의 ABC를 굳게 믿기 때문이다"고 주장했다.[77]

『중앙일보』는 "말이 강남이지 강남으로 상징되는 부유층에 대한 포퓰리즘적 공격이다. 대통령이 사실도 아닌 것을 사실인 것처럼 왜곡해 계층을 갈라놓는 이유는 무엇인가? 대통령이 소위 가진 계층에 대한 원망이 얼마나 뿌리 깊은지 알 수 있다"고 주장했다.[78]

『문화일보』는 "노 대통령은 '강남 사람에게 유감이 있는 것은 아니

76) 이소아, 「"강남 출신 서울대생은 60%가 아니라 12.2%"」, 『매일경제』, 2005년 9월 9일, A9면.
77) 「대통령 머릿속의 강남과 서울대(사설)」, 『조선일보』, 2005년 9월 9일, A35면.
78) 「왜 엉터리 통계 인용하며 계층 대립시키나(사설)」, 『중앙일보』, 2005년 9월 9일, 34면.

다' 라고 말했으나, 유감이 깊지 않고는 그런 엉터리 통계를 들먹일 수 없을 것이다. 청와대가 허겁지겁 둘러댄 해명 또한 듣기에 안쓰러울 정도로 군색하다"고 주장했다.[79]

다시 감정적 대응이 문제가 된 셈이다. 돌이켜 보자면, 이상한 심리 상태였다. 그토록 부동산 불로소득과 그로 인한 부작용에 대한 분노의 감정이 있던 노무현이 왜 1년여 전엔 "열 배 남는 장사도 있다"며 아파트 분양 원가 공개를 비난했던 걸까? 삼성과의 유착 때문이라는 설이 돌기도 했지만, 원래 감정적 대응은 기복이 심하다는 것에서 답을 찾아야 하는 걸까?

79) 「노 대통령의 강남·서울대 깎아내리기(사설)」, 『문화일보』, 2005년 9월 9일, 31면.

정권을 한나라당에 넘겨줄 수도 있다
노무현의 대연정 파동

노무현의 대연정 제안

2005년 6월 24일 당·정·청 실세 모임인 '11인회'에서 연정(聯政)을 화두로 꺼냈던 대통령 노무현은 7월 28일 당원 동지에게 보내는 서신을 통해 한나라당에 정권을 넘겨주는 대연정을 제안했다. 이 편지가 큰 파장을 낳자, 7월 29일 노무현은 긴급 기자회견에서 "한나라당과의 대연정 제안은 선거제도 개편 노력이 핵심"이라고 말했다. 그는 "국민이 경제 잘하라고 저를 대통령으로 뽑아준 게 아니고 지역 구도 극복하라고 뽑아줬다"면서 "저는 지역 구도를 극복하는 대통령이 되어야 한다고 확신했다"고 주장했다. 그는 자신의 제안을 설명하면서 "이 제안을 귀담아 듣지 않고 거역하는 사람들은 앞으로 정치적으로 성공하기 어려울 것"이라고 말했다. 『한겨레』 7월 30일자 사설은 "우리당 노선이 한나라당과 크게 다른 줄 알고 투표했던 유권자들은 속아도 단단히 속은 셈"이라고 비판했다.

대연정을 제안한 서신이 파문을 일으키자 노무현은 긴급 기자회견을 열고 지역 구도 타파를 위한 선거제도 개혁의 필요성을 설파했다.

8월 1일 한나라당 대표 박근혜는 기자회견을 통해 노무현의 대연정 제안을 거부했지만, 청와대도 박 대표의 거부와 상관없이 계속 연정 문제를 제기해나갈 생각이라고 했다. 『조선일보』 8월 2일자 사설 「상대가 싫다는데 왜 치근거리며 연정인가」는 "이쯤 되면 여권은 '연정 스토커'라는 말을 들어도 할 말이 없을 것이다. 상대가 싫다는데 왜 이리 쫓아다니며 치근거리는지 모를 일이다"고 말했다.

열린우리당 내부에서도 반대의 목소리가 쏟아졌다. 8월 2일 열린우리당 의원 신기남은 "한나라당과의 대연정 추진 자체에 반대한다"고 했고, 3일 임종인도 "연정을 통해 선거제도를 고치겠다는 노 대통령의 제안에는 동의할 수 없다"고 말했다. 반면 같은 날 유시민은 대연정의 필요성을 역설하면서 "정치가 딜레마에 빠진 상황에서 선거구제 개편은 매우 중요한 문제이나 많은 이들이 그렇게 생각하지 않는 게 문제"라며

"노 대통령은 불법적 수단을 쓰지 않고 자신의 정치적 목표를 추진하려 하는데 정치권이나 언론이 진지함 없이 흠집부터 내고 본다"고 주장했다.[80]

8월 9일 청와대 2급 홍보기획 비서관 양정철은 '청와대 브리핑'에 게재한 「당신의 대안은 무엇인가」라는 글에서 박근혜의 대연정 거부를 두고 "고민의 흔적이 없다", "국민에게 불친절한 것"이라며 '5무(無)'라고 공격했다. 즉 박근혜에겐 '책임감', '결단', '역사의식', '성찰', '일관성'이 없다는 것이다. 그는 "지역주의를 해결하려는 책임 있는 대안이 없다"는 점에서 '책임감' 결핍을, "지역주의에 대한 집착"으로 기득권 포기의 '결단'의 부재를 꼬집었다. 또 그는 박정희를 겨냥, "(박근혜는 지역주의에 대해) 역사적 부채 의식을 가져야 한다"며 "지역 기반의 기득권을 포기하지 않겠다는 것은 유신 정권의 부채를 자산으로 둔갑시키는 회계 부정"이라고 비난했다.

이에 대해 한나라당 대표 비서실장 유승민은 "이렇게 수준 낮은 청와대의 감정적, 충성 경쟁적 비판에 대해 우리가 대응해야 하느냐"고 말했다.[81] 한나라당 대변인 전여옥은 "어느 나라 대통령 비서관이 이런 식으로 공개적으로 나서서 자신의 생각을 여과 없이 발표하느냐. 비서관의 '비(秘)'자는 비밀스럽다는 것이다. 비서관은 대통령의 그림자로서 맡은 업무를 조용히 수행하고 대통령에게 충언하라고 만든 자리가 아니냐"고 비판했다. 『동아일보』는 열린우리당 초선 의원의 말을 인용, "참 어리석은 짓이다. 문제가 잘 풀리지 않을수록 야당과 대화하고 설득하

---

80) 이승우, 「참정연 '대연정' 토론회」, 『내일신문』, 2005년 8월 4일, 4면.
81) 김광호, 「"박 대표 대연정 거부는 5무"」, 『경향신문』, 2005년 8월 10일, 5면.

는 정치를 해야 하는데 저렇게 싸우는 자세로 나오니 답답하다"고 지적했다.[82]

노무현의 이기적 책략인가?

2005년 8월 12일 청와대는 3일 전인 9일 국무위원들과의 간담회에서 나온 노무현의 발언을 공개했다. 노무현은 한나라당의 대연정 제안 거부에 대해 "불확실성 때문에 겁이(겁을) 좀 나는(내는) 것 같다. 내가 보기엔 지금 딱 우리 정권을 인수하면 이제는 잘되는 일만 남아 있는 것 같은데, 위기는 다 해소되고 시간만 흐르면 무조건 지표가 좋아지기 마련인데 그래도 자신이 없나보다"라고 말했다. 이에 대해 『조선일보』는 "대통령이 여당 관계자들도 아닌, 국무위원들을 도열시켜놓고 자신의 정치적 설계를 국민의 마음과는 딴판인 논리를 끌어들여 강의하는 모습은 이 정권이 만악의 근원이라도 되는 듯이 하는 30년 전 유신 시절에나 보던 일이다"고 주장했다.[83]

『시사저널』 8월 16일자는 노무현의 대연정 제안에 대해 여권 핵심부는 두 갈래 분석을 내놓고 있다고 보도했다. "하나는 대연정이 말 그대로 관심 끌기용 미끼 상품이라는 것이다. 노무현 대통령의 언급에서도 드러났듯이 노 대통령이 방점을 찍고 있는 대목은 연정 그 자체가 아니라 선거구제 개편이다. …… 또 다른 이유는 일종의 성동격서 전략이다.

---

82) 정용관 · 이승헌, 「"양정철 씨, 당신이나 잘하세요": 양 대통령 홍보 비서관 계속되는 '막 글'에 비난 봇물」, 『동아일보』, 2005년 8월 11일, A6면.
83) 「대통령이 지금 정치학 강의할 때가 아니다(사설)」, 『조선일보』, 2005년 8월 13일, A27면.

…… 한나라당과의 대연정을 먼저 제기함으로써 결과적으로 소연정으로 가게 되더라도 한나라당이나 여론의 반발을 완충하는 효과를 노리려 했다는 분석이다. 이 기사는 "이런 맥락으로만 보면 '생뚱맞게' 들리던 노 대통령의 대연정론은 소기의 목적을 달성"했지만 "이 과정에서 여권이 입은 타격은 만만치가 않다"고 말했다.[84]

『한국일보』 논설위원 강병태는 "대통령은 세계 어느 나라도 여소야대로 국정을 운영하지 않는다고 말한다. 이 전제부터 궤변이다"고 지적하면서 다음과 같이 주장했다. "내각책임제에서는 애초 여소야대를 얘기할 게 없고, 대통령제에서는 의회가 언제든 여소야대가 될 수 있지만 연정을 도모하는 경우는 드물다. 그런데도 대통령제의 원조 미국은 본보기가 될 수 없다며 프랑스를 모델로 삼는 것은 상식 밖이다. …… 이기적 책략을 위해 왜곡과 궤변을 일삼은 대통령의 글을 읽어야 하는 현실은 참담하기까지 하다."[85]

한나라당 국회의원 홍준표는 "연정을 내걸려면 정권 초에 해야 했습니다. 연정의 명분은 국민 대통합입니다. 그런데 노무현 대통령께서는 처음 들어오셔서 여야를 극명하게 갈랐고, 중앙과 지방을 갈랐고, 가진 자와 못 가진 자를 갈랐습니다. 계층을 갈랐고, 지역을 갈랐고, 열린우리당을 창당하면서는 호남도 쪼개버렸습니다. 분열의 정치를 한 겁니다. 그렇게 3년을 왔어요. 이제 연정을 하자는 것은 실정에 대해 여야가 공동 책임을 지자는 것이고, 퇴임 후에 비난받지 않는 대통령이 되겠다는 속셈이라고 저는 보고 있습니다"라고 주장했다.[86]

84) 이숙이, 「'스토킹'이 된 '연정' 짝사랑」, 『시사저널』, 2005년 8월 16일, 18~19면.
85) 강병태, 「대통령은 아무나 하나」, 『한국일보』, 2005년 8월 16일, 26면.

대연정론과 관련, 전 국회 의장 박관용은 노무현이 최종 판단자가 되기보다는 '최초의 문제 제기자' 역할을 하려고 하는 것은 그의 기본적인 심성이나 성격과 관련이 있다고 주장했다. "국회의원 시절에도 마음에 안 드는 일이 있으면 '국회의원 못 해 먹겠다'고 사표를 던지고 산으로 들어갔습니다. 국회의원이 청문회를 하면서 명패 집어던지고 하는 일은 있을

한나라당 의원 홍준표는 「월간 인물과사상」과의 인터뷰에서 대통령이 이제와서 연정을 하자는 것은 실정에 대한 책임을 회피하려는 속셈이라고 주장했다.

수 없는 거죠. 어디서든 자기를 돋보이게 하고, 뭔가에 승부를 걸어 모든 것을 내던지는 듯한 행위를 좋아하고 있어요. 대통령이 그래서는 안 됩니다. 그분은 국정의 방향 자체를 잘못 잡았습니다."[87]

PK 대망론

2005년 8월 18일 노무현은 청와대에서 중앙 언론사 정치부장들과 간담

---

86) 지강유철, 「인터뷰/홍준표 한나라당 국회의원: 좌파, 우파가 아니라 국익이 중요하다」, 「월간 인물과사상」, 2005년 9월, 34~35쪽.
87) 김연광 · 김태완, 「인터뷰/박관용 전 국회의장의 직격 토로: 노무현은 포퓰리즘으로 의회 민주주의와 대의 민주주의 시스템을 무너뜨렸다」, 「월간조선」, 2005년 9월, 87~88쪽.

회를 열었다. 2시간 반가량 진행된 간담회에서 1시간을 대연정 제의에 대해 말하면서 "여러 방법으로 문제를 제기할 것이고, 야당에 대해서는 정식으로 정치 협상을 제안할 것"이라고 밝혔다. 그러나 한나라당 대표 박근혜는 "연정 논의는 이미 끝난 문제"라며 "한나라당은 이미 당론으로 거부 입장을 확실히 밝혔기 때문에 더 논의할 필요가 없다"고 밝혔다. 한나라당 원내 대표 강재섭은 "받지 않겠다는데 왜 자꾸 치근덕거리느냐"고 일축했고, 대변인 전여옥은 "아무리 힘없고 고단한 야당이지만 펑크 난 자동차에 '카풀'을 할 수는 없다"고 주장했다.[88]

8월 22일 열린우리당 상임 중앙위는 노무현의 대연정 구상 추진기구로 '지역 구도 극복과 선거제도 개편을 위한 정치개혁특위' 구성을 추인했다. 유시민이 국민투표론을 주장하는 등 개혁당 출신이 주축인 참여정치실천연대는 연정론에 적극적인 반면, 재야파 중심인 국민정치연구회는 연정론에 부정적이었다.[89] 민주당 대변인 유종필은 열린우리당이 정치개혁특위를 구성한 데 대해 "대통령이 연정이라는 잘못된 노래를 부르면 열린우리당은 후렴이나 부르는 후렴 정당으로 전락했다"며 "대통령이 말만 하면 무조건 '지당하십니다'만 연발하고 있으니 당명을 '지당하십니당'이라고 고쳐야 한다"고 주장했다.

며칠 뒤에는 열린우리당 의원 유인태가 7월 서울 인근 한 골프장에서 노무현에게 "연정론 제안은 당과 상의를 좀 하고 하시지 그러셨나"는 취지로 말을 했다가 혼쭐이 났다는 이야기가 뒤늦게 보도되었다. 노무

88) 김정훈, 「상대는 싫다는데…… '연정 짝사랑' 왜?」, 『동아일보』, 2005년 8월 19일, A3면.
89) 임석규·이지은, 「'우리' 왜 이럴까: 대연정 틈 벌어지고…… 조직 개편 갈팡질팡」, 『한겨레』, 2005년 8월 23일, 5면.

현은 당·청 핵심 인사들이 참석하는 12인 모임에서 비공개로 연정론을 처음 언급했다가 당 쪽 인사가 외부로 누설해 논란이 됐다는 점을 거론하며 "당에서 보안을 지키지 못했다"고 언성을 높였다는 것이다. 유인태는 이에 대해 "말 한번 잘못 꺼냈다가 혼이 났다"며 "노 대통령이 그렇게 화를 내는 것은 처음 봤다"고 말했다.[90]

『시사저널』(2005년 8월 30일)은 "종로 지역구를 뒤로하고 부산에 출마한 것, 민주당 후보 시절 끊임없이 뺄셈 정치를 한 것, 재신임까지 걸고 불법 대선 자금 수사를 강행한 것 등이 처음에는 다 무모하다는 소리를 들었지만, 결국 대통령 당선, 탄핵 반대 운동, 총선 승리 등으로 성공을 거두었다는, 일종의 '성공 신드롬'에 빠져 있는 것이다. 강한 자기 확신은 자연스레 '자신을 몰라주는 정치권과 국민에 대한 원망'으로 이어진다"고 했다. 이 기사는 일각에서는 'PK 대망론'이라는 음모론까지 힘을 얻어가고 있다며 다음과 같이 말했다.

"영남 낙선 인사 중용, 선거구제 개편을 통한 영남 의석 확보, 권력 분점형 개헌 등 일련의 과정을 통해 노 대통령이 영남권 공략, 특히 부산·경남권 장악에 들어간 것 아니냐는 해석이다. 한 여권 인사는 'YS 이후 PK 지역은 무주공산이다. 노 대통령은 지역주의 극복이라는 명분을 앞세우고 있지만, 주변의 PK 세력들은 노 대통령 이후를 위해서라도 확실한 지분 확보하기에 들어간 것 같다'라고 말했다. 이런 맥락에서 보면 부산·경남 인맥의 청와대 포진, 대연정 제안을 통한 한나라당 내부 흔들기, DJ 정부의 불법 도·감청 발표를 통한 DJ와의 차별화 등이 다 하

---

90) 「유인태 의원, 노 대통령에 '혼쭐'」, 『매일경제』, 2005년 8월 26일, A9면; 김용석, 「유인태 의원 '혼쭐'」, 『경향신문』, 2005년 8월 26일, 4면.

나의 흐름으로 읽힌다는 것이다. 이런 시각을 가진 쪽에서는 노 대통령이 최근 정수장학회 문제에 집착하는 것도 부산 정서를 겨냥한 것이라는 해석을 내놓는다."[91]

대통령은 21세기, 국민은 독재 시대

2005년 8월 24일 노무현은 청와대 출입 기자들과 점심을 함께한 자리에서 독일 총리 슈뢰더와 일본 총리 고이즈미의 의회 해산이 "참 부럽다"면서 "대한민국 대통령은 당을 걸고 승부를 할 수도 없고, 자기 자리를 걸고 승부를 할 수 있는 제도가 있는 것도 아니고, 그렇다고 명색이 대통령이라는 사람이 무책임하게 사표만 낸다고 이 문제가 해결되는 것도 아니다"라고 말했다.[92]

이와 관련, 『한겨레』는 사설에서 "지금 청와대엔 입 달린 사람이 한 명뿐이라는 빈정거림이 나온다. 청와대에 들어가 6개월만 지나면 입만 남고 귀는 사라진다는 이야기가 있다. 대통령이 크고 작은 과제와 담론을 쏟아내고 결론까지 내려버리니, 어느 누가 입을 열 것인가. 소통할 사람이 없으니 현장도 멀리 사라진다"고 했다.[93]

열린우리당 초선 의원 한광원도 당 홈페이지에 올린 「열린우리당에는 당원이 없고, 참여정부에는 참여가 없다」는 글을 통해 노무현의 연정 발언 등에 대해 "대통령 혼자 생각하신 것이라면 독단적이라는 비난을

91) 이숙이, 「"대통령의 뜻을 아세요?"」, 『시사저널』, 2005년 8월 30일, 19면.
92) 김의겸, 「"우리의 목표 계속 밀고 싶어…… 슈뢰더·고이즈미 의회 해산 부럽다"」, 『한겨레』, 2005년 8월 25일, 7면.
93) 「삶의 현장으로 돌아오라(사설)」, 『한겨레』, 2005년 8월 25일, 23면.

일본 고이즈미 총리의 총선 압승을 보도하는 신문들. 자민당의 압승은 고이즈미 총리
의 의회 해산이라는 도박이 가져온 성공이었다.

먼키 어렵고, 참모들과 협의했다면 국민 정서를 파악 못 한 불성실한 참
모들의 잘못"이라며 "분명한 것은 국민 여론을, 그리고 당원들 의견을
전혀 수렴하지 않은 독단적인 생각"이라고 비판했다.[94]

그러나 청와대 홍보 수석 조기숙은 8월 25일 CBS 뉴스 프로그램에 출
연해 "대통령은 21세기에 가 계시고 국민들은 아직도 독재 시대의 지도
자와 독재 시대의 문화에 빠져 있다"며 "대통령이 자꾸 장기적인 혁신
을 하려고 하는데 이게 국민하고 의사소통이 잘 안 돼 있다"고 주장했
다. 그는 부패 정치 단절에 대해 "대통령 스스로 용기를 갖고 알몸을 보
여줬다. 먼저 수술대에 올라 대선 자금 조사를 다 받았다. 그랬는데 정작
암 수술을 받아야 하는 환자들이 수술을 거부하고 했던 일이 대통령을
탄핵했던 것"이라고 했다.[95]

---

94) 김남석, 「"우리당에는 당원이 없고 참여정부엔 참여가 없다"」, 「문화일보」, 2005년 8월 26일, 5면.

이에 대해 한나라당 대변인 전여옥은 "한마디로 이런 궤변이 없다"며 "대통령이야말로 과거에 빠져 있는, 미래가 없는 사람이며 국민은 노 대통령의 새로운 스타일의 독재에 고통받고 있다고 생각한다"고 비난했다. 부대변인 이정현은 "대통령 홍보 책임자가 국민과 야당을 향해 '멍청하다'고 막말을 한 셈"이라며 "국민을 무시하고 능멸하지 말라"고 비난했다.

참여연대 사무처장 김기식은 "87년 6월항쟁을 통해 민주화를 이룬 것이 국민이고 국민의 힘으로 독재 정권을 물리치고 민주화했다"며 "그런 국민들이 독재 시대에 빠져 있다고 하는 것은 자신들의 문제를 국민에게 전가하는 상식 이하의 부적절한 발언"이라고 말했다. 경실련 정책실장 윤순철은 "정말 대통령은 21세기에 있고 국민들이 독재 시대에 있다고 생각하는지 궁금하다"며 "너무 어이없고 황당한 코미디라 웃음밖에 안 나온다"고 말했다.[96]

『국민일보』는 "대통령의 독선적 사고는 그 측근들조차 대통령의 입맛과 비위에 맞는 말을 하게 하고 때론 엄청난 파문을 초래한다. 이를테면 '대통령은 21세기에 계시는데 국민들은 독재 시대에 빠져 있다'는 조기숙 홍보 수석의 발언이 이를 입증해주고 있다"고 지적했다.[97]

『동아일보』는 조기숙의 발언이 "곡학아세(曲學阿世)에 적반하장(賊反荷杖)이 따로 없는 억지 발언"이라며 "노 대통령과 청와대 참모들은 과거사의 주술(呪術)에서 벗어나 하루빨리 21세기로 돌아오기 바란다"고

95) 배성규, 「"대통령은 21세기에 가 있는데 국민은 독재 시대 문화에 빠져"」, 『조선일보』, 2005년 8월 26일, A5면.
96) 김상협·김성훈, 「조기숙 홍보 수석 발언 파문」, 『문화일보』, 2005년 8월 26일, 2면.
97) 「멈추지 않는 노 대통령의 충격 발언(사설)」, 『국민일보』, 2005년 8월 27일, 19면.

꼬집었다.[98]

권력을 통째로 내놓을 수도 있다

2005년 8월 25일 오후 10시부터 1시간 40분간 KBS 1TV를 통해 '참여정부 2년 6개월, 노무현 대통령에게 듣는다' 라는 제목으로 방영된 〈국민과의 대화〉에서 노무현은 "(한나라당이) '연정 그 정도 갖고는 얽혀서 골치 아프니까 권력을 통째로 내놓으라' 면 검토해보겠다"고 말해 또 한 번 세상을 떠들썩하게 만들었다. 그는 "국정 운영 지지도가 29%인데, 29% 지지를 갖고 국정을 계속 운영하는 것이 책임정치의 뜻에 맞는 것인지, 내각제가 아니어서 재신임을 물을 수도 없고, 대통령직을 불쑥 내놓은 것이 맞는 것인지 확신이 없어 굉장히 고심하고 있다"고 말했다. 그는 대연정을 주장하면서 "한나라당은 극복의 대상이 아니라 대화의 상대라는 것을 인정해야 한다"고 했다.

노무현은 "국민 여론이 부정적인데도 왜 연정을 고집하느냐"는 질문에 "대통령은 신하이고 국민이 제왕인데, 제왕이 틀렸을 때는 틀렸다고 직언하는 것이 신하의 도리"라고 주장했다. 그는 "역사 속에서 구현되는 민심을 읽는 것과 그 시기 국민의 감정적 이해관계에서 표출되는 민심을 다르게 읽을 줄 알아야 한다"며 "지금의 민심이라고 해서 그대로 수용하고 추종만 하는 것이 지도자로서 할 일은 아니다. 저는 대통령을 (국민의) 신하로 생각하고 지금 과감한 거역을 하고 있다"고 말했다. 그

---

98) 「조기숙 대통령 홍보 수석의 '국민 모독' (사설)」, 『동아일보』, 2005년 8월 27일, 35면.

는 "역사에서 백성은 수백 년 엉뚱한 데 힘 실어주다가 결정적 순간에 한 번 딱 뒤집어놓고 '내가 옳았지'라고 한다"는 말도 했다.[99]

노무현은 TV 토론회에 출연한 뒤 출연 패널들과 오찬을 함께한 자리에서 "그만두고 싶다는 생각이 든다"는 절박한 심정을 드러낸 것으로 보도되었다. "대통령으로 일하기 어렵다. 평소 하고 싶은 것을 국회가 못하게 하고 소수 정권으로 힘이 없으니까 의미 없는 일을 하는 느낌이다. 그러나 함부로 내놓을 수 있는 것도 아니고 내각제인 일본의 고이즈미 준이치로 총리처럼 모든 걸 걸고 승부 할 수도 없어 답답하다. 만날 욕만 먹고 사는 것도 지친다. …… 언론이 나 개인의 인격을 희화화하는 것은 견디기 어렵다"는 심경도 토로했다는 것이다.[100]

노무현의 발언에 대해 한나라당 대표 박근혜는 "한두 번도 아니고 도대체 몇 번째냐"며 언짢아했고, 사무총장 김무성은 "대통령과 전생에 원수 사이도 아닌데 매일 아침 맑은 정신으로 출근해 대통령을 비판하려니 사람이 할 짓이 아니다"고 했다. 한나라당 대변인 전여옥은 "국민이 대통령에게 부여한 권력은 사고팔거나 넘길 수 없는 것"이라며 "대통령의 권력을 그렇게 함부로 생각하지 말라"고 비판했다.[101]

민주노동당 부대변인 김성희는 "이번 〈국민과의 대화〉에는 국민도 대통령도 존재하지 않고 한 정치인의 정치 논리에 대한 선전만이 있었다"면서 "29% 지지율을 언급한 부분은 이 선에서 대통령 역할을 포기하겠다는, 국민을 향한 '몽니 부리기'로 들린다"고 말했다. 부대변인 김배곤

99) 서정보, 「노 대통령 토론 시청률 9.6% 동일 시간대 4개 프로 중 3위」, 『동아일보』, 2005년 8월 27일, 4면.
100) 김남석, 「답답한 노 대통령」, 『문화일보』, 2005년 8월 27일, 4면; 서정보, 「"만날 욕 먹고 사는 것 지친다"」, 『동아일보』, 2005년 8월 27일, 2면.
101) 권혁범, 「이한구 '대통령 하야' 요구 파문」, 『한국일보』, 2005년 8월 27일, 7면.

은 "대통령 자리가 투전판의 도박으로 얻은 자리도 아니고, 어찌 이리도 틈만 나면 손쉽게 권력 이양 운운하는지 도무지 이해할 수 없다"고 했다.

민주당 대변인 유종필은 "민주당 정권을 탈취해 나가서 누구 마음대로 그것을 한나라당에 주겠다는 거냐"며 "이는 대통령이기를 포기한 발언"이라고 비난했다. 그는 "노 대통령이 전반전까지 뛰고 정 자신 없으면 대통령 자리를 내놓으면 된다"며 "더는 박근혜 대표의 치맛자락을 붙들고 추한 모습을 보이지 말라"고 말했다.[102]

29%에 이른 것이 누구 탓인가

2005년 8월 27일 『조선일보』는 "노무현 대통령은 요즘 연일 '권력을 내놓겠다'는 말을 하고 있다. 취임 이후 '자리 버리기' 식 발언 횟수는 모두 12차례나 된다"고 지적했다.[103] 『한국일보』는 "우리는 원인과 결과를 뒤섞어 자기 합리화에 빠진 대통령을 보았다. 그러니 권력을 통째로 내놓겠다는 헌정 파괴적 발언도 나올 수 있겠다 싶다"고 말했다.[104]

『경향신문』은 "노 대통령 취임 당시 90% 넘는 성원을 보냈고, 탄핵 후 대통령직에 복귀했을 때도 50%가 넘는 지지를 보냈던 국민들이다. 29%에 이른 것이 누구 탓인가. 그런데도 민심의 주소를 읽고, 겸허히 수용하겠다는 다짐은 없고 앞으로는 민심도 거역하고 가겠다는 대통령이다.

---

102) 이정은, 「한나라 "권력을 함부로 여기지 말라"」, 『동아일보』, 2005년 8월 26일, A4면; 김충남·오남석, 「"몇 번째야……" 정치권 '통째로 시끌'」, 『문화일보』, 2005년 8월 26일, 5면; 김정욱, 「여당서도 "대통령 말에 국민 피곤": 노 대통령 "권력 통째로……" 후폭풍」, 『중앙일보』, 2005년 8월 27일, 3면.
103) 배성규, 「"못해 먹겠다", "권력 통째로……" 벌써 12번째: 노 대통령 잇단 '자리 걸기식 발언' 왜?」, 『조선일보』, 2005년 8월 27일, A5면.
104) 「국민이 참담하다(사설)」, 『한국일보』, 2005년 8월 27일, 27면.

이제 국민들이 할 것이라고는 남은 임기 동안 또 얼마나 충격적이고, 극단적 언행을 할까를 걱정하면서 조마조마하게 지낼 도리밖에 없는 것 같아 막막해질 따름이다"고 개탄했다.[105]

『조선일보』고문 김대중은 "제발 말을 삼가고 열심히 대통령 업무에 전념하든지 정 못하겠으면 말로만 그러지 말고 대통령직을 그만두는 헌법적 절차를 스스로 밟든지 했으면 한다"고 말했다.[106] 『한국일보』이사장 명수는 "지지율이 떨어진 대통령은 뼈를 깎는 반성과 노력으로 죽도록 일하는 것 이외에 다른 길이 없다"며 다음과 같이 주장했다.

"국민을 실망시킨 대통령이 무슨 말을 하겠느냐는 죄인의 심정으로 변명도 궤변도 하지 말아야 한다. 대통령이 권력을 통째로 내놓을 수 있는 유일한 방법은 대연정이 아니라 대통령 선거를 앞당기는 것이다. 권력을 누구에게 줄지는 국민만이 결정할 수 있다. 노무현 대통령은 과연 이 정도의 시련을 이기지 못해 대통령직을 내놓을 만큼 무책임하고 나약한 인물인가. 그런 사람이라고 체념하고 싶지는 않다."[107]

그러나 노무현의 후원회장을 지낸 국민참여연대 고문 이기명은 8월 28일 한 인터넷 매체에 기고한 글에서 "노 대통령의 완벽한 논리에 탄복했다"며 노무현의 연정 제안을 적극적으로 옹호했다. 그는 한나라당을 향해 "이게 바로 하늘이 뿌려준 단비 아니냐"며 "한나라당 장관으로 정부에 들어와 정치하자는 것인데 이거야말로 호박이 넝쿨째 굴러들어온 것"이라고 말했다. 그러면서 "연정을 받아들이지 않으면 한나라당은 집

---

105) 「걱정스러운 노 대통령의 '민심'」(사설), 『경향신문』, 2005년 8월 27일, 23면.
106) 김대중, 「대통령 자리 그렇게 내놓고 싶은가」, 『조선일보』, 2005년 8월 29일, A30면.
107) 장명수, 「대통령 좀 더 겸손해야」, 『한국일보』, 2005년 8월 29일, A3면.

권 의사가 없거나 집권할 자신이 없다는 비난에 입을 닫아야 할 것"이라고 주장했다.[108]

8월 29일 노사모 대표 심우재는 라디오 방송과의 인터뷰에서 "열린우리당 의원들도 우리 사회의 고질적인 지역 구도 극복을 위해 어떤 노력을 하는가 하는 측면에서 많은 반성이 있어야 한다"며 노무현을 옹호했다. 그는 "노 대통령이 연정이 안 되면 선거구제라도 개편하자고 하니까 자신의 기득권을 놓치지 않기 위해 반발하는 듯하다"며 열린우리당 의원들을 비판했다.

노무현의 호남관

2005년 8월 29일 경남 통영 마리나리조트에서 열린 열린우리당 의원 연찬회에선 노무현의 연정론을 놓고 뜨거운 논전이 벌어졌다. 열린정책연구원장 임채정이 "중산층과 서민의 정당이라는 우리당 정체성을 회복해야 한다"는 요지로 연구원 보고를 마치자, 임종인은 "그런데 왜 노 대통령은 대연정을 제의하면서 우리가 한나라당과 정책 차이가 없다고 했느냐"면서 "나는 한나라당이 특권층과 재벌을 대변하는 당이고, 우리당은 중산층과 서민을 대변하는 당이라고 생각한다"고 말했다.

윤호중은 "연정론을 제안한 노 대통령의 순수성을 의심해선 안 된다. 열린우리당 당원과 지지자 중에 대통령의 제안에 대한 몰이해와 의심과 회의를 가진 사람들이 있기 때문에 대통령의 제안이 힘을 잃어가고 있

---

108) 「이기명 "연정 제안은 하늘의 단비"」, 『서울신문』, 2005년 8월 29일, 5면.

다"고 말했다. 유시민·정청래·이목희 등도 "연정은 어쩔 수 없다"며 거들었다. 유시민은 "지난 20년 동안 모든 게 다 바뀌었는데 유일하게 안 바뀐 게 여야가 싸우는 주제나 방식이다. 국회 본회의 주제를 보면 83년이나 지금이나 똑같다. 나도 정치를 하고 있는데 이것은 정치가 아니다. 정치질이다. 대통령이 왜 저리 난리를 치느냐면 이걸 도저히 못 봐주겠다는 거다"고 말했다.

반면 송영길은 "심도 있는 논의가 부족했다. 이게 대통령 사당(私黨)이냐"고 했다. 그는 "경제가 좀 부족하니 경제에 올인하면 될 일이지 연정 같은 국내 정치 문제로 고민해선 안 된다. 열린우리당에 연정론을 찬성하는 의원이 몇이나 되겠느냐. 지금이 대통령과 당 대표 말 한마디면 그대로 굳어지는 3김 시대냐"고 말했다. 김영춘은 "대연정은 사회 통합에도, 정치 통합에도 맞지 않다. 껍데기만의 통합이고, 결국 (지역주의를) 원점으로 되돌릴 것이다"고 말했다. 문학진은 "연정론은 당의 진로와 관련된 것이다. 그런데 대통령이 혼자 문제를 제기하고 혼자 결론까지 내려 떨어뜨리는 것은 마땅치 않다. 당은 개털이냐"고 말했다.

또 강기정은 "대통령 말에 무조건 쉬쉬하는 것은 지나친 엄숙주의"라고 했고, 장경수는 "연정 얘기만 하는 것은 집권당으로 무책임하다"고 했다. 우원식·이은영 등도 반대 의견을 냈다. 의장 문희상과 원내대표 정세균 등이 이순신을 들먹이자 송영길은 "145척을 가지고 있으면서 무슨 12척 이야기를 하고, 연정을 이야기하느냐"고 했다.[109]

8월 30일 노무현과 열린우리당 의원들의 청와대 만찬에서도 뜨거운

---

109) 오남석·김남석, 「여당 '대연정론' 불만 폭발」, 「문화일보」, 2005년 8월 30일, 5면.

논전이 벌어졌다. 노무현은 자신의 대연정 제안에 대해 "나의 전(全)정치 인생을 최종적으로 마감하고 총정리하는 단계에 들어서서 마지막 봉사를 하려는 것"이라고 말했다. 그는 "역사적 경험에서 비롯된 사고의 틀을 훨씬 뛰어넘는 발상이기 때문에 (논란이 많은 것은) 당연하다. 새로운 제안의 목표는 역사를 바꾸기 위해 정치를 바꾸자는 것"이라면서 "현실적 가능성만 생각하는 정치로는 새로운 역사를 열 수 없다"고 했다.[110]

노무현은 호남 출신 의원들이 호남 여론이 좋지 않다는 점을 얘기하자 "영남은 한나라당, 호남은 민주당으로 나뉘는 건 고쳐야 하는 것 아니냐. 호남 민심이 더 나빠져야 한다. 다음 총선에서 호남 의원들이 떨어지는 것을 우려한다는데 선거에서 떨어질 수도, 붙을 수도 있는 것 아니냐"고 말했다. 한 호남 출신 의원은 "노 대통령이 '1노 3김 청산'을 얘기하면서 호남이 더 양보해야 한다는 식으로 얘기하더라"며 "그동안 DJ 지지 기반이었던 호남이 지역주의 피해자는 아니라는 것"이라고 말했다.[111]

만찬에 참석했던 한 초선 의원은 "대통령이 1시간 30분 가까이 얘기하는 동안 단 한 사람만 연신 고개를 끄덕였을 뿐, 나머지 참석자들은 내내 어두운 표정이었다"고 당시 분위기를 전했는데, 그가 말한 단 한 사람은 바로 유시민이었다.[112] 실제로 유시민은 노무현에 대한 당내 반발에 대해 "이해하지 못할 것이 하나도 없는데 다만 이해하고 싶지 않은 사람이 많았을 뿐"이라며 일축했다.[113]

---

110) 배성규, 「"호남 의원 당 떠난다면 차라리 내가 나갈 수도"」, 『조선일보』, 2005년 9월 1일, A3면.
111) 김동진·양원보, 「"호남 민심 더 악화돼야": 노 대통령 '호남 양보론' 후폭풍」, 『세계일보』, 2005년 9월 1일, 6면.
112) 이숙이, 「퇴로 끊은 '빅딜' 대공세 어디까지 갈까」, 『시사저널』, 2005년 9월 13일, 16~18면.
113) 김동진·양원보, 위의 글.

『한겨레』는 "청와대 간담회에 참석했던 열린우리당 의원들이 보인 '충격적이다', '가슴이 철렁했다', '답답하다', '황당하다'는 반응은 대다수 평범한 국민들이 느끼는 정서이기도 하다"며 다음과 같이 말했다. "노 대통령이 연정론에 집착하는 모습을 보노라면 마치 종교적 신념과 열정에 불타는 예언자나 선지자의 모습을 연상하게 한다. 자신의 판단이 절대 틀릴 수 없다는 '무오류성'에 대한 확신으로 가득 차 있다. 그 사이에 여당 의원들의 뜻이나 일반 국민의 판단이 끼어들 틈이 전혀 없다. 정치인이나 국민은 다만 설교를 통해 자신의 숭고한 뜻을 이해시키고 교화시킬 '수준 낮은 학생'일 뿐이다. 정치 지도자가 현실 세계의 굳건한 땅에 발을 딛지 않고 속세를 벗어난 예언자처럼 행동하는 것은 위험천만하다." [114)

한나라당은 계속 무시 전략과 비난으로 대응했다. 원내대표 강재섭은 "히틀러와 같은 사고방식으로 정치의 중심에 서겠다는 발상을 끊어야 한다"며 "이제 정치 인생을 정리한다거나, 임대주택에 들어가겠다는 얘기는 그만뒀으면 좋겠다"고 말했다. 한나라당 의원 한선교는 "미친 여자가 춤춘다고 나도 같이 춤추면 미친놈 되는 것 아닌가"라고 했다. 공성진은 "노 대통령의 정신 상태는 멀티플 아이덴티티(multiple identity)인 중층자아병, 쉽게 얘기하면 자아 균열 현상이 굉장히 강하다"고 주장했다. 그는 "노 대통령은 왼쪽, 오른쪽 뇌를 연결해 주는 부분에 문제가 있다. 정상 국가를 기대하기 어렵다"고 말했다. [115)

114) 「언제까지 '벼랑 끝 전술'에 매달릴 것인가(사설)」, 『한겨레』, 2005년 9월 1일, 23면.
115) 박재찬, 「"무책임한 발상····· 국민 노릇하기 힘들다"」, 『국민일보』, 2005년 9월 1일, 7면; 이하원·김봉기, 「외면하는 야(野): "논의할 가치 없다"」, 『조선일보』, 2005년 9월 1일, A4면; 박은주, 「노 대통령에 막말 파문」, 『세계일보』, 2005년 9월 1일, 2면.

양치기 소년 같은 언행

2005년 9월 들어서도 대연정 논란은 계속되었다. 9월 1일 『세계일보』 논설위원 조병철은 표현에 강약은 있었지만 그만두겠다는 취지로 해석되는 대통령의 발언은 13~14회에 달한다며 "실존 인물은 아니지만 이솝우화에 나오는 양치기 소년은 세 번의 거짓말을 하고 거짓말의 원조 내지는 일인자로 전 세계인의 입질에 오르내린다. 13회라 해도 3번의 4배 하고도 한 번이 남는다"며 다음과 같이 말했다.

"대통령이 양치기 소년 같은 언행을 일삼는다면 양을 잃듯 국력 저하와 민생 경제 파탄으로 인한 피해는 국가와 국민에게 고스란히 돌아온다. 양치기 소년이야 산 너머 이웃 마을에 가서 새 직장을 얻으면 그만이다. 한시직인 대통령도 수틀리면 그만두고 연금 생활자로 자족할 수 있다. 종신직인 국민은 어디 가서 '국민 그만두겠다'고 하소연할 수도 없으니 복장만 터진다."[116]

『한국일보』 논설위원 조재용은 "대꾸없는 한나라당을 향해 '오래 버틸 수 없는 문제', '응답하지 않는 한 정치적 수세 국면을 벗어날 수 없을 것'이라고 공격하며 자신감마저 풍긴다. 그러나 '연정의 상대'를 이렇게 조롱해도 될 만큼 노 대통령은 자신해도 되는 것일까"라면서 다음과 같이 말했다.

"두 달 사이, 특히 요 며칠 노 대통령이 자신에게 입힌 큰 손실이 있다. 가장 힘주어 주장하는 진정성의 상실이 그것이다. 지역 구조 정치 문화에 대한 고민을 결국 고도의 정치 공학, 충격적인 정치 변동으로 풀려는

---

116) 조병철, 「양치기 소년과 매일 사표 쓰는 남자」, 『세계일보』, 2005년 9월 1일, 35면.

의도가 여기저기서 산발하는 동안 지금 노 대통령이 표출하는 것은 승부에 물러서지 않는 집요한 권력자의 모습이다. 낮은 지지도를 회피하고 우회하는 데 권력의 권한과 수단을 쓰고자 하는 그 모습이다."[117]

9월 1일 청와대 비서실장 이병완은 취임 인사차 한나라당 대표 박근혜를 만나 노무현의 회담 제의를 전했으며, 박근혜는 이를 수락했다. 그날 밤 MBC 〈100분 토론〉에서 조기숙은 "국민이 제대로 이성적으로 다 판단하는 게 아니다. 국민의 70%가 학(鶴)이 검다고 하면 검은 학이 되느냐"고 말했다. 한나라당 의원 김문수가 "국민의 뜻을 존중해달라"고 하자, 조기숙은 "자꾸 국민의 뜻 그러는데, 눈을 가리고 뜨거운 물이라고 하면 얼음물도 뜨거워 손을 못 넣는다는 심리학 실험이 있다. 그게 인간"이라고 했다. 그는 "민심은 크게 보면 옳지만, 작은 순간의 여론조사가 매번 정확하다고 보기 어렵다"고 했다. 그는 "신문에는 대통령 지지율이 낮을 때만 조사 결과가 보도된다. 그래서 국민들은 대통령 지지율이 낮은 것으로 알고 있다"고도 했다.[118]

이에 대해 『조선일보』는 "여론조사로 대통령 후보를 정한 일을 민주주의의 진전인 양 감격스러워 하고, '헌법도 국민의 뜻보다 위에 있을 수 없다'는 말을 대수롭지 않게 해왔던 게 이 정부 사람들이다. 그러더니 이제 민심이 청와대와 엇박자가 나는 듯싶자 '독재 시대에서 벗어나지 못하고 있다'며 민심을 타박하고 있는 것이다. 국민이 자신들을 지지할 때는 민심이 천심이고, 국민의 생각이 자기들과 어긋나면 국민은 시대의 낙오자라는 건 아무래도 정상인의 심보라고 볼 수가 없다"고 말했다.[119]

117) 조재용, 「쿠데타만 빼고……」, 『한국일보』, 2005년 9월 2일, A27면.
118) 정우상 · 박민선, 「"국민 70%가 학(鶴)이 검다고 하면 검은가"」, 『조선일보』, 2005년 9월 3일, A4면.

고려대 인문사회학부 교수 현택수는 "조기숙 씨를 보면 독재 시대에 권력의 단맛에 길든 지식인을 연상케 한다. 국민이 독재 시대에 있는 것이 아니라 그가 구시대에 머물러 있는 지식인이 아닌가 생각한다"며 다음과 같이 주장했다.

"권력에 종속되고 도취한 지식인이 권력에 아첨하는 무슨 말인들 못하랴. 후에 다시 대학으로 돌아가 제자들에게 무슨 말을 할 수 있을까. 사이비 지식인의 언행은 어떤 논리로도 정당화될 수 없고, 그의 말에 제자는 물론 국민 누구도 설득당하지 않을 것이다. 따라서 이런 정치교수들은 대학에 다시 돌아오면 안 된다. 지식인은 정치인 유시민처럼 '노빠'의 '짱'이 되어서는 안 된다. 지식인의 맹목적인 권력 추종이야말로 그가 보필하는 군주를 백성에게서 멀어지게 할 뿐이다."[120]

홍위병식 바람몰이 정치

진보적 지식인들도 대연정에 대해 매우 비판적이었다. 2005년 9월 4일 성공회대 교수 김동춘은 열린우리당 신진보연대 출범식에서 "노무현 정부의 정책적 취약성이 정권의 위기를 불러왔다"며 "(연정 제안은) 목표와 수단이 뒤바뀌었다. 오기와 배짱, 열정과 도덕심만으로 이끌어가던 시대는 끝났다"고 말했다. 그는 "우리 사회의 최종 목표는 지역주의 극복이 아니라 국민을 행복하게 해주는 것이고, 지역주의는 그 최종 목표를 이루는 데 큰 걸림돌일 뿐인데, 노 대통령의 연정 제안은 목표와 수단

119) 「"그래 국민이 잘못했습니다"(사설)」, 『조선일보』, 2005년 9월 3일, A35면.
120) 현택수, 「지식인 되길 포기했나」, 『한국일보』, 2005년 9월 10일, 27면.

이 전치됐다"고 말했다. 서강대 교수 손호철도 "대연정은 오히려 지역주의를 자극할 위험성이 있다"며 "어정쩡한 연정보다는 차라리 합당해 '열린한나라당'이나 '한나라우리당'을 만드는 것이 좋을 것"이라고 비꼬았다.[121]

반면 상지대 교수 김정란은 한 인터넷 매체에 쓴 글에서 "보수 언론들은 원래 대통령을 깎아내리고 모독하는 일이 유일한 목적인 것처럼 행동하는 집단이니 제쳐놓더라도, 진보적 언론과 진보 지식인들까지 나서서 대통령을 때리는 데 여념이 없다"고 주장했다. 그는 "대통령의 진정성은 의심의 여지가 없어 보인다"며 "진보 지식인들의 몰이해는 참으로 바라보기 무참하다"고 말했다.[122]

보건복지부 장관 김근태는 『매일경제』(2005년 9월 5일)와의 인터뷰에서 "노 대통령은 부산에서 한 번 (국회의원에) 당선된 뒤 안 됐는데 그게 '한(恨)'인 것 같다"며 "대통령은 그런 지역주의를 두들겨 부수고 싶은 것이다. 대통령이 결코 적당히 얘기하는 게 아니다"고 말했다. 그는 "12인 모임에서 대통령이 연정을 세 차례 말했는데 토론을 요구하지 않았다"며 "대통령이 필생 과업과 비슷하게 얘기하니까 서로 말하기가 갑갑하다"며 부정적인 심경을 내비쳤다.[123]

노사모 대표 심우재는 김근태의 부정적 입장에 대해 "올바른 지도자가 가져야 할 태도가 아니다"고 했고, 노무현의 후원회장을 지낸 이기명은 "사람들이 대붕(大鵬)의 뜻을 너무 모른다"고 했다. 이기명은 "대통령

---

121) 박주호, 「노 대통령 '연정 제안' 진보 논객들 논쟁 후끈」, 『국민일보』, 2005년 9월 7일, 3면; 이지은, 「연정론 논쟁」, 『한겨레』, 2005년 9월 8일, 4면.
122) 박주호, 위의 글.
123) 박정철·임성현, 「"연정, 노 대통령 지역주의 한(恨) 때문"」, 『매일경제』, 2005년 9월 5일, A11면.

덕에 의원 배지 단 사람이 많은데……"라며 "연정이 자신들에게 어떻게 작용할까 머리를 굴리는 모양"이라고 했다.[124]

『중앙일보』는 "예의 홍위병식 바람몰이 정치가 또다시 꿈틀댄다"며 "여당 내의 중도 성향 인사들이 한나라당과의 대연정에 동조한다면 그래도 이해할 만하다. 연정론 확산에 앞장서고 있는 이들 중에는 그동안 한나라당에 대해 '진작 해체됐어야 할 정당', '독재의 전통을 이은 수구 집단'이라며 극단적인 적대감을 표시한 의원들이 적지 않다. 실컷 욕하던 상대에게 연정 하자며 손을 내미니 그 속내를 알 수 없다. 자신의 정치적 소신과는 상관없이 대통령의 말이라면 무조건 추종하겠다는 것인가"라고 말했다.[125]

동국대 교수 김무곤은 "'연습 게임'의 잇단 승리에 자신이 붙은 건지는 몰라도 국민을 대하는 손길이 전에 없이 둔탁하다. 국민은 지금 실험실의 생쥐 취급을 당하는 느낌이다"며 "진정성이 '일방통행 정치'에 대한 면허증은 아니다. 갑자기 찾아와서 '결혼 안 해주면 뛰어내리겠다'는 건 아무리 진정성이 담긴 메시지라 해도 어디까지나 협박이다"고 말했다.[126]

노무현의 정치적 책임 윤리

이즈음 고려대 교수 최장집은 『민주화 이후의 민주주의』 개정판 후기에

---

124) 정우상, 「범여권 내부 '연정' 난타전」, 『조선일보』, 2005년 9월 7일, A5면.
125) 「'연정 지지' 바람몰이의 예고편인가(사설)」, 『중앙일보』, 2005년 9월 5일, 30면.
126) 김무곤, 「'진정성'도 때로는 협박이다」, 『경향신문』, 2005년 9월 6일, 27면.

서 '민주화 이후의 민주주의'를 약화시킨 근원으로 노무현을 지목했다. "정당을 기반으로 집권했음에도 그 정당의 정치적 이념에 기초해 사회의 갈등과 균열에 접근하는 정당 지도자로서 행위를 하기보다, 사기업의 CEO처럼 정부 조직의 혁신과 생산성을 높이는 관리자로 행위를 하는 데 관심을 집중"한 결과 "대통령 스스로 정치의 경계를 좁히고 탈정치화를 앞장서 실천하면서 이를 민주적 개혁이라고

최장집은 『민주화 이후의 민주주의』 개정판 후기에서 '민주화 이후의 민주주의'를 약화시킨 근원으로 노무현을 지목했다.

주장해왔다"는 것이다. 그는 "이런 리더십 스타일은 결국 정당정치의 기능을 축소하고 그럼으로써 민주주의를 약화시키는 데 일조할 것이 분명하다"고 비판했다.[127]

최장집은 "노무현 정부의 경우 지역주의를 통하여 정치 문제를 이해하는 것은 거의 이념이나 이데올로기 수준에 가깝다"면서 노무현이 지역주의 의제를 내놓는 것은 "실제의 중심 문제를 회피하게 될 때 그저 많은 사람들이 나쁜 것이라고 인식하는 어떤 문제를 과장하거나 극화하여 실제의 현실을 전치시키고자 하는 것과 같다"고 말했다. "오늘의 시

127) 안수찬, 「"지역 문제 정면에 내걸어 민주주의 오히려 후퇴": 최장집 교수 '연정론' 정면 비판」, 『한겨레』, 2005년 9월 3일, 1면.

점에서 지역 문제가 정권의 운명을 걸고 청산해야 할 최우선 과제가 되어야 한다고 말한다면, 그것은 뭔가 다른 의도를 가진 정치적 알리바이일 가능성이 크다"는 것이다.[128]

9월 6일 열린우리당 의원 유시민은 홈페이지 글에서 최장집의 주장을 "원인(지역주의)은 놔둔 채 결과를 개선하자는 도착된 논리"라고 반박했다. 그는 "정당 체제의 이념적 협애성이 지역주의의 위력을 키운 것이 아니라, 지역주의적 정당 구도와 거대 정당에 압도적으로 유리한 선거제도가 한국 정당 체제를 보수 일색의 협애한 공간에 묶어둔 원인이자, 제도적 환경으로 보는 것이 타당하다"고 주장했다. 그는 "『한겨레』가 최 교수의 글을 무비판적으로 인용 보도한 것을 보고 무척 놀랐다"며 "사실이 아닌 주장을 무책임하게 중계방송했다"고 말했다. 그는 "당신들의 확고부동해 보이는 논리도 알고 보면 분열이라는 질병의 한 증상일 뿐"이라고 했다. 성공회대 교수 김동춘은 유시민에 대해 "저렇게까지 옹호해야 하느냐, 안타까운 심정"이라고 했다.[129]

한신대 교수 윤평중은 "열정의 정치인인 노무현이 가장 결여하고 있는 것이 바로 정치적 책임 윤리다. 취임 이래 습관적으로 반복되는 '대통령직 걸기' 깜짝 발언들은 그 단적인 증거다. 격랑이 몰아치는 이 중차대한 시점에 국민의 생존권과 국가의 명운을 통째로 좌우할 수 있는 자신의 역사적 위상에 대한 정확한 이해와 책임 윤리를 송두리째 방기하고 있는 것이다. 정치인 노무현의 질곡은 국민과의 소통을 포기하는

---

128) 김남중, 「"지역주의 망국론 비논리적"」, 『국민일보』, 2005년 9월 3일, 5면; 정충신, 「"노 대통령 지역주의 극복 연정론 다른 의도 가진 정치적 알리바이"」, 『문화일보』, 2005년 9월 3일, 19면.
129) 정우상, 「범여권 내부 '연정' 난타전」, 『조선일보』, 2005년 9월 7일, A5면; 이지은, 「연정론 논쟁」, 『한겨레』, 2005년 9월 8일, 4면.

데서 극점에 이른다"고 말했다.[130]

열린우리당 의원 최재성은 당 홈페이지에 올린 '대통령에게서 마이크와 펜을 빼앗아야 한다'라는 제목의 글에서 "권력 구조를 바꾸고 정치제도를 바꾸는 것은 국회가 할 일이지, 대통령이 앞장서서 할 문제가 아니다"며 "대통령 스스로 임기를 단축할 수 있다고까지 했는데, 이는 국회가 권력 구조에 대한 논의의 결과를 가지고 대통령에게 제안할 문제"라고 말했다.[131]

대연정 반대자는 지역주의 기득권 세력?

2005년 9월 7일, 2시간 반에 걸친 노무현-박근혜 회담은 사실상 결렬로 끝났다. 노무현은 한나라당이 경제·민생 분야 또는 국정 전체를 책임지는 형태의 '민생 경제를 위한 초당적 내각' 구성을 제의했으나, 박근혜는 "결국 연정의 한 형태 아닌가"라면서 "앞으로 연정 이야기는 하지 말고 경제에 전념해야 한다"면서 이를 거부했다.

노무현은 박근혜에게 "열린우리당 창당은 호남당에서 벗어나기 위한 것이었다. 부산에 4~5석만 있어도 정치가 이렇게 삭막하지는 않을 것이다"라고 말했다고 한다. 회담에 배석했던 한나라당 정책위 의장 맹형규는 "회담의 처음부터 끝까지 대통령이 연정 얘기를 꺼내 지겨울 정도였다. 집요했다. 박 대표가 민생 경제를 거듭 꺼내도 노 대통령이 화제를 연정으로 몰고 갔다. 대화가 평행선을 달릴 수밖에 없었다. 대통령은 경

---

130) 윤평중, 「'바보' 노무현」, 『중앙일보』, 2005년 9월 7일, 31면.
131) 김정훈·정연욱, 「열린우리 "대통령이 다하면 당은 뭐냐"」, 『동아일보』, 2005년 9월 7일, A6면.

'대연정' 문제를 포함한 국정
현안을 논의하기 위한 노무현
―박근혜 회담은 사실상 결렬
로 끝났다.

제 위기에 대한 인식이 전혀 없었다"고 말했다. 회담 직후 여론조사 전
문 기관인 리서치앤리서치가 조사한 바로는, "박 대표 주장에 공감한
다"(48.9%)가 "노 대통령 주장에 공감한다"(18.2%)에 비해 훨씬 많은 것
으로 나타났다.[132]

9월 9일 열린우리당은 박근혜에 대한 공격을 재개했다. 청와대 회담
을 앞두곤 "박 대표는 나라를 이끌어나갈 분", "합리적이고 온화한 성
격"이라고 치켜세우던 열린우리당은 회담이 결렬되자 다시 비난을 하
기 시작했다. 열린우리당 부대변인 유은혜는 "청와대 회담 결과를 자기

---

132) 홍영림, 「"박 대표에 공감" 48% "노 대통령에 공감" 18%」, 『조선일보』, 2005년 9월 10일, A4면.

입맛대로 해석하고 개선장군인 양 행세하는 박 대표와 맹형규 정책위 의장은 자아도취형"이라고 비난했다.[133]

9월 13일 『동아일보』 논설실장 배인준은 한 여당 인사의 말을 인용해 노무현의 심리를 이렇게 분석했다. "초조감과 교만(驕慢)이 교차한다. 가만히 있으면 권력이 시들시들 말라버리고 만다는 '식물 대통령' 불안 감과 '내 수는 결국 통했다'는 자신감이다. 대세에 순응하고, 레임덕을 인내하며, 뒷전에 밀려 임기가 끝나기를 기다릴 성격이 아니다. 참는 훈 련이 안 돼 있다. 에포크(신기원)를 만들지 않고는 못 배긴다."[134]

9월 14일 청와대는 노무현이 제안한 연정의 개념과 의미, 한국의 정치 현실에서 연정이 필요한 이유 등을 정리한 '연정론 완결판'을 내놓았 다. 기획조정비서관실이 일본 규슈대 객원교수인 박동진에게 의뢰해 작 성한 '한국 민주주의와 연합 정치'라는 보고서는 "연정은 민주주의의 제반 문제들을 해소하고 한 단계 발전시키는 현대 정치의 예술이다"고 주장했다.[135]

그러나 그 '예술'은 여당 내부에도 큰 상처를 내고 있었다. 『내일신 문』 9월 15일자는 "친노 세력의 배타적이고 공격적인 태도는 당의 균열 을 더욱 심각한 수준으로 몰아가고 있다"며 다음과 같이 말했다. "유시 민 의원은 시종 연정론에 대해 미지근한 태도를 보인 당 내부를 향해 '이해 못할 것은 없는데 다만 이해하고 싶지 않은 사람이 많았을 뿐'이 라며 '자기 지역구 이해관계 때문에 일부러 오해할 준비까지 돼 있는 사

---

133) 박민선, 「"박 대표 개선장군인 양 행세"」, 「조선일보」, 2005년 9월 10일, A5면.
134) 배인준, 「정치극 아직 끝나지 않았다」, 「동아일보」, 2005년 9월 13일, A34면.
135) 김대중, 「청 '연정론 완결판' 내놨다」, 「경향신문」, 2005년 9월 15일, 4면.

람들'이라는 비난을 쏟아냈다. 주저하는 의원들을 지역주의 기득권 세력으로 몰아붙인 것이다. 기간 당원제, 연정론을 거치며 유 의원과 당내 여러 의원 간 갈등은 치유하기 어려운 수준으로 깊어졌다. 한 야당 의원이 전한 여당의 분위기는 심각한 내부 균열의 깊은 골을 보여준다. 8월 말 지방에서 열린 상임위 회의에 참석한 우리당 의원들은 야당 의원들이 옆에 앉아 있는데도 '유시민은 언제 나가나', '유시민이 열 명만 데리고 나가면 당이 잘될 것'이라고 노골적인 반감을 드러냈다고 한다."[136]

"정권을 한나라당에 넘겨줄 수도 있다"는 노무현의 대연정 파동, 그 비밀은 무엇일까? 바로 이 질문에 답할 때에 비로소 노무현 시대를 온전히 이해하고 꿰뚫을 수 있는 길이 열리게 된다. 그 답은 바로 "영남 민주화 세력의 한(恨)"이다. 이제 이 문제에 대해 심도 있게 논의해보기로 하자.

---

136) 손태복, 「여당 내 정파 간 분열의 골 깊어져: 노무현 대통령의 연정론이 남긴 여당의 내상」, 『내일신문』, 2005년 9월 15일, 2면.

영남 민주화 세력의 한
대연정 제안의 비밀

아비투스에 의한 단일 이슈 정치

대연정 파동을 어떻게 보아야 할까? '단일 이슈 정치(single issue politics)'
라는 개념으로 설명하는 게 좋겠다. '단일 이슈 정치' 란 특정 집단이 자
신들의 열악한 처지를 타개하기 위해 한 가지 이슈에만 '올인' 하면서
다른 이슈들을 그 주요 이슈에 종속시키는 걸 의미한다. 그래서 주요 이
슈에 대한 의견만 같다면, 또는 주요 이슈를 실현할 수 있는 출구만 열린
다면, 이념적으로 자신의 정반대 편에 있는 정치 세력과 연대·연합하
기도 한다. 심지어 극우와 극좌가 연합하는 경우도 있다. 그러나 국가를
책임진 집권 세력이 단일 이슈 정치에 몰두한 경우는 동서고금을 막론
하고 매우 희귀하다. 그 희귀한 사례가 양상을 좀 달리한 채 한국에 나타
났으니, 바로 노무현의 대연정이다.

　노 정권의 행태를 이해할 수 있는 키워드는 '영남 민주화 세력의 한
(恨)' 이다. 한이란 적어도 한 세대 이상 되는 오랜 세월에 걸쳐 형성된 어

떤 '아비투스(습속)'다. 아비투스는 논리와 이성의 영역을 뛰어넘는다. 그래서 자신이 그 아비투스를 내재하고 있음을 자각하지 못한다. 그러니 아무리 논쟁을 해봐야 소용이 없다.

돌이켜보면, 영남 민주화 세력만큼 가시밭길을 걸은 사람들도 없다. 1961년 박정희 집권 이래 민주화 세력은 늘 영남에선 '찬밥'이었다. 온갖 서러움을 다 당해야 했다. 특히 박정희와 김대중이 맞붙은 제7대 대통령 선거(1971년 4월 27일)가 그들에겐 '재앙'이었다.

제7대 대선은 영남 지역주의가 강하게 드러난 선거였다. 이후 영·호남 지역 구도가 강고하게 형성되면서 영남 민주화 세력은 영남에선 '고향을 배신한 세력'으로까지 낙인찍혔다. 김영삼이라는 영남 출신 민주화 지도자마저 1990년 3당 합당으로 민주화 세력의 반대편에 서버림으로써 영남 민주화 세력의 고립과 고통은 더욱 심해졌다.

반면 호남 민주화 세력은 독재 정권의 모진 탄압은 받았을망정 고향에선 대접받았다. 존경과 흠모의 대상이 되었다. 떳떳하게 고개를 들고 도덕적 우월감까지 누릴 수 있었다. 민주화 세력 내에선 호남인이 압도적 다수를 점함으로써 헤게모니까지 장악했다. '민주화'는 사실상 '호남화'였다. 영남 민주화 세력의 고립과 고통은 배가되었다. 고향에서 버림받은 동시에 민주화 진영에선 호남세에 눌려 지내야 했다.

수도권에서 김대중 정당에 소속돼 국회의원 배지를 단 비호남 출신 의원들은 호남 출신 유권자들의 비위마저 맞춰야 하는 '강요된 호남화'의 길을 걸어야 했다. 이른바 '향우회' 그룹을 지어 영향력을 행사하려는 호남 출신 유권자들의 행태는 절대 고상하지 않았다. 추태를 부린 사람들도 많았다. 절대로 겉으로 표출할 순 없었을망정 민주파 비호남 출신 의원들 사이에서 독재 정권과는 다른 반(反)호남 정서가 싹트지 않을 수 없었다. 독재 정권은 내내 영남이 장악했지만, 정치권 야당의 헤게모니 세력은 호남이었다는 사실, 이건 한국 정치를 이해하는 데에 매우 중요한 사실임에도 간과되고 있다.

영남 민주화 세력의 한과 지역 구도 타파

영남 민주화 세력의 고립과 고통은 김대중이 대통령에 당선돼 대통령 임기를 끝내면서 큰 전환점을 맞게 되었지만, 의식과 문화는 하루아침에 사라지거나 청산될 수 있는 것이 아니었다. 영남 지역주의라는 맨땅에 여러 차례 헤딩을 함으로써 호남인의 호감과 신뢰를 얻어 대통령에 당선된 노무현은 자신이 영남 민주화 세력의 오랜 한을 풀 수 있으리라 확신했다. 노무현은 그 한풀이에 '지역 구도 타파'라는 명분을 동원했다.

영남 민주화 세력의 한을 푸는 게 지역 구도를 타파하는 것이고, 지역 구도를 타파하는 것이 영남 민주화 세력의 한을 푸는 길이라는 점에서 둘은 같은 것처럼 보였지만, 실상은 전혀 다른 것이었다. 그건 차별받은 호남의 한을 푸는 것이 지역 구도 타파로 연결되지 않았던 것과 비슷한 이치였다. '지역 구도 타파'를 먼저 생각하는 경우와 그 반대로 그간 맺힌 한풀이를 앞세운 뒤 그 일에 '지역 구도 타파'라는 명분을 갖다 붙이는 것은 선후가 바뀐 정도를 넘어 그야말로 천지 차이였다.

이제 시간이 흘러 분명해졌지만, 노무현은 지역주의에 대한 올바른 인식이나 문제의식을 가진 사람도 아니었다. 한화갑의 증언이다. "2002년 민주당 후보 경선 때 노무현 후보가 만나자고 해서 만났더니 자기를 도와달라고 하는 것입니다. 내가 '나도 경선에 나가야 할 입장인데 어쩌겠느냐' 했더니 '내가 전라도 DJ 밑에서 머슴살이를 했는데 또 더 하란 말이냐'고 하는 것이었습니다. 이 말을 듣는 순간 인간적인 실망이 들었습니다. 자기밖에 모르는 사람이고 이해의 폭이 없는 사람으로 보였습니다. 그것이 어떻게 머슴살이란 말입니까! 겉으로는 지역감정을 타파한다면서 속으로는 지역감정에 휩싸인 사람입니다. 도대체가 전라도 머슴살이였다는 게 뭡니까? 자신도 '광주 사람들이 내가 좋아서 찍었겠느냐, 이회창이 싫으니까 찍은 거지'라고 말하지 않았습니까!"[137]

유종필의 주장이다. "노 대통령의 후보 시절 '동서 화합, 국민 통합'의 기치에 감동해 노무현 캠프에 참여했으나, 지금은 노 대통령의 머리와 가슴속에 뿌리 깊은 지역 우월주의가 자리 잡고 있다는 확신한다. 영남 출신 노 대통령의 '호남당' 운운에는 호남에 대한 멸시와 비하 의식이 짙게 배어 있다."[138]

그러나 한화갑·유종필의 생각은 적어도 한동안 다수 호남인들에게 받아들여지지 않았으며 또 여전히 많은 호남 엘리트들이 노무현에게 지지를 보내고 있었다는 점에서 현실적인 한계를 안고 있었다. 노무현은 오히려 한화갑·유종필의 생각을 지역주의로 몰아붙였고, 이게 힘의 논리에 의해 먹혀들어갔다. 누가 옳건 그르건 정치 현실만 놓고 보자면 그렇다는 말이다.

137) 엄광석, 『3월 9일부터 5월 14일까지: 탄핵, 그 혼돈의 내막』(청어, 2004), 194쪽.
138) 박석원, 「"노 대통령 머릿속엔 뿌리 깊은 지역주의": 민주 유종필 대변인 책 펴내」, 『한국일보』, 2007년 1월 19일, A4면.

노무현의 교묘한 위장술

노무현에게 우선적인 건 영남 민주화 세력의 한을 풀고 자신의 고향에서 인정받고 싶은 인정 욕구 충족이었다. 노무현이 대통령이 되기 전엔 그게 분명하게 드러나기 어려웠다. 그는 지역 구도 때문에 피해를 본 희생자로만 여겨졌기 때문이다.

그런가 하면 정치 평론가 양동주는 민족 문제를 다루는 진보적 월간지인 『민족21』 2004년 3월호에 쓴 글에서 '반(反)DJ, 반(反)호남 정서의 본질은 노무현 자체이며 그 점은 그가 걸어온 상대적으로 짧은 정치 경력 속에 이미 뚜렷이 각인되어 있다'고 주장했다. 그는 "노무현과 그의 조숙한 386 참모들은 대권을 쟁취하기 위한 여정에서 교묘한 위장술을 성공적으로 구사하였다. 공식적으로나 비공식적으로나 노무현은 DJ에게 철저히 아부하였고 그 대상은 동교동 구주류라면 누구든 상관없었다. 노무현은 실질적으로 김근태 의원이 이끈 당정 쇄신 운동에 단 한 번도 참여하지 않았고 같이 하자는 권유도 단호히 뿌리쳤다"며 다음과 같이 말했다.

"대북 송금 특검에서부터 시작해 최근의 한화갑 사태에 이르기까지 취임 직후부터 지금까지 줄기차게 추진돼온 노무현의 'DJ 죽이기'는 당선 전부터 굳게 작심한 일련의 프로젝트의 일환이며 그 중간쯤에 민주당의 분당 사태가 놓여 있을 뿐이다. …… 호남인들은 이인제나 노무현의 숨겨진 지역주의의 또 다른 측면인 반DJ, 반호남을 직시하지 못하는 과오를 저질렀을 뿐이다. 그들은 그 대가를 톡톡히 치르고 있을 뿐이지 배반당하고 유린당하고 있는 것이 아니다. 가장 노무현에게 혹독하게 당하고 있는 당사자인 DJ를 보라. DJ는 노무현을 일절 비난하지 않는다.

분당에 대해서도 분명하게 공식적인 언급을 하지 않고 있다. 다만 새로 구성된 민주당 지도부와의 면담 석상에서 한 '내가 정치를 잘못했다. 모두 내 탓이다' 라는 말 속에서 자신의 판단 착오를 시인하고 사과하였을 뿐이다."

양동주의 주장에서 주목할 만한 대목은 노무현의 '교묘한 위장술' 이다. 노무현이 '교묘한 위장술' 을 쓴 건 분명하지만, 김영삼·김대중도 그런 정도의 위장술은 구사했다고 보는 게 옳을 것이다. 문제는 위장술의 결과다.

김영삼은 5·6공 세력을 지켜줄 것처럼 위장했다가 그들을 숙청했고, 김대중은 김종필(JP)에게 권력을 줄 것처럼 위장해 성사시킨 DJP 연합으로 집권한 후 오리발을 내밀었다. 김영삼·김대중은 정치 도의적으론 비난받을 짓을 했지만, 민주화 세력의 박수는 받았다. 노무현도 '민주당 죽이기' 로 처음엔 박수를 받았지만, 손뼉을 오래 치긴 어려운 문제를 안고 있었다. 노무현의 위장술은 한나라당에 정권을 넘겨주는 대연정으로까지 치달았기 때문이다. 지역 구도 때문에 피해를 본 희생자로만 여겨졌던 노무현이 대통령 권력을 누리면서 가해자가 될 수 있다는 게 분명해진 것이다.

노무현이 영남 민주화 세력의 한을 풀기 위해 구사한 3대 이슈는 '대북 송금 특검', '민주당 죽이기', '한나라당과의 대연정' 등이었다. 모두 상상을 초월하는 파격이었다. 셋째 파격은 실패로 돌아갔다. 두 번의 파격이 모두 성공했는데, 왜 셋째 파격은 안 된단 말인가? 노무현은 이 점을 이해하기 어려웠다.

늘 자신의 모든 걸 거는 '치킨 게임' 으로 대통령 자리에 오르고 다수

당까지 만들어낸 노무현은 자신이 늘 시대를 앞서 간다는 확신으로 무장한 채 '국민은 20세기, 대통령은 21세기'라는 말마저 믿게 되었다. 그래서 그는 셋째 실패에서 아무런 교훈도 얻지 못한 채 장관직을 선거에 이용하는 등 국정 운영마저 영남 민주화 세력의 한을 풀기 위한 도구로 활용하는 넷째 파격을 연출했지만, 이 또한 실패로 돌아갔다.

지역주의에 도전하다 중독된 비극

'지역 구도 타파'의 선결 조건은 권력자의 출신 지역이 어디냐에 따라 정책 · 인사가 좌우되지 않는 공정하고 투명한 시스템을 만드는 것임에도, 노무현은 정반대로 나아갔다. 조급한 한풀이 욕망이 앞선 나머지 오히려 시스템을 엉망으로 만든 건 물론이고 급기야 나중엔 영남 표 얻겠다고 스스로 '부산 정권'임을 주장하는 지경까지 이르고 말았다.

그러면서도 노무현은 '87년 지역 구도'로 가기 전의 여야 구도로 돌아가야 한다는 명분을 당당히 앞세웠을 뿐만 아니라 오히려 큰소리쳤다. 이게 바로 노무현식 지역주의의 면죄부였다. 길게는 36년 짧게는 20년 묵은 역사의 업보를 자신이 단칼에 해치울 수 있다고 믿는 만용도 놀랍지만, 1987년의 지역 구도를 김영삼 · 김대중만의 문제로 보는 발상의 단순함도 낭만적이었다. 그러나 결코 노무현만 탓할 일은 아니었다. 의외로 많은 지지자를 거느리고 있는 지역주의 인식이었기 때문이다.

생각해보자. 1987년 이전에 무엇이 있었나? 한 세대 기간에 걸친 독재만 있었다. 1987년에서야 최초로 제도권화를 이룬 민주 세력은 왜 분열했는가? 권력자의 출신 지역이 어디냐에 따라 정책과 인사가 극편향되는 시스템이 문제였다. 따라서 그 시스템을 바꾸는 것이 문제 해결의 출발점이지, 그 시스템을 악화시키면서 인위적으로 정당 구성원들을 뒤섞는 건 답이 아니었다.

노무현의 생각이 옳을 수도 있다. 그러나 그는 김대중 정당에 들어간 뒤 '교묘한 위장술'을 쓰느라 한 번도 그 생각을 밝힌 적이 없었다. 검증은커녕 논의된 적조차 없었다. 민주당의 계승·발전을 이루겠다는 충성 맹세만을 수없이 외쳤을 뿐이다. 광주에선 그 맹세의 일환으로 큰절까지 했다. 그래 놓고서 대통령이 되자 표변하여 자기만이 모든 답을 안다는 듯 선구자 노릇을 하려 들었다. 이게 과연 온당한가? 이건 지역주의 문제가 아니었다. 민주주의 기본 원리에 관한 문제였다. 인간으로서 갖춰야 할 진정성의 문제이기도 했다.

우리가 염원했던 민주화란 시스템 교정의 기회이기도 했다. 시스템이 교정되면 지역주의가 약화하면서 이념·정책이 살아날 것이다. 이건 오랜 시간과 더불어 인내가 필요한 과정이다. 조급한 모험주의·영웅주의 야말로 가장 경계해야 할 악덕이다. '부산 정권'임을 내세워 해결하려는 건 최악의 수법이었다.

'부산 정권'은 노무현의 최측근인 전 청와대 민정 수석 문재인이 곧하게 될 발언이었지만, 지역에 따라 말을 바꾸는 건 노무현의 특기이기도 했다. 앞서 지적했듯이, 노무현은 2004년 7월 9일 전북 군산에서 열린 혁신 토론회에서 "선물을 주러 온 게 아니다. 전북 스스로 지역 혁신 역량을 키우라"고 발언한 반면, 그로부터 20일 후인 7월 29일 전남 목포에선 "광주·전남은 직접 챙기겠다. 큰판을 벌이겠다"고 말했다. 이와 유사한 사례가 한둘이 아니다. 지역주의에 도전하다 지역주의에 중독된 비극이라고나 할까?

　문재인 · 노무현의 발언을 선의로 해석하자면, 영남 민주화 세력의 한이 판단 장애를 일으켰다고 볼 수 있다. 그러나 이들은 그 한이 만든 아비투스를 자각하지 못하기 때문에 늘 남 탓을 하고 세상을 원망했다. 자신들의 진정성을 몰라준다고 억울해했다. 아마 진심으로 그랬을지도 모른다.

임원혁의 '영남 민주화 세력의 고민'

'영남 민주화 세력의 한'이라는 표현 대신 '영남 민주화 세력의 고민'이라는 부드러운 표현으로 이 문제를 지적해 반향을 일으킨 사람은 한국개발연구원 연구 위원 임원혁이다. 2005년 8월 임원혁은 대연정 파동을 노무현이 영남 민주화 세력 출신이라는 사실에 초점을 맞춰 역사적인 관점에서 분석했다.

　임원혁은 "2002년 대선은 맹목적 지역주의에서 벗어나 이념과 가치 중심으로 정치권이 재편될 계기를 마련해주었지만, 실제 정계 개편은 엉뚱한 방향으로 흐르고 말았다. 집권당 내 소수파로서 정권을 잡은 영남 민주화 세력이, 민주화라는 가치보다는 영남이라는 지역을 중심으로 정치적 기반을 다지려고 했기 때문이다. 양극화 해소와 같이 민주주의의 사회경제적 기반을 공고히 하고 광범위한 지지를 받을 수 있는 정책보다 영남발전특위처럼 상식적으로 이해하기 어려운 제안이 선거 대책으로 더 중시된 것도 이런 맥락에서 이해될 수 있을 것이다"라고 지적하면서 다음과 같이 말했다.

"한나라당에 대한 대연정 제안은 영남 민주화 세력이 자신의 정체성을 포기하고라도 정치적 입지를 확보하려는 시도로 볼 수 있다. 선거구제 개편이나 개헌 논의도 같은 맥락이다. 그런데 이런 논의는 현실 정치인인 영남 민주화 세력에게는 절박한 문제일 수 있지만, 국민 대다수에게는 뜬구름 잡는 이야기일 뿐이다. 국민 대다수가 공감하지 못하는 정치 공학적인 논쟁으로 참여정부의 후반기를 시작하는 것이 과연 현명한 일일까? 흘러가는 시간이 아까울 뿐이다." [139]

노무현의 대변인이라 할 수 있는 유시민이 『한겨레21』 인터뷰에서 굳이 임원혁의 이름을 거명하면서 반박한 점은 임원혁의 지적이 많은 사람들에게 설득력 있었다는 걸 시사한다. 유시민은 대연정의 필요성을 역설하면서 다음과 같이 주장했다.

"호남에서 왜 그리 많이 밀어줬나? 저 사람이 영남에서도 많이 득표할 수 있다, 적자로 가업 계승이 안 되니 양자를 들여서 밀어주기만 하면 이회창을 이길 수 있다, 한나라당이 다시 집권하는 것을 막을 수 있다, 이러한 기대로 노무현 후보를 광주에서 확 밀어준 것 아니냐. 이것은 비극적이다. 암 환자에게 모르핀 주사를 놓은 것과 똑같다. 노 대통령은 자신이 모르핀에 불과하다는 것을 잘 알고 있다. 투약된 모르핀 약이 암을 뿌리 뽑겠다고 지금 나선 것이다. 지금 이게 얼마나 말이 안 되는 상황인가. 그런데 호남에서는 '니가 뭔데?' 하고, 임원혁 박사는 이것을 '영남 민주화 세력의 고민'이라 표현했다. 이것은 사태를 완벽히 잘못 보는 것이다." [140]

139) 임원혁, 「영남 민주화 세력의 고민」, 『한겨레』, 2005년 8월 30일, 31면.
140) 신승근, 「"3김이 만든 앙시앵레짐 날려버리자": 대연정 논란 연쇄 인터뷰 - 유시민 의원」, 『한겨레21』, 2005년 9월 13일, 16~24면.

유시민의 이 주장은 "호남 사람들이 나를 위해서 찍었나요. 이회창이 보기 싫어 이회창 안 찍으려고 나를 찍은 거지"라는 노무현의 2003년 9월 발언의 복사판이다. 유시민은 대연정을 역설하면서 그간 잘 위장해온 자신의 지역주의관을 엉겁결에 스스로 폭로하고 말았다. 그간 유시민은 영남 출신이면서도 호남을 옹호하는 사람인 것처럼 알려져왔지만, 알고 봤더니 그게 아니었다. 그게 꼭 위장이었을까? 아니었을 가능성도 있다. 아비투스의 문제일 수도 있다. 영남 민주화 세력의 한을 푸는 일에 도움이 되거나 장애가 되지 않는 한 진보적 인사로서 상식적인 수준의 판단을 하지만, 그렇지 않은 경우엔 자기도 모르는 사이에 표변하는 것이다.

이영성의 노무현 이해하기

노무현에게 표를 준 사람들이 노무현을 '모르핀'으로 이용했다? 일부 사람들의 경우, 그럴 수도 있겠다. 그러나 그와 같은 경우에도 그렇게만 보는 건 폭력이다. 우리 인간의 생각이란 늘 복합적이다. 지역 구도가 타파되면 누구에게 이익인가? 그 이익의 실현을 위해 노무현이 기여하리라는 기대가 없었을까? 노무현이 생각하는 방법만이 옳다는 보장이 어디 있는가? 노무현이 생각한 방법은 민주적 논의 과정을 거친 것인가? 앞서 지적했듯이, 적어도 공론장엔 어느 날 갑자기 튀어나온 생각이 아닌가? 그런데 그 생각을 거부한다고 해서 그렇게 험한 말을 들어야 하는가?

사실 자기만이 선하고 정의롭고 현명하다는 독선·독단·독주야말로 노 정권의 암적 요소였다. 노 정권 사람들의 선의를 이해하려 애를 쓴다면, 다시금 영남 민주화 세력의 한이 그만큼 처절하다는 깨달음으로 돌아가지 않을 수 없다. 임원혁에 이어 그 문제를 지적한 이는 『한국일보』 정치부장 이영성이다. 2005년 9월 그는 노무현을 이해할 만한 사람들을 찾아 물어보았더니, 노무현의 진정성을 믿는 사람들은 '영남 민주화 세력의 소외' 라는 답을 내놓았다고 말했다.

이영성은 "노 대통령은 어린 시절에도, 젊은 시절에도 고향에서 소외된 그룹에 속해 있었다. YS를 통해 정치에 입문했을 때도 상도동의 변방 인물이었을 뿐이었다. 1990년 3당 합당을 거부하면서 고단한 야당의 길을 걸었지만 고향은 그를 '호남(DJ)에 붙은 배신자' 로 손가락질했다. 몇 번이고 출마했지만 정치적 고향인 부산은 그를 외면했다. 대통령이 돼 금의환향했지만 그래도 부산은 지난해 총선에서, 올해 재선거에서 노무현

|편집국에서|

이영성
정치부장

노무현 대통령은 난해하다. 아무리 이해하려 해도 이해하기가 쉽지 않다. 한 두 번도 아니고 이만 열번 권력을 내놓겠다고 하니 그 깊은 속을 헤아릴 길이 없다. 지역구도 극복을 위해 임기까지 단축할 수도 있다고 하니 새로운 세상을 열겠다는 선지자처럼 보이기도 하고 풍차를 향해 돌진하는 돈키호테처럼 보이기도 한다.

그러나 그 어떤 경우도 현실 정치인처럼 보이지 않는다. 선지자나 돈키호테는 현실에 모순을 느끼지만 이를 개조할 힘을 갖지 못해 광야를 떠돌며 진리를 구하고 풍차를 향해 온 몸을 던지는 것이다. 하지만 노 대통령은 현재 이 나라에서 가장 큰 권력을 쥐고 있다. 그런 노 대통령이 국민과 상식적 대화를 하지 않고 역사와 대화를 하는 선지자처럼 행동하니 우리가 이해하기 힘든 것이다.

그래서 노 대통령을 이해할만한 사람들을 찾아 물어보았다. 그들도 정확히는 몰랐다. 다만 두 가지로 가닥을 추릴 수는 있었다. 하나는 판을 뒤흔들겠다는 전략적 노림수가 있다는 것이고 다른 하나는 인간 노무현의 고독과 소외가 대통령직까지 걸면서 지역구도 극복에 나서게 하고 있다는 것이다.

노무현 이해하기

특히 노 대통령의 진정성을 믿는 사람들은 후자의 해석을 내놓았다. 그들은 노 대통령의 정서를 조금 확대하면 영남 민주화세력의 소외라고 규정했다.

곧자는 이랬다. 노 대통령은 어린 시절에도, 젊은 시절에도 고향에서는 소외된 그룹에 속해 있었다. YS를 통해 정치에 입문했을 때도 상도동의 변방 인물이었을 뿐이었다. 1990년 3당 합당을 거부하면서는 고단한 야당의 길을 걸었지만 고향 그들 '호남(DJ)에 붙은 배신자'로 손가락질 했다. 몇 번이고 출마했지만 정치적 고향인 부산은 그를 외면했다. 대통령이 돼 금의환향했지만 그래도 부산은 지난해 총선에서, 금년 재선거에서 노무현의 사람들을 우수수 떨어뜨렸다.

형벌이 어렵지만 의지가 강한 사람들은 언젠가 고향에 돌아가 친구들로부터, 친척들로부터, 짝사랑했던 여인으로부터 존경과 사랑을 받겠다는 꿈을 갖는다. 노 대통령도 그랬을 법한데 고향은 대통령으로 돌아온 그를 여전히 냉대한 것이다. 한나라당 정형근 의원을 뽑아주면서 자신의 동지들은 떨어뜨리는 부산을 보면서 그는 모순과 분노를 느꼈을 것이다.

따라서 그가 외치는 지역구도 극복은 호남의 한을 말하는 것이 아니다. 노 대통령과 그 주변의 영남 측근들에게는 영남 민주화세력의 소외와 한이 골수에 사무쳐 있다고 한다. 영남에서, 아니면 부산에서라도 노무현의 사람들이 국회의원으로, 시장으로, 구청장으로 당선되는 변화가 생긴다면 대통령직도 내놓을 수 있다는 것이다.

물론 그게 전부는 아닐 것이다. 노 대통령은 대선과 총선을 기적적으로 두 번이나 이긴 대단한 전략가이자 승부사이기 때문에 소외와 한만으로 대통령직을 걸고 있다고 보기는 어렵다. 분명 내년 지방선거와 개헌 정국을 염두에 둔 전략적 구상이 있을 것이다. 지금은 국민 다수가 고개를 가로저리지만 지역구도 극복을 위해 모든 것을 던지겠다는 말을 6개월쯤 하고 난 내년 초에는 민심이 '한나라당은 반대로 하지말고 지역구도 극복의 대안을 내놓아라'고 할 지도 모를 일이다. 그러나 그런 전략이 있을 때도 그 저변에 고향에서 박대받는 영남 민주화세력의 한이 깔려있음을 생각하면, 이해할 수 없는 노 대통령의 언행을 조금이나마 이해할 수도 있을 법하다.

leeys@hk.co.kr

'영남 민주화 세력의 소외와 한'은 노무현을 이해하는 핵심 요소다.

의 사람들을 우수수 떨어뜨렸다. 형편이 어렵지만 의지가 강한 사람들은 언젠가 고향에 돌아가 친구들로부터, 친척들로부터, 짝사랑했던 여인으로부터 존경과 사랑을 받겠다는 꿈을 가진다" 며 다음과 같이 말했다.

"노 대통령도 그랬을 법한데 고향은 대통령으로 돌아온 그를 여전히 냉대한 것이다. 한나라당 정형근 의원을 뽑아주면서 자신의 동지들은 떨어뜨리는 부산을 보면서 그는 모순과 분노를 느꼈을 것이다. 따라서 그가 외치는 지역 구도 극복은 호남의 한을 말하는 것이 아니다. 노 대통령과 그 주변의 영남 측근들에게는 영남 민주화 세력의 소외와 한이 골수에 사무쳐 있다고 한다. 영남에서, 아니면 부산에서라도 노무현의 사람들이 국회의원으로, 시장으로, 구청장으로 당선되는 변화가 생긴다면 대통령직도 내놓을 수 있다는 것이다." [141]

이영성은 이어 "물론 그게 전부는 아닐 것이다. 노 대통령은 대선과 총선을 기적적으로 두 번이나 이긴 대단한 전략가이자 승부사이기 때문에 소외와 한만으로 대통령직을 걸고 있다고 보기는 어렵다. 분명히 내년 지방선거와 개헌 정국을 염두에 둔 전략적 구상이 있을 것이다"고 토를 달긴 했지만, 그건 예의상 한 말로 보는 게 옳을 것 같다. 그 이후 벌어진 일은 모두 '소외와 한' 으로 통하는 것이었기 때문이다.

조경태 사건

오히려 문제는 영남 민주화 세력의 소외와 한이 공론화하기가 어려울

---

141) 이영성, 「노무현 이해하기」, 『한국일보』, 2005년 9월 2일, A26면.

정도로 깊고 처절하다는 데에 있었다. 이걸 잘 보여준 게 이른바 '조경태 사건'이다. 2005년 8월 29일 열린우리당 의원 워크숍에서 국회의원 조경태(부산 사하 을)가 전 대통령 김대중과 북한 국방위원장 김정일을 비유하며 연정의 당위성을 강조한 발언 내용이 뒤늦게 알려졌다.

조경태는 "노무현 대통령의 연정 제안은 지역주의 문제가 절박하기 때문"이라며 "내가 한 가지 예를 들겠다"라고 말문을 열었다. 그는 "2000년 6·15 남북 정상회담 때 부산 어르신들이 '김정일은 선글라스도 멋있고 걸음걸이도 씩씩하다. 그런데 DJ는 걸음걸이도 그렇고 창피하다'고 했다"면서 "그때 부산에서 DJ와 김정일에 대해 투표를 했으면 김정일 지지율이 더 높게 나왔을 것"이라고 말했다. 그는 "지역주의가 이데올로기보다 상위에 있다는 것을 느꼈다"며 연정 당위성을 역설했다.

『국민일보』에 따르면, "순간 좌중은 찬물을 끼얹은 듯 싸늘해지고, 대부분 의원의 표정이 딱딱하게 굳었다고 한다. 한 의원은 '다들 어안이 벙벙해졌다'고 당시 분위기를 전했다. 사회를 보던 구논회 원내 부대표가 부랴부랴 '표현이 부적절하다. 그 발언은 없었던 것으로 하고 회의록에서도 빼자'고 좌중에 동의를 구했다. 조 의원은 수긍했고, 다른 의원들도 문제의 발언을 외부에 발설하지 않기로 암묵적 공감대를 이뤘다."[142]

보라, 영남 민주화 세력의 '소외와 한'은 열린우리당 의원들조차 감내하기 어려운 수준의 것이었다. 그런 조경태의 생각은 곧 노무현의 생각이었다. 그런 실상은 공론화하기 어렵기 때문에 자꾸 나오는 게 '지역구도 타파'라는 명분이었고, 이 명분만으론 설득력이 떨어지니까 유시

---

142) 김호경, 「"6·15 남북회담 때 DJ 걸음걸이 등 창피 김정일 부산서 출마했으면 지지율 앞서"」, 『국민일보』, 2005년 9월 3일, 5면.

민식의 폭력적 강공이 나오게 된 것이다. 영남 민주화 세력의 한은 노 정권의 판단력 장애를 가져왔다. 모든 비극은 여기서부터 비롯되었다. 그런 뒤틀린 판단력으로 민생 문제인들 어찌 제대로 다룰 수 있었으랴. 한풀이의 동력을 받은 '단일 이슈 정치'의 슬픈 운명이다.

노 정권이 기여한 다원성의 축복

그러나 노 정권은 의도하지 않은 결과로서 한국 사회에 크게 이바지했다. 그건 바로 단일 대오의 해체다. 다원성의 진작이다. 노무현 덕분에 이제 더 이상 민주화 세력은 하나가 아니었다. 호남도 하나가 아니었다. 물론 오래전부터 내부 이견은 있었지만 노무현 시대처럼 서로 갈등하다 못해 적대적으로까지 대립한 적은 없었다. 이는 노무현 시대의 확실한 업적이다. 이를 부정적인 분열로 보는 시각도 있지만, 성장통으로 볼 수도 있거니와 민주화 세력 전체가 자기 성찰을 잃어버리는 최악의 사태보다는 더 나은 현상일 수도 있다.

　노무현의 가장 강력한 지지 세력은 야당과 보수 언론에 대한 증오심이 강한 세력과 과거사 청산 세력이었다. 노무현이 가장 확실하게 해낸 업적이 바로 이것이기 때문이다. 반면 최장집의 경우처럼 민생을 중시하는 진보파는 "한국 사회의 민주화를 지지했던 세력과 노무현 정부를 구별해야 한다"면서 민주 세력이 노 정부와 결별할 것을 요구했다.[143] 크게 보아 '과거사 청산 진보파'와 '민생 진보파'의 분화가 확실하게 이루

---

143) 손제민, 「"노 대통령은 개혁 리더 아니다 / 민주 세력 현 정권과 결별해야": 최장집 교수 경향 60돌 기념 인터뷰」, 『경향신문』, 2006년 9월 28일, 1면.

어진 것이다.

기질에 따른 차이도 있었다. 노무현의 가장 확고한 지지 세력은 '아웃사이더 기질'을 가진 사람들이었다. 그 어떤 문제에도 여전히 목숨을 걸다시피 하면서 노무현을 지지하는 사람들이 대부분이다. 노무현을 비판·비난하는 사람들이 많아질수록 아웃사이더 기질파의 노무현 지지도는 더욱 강고해진다. 이유는 없다. 그건 아웃사이더 기질파의 본능이다. 자신이 아웃사이더이기에 맺힌 한을 노무현에 투영한 결과다.

아웃사이더 기질과 진보성은 같은 점도 있지만 다른 점도 있다. 아웃사이더 기질파는 '책임 윤리'가 박약하다. 그간 미분화된 채로 진보의 우산 밑에 같이 머무르던 아웃사이더 기질파가 그 모습을 확실하게 드러낸 것도 노무현 시대의 공이라면 공이다. 이 다원성의 축복을 어떻게 사회 발전에 활용할 것인지가 남은 숙제다.

그럼에도 비극은 비극이다. 어쩌면 모두 다 잘해보자는 뜻이었을 텐데 그토록 소통 불능 상태에 처하게 된 건 민주적 훈련의 부족 탓인지도 모른다. 독선적 소신이 존경받던 세월이 너무 길었다. 자신이 누리게 된 새로운 권력의 무게는 의식하지 않은 채 예전에 하던 그대로 내지르고 보는 관성을 고집하면서 수많은 사람에게 고통과 상처를 주는 비극이 벌어졌다. 한때 같은 길을 걸었던 사람 중에서 그 비극이 비극인지도 모르고 환호하는 사람도 있었고 그런 행태에 환멸을 느끼는 사람도 있었다는 게 노무현 시대의 현실이었다. 역사의 업보치곤 가혹했다.

타살인가, 자살인가?
노무현 정권의 지리멸렬

10 · 26 재선거와 이강철

2005년 10 · 26 재선거는 대구 동 을, 울산 북구, 경기 광주, 부천 원미 갑 등 네 곳에서 치러진 선거였지만, 선거 2개월여 전부터 대통령 노무현의 최측근 인사인 청와대 시민사회 수석 이강철의 도전이 가장 큰 화제로 떠올랐다. 야당의 영남 진출이라고 하는 노무현의 한과 더불어 13대 총선부터 대구에서만 네 차례 총선에 출마해 낙선한 바 있는 이강철의 한이 어우러져 대구 동 을이 초미의 관심사로 떠올랐다.

　이강철이 '대구 개발 공약 사건'으로 구설에 오른 것도 바로 그런 배경 때문이었다. 그는 9월 2일 대구 상공회의소 초청 간담회에서 경제 발전 지원을 약속했다. 이 자리엔 재정경제부 · 산업자원부 차관과 건설교통부 기획관리실장 등 고위 공무원들도 참석했다. 『중앙일보』 정치 전문 기자 김진은 "이 수석이 경제에 관여한 것은 인사 수석이 호남 출신이라고 서해안 개발을 다룬 것과 비슷하다. 더군다나 이 수석은 재 · 보

선의 대구 출마를 검토하고 있다"고 꼬집었다.[144]

9월 23일 이강철은 대구시청 기자실에서 가진 기자 간담회에서 "대구시와 한나라당 의원의 노력에도 대구지하철 3호선 설계비에 대한 예산 배정이 불투명했으나 노무현 대통령에게 직접 보고해 내년도 정부 예산안에 예산 30억 원을 반영시킨다는 확답을 받았다"고 밝혔다. 그는 "대구지하철 3호선은 사업 타당성 종합 분석 결과(AHP)가 0.461로 추진 기준치(0.5)보다 낮아 예산 배정이 어려운데도 정부 예산이 배정되는 것은 전례가 없다"고 덧붙였다. 또 그는 "한국토지공사 사장을 만나 대구 테크노폴리스 조성 기본 협약을 다음 달 중 대구시와 체결하겠다는 약속도 받아냈다"고 강조했다. 이에 한나라당 대구시당은 "지하철 3호선과 테크노폴리스 조성 사업을 이 수석 당선과 연계해 정치 공작적으로 선심을 쓰는 것은 사전 선거운동의 극치"라는 성명서를 발표했다.[145]

9월 26일 이강철은 10·26 대구 동 을 국회의원 재선거에 열린우리당 후보로 출마하기 위해 사표를 제출했다. 한나라당 사무총장 김무성은 "대통령 부인 권양숙 여사가 이 수석과 함께 대구 행사에 나타나고, 24일에는 부천에 나타나 선거운동을 했다"며 "내달에는 노 대통령이 대구를 방문한다는 현지 보도가 잇따르고 있다"고 비판했다. 이에 대해 청와대 부대변인 최인호는 "대통령 내외의 정상적 일정까지 정쟁의 도구로 활용하는 데 개탄을 금치 못한다"며 "김 총장은 정작 한나라당 소속 부천시장이 왜 권 여사를 초청했는지 물어봤는지 궁금하다"고 반박했다.[146]

---

144) 김진, 「시민사회 수석 이강철 부적절한 대구행」, 『중앙일보』, 2005년 9월 7일, 6면.
145) 정용균·정연욱, 「이강철 수석 '힘자랑'」, 『동아일보』, 2005년 9월 24일, 8면.
146) 김광덕, 「대구서 4전 5기 성공할까」, 『한국일보』, 2005년 9월 27일, 6면.

『동아일보』(2005년 9월 27일)는 "10년간 약 1조 2000여억 원의 사업비가 들어가는 대구 3호선은 예산처 예비타당성 조사에서 탈락한 사업이다. 기존 1, 2호선의 적자가 크고 부채가 1조 원을 넘는다는 것도 탈락의 한 사유다. 이 전 수석은 이런 사업을 위해 대통령에게 '로비'를 해 예산안 '끼워 넣기'를 한 셈이다. 사전 선거운동의 성격이 짙다. 대통령과 측근이 예산 끼워 넣기를 하는데 과연 누구에게 투명한 예산 운용을 주문할 수 있겠는가. 세수(稅收)가 왜 부족한지 한 번쯤이라도 생각해봤는지 묻고 싶다"고 말했다.[147]

한나라당의 전승

10 · 26 재선거의 평균 투표율은 39.7%로 지난 4 · 30 재 · 보선의 평균 투표율 33.6%에 비해 6.1%포인트 상승했다. 지역별 투표율은 울산 북구 52.2%, 대구 동 을 46.9%, 경기 광주 34.4%, 부천 원미 갑 29.0%였다. 투표율이 소폭 상승한 것은 지난 8월 시행된 개정 선거법에 따라 집에서 투표하는 부재자투표 방식 도입과, 선거 연령이 20세에서 19세로 낮아진 것 등이 이유가 된 것으로 분석됐다.[148]

선거 결과 한나라당이 4개 지역에서 전승을 거두었다. 대구 동 을 유승민(득표 52.0%), 울산 북 윤두환(49.1%), 경기 광주 정진섭(33.2%), 부천 원미 갑 임해규(50.5%) 등이 당선되었다. 차점자 득표율은 대구 동 을 열린우리당 이강철 44.0%, 울산 북 민주노동당 정갑득 45.5%, 경기 광주

147) 「어제 하루에 떠돈 세금 괴담(사설)」, 『동아일보』, 2005년 9월 27일, A35면.
148) 이명진, 「투표율 39.7%…… 조금 올라」, 『조선일보』, 2005년 10월 27일, A4면.

대구 동 을, 울산 북구, 경기 광주, 부천 원미 갑 4개 지역에서 치러진 10 · 26 국회의원 재선거. 결과는 여당의 전패로 나타났다.

무소속 홍사덕 30.8%, 경기 부천 원미 갑 열린우리당 이상수 33.4% 등이 었다. 네 곳 후보들의 평균 득표율만 따져보면 한나라당이 46.2%, 열린우리당이 25.1%, 민주노동당 13.6%였다. 이로써 국회 의석 분포는 열린우리당 144석, 한나라당 127석, 민주당 11석, 민주노동당 9석, 자민련 3석, 무소속 5석 등이 되었다. 지난해 4 · 15 총선과 비교할 때 열린우리당 의석은 8석 줄었고, 한나라당은 6석이 늘었다.

호남권 인구가 40%에 육박해 역대 당선자들이 모두 호남을 기반으로 한 민주당 소속이거나 호남 출신이었던 부천 원미 갑에서 경북 출신인 임해규가 당선된 것도 화제가 되었다. 한나라당 관계자는 "지난 17대 총선에선 호남 표의 1~2%만 얻은 것으로 추정되지만, 이번에는 10% 이상을 득표한 것 같다"고 말했다.[149]

박근혜는 "현 정권의 나라 흔들기, 경제 실정에 대한 준엄한 평가였다"고 선거 결과를 정의한 뒤 "한나라당도 이번 선거를 계기로 많은 것을 생각하고 나가야 한다"고 말했다. 한나라당 대변인 전여옥은 "노무현 정권에 대한 분노와 불신을 확인했다"면서 "한나라당은 승리에 취하지 않을 것"이라고 했다. 정책위 의장 맹형규는 "한나라당이 이겼다기보다는 여당이 진 것"이라고 논평했다.[150]

여론조사 기관인 더피플이 재선거 지역 네 곳의 투표 참가 유권자를 대상으로 후보 결정 이유를 조사한 바로는, 네 곳 모두 "정부·여당이 잘못해서 한나라당 찍었다"가 70%인 반면, "한나라당이 잘해서 찍었다"는 10% 안팎에 지나지 않는 것으로 나타났다.[151]

열린우리당 내에서는 재선거 전패의 후폭풍이 거세게 불어닥쳤다. 그걸 예감한 노무현은 27일 "선거 결과를 대통령의 국정 운영에 대한 평가로 받아들인다"며 "당은 동요치 말고 정기국회에 전념하도록 당부하며, 개인적인 이견과 견해가 있더라도 국민에게 우려를 끼치는 일이 없었으면 한다"고 밝혔다.

그러나 이에 대해 당내 일각에선 반발이 일었다. 한 재선 의원은 "대통령이 당을 혼자 좌지우지하려 한다"며 "또 다른 권위주의 아니냐"고 말했다. 신기남이 중심이 된 '신진보연대'는 성명을 내고, "이번 재선거 성적표는 정부와 열린우리당에 중병을 선고한 진단서"라며 "말로만 서민과 중산층을 위한 정당이 아니라 실제로 이들을 대변하는 당의 정체

149) 김봉기, 「한나라 관계자 "호남표 10% 이상 얻은 듯": 부천선 무슨 일이……」, 「조선일보」, 2005년 10월 28일, A6면.
150) 최재영, 「"한나라 승리보다 여당이 진 것"」, 「경향신문」, 2005년 10월 28일, 3면; 권혁범, 「몸 낮춘 한나라」, 「한국일보」, 2005년 10월 28일, A3면.
151) 이하원, 「"여(與) 못해서 한나라 찍었다" 70%」, 「조선일보」, 2005년 11월 10일, A4면.

성을 확립하기 위해 당의 인적 구조를 전면 쇄신하고 비상 대책위를 구성해야 한다"고 주장했다. 재야파인 '경제 민주화와 평화통일을 위한 국민연대' 소속 의원 선병렬은 "당이 개혁을 실천하려면 지도부에 정치적 무게가 실려야 하는데, 현재 대통령 비서실장 수준의 대표로는 안 된다"며 현 지도부의 무조건 사퇴를 주장했다.[152]

노 정권은 타살되지 않았다. 자살이었다

2005년 10월 27일 인터넷 매체 『데일리안』에는 「노 정권은 타살되지 않았다. 자살이었다: 민심 이반 과다 복용으로 스스로 목숨을 끊었다」라는 기명 논설(나기환)이 실렸다. 풍자적으로 쓰긴 했지만 이 논설은 "10월 26일. 노무현 정권의 사체가 발견되었다. 네 군데의 깊은 상처를 입고서 죽어 있었다"는 말로 시작해 "정치가 정치를 그 목적으로 할 때 그 정권의 운명은 자살로 끝난다. 국민을 위한 정치로 돌아서고 겸허한 마음으로 국민 앞에서 권력의 투구와 갑옷을 벗어버려야 한다"는 말로 끝나는 등 자극적인 표현을 구사했다. 이에 대해 청와대는 이 논설에 대해 대응 조치를 강구 중이라고 발표했다.[153] 『데일리안』의 청와대 출입 기자에 따르면 "청와대 춘추관장이 전화상으로 '청와대에서 주관하는 출입 기자 대상 각종 행사 등에 취재를 불허하기로 결정했다'고 통보했다"고 밝혔다.[154]

---

152) 이지은, 「"더 이상 이대론 안된다 문희상 체제 물러나야": 열린우리당 재선거 참패 후폭풍」, 『한겨레』, 2005년 10월 28일, 5면.
153) 정우상, 「여당 일부 "대통령이 왜 논의 막나"」, 『조선일보』, 2005년 10월 28일, A5면.
154) 배성규, 「'청와대 취재 봉쇄' 언론 새 역사」, 『조선일보』, 2005년 11월 1일, A3면.

10월 28일 열린우리당의 문희상 의장을 비롯한 상임 중앙위원 전원이 재선거 참패의 책임을 지고 총사퇴했다. 여당은 2004년 1월 11일 창당한 이후 1년 9개월여 동안 정동영 4개월, 신기남 3개월, 이부영 5개월, 임채정 2개월, 문희상 6개월 등으로 이어져 오면서 평균 4개월 만에 당 의장이 바뀐 셈이다. 이날 긴급 소집된 열린우리당 중앙위원-국회의원 연석회의에서는 노무현 대통령에 대한 비판과 당·정·청 전면 쇄신 주장이 잇따라 제기됐다.

오전 8시부터 4시간 40분간 계속된 연석회의에서 참석자 150여 명(의원은 118명) 중 발언에 나선 35명 대부분이 당 지도부의 퇴진을 주장했고, 10여 명은 청와대를 대놓고 비판했다.

정장선은 "개헌이나 선거구제 개편, 연정 등은 대통령이 아니라 당이 결정할 문제"라며 "노무현 대통령은 정치 문제에 관여하지 말고, 민생에 전념해야 한다"고 말했다. 그는 정기국회 후 내각 총사퇴를 주장했다. 안영근은 "대통령이 주말에 당 지도부를 불러 뭔가 결정하려는 것은 대단히 오만한 일"이라며 "당을 부속물로 생각하는 대통령의 간섭에서 완전히 벗어나야 한다"고 주장했다. 문학진은 "나도 대통령을 모셨던 사람이지만 대통령은 오류가 없는 사람이냐. 대통령이 신(神)이냐. 당이 왜 자기 색깔을 내지 못하고 청와대만 따라가느냐"고 질타했다.

이석현은 "서민은 생활고를 느끼는데 개혁 과제에만 매달려왔다. 배고프다는 사람에게 풍악을 울려주는 식이었다"고 비판했다. 김성곤은 "우리가 논리적으로 맞는 얘기를 해도 국민 정서를 따라가지 못하고 있다. 똑똑하지만 싸가지 없는 당"이라고 했다. 유승희는 "재선거 패배의 근본 원인은 청와대에 있다. 청와대가 국민이 원하는 일을 해야 하는데,

정책에 대해 신경 쓰지 않고 연정론이나 얘기했다"고 비판했다. 그는 "청와대는 국민의 뜻을 왜곡해서 당을 무책임하고 무기력한 정당으로 만들고 있다"며 "청와대는 대통령과 코드를 맞추는 사람들이 아닌 국민의 입장과 뜻을 제대로 전달하는 사람들로 채워져야 한다"고 주장했다.

김동철은 "대연정을 일방적으로 제기하고, 틈만 나면 편지 쓰고, 의원들을 청와대에 불러서 강연하는 등 오만의 극치"라며 "국민이 정서적으로 대통령의 발언을 때로 품위 없고 경솔한 것으로 받아들인다"고 했다. 이호웅은 "청와대가 당정 분리 원칙을 지킨다고 강조했지만 진짜 중요한 사안은 전부 청와대의 결정을 따랐다"고 비판했다. 우원식은 "당에서 민생 정책 개발에 힘을 쓰겠다고 밝힌 날 노 대통령이 대연정을 발표하는 바람에 국민의 시선을 끌지 못했다"며 "청와대에서 국민의 목소리를 가로막는 사람을 쇄신해야 한다"고 주장했다. 임종인은 "1차 책임은 청와대에, 2차 책임은 (연정론을) 말리지 못한 당에 있다. 대통령에게 '지당하십니다' 라고만 말한 사람들도 책임져야 한다"고 주장했다.[155]

『경향신문』은 "청와대가 외치면 당은 무조건 따라 한다고 해서 '청창당수'(靑唱黨隨)라는 말까지 들은 열린우리당이었기에, 이런 비판과 자성이 나왔다는 게 신기할 정도다"며 다음과 같이 말했다. "사실 4·30 재·보선 참패 후에도 열린우리당은 '뼈저린 반성'을 한다고 했다. '서민과 중산층의 정당'으로서 정체성을 세우겠다면서 '2005 뉴스타트 운동' 선포식까지 가졌다. 한데 노무현 대통령이 연정론을 꺼내자 거기에

---

155) 이지은, 「"당을 부속물로 생각 말라" "대통령이 신이냐"…… 청와대는 침묵」, 『한겨레』, 2005년 10월 29일, 5면; 조인직·장강명, 「"대통령이 신이냐", "당은 부속물이냐": 여당, 노 대통령 정면공격…… 지도부 총사퇴」, 『동아일보』, 2005년 10월 29일, 3면; 박두식, 「여 의원들 대통령 정면 비판」, 『조선일보』, 2005년 10월 29일, 1면.

박자를 맞추느라 세월을 지새웠다. 당의 정체성에 정면으로 반하는 대연정 같은 것에조차 '노'라고 하지 못하는 당이기에 권위주의 시절의 거수기 여당보다 더하다는 비아냥을 듣는 것이다. 대통령의 말 한마디에 당의 정책이 춤을 추고, 대통령의 편지만 기다리는 집권 여당이 선거에서 전패를 거듭하는 것은 이상한 게 아니다."[156]

노무현의 '독선과 아집'

2005년 10월 29일 당·정·청 수뇌부 만찬에서 노무현은 "당이 정치의 중심이 돼야 한다"는 원칙을 되풀이한 뒤 "이해찬 총리와는 계속 같이 일하겠다"는 말로 국정 쇄신 요구에 답했다. 10월 30일 열린우리당 16개 시도당 위원장들은 2006년 2월로 예정된 임시 전국 대의원 대회까지 당을 이끌어갈 임시 당 의장으로 원내대표 정세균을 만장일치로 선임했다.

10월 30일 노무현은 청와대 출입 기자들과의 오찬 간담회에서 "내년 초부터 취임 3년을 맞는 2월 25일 사이 적절한 시기에 나름의 평가와 내 진로에 대해 전체적으로 정리해서 국민에게 발표할 것"이라며 "지금 구상을 하고 있다"고 말했다.[157] 또 노무현은 "내가 그동안 정치를 하면서 겪어온 풍파를 돌이켜보면 어제 그런 일(우리당 사태)은 아무것도 아니다"며 "나뿐만 아니고 우리 정치서 그런 일은 수없이 많았고 훨씬 험악한 일도 수없이 많았는데 다 넘겼다"고 말했다.[158]

『중앙일보』는 노무현의 '내년 초 구상' 발언에 대해 "며칠 뒤에 그런

---

156) 「당 의장만 바꾸는 쇄신은 의미 없다(사설)」, 『경향신문』, 2005년 10월 29일, 23면.
157) 정연욱·김정훈, 「노 대통령 "내년 초 내 진로 밝힐 것"」, 『동아일보』, 2005년 10월 31일, 1면.

발표를 한다고 해도 정국이 요동치는 판인데 내년 상반기 중에 그 같은 발표를 하겠다고 하는 것은 그때까지 국민을 불안 속에 잡아두겠다는 것과 다를 바 없다. 보기에 따라선 국민에 대한 협박으로까지 비친다"고 말했다.[159]

『조선일보』는 "국민의 소리는 물론이고 자기네 국회의원 목소리에도 귀를 막은 대통령이 매일 밤 청와대 구중심처(九重深處)에서 머리를 싸매고 엮어갈 대국민 보고서가 또 어떻게 국민을 놀라게 할지 벌써 그게 걱정이다"고 말했다.[160]

『동아일보』는 "이 총리와는 계속 함께 가겠다는 것은 정국 수습책과 거리가 멀다. 이 총리는 노 대통령과 더불어 국정 파행 및 이로 인한 민심 이반을 가속한 장본인이 아닌가. 이런 이 총리를 칭찬하며 계속 기용하겠다는 것은 대통령의 현실 인식이 여전히 안이하거나 의도적으로 민심을 무시하겠다는 것으로밖에 볼 수 없다"고 했다.[161]

『한국일보』 이사 장명수는 "노 대통령의 가장 큰 단점은 독선과 아집이다. 그는 충분히 검토되지 않고 정리되지 않은 정치적 야망을 독선과 아집으로 밀고 가려 했고, 그 과정에서 번번이 혼란과 국력 낭비를 불렀다. 때로는 아마추어처럼 순진하고 즉흥적이었으며 그 때문에 신뢰가 땅에 떨어졌다. 그가 집착해온 지방화와 분권화, 과거사 정리, 지역 구도 타파 등은 중요하고 필요한 과제들이다. 임기 중에 반드시 이런 과제들을 성공시키겠다는 그의 꿈을 이해할 수도 있다. 문제는 그 꿈을 추진하

<hr>

158) 김광호, 「"1천억 선뜻······ YS 참 통 큰 사람」, 『경향신문』, 2005년 10월 31일, 4면.
159) 「노 대통령의 '내년 초 구상'은 또 뭔가(사설)」, 『중앙일보』, 2005년 10월 31일, 30면.
160) 「청와대 벽에 대고 고함친 집권당 의원들(사설)」, 『조선일보』, 2005년 10월 31일, A31면.
161) 「이것이 대통령의 정국 수습책인가(사설)」, 『동아일보』, 2005년 10월 31일, A35면.

는 방법이 너무 독선적이고, 돌발적이고, 대화와 타협을 무시한다는 데 있다"며 다음과 같이 말했다.

"2002년 대통령 선거의 의미를 잊지 말아야 한다. 노무현 후보는 체제 밖의 인물이었다. 그는 체제와 맞서 싸운 경력이 있고, 대학 교육을 받지 않았고, 오래 옥살이를 한 공산주의자를 장인으로 둔 인물이었다. 그를 대통령으로 뽑은 것은 변화를 갈망하던 한국인들의 엄청난 실험이었다. 대통령은 그 실험을 실패로 끝나게 할 생각인가. 악조건 속에서도 자신을 지지했던 유권자들을 조롱받게 할 셈인가. 대통령은 즉시 내각과 청와대를 개편하고 국정을 쇄신해야 한다. 자신의 임기가 2년이나 남아 있다는 것을 감사해야 한다. 레임덕을 개의치 말고 겸손하게 열심히 일한다면 2년은 실패를 만회하기에 충분한 시간이다."[162]

노무현의 '독선과 아집'이 심각하긴 했지만, 그 다른 이름은 '소신과 뚝심'이기도 했다. 그가 비난받는 이유는 그가 사랑받은 이유와 다르지 않았다. 너무도 똑같았다. 상황만 달라졌을 뿐이었다. 대통령이 되기 전 그가 뼛속 깊이 간직한 '영남 민주화 세력의 한'은 자신을 희생하는 방식으로 이루어졌기에 찬양과 숭배의 대상이 되었지만, 대통령이 된 후 엔 그 한이 국정 운영을 책임져야 할 상황에서 발휘되었기에 비극으로 전락한 것뿐이었다.

---

162) 장명수, 「갈 길 험한 대통령」, 『한국일보』, 2005년 10월 31일, A3면.

노사모가 노무현을 신격화했다
노무현의 댓글 정치

노사모가 노무현을 신격화했다

2005년 10월 29일 유시민은 경남 창원에서 열린 참여정치실천연대 창립 총회 특강에서 "노무현 대통령은 여당 안에서 작은 탄핵을 당했다"고 주장했다. 전날 있었던 열린우리당 연석회의와 관련, 유시민은 "회의장에 앉아 있는 동안 고통스러웠고, 연석회의 결정은 다수파에 의한 친위 쿠데타일 수 있다"고 말했다. 그는 "수석 당원인 대통령이 무슨 말을 하면 고맙게 여겨야지, 탄핵 세력의 논리를 그대로 따라 했다"며 "144명의 여당 의원 중 대통령을 인간적으로 존경하는 의원 수로는 원내 교섭단체(20명)도 이루지 못할 것이다. 노 대통령 지지 의원이 여당에서 3분의 1이 안 된다"고 했다. 그는 "당을 함께할 수 있을지 확률을 모르겠다. 매우 심각한 사태"라며 "우리에겐 당을 나가든지 입 다물고 있으라는 말로 보인다"고 했다.[163]

유시민의 주장에 대해 정동영계 의원인 채수찬은 "공동 책임을 져야 할 지도부의 일원이었던 유시민 의원이 지금 정치 평론이나 할 때냐. 자중하라"고 했고, 재야파인 우원식은 "대통령 비판하면 반노로 모는 것은 편협하고 오만한 것"이라고 했다.[164]

11월 1일, 1970년대 학생운동권 출신이 주축인 '아침이슬' 모임 소속인 열린우리당 국회의원 한광원은 당 홈페이지에 올린 '유시민 의원! 그만 하세요'라는 제목의 글에서 "유 의원이 생각하는 당의 길은 무조건 대통령의 말에 따르고 본인의 뜻과 맞아야 하는 것이냐"며 "의원들이 소신껏 목소리를 내면 대통령이 탄핵당한 것이냐"고 따졌다. 그는 "본인 생각만 맞고 다른 사람의 의견은 무조건 틀린 것이냐. 그러면 국민도 틀렸느냐"며 "당이 어려워 당 체제를 정비하자는 데 왜 대통령을 끌어들여 본인의 위상을 높이려 하는지 이해할 길이 없다"고 했다. 그는 "왜 유신 독재 시절 여당 의원들이 했던 '모르쇠질'을 부추기는지 이해가 가지 않는다"고 말했다.[165]

열린우리당 국회의원 송영길은 자신의 홈페이지 '의정일기'에 "노사모를 중심으로 한 지지자들이 노무현 대통령을 신격화하고 정치를 타락, 부패시켰다"고 주장한 한 네티즌의 글을 올려놓았다. 이 네티즌은 "독선적 아집에 사로잡혀 국민을 교정해나가려던 노무현 정부의 정치 부패상이 결국 지지율의 급격한 붕괴를 불러오며 재·보궐 선거에서 계속 참패하는 정권적 파탄 상황을 보여주고 있다"고 주장했다. 그는 특히

163) 김정선, 「유시민 "노 대통령 여(與) 안에서 작은 탄핵"」, 『경향신문』, 2005년 10월 31일, 4면; 박재찬·서지현, 「여 강경파들 분화 조짐」, 『국민일보』, 2005년 10월 31일, 3면; 정우상, 「대통령 비판' 놓고 계파 간 갈등」, 『조선일보』, 2005년 10월 31일, A5면.
164) 정우상, 「'대통령 비판' 놓고 계파 간 갈등」, 『조선일보』, 2005년 10월 31일, A5면.
165) 장강명, 「"유시민 의원! 그만 하세요"」, 『동아일보』, 2005년 11월 2일, A6면.

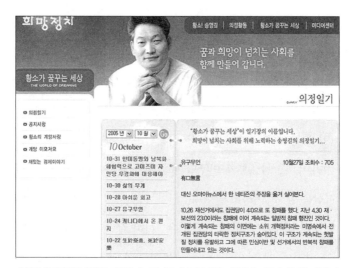

송영길 열린우리당 의원은 자신의 홈페이지에 '노무현 정권 타락은 노빠들의 신격화 때문'이 라고 주장한 한 네티즌의 글을 올렸다.

"노사모를 중심으로 한 노 대통령의 지지자들은 노 대통령을 신격화했 고, 이것이 결국 노 대통령의 개혁 정치를 부패시키며 몰락의 길로 내몰 았다"면서 "노무현이라는 한 인간이 신이나 그와 비슷한 무오류의 절대 적 존재가 될 수 없음에도 정치적으로 그를 신격화하며 정치를 타락시 키고 부패시켰다"고 덧붙였다.[166]

열린우리당의 타이타닉 증후군

2005년 11월 2일 열린우리당 의원 염동연은 지방선거(2006년 5월) 이전에 민주당과의 통합을 추진할 공식 기구를 여당 내에 설치해야 한다며, 이

---

166) 박재찬, 「"노 정권 타락은 노빠 탓" 글 논란」, 『국민일보』, 2005년 11월 4일, 4면; 이재국·전병역, 「노선 정리 강요받는 '문어발 의원'」, 『경향신문』, 2005년 11월 4일, 4면.

주장이 받아들여지지 않으면 "정치적으로 중요한 결단을 할 수도 있다"고 밝혔다. 그는 "현재 여권이 겪고 있는 위기는 전통적인 호남 지지층의 분열에 따라 어떤 후보도 선거에서 이기기 어렵다는 것"이라며 "이런 근본적인 문제를 놔두고 다른 해법을 찾아서는 안 된다"고 말했다. 그는 4일에도 "민주당과의 통합을 위해서라면 삼보일배라도 하고 싶은 심정"이라며 "당 지도부가 민주당과의 통합 제안을 받아들이지 않으면 중대 결심을 할 것"이라고 말했다.[167]

이에 대해 민주당 대변인 유종필은 "이미 끝난 이야기"라면서 "자기네 당의 위기에 왜 남의 당을 끌어들이는지 알 수가 없다"고 비난했다.[168] 그는 나중에 공식 논평을 통해 열린우리당 내에서 일고 있는 합당 주장을 '타이타닉 증후군'이라며 비판했다. 그는 "열린우리당 내에서 합당을 주장하는 의원들은 자기 하나 살기 위해서 체면도, 논리도, 정치 도의도 벗어던지고 달려들고 있다"면서 "이는 침몰 직전인 배에서 일어나는 일"이라고 말했다. 이어 "침몰하는 배에서 살고 싶으면 개별적으로 탈출하면 될 일이지 왜 남의 배까지 침몰시키자는 것이냐"고 말했다. 이어 열린우리당과의 합당을 '동반 자살행위'라고 지적하면서 합당 반대 입장을 거듭 밝혔다.[169]

11월 3일에 발표된 『문화일보』와 한국사회여론연구소의 공동 여론조사(10월 31일 실시)에서 정당 지지도는 한나라당 37.4%, 열린우리당 16.2%로 격차가 더 벌어진 것으로 나타났다. 민주노동당은 9.7%, 민주

---

167) 박두식, 「"열린우리·민주 통합 추진 기구 필요"」, 『조선일보』, 2005년 11월 3일, A2면; 김정욱, 「"민주당과 통합하라" 탈당 예고?」, 『중앙일보』, 2005년 11월 5일, 6면.
168) 박준석, 「여 '민주 합당론' 재부상」, 『서울신문』, 2005년 11월 4일, 5면.
169) 박준석, 「민주 "여 타이타닉 증후군"」, 『서울신문』, 2005년 11월 8일, 5면.

당은 5.1%였다. 한나라당에 대한 지역별 지지도는 광주·전라(8.2%)와 강원·제주(27.5%)에서만 열린우리당에 뒤졌으며, 연령별로 친여 성향으로 알려진 20대(32.5% 대 19.0%)와 30대(33.4% 대 18.4%)에서도 모두 열린우리당을 압도했다. 열린우리당은 호남 지역에서도 21.2%의 지지도에 그쳐 22.4%를 기록한 민주당에 뒤졌다. 대통령 국정 운영 지지도는 24.8%였다.[170]

11월 3일 열린우리당 의장 정세균은 "역대 집권 여당의 지지율이 이만큼 떨어진 적이 없을 정도로 지금은 심각한 위기 상황"이라며 "청와대와 정부는 말을 많이 해서는 안 된다"고 말했다.[171]

11월 7일 『국민일보』 편집인 백화종은 "재선 영패 후 열린우리당 몇 사람이 청와대는 똑바로 하라며 국정 쇄신을 요구했다. 그러나 노 대통령의 친위 세력들이 '어디다 대고……' 하며 눈을 부릅뜨자 그들 대부분은 '그게 아니고……' 라며 자세를 낮추는 모습이다."라고 지적하면서 "다소 시끄럽더라도 싸워야 한다. 국민이 싸우는 모습을 싫어할 테니 병이 있더라도 쉬쉬하며 덮고 가야 한다는 주장이 있으나 이는 병을 키울 뿐이다. 처절한 논쟁을 통해서만 병의 정확한 진단과 올바른 처방이 가능하다"고 말했다.[172]

170) 오남석, 「여야 지지율 격차 확대」, 『문화일보』, 2005년 11월 3일, 7면.
171) 김정훈, 「"청와대-정부 말을 아껴야"」, 『동아일보』, 2005년 11월 4일, A8면.
172) 백화종, 「매를 덜 맞았나, 이골이 났나」, 『국민일보』, 2005년 11월 7일, 27면.

중산층은 서민이, 서민은 빈민이 됐다

2005년 11월 8일 『한국일보』 산업부장 이창민은 정부 정책 홍보 사이트 '국정 브리핑'의 '한국 경제 회복 궤도 진입'이란 제목의 기사에 달린 대통령의 답글은 차라리 눈을 감게 만든다고 말했다. "참 좋은 기사입니다. 혼자 보기 너무 아깝다는 생각이 들었습니다. 이런 기사는 따로 고객 통신 서비스를 하나요?" 이 답글에 대해 이창민은 "아무리 측근 논객들이 대통령이 경제 살리기에 전념하고 있다고 부르짖어도 간단없이 터져 나오는 대통령의 터무니 없는 낙관론과 튀는 발언은 말하는 사람의 진정성을 의심케 한다"고 말했다.[173]

11월 8일 『경향신문』 논설위원 양권모는 "레임덕의 바로미터라는 40% 아래의 지지도 속에서 노 대통령이 국정 수행력을 발휘할 수 있던 것은 어쩌면 '노랑 스카프를 매고 한강을 건넜다'는 친노 세력의 강고한 사랑이 있었기 때문일 터다. 그건 노 대통령을 욕하려는 사람들을 쭈뼛거리게 하는 '보이지 않는 손'이었다. 10·26 이후 여권의 사태는 이 최후의 보루마저 힘을 잃고 있음을 증명한다는 점에서 범상찮다. 이번에도 친노 세력은 '말 같지 않은 개소리' 같은 댓글로 반노의 목소리를 압박했지만, 그 메아리는 희미했다. 예전처럼 기죽은 의원들은 찾기 어려웠다"고 말했다.[174]

11월 9일 열린우리당이 개최한 '국민과의 대화'에서 인터넷 매체 『프레시안』의 논설 주간 박태견은 "현 정부 3년 동안 중산층은 서민이 됐고, 서민은 빈민이 됐다"며 "부자들이 돈을 안 써 경제가 어려운 게 아니

173) 이창민, 「오해와 이해」, 『한국일보』, 2005년 11월 8일, 30면.
174) 양권모, 「노 대통령 사전에 레임덕은 있다」, 『경향신문』, 2005년 11월 8일, 34면.

라 중산층과 서민이 쓸 돈이 없어 경제가 어렵다"고 말했다. 그는 "국민의 90%가 찬성하는 아파트 분양 원가 공개도 해결하지 못하고 세수가 부족하다고 소주세를 올리겠다고 하면 누가 납득하겠느냐"며 "노무현 대통령이 '대연정'을 주장하면서 '한나라당과 정책상 큰 차이가 없다'고 했는데 이는 여당의 정책에 정체성이 없다는 것을 스스로 시인한 셈"이라고 말했다. 그는 "표피 민심과 저류 민심이 다르다든가, 대통령이 배지를 달아줬더니 지금 와서 어쩐다 하는 것은 국민을 모독하는 발언"이라고 했다.

서울대 교수 박효종은 "우리당은 채워질 수 없는 깨진 항아리에 물을 붓고 있다. 국정 의제는 추상적이고 비현실적이다. 권위를 벗어버린 정권은 평가할 만하지만 독백하는 정부는 오만스러운 정부로 비친다"고 말했다. 함께하는시민행동 대표 하승창은 "평계 중 결정적인 것이 '한나라당이 발목 잡아서 안 된다'고 하는 것인데 되는 경우는 어떤 것이냐"고 꼬집었다.

『한겨레』 논설위원 김종구는 "과거 정치를 계승·극복한다고 해놓고, 김대중 전 대통령이 '나의 정치적 계승자'라고 하자 환호하는 모습은 퇴행적"이라고 했다. 그는 '우리당 안에 불법 취득물을 신고하지 않은 의원들이 있다'는 시중의 우스개를 인용하면서 "길에 떨어진 국회의원 배지를 주워간 의원들이 많다는 뜻"이라고도 했다.[175]

386세대 재선 의원으로 열린우리당 창당에 적극적으로 나섰던 인물 중 한 명인 A 의원은 "의원총회 비공개 토론에서조차 대통령에 대해 무

---

175) 김정선, 「"민심 부응 않고 독백·오만 여(與) 의원 배지 거저 주웠나"」, 『경향신문』, 2005년 11월 10일, 3면; 정우상, 「"여, 깨진 항아리에 물 붓고 있다"」, 『조선일보』, 2005년 11월 10일, A4면.

슨 얘기라도 할라치면 완전히 '죽일 X' 취급을 당한다. '노빠' 들의 공격으로 인터넷 홈페이지가 다운될 정도"라고 말했다. 그는 대통령 후원회장 출신인 이기명이 여당 의원들을 향해 '대통령 덕에 배지 주운 사람들' 이라고까지 말했던 것을 지적하면서 "대통령의 이미지를 좋게 만들기 위해서라도 측근들은 오히려 자세를 낮춰야 하는데, 이건 해도 너무한 일" 이라고 비판했다.[176]

노무현의 댓글 정치

노무현은 한중 정상회담과 아태경제협력체(APEC) 정상회의가 열려 한창 바쁜 시기인 2005년 11월 16일에서 18일 사흘 동안에도 사이트에 접속해 댓글을 여덟 개나 올린 것으로 나타났다.[177] 예컨대, 노무현은 국정홍보처 차장 이백만이 정부 정책 홍보 사이트인 국정 브리핑에 "박정희 시대가 고성능 자동차였다면 노무현 시대는 이륙 앞둔 비행기"라고 비유한 칼럼에 대해 "혁신과 균형-좋은 착점에 좋은 비유입니다. 이 글 나중에 좀 빌려 씁시다. 그런데 약간 쑥스럽기도 하네요. 못 본 척하고 갑니다" 라는 댓글을 남겼다.[178]

이 댓글을 조롱하는 대통령 사칭 가짜 댓글도 올랐는데, 이런 내용이었다. "백만 차장, 아주 잘하고 있어요! 더욱 열심히 아첨해주면 다음 (청와대) 비서실장은 백만 차장이야! 백만 차장, 파이팅!"[179]

176) 오남석, 「"청 참모진·친노 그룹 배타성 지나쳐」, 「문화일보」, 2005년 11월 17일, 6면.
177) 한종호, 「못 말리는 노 대통령 '댓글 정치」, 「문화일보」, 2005년 11월 19일, 2면.
178) 김광덕, 「또 댓글」, 「한국일보」, 2005년 11월 19일, 6면.
179) 박형준, 「홍보처, 대통령 사칭 댓글 뒤늦게 '차단'」, 「동아일보」, 2005년 11월 21일, A8면.

『조선일보』는 "대통령의 댓글은 대부분 공무원이 정책 비판 보도에 반박한 글에 대해 격려한 내용들이다"며 "청와대는 대통령 이름의 댓글이 나올 때마다 '이 글은 진짜 대통령의 글이다', '저건 가짜다' 라고 구별해 알려주고 있다. 이런 일이 벌어지는 나라가 전 세계에 대한민국 말고 또 있겠는가" 라고 말했다.[180]

대통령의 댓글에 대해 『한국일보』 기자 정녹용은 "청와대의 누군가는 '과거 권위주의와는 다른 단면' 이라고 자찬하고 싶을 것이다. 그러나 국민은 지금 신선함보다는 진중함을 더 원하고 있다. 신중한 성찰이 있었으면 한다"고 말했다.[181]

한림대 언론정보학부 교수 최영재는 "대통령이 토론장이 아니라 감정의 분출구에 지나지 않는 게시판에 댓글을 다는 것은 유감스럽게도 대통령의 자기 비하로 귀결되는 경우가 많다. 지금은 대통령이 인터넷 미로에서 벗어나 신문과 방송의 광장으로 나올 때이다"고 말했다.[182]

『국민일보』 논설위원 김진홍은 "노 대통령 댓글을 의식해 공직자들이 행여 대통령을 상대로 '낚시질' 을 일삼지나 않을까도 우려된다. '낚시질' 은 내용은 별 게 없으면서 댓글이 많이 달리도록 겉만 번지르르한 게시물을 올리는 행위를 일컫는 인터넷 용어다. 지금도 국정 브리핑에는 노 대통령을 과하게 칭송하는 글이 없지 않다. 아울러 민주노동당이 지적한 대로 이따금 노동자 · 서민들의 애끓는 사연에도 노 대통령이 댓글을 달아주면 어떨까 한다"고 말했다.[183] 『한국일보』 논설위원실장 방민

180) 「그 바쁜 APEC 중에 인터넷 댓글 다는 대통령(사설)」, 『조선일보』, 2005년 11월 21일, A31면.
181) 정녹용, 「신중함 필요한 대통령의 '댓글'」, 『한국일보』, 2005년 11월 21일, A2면.
182) 최영재, 「대통령의 미디어 관리」, 『한국일보』, 2005년 11월 16일, 29면.
183) 김진홍, 「댓글 정치」, 『국민일보』, 2005년 11월 22일, 23면.

준은 "국민과의 소통을 거부하며 식구들끼리 인터넷 댓글이나 주고받는 모습은 국민을 받드는 정권과는 너무 거리가 멀어 보인다"고 했다.[184]

그러나 노무현의 댓글 정치는 이후에도 계속 강화돼 국정홍보처는 2006년 2월 10일과 3월 30일 모든 부처에 공문을 보내 "국정 브리핑의 언론 보도 종합 댓글 작성 현황을 매일 오전, 오후 2회 점검해 댓글 실적을 부처 평가에 반영할 예정"이라며 "이는 대통령 지시 사항"이라고 전달한다. 국정홍보처는 댓글의 형식, 적절한 표현, 모범 사례 등이 담긴 별첨 자료도 보냈다. 4월 5일 이에 따라 한 경제 부처는 부내 통신망을 통해 "BH(청와대를 일컫는 관가의 용어) 지시 사항"이라면서 "다음 주부터 댓글 실적이 부처 평가에 반영되는 만큼 각 실, 본부는 매일 국정 브리핑의 내용을 확인해 당일 댓글을 달아달라"고 직원들에게 주문한다.[185]

PK가 요직을 싹쓸이한다

그러나 민심은 그런 댓글이 아니라 "PK가 요직을 싹쓸이한다"는 원성에 움직이고 있었다. 그런 원성은 얼마만큼 근거가 있었던가? 과장된 것이긴 했지만, 영남 민주화 세력의 한을 푸는 걸 절체절명의 과제로 삼은 노정권에선 상당 부분 불가피한 일이기도 했다. 그렇게 해서라도 부산·경남 지역에 민주화 세력의 정치적 기반을 구축한다면 국가와 민족에게 축복된 일이라는 확신에서 나온 일이었을 게다.

『매일경제』(2005년 11월 24일)는 "공기업 사장과 국책은행장 등 대통령

---

184) 방민준, 「도랑 치고 가재 잡는다고?」, 『한국일보』, 2005년 11월 26일, 26면.
185) 박중현·박민혁, 「"BH 지시사항이다…… 매일 댓글을 달라"」, 『동아일보』, 2006년 4월 6일, 1면.

이 임명하는 정부 산하기관장 인선에 PK(부산 · 경남) 출신 편중이 도를 넘어선다는 비판이 나오고 있다"며 "참여정부 반환점을 돌아선 이후 일련의 인사에 PK 출신 '싹쓸이'에 가까운 양상이 보이고 있는 데 대해 청와대 측도 적극적인 반론을 펴지 못한다"고 말했다.[186]

『중앙일보』(2005년 11월 24일)는 노무현이 올 들어 인사권을 행사한 장차관급과 청와대 수석, 각종 공기업 사장, 정부 산하단체장 등의 인사에서 부산 · 경남 출신이 82명 중 26명으로 30%를 차지했으며, "특히 현 정부에 노 대통령의 모교인 부산상고 출신은 국방부 장관, 감사원 사무총장, 관세청장 등 10명에 이른다"고 지적하면서 "이쯤 되면 대통령이 고향 출신들을 챙기는 정실 인사에 치우친다고 말할 만하지 않은가"라고 지적했다. 이 신문은 "집권 5년 중 2년 9개월을 보낸 시점에서 이 같은 정실 인사가 이뤄지고 있다는 것은 정권 차원의 문제가 아니라 국가적 문제가 아닐 수 없다"고 했다.

"더욱이 노 대통령은 기회 있을 때마다 지역주의 타파를 외쳐 왔다. 그것을 명분으로 대연정을 제의했고 선거구제 개편을 요구했다. 열린우리당이 민주당과 합당하려는 노력에 제동을 건 명분도 바로 그것이었다. 지역구도 타파에 자신의 정치생명을 건 듯한 발언을 수없이 해온 노 대통령이다. 그런 노 대통령이 국정 운영의 가장 기본이 되는 인사에서조차 지역 구도를 벗어나지 못하고 있다면 누가 대통령의 지역 구도 타파 주장을 곧이곧대로 믿을 수 있겠는가."[187]

『동아일보』(2005년 11월 24일)는 "'PK가 요직을 싹쓸이한다'는 비판의

---

186) 윤경호, 「브레이크 없는 'PK 인사 편중'」, 『매일경제』, 2005년 11월 24일, A7면.
187) 「지역 편중 인사 지나치다(사설)」, 『중앙일보』, 2005년 11월 24일, 34면.

소리가 관가 안팎에서 터져 나오고 있다. 성격은 다르지만 어제는 '진실·화해를 위한 과거사정리위원회' 위원장에 부산 출신 송기인 신부가 임명됐다"며 "노 대통령은 불과 얼마 전까지도 지역 구도 타파를 외치며 한나라당에 대연정을 제의했다. 그런 대통령이 되레 지역 할거주의를 심화시키는 인사에 빠져 있다면 자가당착이 아닐 수 없다"고 했다.[188]

『경향신문』(2005년 11월 24일)은 "오죽하면 산업은행 총재 내정과 관련해 해당 노조마저 'PK 편중 인사'라고 반발하고 있을까"라고 개탄하면서 "지역주의 타파를 위해 한나라당과도 대연정을 할 수 있다고 했던 노 대통령이다"는 사실을 상기시켰다. "지난 헌정사에서 지역주의 정치가 시작되고, 강화되고, 해소되지 않아온 것은 다름 아닌 권력자와 연고 된 편향 인사 때문이다. 그러잖아도 '20%대 국정 지지도'를 보이고 있는 마당에 이제 인사마저 '내 식구 내 고향'에 함몰한다면 노 대통령은 대체 '무엇'으로 남으려 하는가, 묻고 싶다."[189]

『조선일보』(2005년 12월 3일)는 "올 들어 대통령이 인사권을 행사한 정부 및 산하단체의 고위급 인사 82명 중 26명(31.7%)이 대통령 고향 지역 출신이었다. 정권 초기 고위직 중 16% 정도였던 비율이 두 배로 늘어난 것이며, 특히 올해 하반기 이후 이런 현상이 관가는 물론이고 시중에서도 화제가 될 정도가 돼버렸다"고 비판했다.[190]

『중앙일보』(2005년 12월 5일)는 "뽑고 보니 대통령의 측근이고 동향이

188) 「지역구도 타파하자며 'PK 싹쓸이' 인사하나(사설)」, 『동아일보』, 2005년 11월 24일, A31면.
189) 「참여정부마저 편중 인사로 끝내려나(사설)」, 『경향신문』, 2005년 11월 24일, 31면.
190) 「뽑고 보니 대통령 동향이더라는 '우연의 연속' (사설)」, 『조선일보』, 2005년 12월 3일, A31면.

란다. '부산상고 공화국'이라는 말까지 나오는데 모두 우연의 일치였단다. 초현실주의자들이 말하는 객관적 우연이 이런 건가보다"고 꼬집었다.[191]

『서울신문』 논설위원 이상일은 "'지역주의의 희생자'요, 명문고·명문대 출신이 아닌 노무현 대통령에게 지역주의와 학교 파벌 개혁을 기대한 국민은 배신감을 느끼지만 특정 인사를 봐줘야 할 저간의 사정을 이해 못할 바는 아니다. 의구심이 드는 것은…… 눈에 띄지 않는 자리에 넣어 대접해도 될 텐데 표가 나게 봐줘 그렇지 않아도 낮은 지지율을 더욱 떨어뜨리고 인심을 잃는 이유가 무엇일까 하는 점이다"라고 말했다.[192]

아니다. 그게 아니었다. 다시 말하지만, 노무현에게 중요한 건 전국 지지율이 아니라 자기 고향인 PK의 지지율이었기 때문에 표가 나게 봐주는 게 중요했다. 언론은 대연정과 'PK 우대'도 상호 모순된 것으로 보았지만, 앞서 지적한 '영남 민주화 세력의 한'이라는 관점에서 보면 그건 같은 것이었다.

191) 이훈범, 「우연」, 『중앙일보』, 2005년 12월 5일, 31면.
192) 이상일, 「파벌 조장하는 리더들」, 『서울신문』, 2005년 12월 6일, 31면.

황우석의 '마술'에 '감전'된 노무현
황우석 파동

삼성 공화국과 황우석 신화

2004년 2월 세계적인 과학 저널 『사이언스』에 인간 배아 복제 줄기세포에 관한 연구 성과를 발표한 서울대 교수 황우석은 세계 최초로 사람의 난자를 이용해 배아 줄기세포 배양에 성공함으로써 세계적 명성을 얻었다. 그해 세계적인 과학 저널 『사이언스』는 '올해의 획기적 10대 연구 성과'의 하나로 황우석의 복제 배아 줄기세포를 꼽았다. 『시사저널』 (2004년 12월 30일)은 '올해의 인물'로 황우석을 선정하면서 "황우석 박사는 세계 최초로 인간 복제 배아에서 줄기세포를 추출해내 올 한해 국내외로부터 뜨거운 관심을 모았다. 그의 업적을 두고 생명 윤리 논란도 일었지만, 그가 과학계의 오랜 난제인 난치병 치료에 신기원을 연 것은 분명히 '인류사적인 사건'이다"고 말했다. 『문화일보』도 황우석을 2004년 '올해의 인물'로 선정했다.

2005년 5월 19일 런던, 5월 20일 인천공항 기자회견을 통해 황우석은

난치병 환자의 체세포를 복
제해 배아 줄기세포를 배양하
는 데 세계 최초로 성공했다
고 발표했다. 2004년에 이어
두 번째로 세상을 놀라게 한
것이다.[193] 이른바 '황우석 바
람' 이 뜨겁게 불기 시작했다.

'황우석 신화' 는 '노무현 신화' 와 맞물려 있었다.

『경향신문』 논설위원 박노
승은 2005년 5월 31일 「너무
나 화끈한 우리」라는 칼럼에
서 "황우석 바람이 쓰나미처
럼 모든 것을 휩쓸고 지나갔다. 바람 앞에서는 그 어느 것도 무력했고,
또 초라했다. 복제 배아도 생명이 아닌가 하는 등의 생명 윤리나 기술 위
험성 문제에 대한 논의는 한없이 뒷전으로 밀려났다. 황 교수의 학문적
성과에 찬물을 끼얹어서는 안 된다는 열광적인 분위기에 압도된 탓이
다" 며 다음과 같이 말했다.

"무엇이 괴이하다 싶을 만큼의 힘을 모아 한순간 광풍을 일으키는 것
일까. 수많은 이들을 열광하게 하고 그들을 하나로 모이게 하는 힘의 원
천은 과연 무엇일까. 그러고는 언제 그런 일이 있었느냐는 듯 흔적도 없
이 사라지는 것일까. 우리 민족 고유의 신바람 문화 때문일까? 아니면
눈 깜짝할 사이에도 냉탕과 온탕을 오가는 냄비 기질 때문일까? 그 뿌리

---

193) 안은주 · 오윤현, 「난치병 정복 '대로' 열었다」, 『시사저널』, 2005년 5월 31일, 14~15면.

에 무엇이 있든, 우리는 어쨌거나 너무 화끈하다."

서강대 교수 이욱연은 『시사저널』 6월 14일자 칼럼 「삼성 공화국과 황우석 신화」에서 "삼성과 황우석은 한국 사회에서 이미 터부가 되었다. 아무도 도전하거나 시비할 수 없는 존재, 범할 경우 전 국민적 노여움을 사고 재앙을 받는 신성불가침의 속신(俗神)이 되었다"고 주장하면서 다음과 같이 말했다.

"그 터부는 국가주의적 · 민족주의적 터부다. 한국을 먹여 살리고 세계에서 1등을 하여 민족의 자존심을 세워준 데 대해 한국인들이 자발적으로 경배하고 찬양하면서 생긴 터부다. 그래서 삼성과 황우석 앞에만 서면 언론도 정부도 국민도 한없이 작아져서, 말과 행동을 삼간다. 경배와 찬양만이 허용될 뿐이다. 그런데 터부를 범한 죄로 재앙을 입을 각오를 하고 감히 말하자면, 나는 이런 우리의 현실이 아슬아슬하고 무섭다. …… 삼성 공화국에서, 세차게 불어대고 있는 황우석 신드롬에서, 신자유주의와 민족주의가 결합한 신종 파시즘적 공포가 느껴져서 그렇다. …… 삼성과 황우석, 우리 모두를 위하여 지금과 같은 삼성과 황우석에 대한 종교적 터부는 그만 벗어나야 한다. 삼성과 황우석에 대해 이제 터놓고 말 좀 하자, 제발!"

황우석의 '마술'에 '감전'된 노무현

'황우석 신화'는 2005년 12월 MBC 〈PD 수첩〉의 논문 조작에 대한 폭로성 보도로 붕괴하기 시작했지만, 붕괴의 과정이 순탄했던 것은 아니다. '황우석 신도'들의 완강한 저항 때문이었다. 게다가 '황우석 신화'는

'노무현 신화'와 맞물려 있었기 때문에 노무현 지지자들의 황우석 옹호 공세도 만만치 않았다. 예컨대, 유시민은 〈PD 수첩〉 방영 직후 전남대 초청 특강에서 "내가 보건복지위원을 해봐서 아는데 〈PD 수첩〉이 황우석 박사 연구를 검증하겠다는 것은 터무니없는 일이다. 언론 자유가 너무 만발해 냄새가 날 지경이다"고 주장했다.

2006년 1월 10일 황우석팀의 줄기세포는 하나도 없다는 서울대 조사위원회의 발표에 대한 네이버 여론조사에서는 8만 명의 참여자 중 '서울대의 발표를 신뢰하며 논란을 종식해야 한다'가 21.6%, '서울대 발표를 신뢰하지 못한다'가 45.4%, '신뢰하지만 황 교수팀에 재현의 기회를 줘야 한다'가 33% 등으로 나타났다.[194]

서울대 조사위 발표가 나온 뒤 가진 기자회견(12일)에서 황우석은 불광불급(不狂不及: 미치지 않으면 도달하지 못한다)이란 사자성어를 인용하면서 "우리는 일에 미쳤었다. 눈앞에 뵈는 게 하나도 없었다"며 자신을 포함한 연구원들이 앞만 보고 달려왔다고 말했다.[195]

황우석의 지지자들도 불광불급이었다. 1월 14일 밤 광화문에선 1,000여 명이 모여 '황우석 지키기 촛불집회'를 열었다. 이 집회에서 쏟아져 나온 구호는 "한국 자산 팔아넘기려는 서울대 정운찬 총장 구속 수사를 촉구한다", "국민이 서울대 조사위원회를 검증할 수 있도록 국민이 압박해야 한다", "이 땅의 모든 기득권 세력을 몰아내고, 시민혁명을 이룩하자", "이 사회는 거짓과 위선이 성공을 낳고, 그 성공한 자들이 거대한 성벽을 쌓은 사회다", "나라가 위급할 때 누가 이 나라를 지켰나. 힘없고 가

194) 박성현·정민숙, 「왜 '황우석 신드롬'에서 못 벗어나나」, 『뉴스위크 한국판』, 2006년 1월 25일, 26면.
195) 김영진, 「"불광불급…… 우린 일에 미쳤었다"」, 『조선일보』, 2006년 1월 13일, A6면.

난하고 짓밟힌 백성이었다. 위정자를 믿어서는 안 된다" 등이었다.[196)]

1월 21일 토요일 서울 광화문에는 2,000명이 넘는 사람들이 모여 황우석의 연구 재개를 요구하는 촛불집회를 열었다. 『뉴욕타임스』 1월 22일자는 이 집회를 전하는 기사를 실었다. 황우석의 커다란 사진 액자 옆에서 태극기를 흔드는 사람들의 사진 아래 "자부심에 눈멀다"라는 설명을 붙였다.[197)]

연세대 심리학과 교수 황상민은 황우석을 우상 혹은 사교 집단의 교주에 비유했다. 제1호 국가 최고과학자 선정, 노벨상 프로젝트 수립에 이어 생가를 전국적 명소로 추진키로 한 일 등은 정부와 언론이 앞장선 황우석 우상화 작업이라는 것이다. 그는 "온 사회가 나서서 황 교수를 우상화한 마당에 지지자 스스로 마음속의 우상을 파괴하지 않는 한 그 우상 숭배는 계속될 수밖에 없다"고 주장했다.[198)]

그러나 온 사회가 나서서 벌인 일이라면 '사교 집단'이 아니잖은가. 대통령 노무현부터 '마술', '감전' 등의 단어로 황우석을 극찬했던 데에서 그 어떤 이해의 실마리를 찾는 게 좋겠다. 『한국일보』 논설위원실장 방민준은 사회 전체의 책임을 주장하면서 "대통령까지 황 교수의 연구현장을 방문하곤 '감전됐다'고 했으니 광풍에 휩쓸리지 않고 제자리 지키기가 쉽지는 않았을 것이다. 그렇더라도 '유감스럽고 안타까운 일'이라는 짧은 논평으로 손을 털려 한다면 후안무치의 극치다"고 했다.[199)]

---

196) 김연광, 「편집장의 편지: 신뢰가 무너진 사회」, 『월간조선』, 2006년 2월, 68~69쪽.
197) 김환석, 「"자부심에 눈멀다"」, 『한겨레』, 2006년 1월 25일, 23면.
198) 박성현 · 정민숙, 「왜 '황우석 신드롬'에서 못 벗어나나」, 『뉴스위크 한국판』, 2006년 1월 25일, 27면.
199) 방민준, 「직분을 잃어버린 사회」, 『한국일보』, 2006년 1월 21일, 26면.

'노무현 살리기' 라는 '애국적' 프로젝트

그렇다. '사회 전체'였다. 그리고 대통령이 앞장섰다는 게 중요하다. 2004년 6월 노무현은 황우석에게 과학기술 분야 최고 훈장인 창조장을 수여하는 자리에서 "노벨상 수상자 20명의 첫 페이지를 여는 대통령으로서 2015년 사회 교과서에 당당히 기록될 수 있기를 기원한다"는 희망을 내비침으로써 황우석의 노벨상 수상 지원을 불을 댕겼다.[200] 바로 여기서 '눈덩이 효과'를 낳기 마련인 권력의 속성이 가세하고 말았다. 청와대 Y씨의 증언이다.

"노 대통령은 '황 교수의 연구야말로 2만 달러 시대를 앞당길 마술이다. 그는 연구에 감전됐다'는 등 찬사를 아끼지 않았다. 이를 잘 알고 있는 청와대 참모들이 '황우석 쇼크' 이후에도 '그건 아니다' 라는 말을 쉽게 꺼낼 수 없었다. 조금이라도 일찍 사태의 심각성을 알고 대처했더라면 초반에 파장을 최소화할 수도 있었을 텐데, 결국 기회를 놓쳤다."[201]

고려대 교수 최장집은 "황우석 사태는 민주주의가 퇴행할 때 어떤 사태가 벌어지는가를 잘 보여주는 징후적 사건이다"고 했다. 그는 "황우석 사태는 노무현 정부 과학 정책의 산물"이라고 규정한 뒤 "무언가 업적을 만들어야 한다는 강박관념과 한국을 생명공학의 중심으로 내세우고자 했던 과학 정책 사이에 밀접한 상관관계가 있다"고 평가했다. 그는 "정부의 열정이 애국주의와 결합하면서 '총화 단결'을 부르짖는 듯한 유사 파시즘적 분위기를 연출했다"며 "심지어 과거 민주화운동 세력의 일부가 극우 세력과 연대하는 모습까지 보였다"고 비판했다.[202]

---

200) 고성표, 「황우석 희극의 조연들」, 『월간중앙』, 2006년 2월, 234쪽.
201) 고성표, 위의 책, 229쪽.

최장집이 지적한 그러한 '연대'의 희극성은 일부 황우석 지지자들이 인터넷 게시판에서 황우석 비판자를 '친미 빨갱이'라고 비난한 데에서 정점에 이르렀다.[203] '친미 빨갱이'이라는 모순어법은 과연 무엇을 의미하는가?

김상호는 인터넷 사이트 『서프라이즈』에는 매일 황우석을 옹호하는 글이 올라왔다며, 자신들을 '개혁의 횃불'이라고 소개하고 박정희의 '한국식 경제개발'과 삼성의 '한국식 경영'을 맹렬하게 비난했던 이들이 '음모론'을 생산해내는 것을 넘어서 황우석을 정당화하는 것으로 나아간 건 경악할만한 일이었다고 말했다.[204]

그러나 그들에겐 나름대로 '명분'이 있었다. 예컨대, 인터넷 신문 『데일리서프라이즈』 부사장 서영석은 "'황까'에 열을 올리는 사람들은 하나같이 이 사회의 강자들이며, 그에 격렬하게 저항하는 '황빠'는 바로 이 사회의 약자들"이라고 주장했다.[205]

이런 시각은 황우석의 논문 조작이 밝혀진 뒤에도 계속되었다. 황우석 사건은 '노무현 살리기'라는 또 하나의 '애국적' 프로젝트가 가세함으로써 매우 복잡하게 얽히게 되었다. 유시민의 〈PD수첩〉 비난 발언도 그런 맥락에서 나온 것이었다.

노무현을 열렬히 지지한 문화 평론가 김갑수는 "개각과 유시민도, 사학법과 박근혜도, 시위 농민 사망까지도 두피의 겉만을 스쳐 지나갈 뿐

202) 박상진, 「"정부 업적주의 강박관념 결과"」, 『한국일보』, 2006년 1월 13일, A2면.
203) 김상호, 「진리·윤리의 몰락: 라캉 철학으로 본 황우석 쇼크, 그리고 음모론」, 『월간중앙』, 2006년 2월, 239쪽.
204) 김상호, 위의 책, 240쪽.
205) 박성현·정민숙, 「왜 '황우석 신드롬'에서 못 벗어나나」, 『뉴스위크 한국판』, 2006년 1월 25일, 27면.

뇌리에 콱 박힌 줄기세포는 악머구리처럼 붙어 떠나가질 않는다" 며 "돈 되는 기술 개발 경쟁 과정에서 불거진 이해 다툼으로 사안을 바라보면 누가 사기 친 것도 음모를 꾸민 것도 아닐 수 있다는 전망이 생겨난다. 나는 여기에 주사위를 던지고 싶다"고 했다.[206]

황우석 사건에서 사회과학도들을 곤혹스럽게 만든 건 사이버공간에서 가장 거칠었던 '황우석 옹호파 투사들'이 과거 '월드컵 열풍' 때나 '탄핵 정국'에서 맹활약했던 투사들이기도 했다는 사실이다. 이를 어떻게 설명할 것인가? 인터넷의 조화 때문인가? 여러 설명이 가능하겠지만, '상식'의 관점에서 이해할 수 있다.

한국 축구가 16강 진출을 넘어 4강에까지 올랐다는 것은 비상식적인 일이었다. 그래서 열광했다. 대통령 탄핵도 상식을 넘어서는 일이었다. 이건 분노의 대상이 되었다. '국민적 영웅'이던 황우석이 '희대의 사기꾼'일 수 있다는 가능성은 그 가능성을 언급하는 것만으로도 너무나 비상식적이었다. 그래서 누리꾼들은 분노했을 것이다.

누리꾼들은 이념이 아니라 상식에 의해 움직인다. 상식은 늘 대체로 맞지만 완벽하진 않다. 그래서 상식을 초월하는 일이 벌어지면 '상식의, 상식에 의한, 상식을 위한' 폭력이 발생하기도 한다. 그런 폭력을 둘러싼 공방은 '상상력 전쟁'이기도 했다. 생각해보라. 막상 일이 일어나기 전까지 한국 축구가 세계 4강이 된다는 걸, 대통령이 하루아침에 탄핵당해 사라진다는 걸, '국민적 영웅'이 '희대의 사기꾼'일 수 있다는 걸, 어떻게 상상할 수 있단 말인가?

---

206) 김갑수, 「사기도 음모도 아닐 수 있다」, 『한겨레』, 2006년 1월 6일, 27면.

황우석 교수를 지지하는 촛불시위에 등장한 대형 태극기.

　〈PD수첩〉에 지지를 보낸 사람 중에도 국가주의·민족주의·애국주의와 결별하지 않은 사람들이 많았다. 여성학자인 이화여대 교수 김은실은 "내 주변을 포함해 많은 이들의 '황우석 스펙터클'에 대한 주된 감상은 '이제 한국인이라고 어떻게 말할 수 있겠는가', '한국인들은 그로 인해 피해를 받을 것이다', '국제사회 망신이다' 등이다. 이는 그가 추락함으로써 '나'도 수치스럽다는 것이다. 이 같은 반응은, 그가 상승할 때 '같은 한국인'으로서 자랑스러웠던 감정의 이면이다. '강한 한국인'에 대한 동일시 욕망, 혹은 동일시한 강한 한국인을 갖고 싶은 정치적 욕망에 대한 이해 없이 이 사건이 해명될 수는 없다"고 했다.[207]

　2005년 12월 26일 밤 어느 텔레비전 뉴스는 황우석 사건 소식 바로 뒤

---

207) 김은실, 「'강한 한국인' 콤플렉스」, 『시사저널』, 2006년 1월 3일, 100면.

에 그날 밤 12시 박지성이 영국 프리미어 리그 첫 골에 도전한다는 소식을 내보냈다. 정규 리그 첫 골이자 연속 골에 도전한다는 멘트도 빠트리지 않았다. 스포츠 뉴스도 아닌 정규 뉴스 시간에 그게 뉴스가 되어도 괜찮은 걸까? 혹 박지성에게서 황우석의 대체 가치를 찾고자 하는 무의식의 발로였거나 아니면 뉴스 편집자의 의도된 배려는 아니었을까? 그렇게 물어볼 필요조차 없다는 건 2006년 3월 월드베이스볼클래식(WBC) 4강의 감격으로 입증된다. 이 감격 하나로 국민적 조롱의 대상으로 전락했던 노무현의 지지도마저 덩달아 40%를 넘어서는 '기적'이 일어난다.[208] 황우석은 국가와 민족의 영광에 열광하는 한국인 모두의 숨은 얼굴이었던 셈이다.

208) 김광덕, 「노 대통령 지지율 상승」, 「한국일보」, 2006년 3월 23일, A4면.

영혼이라도 팔아 취직하고 싶었다
'청백전 시대'의 개막

기아자동차 노조 사건

2005년 1월 기아자동차 광주공장에서 노조 간부가 직원 채용 과정에서 압력을 행사하거나 금품을 수수한 것으로 밝혀져 충격을 던져주었다. 2004년 기아차 광주공장에 채용된 생산 계약직 근로자 1,079명 가운데 37%가 채용 기준에 맞지 않는 것으로 밝혀졌으며, 이 사건에 대한 책임을 지고 기아차 노조 집행 간부 200명이 사퇴했다. 기아차의 한 부정입사자는 검찰 조사를 받고 나오면서 고개를 떨군 채 "잘못인 줄 알았지만, 영혼이라도 팔아 취직하고 싶었습니다"라고 말했다.[209]

1월 24일 자신을 민주노총 조합원이라고 밝힌, '쟁점'이란 ID를 사용하는 한 네티즌은 민주노총 자유게시판에 올린 글에서 "민주노총은 구조상 중소 영세기업, 비정규, 여성 노동자와의 연대에 적극적일 수 없는

---

209) 안형영·김희경, 「"영혼이라도 팔아 취직하고 싶었다"」, 『한국일보』, 2005년 2월 2일, 8면.

대규모 정규직 기업별 노조 중심"이라며 대기업 노조들의 이기주의를 사례별로 고발했다. 그는 계약직의 투쟁을 방해하는 한국통신 정규직 노조, 하청 노동자가 1만 명이 넘지만 단 한 명도 조합에 가입시키지 않는 현대자동차 노조, 청소용역 노동자에게 최저임금(56만 원)도 주지 않고 방치하는 서울지하철 노조 등의 사례를 제시한 뒤 "(이들이) 민주노총 최고 의사결정기관인 대의원 대회 대의원 구성비의 81%나 차지한다"고 개탄했다. 그는 또 "대규모 사업장 정규직 노조는 임금 인상 투쟁(단협, 구조 조정 반대)에만 역량을 집중할 뿐"이라며 "조직되기도 어려운 비정규, 하청, 파견, 중소 영세 사업장, 여성 노동자(1,100만 명)는 죽든 살든 연대 투쟁, 계급투쟁에는 관심도 없다"고 주장했다.

1월 25일 기아차 화성공장에서 도급업체 노동자들과 정규직 노조 집행부가 비정규직 노조 문제로 개최한 공청회에서 노조는 "노동자회보다는 노사협의체를 만드는 게 낫다"며 업체와 같은 논리를 폈다. 한 비정규직 노동자는 "솔직히 회사보다는 (정규직) 노조 쪽에 더 큰 원망이 든다"고 말했다.[210]

한국노동교육원 교수 박태주는 『월간 말』 2005년 3월호에 기고한 「비정규직과 연대 없으면 민주노총 내부 모순 폭발」이라는 글에서 기아차 사건은 일부 간부의 도덕적 일탈이 빚은 문제가 아니라 노동운동이 안고 있었던 구조적 문제가 드러났다고 보아야 한다며 다음과 같이 말했다.

"그럼에도 노동조합의 대응은 문제의 핵심을 빗나가고 있는 것으로 보인다. 가령 민주노총은 비정규직의 조직화를 위해 50억 원을 모금하

---

210) 『한겨레21』, 2005년 2월 22일.

고 비정규직 입법안을 저지하기 위해 2월 총파업까지 결의해둔 상태이다. 그러나 비정규직의 상당수는 기존 노조가 가입 자격을 부여하지 않아 비조합원으로 머물고 있는 실정이다. 그렇다면 민주노총은 자신이 조직하고 보호하려는 비정규직과 현장에서 노조로부터 배제당하는 비정규직이 어떻게 다른지를 설명하여야 한다."

청백전(청년 백수 전성) 시대

기아자동차 노조 사건은 노동계 내부마저 승자 독식주의에 오염돼 있음을 잘 보여준 사건이었다. 노동 부패가 그렇게 만연한 상황에서 가장 신뢰할 수 있는 건 관(官)의 공개 채용 시험이었다. 청년 실업이 심각한 상황에서, 직급은 낮지만 그래도 일자리 자체는 안정적이라는 인식이 높아지면서 나타난 현상이기도 했다.

2005년 2월 교육행정직 9급 공무원의 공개 채용 시험 경쟁률이 503 대 1로 공무원 시험 사상 역대 최고를 기록했다. 9급 전체의 평균 경쟁률 역시 84 대 1로 사상 최고를 기록했다.[211] 부사관학교 경쟁률도 급격히 높아졌으며, 군대를 제대한 예비역들도 육군 부사관학교로 몰리는 현상이 나타났다. 부사관학교 정훈공보실 최규종 대위는 "부사관학교를 졸업하면 초봉이 평균 160여만 원으로 일반 사회 초년병보다 좋은 대우를 받는다" 며 "2008년까지 부사관 2만여 명을 확충할 계획이어서 청년 실업을 해소하는 데 크게 기여할 것" 이라고 설명했다.[212]

---

211) 「'503 대 1' 경쟁률과 청년 실업(사설)」, 『경향신문』, 2005년 2월 7일, 19면.

극심한 취업난을 반영하듯 지방직 공무원 임용 시험 서류 접수 현장에 몰린 수많은 구직자들. © 연합뉴스

취업난 때문에 '청백전(청년백수전성) 시대'라는 말까지 나왔다.[213] 그런 상황에서 열린우리당 유시민 의원이 5월 16일 청년 실업 문제와 관련해 "취업에 관한 것은 (국가가 아니라) 각자가 책임지는 것이다"고 발언한 사실이 알려지면서 각 언론사 홈페이지와 인터넷 포털 사이트 등에는 흥분한 누리꾼들의 비난이 수천 개씩 쇄도했다. "열우당(열린우리당)이 청년 실업 해소와 일자리 2만 개 만들기를 공약으로 당선된(집권한) 사실을 모르나보지?", "(집권당이) 경제성장률을 2%로 추락시키니까 우

---

212) 박용근, 「'호남권' 취업 전쟁 속 군인 '인기 짱' 여군 등 부사관학교 경쟁률 급증」, 『경향신문』, 2005년 2월 4일, 11면.
213) 문성현, 「'애물단지' 청년 백수 / 신조어를 통해 본 청년 실업」, 『경향신문』, 2005년 5월 4일, 6면.

리가 취업 못한다고는 생각 안 하나", "국회의원이 아니라면 이해하지만, 취직을 못해 자살하는 사람들도 마냥 개인의 문제로만 얘기할 수 있을까요?"[214]

가장 좋은 건 유시민처럼 국가가 책임져주는 국회의원이 되는 일이었겠지만, 그게 사실상 불가능한 상황에서 젊은이들은 공무원 시험으로 몰려들었다.[215] 서울시가 실시한 9급 공무원 시험 합격자 573명 가운데 417명이 4년제 대학 졸업생이었다. 대학원 졸업생도 24명이나 됐다. 나머지는 전문대 졸업생 55명, 대학 중퇴자 76명, 전문대 중퇴자 1명이었다. 고졸자는 단 한 명도 없었다. 대졸자가 고졸자에게 적합한 일자리를 얻기 위해 직업훈련학교에 대거 입학해 추가 교육을 받는 웃지 못할 사태도 벌어졌다.[216]

원치 않는 직장에 임시로 입사한 뒤 구직 활동을 계속하는 '취업 반수생(半修生)'의 수도 계속 늘어갔다('반수생'이란 대학에 다니면서 다른 대학 입학을 준비하는 절반의 재수생을 의미하는 말이다). 2005년 5월 취업·인사 포털 사이트인 인크루트가 20~30대 직장인 1,120명을 대상으로 조사한 결과, 33.8%(378명)가 자신을 '취업 반수생'이라고 답했다.[217]

214) 조인직, 「유시민 의원 "취업은 각자 책임" 발언…… 누리꾼들 격앙」, 『동아일보』, 2005년 5월 18일, 10면.
215) 손효림, 「톡톡! 인기 직종」 ⟨5⟩ 공무원」, 『동아일보』, 2005년 5월 19일, 42면.
216) 김광현 외, 「구겨진 졸업장-학력 과잉 멍에 빠진 한국 / ⟨上⟩ 학사 석사 박사가 넘친다」, 『동아일보』, 2005년 9월 10일, 3면.
217) 고주희, 「직장인 10명 중 3명 구직 준비 계속 '취업 半修生'」, 『한국일보』, 2005년 6월 1일, 18면.

자영업 대란

'자영업 대란(大亂)'도 갈수록 심각해졌다. 2005년 5월 9일 서울 여의도 중소기업협동조합 중앙회 2층 회의실에 모인 전국 100여 명의 중소 유통업체 상인들은 이마트 등 대형 유통업체에 대한 정부의 출점 규제 완화 방침에 맞서 '대형 유통점 확산 저지 비상대책위원회'를 발족하기로 했다. 이들은 대형 업체들이 대도시에 점포를 개설하는 데 한계를 느끼자 인구 10만 명 이하 중소 도시에까지 파고드는가 하면 700~1,000평 규모인 슈퍼 슈퍼마켓(기업형 슈퍼마켓) 형태로 틈새시장까지 싹쓸이하고 있다고 비난했다. 이에 대해 대형 유통업체들은 '주민 이익론'으로 맞섰다.[218]

5월 31일 정부가 확정한 '영세 자영업자 대책'은 이용·미용업이나 제과점, 세탁업 등 쉽게 창업할 수 있는 자영업종에 자격증 제도를 새로 도입하거나 강화하고, 수급 불균형이 심각한 택시업과 화물 운송업에는 누적 벌점제를 적용하고, 불법·부당 행위 단속을 강화해 자격 미달 사업자는 퇴출하는 방안 등을 담았다. 그러나 비현실적이라는 비난이 빗발치자 정부는 핵심 내용을 크게 뒤집었다.

『조선일보』(2005년 6월 8일) 사설 「'대통령이 최고로 칭찬받는 대책'도 뒤집히나」는 "지난달 31일 영세 자영업자 대책을 발표한 토론회 자리에서 노무현 대통령은 '대통령이 되고 나서 참석자로부터 최고로 칭찬을 많이 받은 날'이라고 했다. 자영업계 대표들이 함께 참석한 자리였다. 그렇게 칭찬을 받았다던 정책이 여론과 여당의 비판에 밀려 일주일도

---

218) 이경선, 「지역 상인 아우성: 대형 유통점 확산 저지 비대위 발족」, 『국민일보』, 2005년 5월 10일, 1면.

채 안 돼 이렇게 허망하게 뒤집어져 버린 것이다"며 다음과 같이 주장했다.

"자영업자 중에서 이익을 내고 있는 사람은 8.3%뿐이다. 대부분 임차료 · 관리비도 건지지 못하거나 겨우 입에 풀칠이나 하는 걸로 버티는 정도다. 그런데도 자영업을 그만두겠다는 사람은 3.3%에 지나지 않는다. '45세가 정년'이라는 세상에 특별한 기술도 없고, 그런 기술 없는 사람에게 마땅한 일자리도 없기 때문이다. 결국 자영업 문제 해결의 정도(正道)도 기업 투자를 통한 일자리 창출밖에 없다."

『서울신문』(2005년 8월 4일) 논설위원 이상일은 「자영업자, 대기업 문어발에 죽는다」라는 칼럼에서 재벌 2, 3세들은 동네 자영업자들의 밥줄을 위협하지 말고 세계로 향했던 창업자의 기상을 본받아야 한다고 주장했다. "신라명과, 파리바게뜨 등 제과점은 대기업들의 프랜차이즈가 주도권을 잡고 있다. 아주 탁월한 제빵 기술자가 아니면 맛도 좋고 제품도 다양한 데다 휴대전화 회사와 연결해 보너스 포인트로 값을 깎아주는 대기업 빵집을 당해낼 수 없다. 음식점은 대기업의 입김이 더 세다. CJ그룹의 스카이락과 VIPS, 롯데그룹의 TGI, 오리온그룹의 베니건스 등 패밀리 레스토랑 수백 개 지점은 프랜차이즈가 아니라 대기업들이 본사 직원으로 직접 경영한다. 외식산업 기업들은 커피점 등 다른 장사도 한다. 외국의 노하우를 들여와 대규모로 영업하는데 그 옆의 가족 단위로 운영하는 영세 식당이 이길 재주가 있겠는가."

'자영업 대란' 속에선 아예 뭘 해보겠다고 나서지 않는 게 오히려 '남는 장사'였다. 그래서 이른바 '남성 주부'가 늘기 시작했다. 남성 비경제활동인구(15살 이상 인구 가운데 '실업자'와는 달리 구직 활동을 하지 않는 이들)는 2005년 7월 현재 461만 명이었는데, 이 중 사유가 '가사'인 사람이 11만 7,000명에 이르렀다.[219] 그런 상황에서도 사교육 광풍은 계속 몰아치고 있었으니, 급기야 가정주부들이 자녀의 사교육비를 대기 위해 대거 노래방 도우미로 뛰는 일까지 벌어진다.

---

219) 권태호, 「'남성 주부' 11만 7천 명」, 『한겨레』, 2005년 9월 13일, 16면.

노래방 도우미의 36.8%가 가정주부
사교육 광풍

노래방 도우미의 36.8%가 가정주부

경찰청이 2004년 5월 불법 노래 연습장에 대한 특별단속을 한 결과 적발된 노래방 도우미 2,255명 중 830명(36.8%)이 가정주부인 것으로 나타났다.[220] 이들 중 상당수가 자식 과외비를 대기 위해 노래방 도우미로 나선 어머니들이었다.

철학자 김상봉은 2004년 10월에 출간한 『학벌사회』에서 학벌주의가 '현대판 신분제'임을 잘 보여주었다. 김상봉은 서울대 학부 폐지와 대학원 중심 대학으로의 전환, 공직자 지역 할당제와 고시 제도의 근본적 개혁, 준공직 영역에서의 특정 학벌 독과점 제한 등의 대안을 제시했다.[221]

2005년 1월 6일 대통령 노무현은 이기준 교육 부총리 기용 배경을 설

---

220) 노동석, 「노래방 도우미 3명 중 1명꼴 주부」, 『세계일보』, 2004년 5월 26일, 6면.
221) 김상봉, 『학벌사회: 사회적 주체성에 대한 철학적 탐구』(한길사, 2004), 393~408쪽.

명하면서 "대학은 산업이 되어야
한다"고 말했다. 이기준 카드가 무
산되자 1월 27일 노무현은 '대학
산업론'의 연장선상에서 교육 부
총리에 경제 부총리 출신 열린우
리당 국회의원 김진표를 임명했
다. 이에 교육 단체들은 비난을 퍼
부었다.

노무현 대통령은 '대학 산업론'의 연장선상에서
경제부총리 출신인 김진표 의원을 교육 부총리
에 임명했다.

"대학은 산업이 되어야 한다"는
노무현의 발언은 그 선의가 무엇
이었건 교육정책에 일관성이 없다
는 점을 말해주는 것이었다. 교육이 산업이라면, 굳이 3불 정책을 고수
해야 할 이유가 무엇이란 말인가? 일관성이 없는데 치밀한 마스터플랜
이 있을 리 만무했다. 이걸 잘 보여준 게 2004년 노 정권이 발표한 '2008
학년도 대입 제도 개선안'이었다.

'2008학년도 대입 제도 개선안'은 고교 내신 성적으로 학생을 선발하
도록 하고, 수능은 등급제로 바꿔 지원 자격으로 사용할 것을 권장하는
내용이었다. 이와 관련, 곰TV 강사 이범이 정곡을 찌르는 비판을 했다.
그는 "그런데 어차피 똑같은 '한 줄로 세우기'라면, 수능으로 수십만 명
을 한 줄로 세우는 것보다 내신 성적으로 수십 수백 명을 한 줄로 세우는
게 체감되는 경쟁 강도가 훨씬 높지 않겠는가?"라고 물으면서 다음과
같이 말했다.

"아니나 다를까, 새 제도가 처음 적용된 2005년의 고1 교실은 친구의

책을 숨기고 공책을 찢는 '정글'이 되었다. 뒤이어 '고1 중간고사가 끝나고 비관 자살하는' 사상 초유의 사건이 속출했고, 중간고사 성적이 기대에 못 미친 학생들은 학교를 자퇴하고 검정고시로 내신 지옥에서 탈출하려 했다. 심지어 현직 교감이 나에게 전화해서 '아들이 시험을 망쳤는데 자퇴시켜야 하는 게 아니냐'고 묻기도 했다. 정부의 기대와 반대로 내신 성적을 올리기 위한 사교육이 번창했다. 결국 학생들은 촛불을 들고 거리로 나섰다. 당시 촛불집회를 주도했던 한 인권단체 관계자는 '전교조 쪽 사람들이 찾아와 이 제도가 얼마나 좋은 제도인지 아느냐고 큰소리치더라'고 증언한다. 이 불행한 2005년의 소년 소녀들은 '진보' 언론에게도 대부분 외면당했고, 결국 잊혔다. 원인을 제공한 정책 결정자들도 거의 반성할 기미를 보이지 않는다. 노무현 대통령은 부동산 문제에 관해서는 여러 번 사과했지만, 교육 문제에서는 정부의 대입안이 나중에 대학들에 의해 왜곡된 점에 대해서만 분통을 터뜨렸다. 마치 왜곡되기 전의 원래 제도는 좋은 제도였다는 듯이."[222]

자립형 사립고 논쟁

2005년 8월 25일 서울시 교육감 공정택은 "교육부의 자립형 사립고 정책 평가 결과가 긍정적으로 나오면 서울시와 협의해 자립형 사립고 설립을 강북에 두세 개가량 추진하겠다"고 밝혔다.[223] 공정택의 발언은 자립형 사립고 논쟁을 불러일으켰다.

222) 이범, 「3년 전에도 촛불이 있었다」, 『한겨레』, 2008년 7월 1일.
223) 조찬제, 「자립형 사립고 서울에 생긴다」, 『경향신문』, 2005년 8월 26일, 2면.

'자립형'이란 정부의 재정적 지원이나 간섭 없이 자율적으로 운영하는 학교라는 의미다. 고교 평준화 제도의 문제점을 보완할 수 있는 '수월성' 교육을 할 수 있다는 장점이 있는 반면, '귀족 학교'라는 비판도 있었다. 2002년부터 시범 운영해온 자립형 사립고는 민족사관고(강원), 포항제철고(경북), 광양제철고(전남), 현대청운고(울산), 해운대고(부산), 상산고(전주) 등 여섯 학교뿐이다. 자립형 사립고의 학생 등록금 상한선은 일반 고교의 세 배 이하로 정해져 있다. 고교 등록금은 분기별로 30만 원인 반면, 자립고는 한 달에 30만 원이었다.

공정택의 발언에 대해 여당과 전교조는 "교육의 공공성, 형평성을 해치고 부유층을 위한 학교가 될 것"이라며 도입 반대 입장을 보였다. 반면 『조선일보』는 외국으로 유학 나가는 고등학생은 통계가 집계된 2003년까지 매년 평균 4,000여 명 규모로 현재 여섯 개 자립형 사립고의 전체 정원 1,700명의 두 배가 넘는 숫자라며 지지를 표했다. 『조선일보』는 부동산 대책으로도 강남 8학군을 주변 학군과 묶는 '광역 8학군'보다는 '강북 자립형 사립고'가 훨씬 효과가 있을 거라고 주장했다.[224]

2005년 9월 2일 교육부가 밝힌 여섯 개 자립형 사립고의 평가 결과에 따르면, 학생들의 학교 만족도는 높으나 '고비용'인 것으로 나타났다. 학생 1인당 연간 납입금은 평균 269만 3,000원으로 일반계 고교 평균 119만 8,000여 원과 비교하면 두 배 이상 많았으며, 여기에 기숙사비와 특기 적성 교육비 등을 포함한 연간 교육비 평균은 760여만 원이며, 민족사관고가 1500여만 원으로 가장 많았다. 학부모의 월평균 소득도 537

---

224) 「'강북 자립형 사립고'와 '광역 8학군'(사설)」, 『조선일보』, 2005년 8월 27일, A31면.

만 원으로, 도시 근로자 월평균 가계소득 329만 원보다 훨씬 높았다.[225]

『경향신문』은 "지금처럼 등록금이 비싸고 장학금 비율이 낮은 상태에서 자립형 사립고는 저소득층에게 '그림의 떡'일 뿐이다"며 "신중한 검토 없이 무분별하게 자립형 사립고를 설립하려 하는 움직임은 자제돼야한다"고 말했다.[226]

2005년 8월 민주노동당 국회의원 최순영의 국정감사 자료 분석 결과에 따르면, 전국의 입시·보습 학원 수는 2000년 말 1만 1,426개에서 2005년 6월 말 현재 2만 4,827개로 증가했는데, 특히 2004년 말(2만 2,058개)부터 6개월 사이에 2,769개(12.6%)나 늘었다. 최순영은 "이런 결과는 교육부의 사교육 경감 대책이나, 지난해 4월 시작된 교육방송의 수능 강의 등이 애초 기대했던 효과와 달리, 사교육비를 줄이지 못하고 있음을 보여주는 것"이라고 말했다.[227]

사교육을 받는 일은 10년 내에 없어질 것?

2005년 10월 11일 대통령 노무현은 청와대에서 제2기 교육혁신위원 25명에게 위촉장을 수여하면서 "사교육은 특별히 욕심을 내서 특별한 재능을 키우기 위한 것"이라며 "대학을 가기 위해, 필수 과제를 위해 사교육을 받는 일은 10년 내에 없어질 것"이라고 말했다.[228] 물론 어림도 없는 허풍이었다. 이런 허풍과 비현실적인 발상 때문에 노 정권은 과거 어

225) 김수미, 「자립형 사립고 '고비용 고효율'」, 『세계일보』, 2005년 9월 3일, 8면.
226) 「자립형 사립고의 높은 문턱(사설)」, 『경향신문』, 2005년 9월 5일, 31면.
227) 이호을, 「입시·보습학원 5년 새 2배」, 『한겨레』, 2005년 8월 26일, 9면.
228) 정연욱, 「노 대통령 "사교육 10년 내 없어질 것"」, 『동아일보』, 2005년 10월 12일, A12면.

느 정권보다 더 사교육을 비대하게 만든 정권이 되고 만다.

미리 말하자면, 노무현 정부가 출범한 2003년부터 2006년 6월 말까지 전국 사설 입시 학원(보습학원 포함) 수가 66%나 늘어났다. 전국 사설 입시 학원 수는 총 2만 7,724개로 전국 초·중·고교 수(1만 889개)의 2.6배에 달한다. 학력 간 임금격차(고졸 근로자 1인당 월 급여액을 100으로 했을 때 대졸 이상의 월 급여액 지수)도 2002년 149.4에서 2005년 154.9로 높아져 사실상 사교육을 부추긴 셈이다.

고교 등급제에 이어 대학 등급제도 점점 더 확연해졌다. 2005년 3월 1일 한국교육개발원 부연구 위원 장수명은 "국내 상위 5위권 대학 졸업자의 월평균 실질임금은 233만 원으로 100위권 밖 대졸자 평균임금 145만 원과 비교하면 60.7% 높았다"고 밝혔다. 그는 미국 명문 주립대 졸업생의 임금이 2년제 대학 졸업자보다 15~35% 높다는 연구 결과와 비교해 국내 상위권 대학과 그렇지 않은 대학 간에 임금 격차가 지나치게 크다고 지적했다.[229]

2005년 12월 19일 여수시는 시내 고등학교 3학년 학생 가운데 2006학년도 입시에서 서울대에 진학하는 학생에게 1500만 원씩, 고교에는 서울대 합격자 1인당 800만 원씩을 장려금으로 지급하기로 했다. 또 연세대·고려대·포항공대·과학기술대 진학생에게는 장학금 900만 원씩, 고교에는 이들 대학 합격자 1인당 500만 원씩을 지원하기로 했다.[230]

2006년 2월 연세대 법대 대학원이 신입생 선발 과정에서 자교 신촌 캠퍼스 졸업생에게는 10점을 가산점으로 주고 서울대·고려대·서강대·

---

229) 이나연, 「"대졸 임금은 대학 간판 순"」, 『동아일보』, 2005년 3월 2일, A10면.
230) 백소용, 「고3 학생 77% "차별받기 싫어 대학 간다"」, 『세계일보』, 2006년 1월 19일, 7면.

성균관대·한양대 등 5개 대 이외의 대학 출신 지원자에게는 5점을 깎는 '대학 등급제'를 내규에 정해 놓고 시행해온 것으로 밝혀졌다. 특히 연세대 원주캠퍼스 졸업생들도 '기타 대학' 출신으로 분류돼 5점이 깎였다고 한다.[231]

김영명은 학벌주의가 기승을 부리고 대학 서열화가 고착된 근본적인 원인을 '한국 사회의 단일성'에서 찾았다. 어느 사회에서든 사람들은, 특히 우세한 위치에 있는 사람들은 본능적으로 차등화를 원하는 법인데, 한국 사회에는 다른 종류(민족, 인종, 종교, 언어 등)의 균열 또는 계층 차등화가 심하지 않기 때문에 그 계층 차등화가 학벌을 통해 나타나게 되었다는 것이다.[232]

한국 사회의 단일성과 더불어 한국 특유의 각개약진 문화도 학벌 파워를 키운 주요 이유다. 한국인들은 공적 문제를 집단적 차원에서 해결하려 하기보다는 가족 단위로 돌파구를 찾으려 하기 때문에 부정적인 사회현상을 오히려 더 키우는 경향이 있다.

---

231) 「연세대의 시대착오적 '순혈주의' (사설)」, 『경향신문』, 2006년 2월 9일, 31면.
232) 김영명, 『신한국론: 단일 사회 한국, 그 빛과 그림자』(인간사랑, 2005), 152~153쪽.

발산의 문화 때문인가?
찜질방은 '방의 디즈니랜드'

찜질방은 '방의 디즈니랜드'

2004년부터 찜질방이 목욕탕 기능을 포함한 종합 놀이 공간으로 부상함으로써 전국 대중목욕탕의 숨통을 조이고 나섰다. 대중목욕탕은 2001년 1만 98개로 최고에 달했으나 2003년 9,900여 개로 줄어들었다.[233] 서울만 하더라도 1,500여 개 목욕탕 중에서 2002년 210곳, 2003년 129곳, 2004년 143곳 등 3년간 30%가 넘는 482곳이 폐업했다.[234]

2004년 5월 1,600개를 넘어선 찜질방은 점점 대형화 추세를 보여 심지어 건평 1만 평 규모인 찜질방까지 등장했다. 지방 도시에까지 100억 원짜리 찜질방이 나타나기도 했다. 2004년 3월 문을 연, 전북 전주시 우아동의 한 찜질방은 1백억여 원을 투자했는데, 고용 인원만(3교대) 80명이었다. 2004년 초에 문을 연 전주시 중화산동의 한 사우나는 전체 면적

---

233) 김희경, 「한국 목욕의 역사」, 『동아일보』, 2003년 9월 5일, 54면.
234) YTN, 2005년 7월 3일 오전 9시 15분 뉴스.

1,500평 규모로 90억여 원의 투자비가 들었다. 1993년 전북 인구는 201만 명이었지만 2002년엔 196만 명으로 줄었다. 그러나 같은 기간 숙박 및 음식점은 2만여 개소에서 약 3만여 개소로 47% 증가했으며, 단란주점은 60개에서 538개로 유흥주점은 761개에서 1,176개로 각각 900%와 54% 폭증했다. 『새전북신문』 2006년 4월 2일자는 이런 수치들을 거론하면서 1면 머리기사 제목을 '소비만 하는 전북: 인구-제조업 수 감소 서비스업은 급팽창'이라고 달았다.

찜질방은 시대적 트렌드라 할 복합화의 정수를 보여주었다. 김명환·김중식은 "찜질방은 어떤 시설이 있는가를 열거하기보다 없는 시설을 꼽는 게 빠를 정도로 없는 것 빼고는 다 있다"며 "찜질방은 방의 디즈니랜드이자 방의 복합 레저 타운이며 방의 종합 선물 세트"라고 했다.[235]

한양대 교수 김찬호는 "찜질방은 기존의 목욕탕, 온천, 사우나, 한증막 등과도 구별되는 공간이다. 아니, 그 모든 것을 아우르면서 확장한 돌연변이라고 해야 할 것이다"며 "그 핵심은 그 안에 수많은 '방'들을 내포하고 있다는 점이다"고 했다.

"우선 목욕과 관련해서 동굴방, 삼림욕방, 참숯방, 황토방, 소금방, 얼음방, 자수정방, 히오키방 등이 있다. 그뿐만 아니라 욕탕 외에 찜질방이 제공하는 서비스가 실로 다양하다. 식당, 헬스클럽, 안마, 수면방, 놀이방, 노래방, 피시방, 영화방, 소연회장, 기도방, 야외 폭포 정원, 연예인들의 공연이 이뤄지는 중앙 광장……. 바야흐로 찜질방은 복합 레저 타운을 지향하면서 그동안 왕성하게 증식해온 방들을 총집결시키는 소우주다."

---

235) 김명환·김중식, 『서울의 밤 문화: 낮과 다른 새로운 밤 서울로의 산책』(생각의나무, 2006), 169쪽.

또 김찬호는 "가족, 회사 동료, 연인, 동네 계 모임, 그리고 청소년들의 또래 집단에 이르기까지 다양한 단위들이 모여들어 어우러지는 찜질방은 21세기의 동네 사랑방이 아닐까"라면서 "실제로 지방 소도시에서는 그곳이 공회당 같은 구실을 하기도 한다. 찜질방에서 흘리는 땀은 관계의 끈끈함에 대한 증거인가. 또한 우리가 심신의 이완과 양생에 이토록 집착하는 것은 우리의 삶이 사납고 가파른 긴장에 휩싸여 있기 때문인가. 찜질방은 우리 시대 결핍과 안위의 애틋한 표상이다"고 했다.[236]

찜질방의 풍기와 안전

2005년 7월 15일 '여의도 국회 30주년'을 맞아 국회의사당에서 열린 '제1회 대한민국 어린이국회'에선 "만 16세 이하 어린이와 청소년이 보호자 없이 찜질방을 출입하는 것을 제한해야 한다"는 주장이 제기되었다.[237]

2005년 7월 25일 보건복지부가 입법 예고한 공중위생관리법 시행령 및 시행규칙 개정안은 그간 사실상 법적 사각지대에 방치되다시피 해온 찜질방을 목욕장업으로 편입, 관리를 한층 엄격히 하기로 했다. 이에 따라 11월부터 만 19세 이하 청소년들은 오후 10시 이후부터 다음 날 오전 5시까지 보호자 동행 없이는 찜질방 출입을 할 수 없으며, 찜질방 안으로 술을 반입하거나 파는 행위도 금지되었다. 또한 목욕실과 탈의실은

---

236) 김찬호, 「침실 공유의 일체감, 찜질방」, 『한겨레』, 책·지성 섹션, 2005년 6월 24일, 7면.
237) 김정욱, 「"청소년 찜질방 출입 보호자 없으면 제한" 제1회 어린이국회」, 『매일경제』, 2005년 7월 16일, A27면.

만 5세 이상 남녀가 함께 사용하지 못하도록 했다.

찜질방이 성황을 누리면서 찜질방 내 남녀의 과도한 애정 표현과 성추행이 문제로 떠올랐다. 몇몇 찜질방은 아예 찜질방 입구에 "남녀 신체 접촉 금지, 위반 시 강제 퇴실"이라는 경고문까지 내걸었다. 성추행도 크게 늘었는데, 강남경찰서 순경 김마리는 피해를 당했을 때 "소리를 지르거나 큰 소리로 주위 사람들이 자신을 볼 수 있도록 해야 한다"고 조언했다.[238]

일부 찜질방은 영화관까지 갖추었는데, 인천에 사는 한 신문 독자는 이런 투고를 했다.

"영화관 안에는 초·중·고교생과 성인들이 함께 있었다. 그런데 영화는 완전히 성인용이나 다름없었다. 낯 뜨거워서 도저히 어린 학생들하고 볼 수 없는 내용이었다. 어른들은 이러지도 저러지도 못하고 나이 어린 학생들 눈치만 살피다 결국엔 하나둘씩 슬금슬금 빠져나가기 시작했다. 나와서는 어이가 없다는 표정들이었다."[239]

2006년 10월 『경향신문』은 '찜질방 꼴불견 베스트 10'으로 ①과도한 애정 행각 벌이는 커플, ②속옷을 안 입거나 뱃살 내놓고 자는 아줌마, ③술 먹고 와서 코 골면서 자는 아저씨, ④화장 안 지우고 땀 뻘뻘 흘리는 내숭녀, ⑤한숨 자려는데 밟고 지나가는 꼬마들, ⑥이불이란 이불은 다 둘둘 말고 자는 사람, ⑦목소리 크게 수다 떠는 사람, ⑧돌아다니면서 여자 몸매 훑는 변태, ⑨좋은 자리 맡아놓고 자기 자리라고 우기는 사

---

238) 오승완, 「남자 친구 있어도 범행, 갈수록 대범: 성추행 빈발하는 찜질방」, 『내일신문』, 2005년 10월 6일, 21면.
239) 최인명, 「열린 마당: 민망한 찜질방······ 낯 뜨거운 성인영화 상영」, 『중앙일보』, 2005년 12월 14일, 29면.

람, ⑩머리 위로 넘어 다니는 사람 등을 꼽았다.[240]

발산의 문화

그 어떤 문제점에도 찜질방은 매력적인 커뮤니케이션 공간이라는 가치만으로도 한국인들을 계속 매료시켰다. 2005년 11월 현대백화점이 홈페이지를 통해 고객 400명을 대상으로 '모녀 공감 라이프 스타일'을 조사한 결과 찜질방에서 달걀 먹기, 대중목욕탕에서 서로 등 밀어주기, 함께 쿨팩하고 찜질방에서 누워 수다 떨기 등 찜질방 공감형이 전체 응답자의 21%로 가장 높은 비율을 보였다.[241]

찜질방의 활용 범위는 점점 넓어졌다. 증권사 투자 설명회가 찜질방에서 열리는가 하면, 많은 기업이 가끔 회의 장소로 찜질방을 찾기도 했다. 각 부서 직원들과 '주말 간담회'를 하는 LG전자 부회장 김쌍수는 2006년 3월 강화도에서 여성 관리자 70여 명과 둑길을 걷고 막걸리를 마신 뒤 함께 찜질방을 찾았다.[242]

2006년 2~3월 철도 노조원들의 이른바 '산개 투쟁'에도 찜질방이 이용되었다. 조합원 1만 5,000여 명은 5~10명씩 나뉘어 모두 1,000여 개조로 흩어져 있으나 노조 지도부와 휴대폰·인터넷으로 연락을 취했는데, 그런 투쟁 장소 중의 하나로 찜질방이 이용되었다는 것이다.[243]

2006년 2월 통계청은 소비자물가를 산출하는 대표 품목에 웰빙 등 사

240) 「애정 행각 참아줘!: 찜질방 꼴불견 베스트 10」, 『경향신문』, 2006년 10월 26일, K2면.
241) 「"찜질방서 모녀 사랑 키워요"」, 『국민일보』, 2005년 11월 4일, 14면.
242) 홍주연, 「막걸리 먹고 찜질방서 간담회」, 『중앙일보』, 2006년 3월 20일, E5면.
243) 조한필, 「절·찜질방서 연락 주고받아: 철도노조 산개 투쟁 어떻게」, 『매일경제』, 2006년 3월 4일, A30면.

회 흐름과 새로운 소비 추세를 반영하기 위해 27개 품목을 새로 추가하는 방안을 검토하면서 찜질방 요금을 포함했다.[244)

26세의 한 직장 여성은 "도대체 왜 그렇게 찜질방을 좋아해?"라는 친구의 질문에 "한마디로 원스톱 서비스가 가능하지. 안에 있으면 밖에 나갈 이유가 없어. 펄펄 끓는 찜질방에서 뼛속까지 시원하게 찜질하고 목욕하면 얼마나 개운한데. 골프 연습도 하고, PC방에서 게임 하고, 출출하면 라면 한 그릇 먹고, 한잠 푹 자고, 이벤트도 구경하고……. 밖에서는 30몇 도라며 법석이지만 여긴 딴 세상이지"라고 말했다.[245)

26세의 한 직장인은 "찜질방 중앙 홀을 통해 작은 가마 안의 어두운 공간으로 들어가면 가끔 '치익' 하는 스팀 소리만 들릴 뿐 어머니 품속처럼 편안하고 조용한 느낌을 받는다"고 말했다.[246)

정해승은 한류의 성공 요인 중 하나로 '발산의 문화'를 꼽으면서 "발산은 때로 발한(發汗)의 문화로도 이어진다. 전국 곳곳에 퍼져 있는 찜질방에는 삼순이 머리를 한 사람들이 벌건 얼굴로 삼삼오오 모여 앉아 식혜나 삶은 달걀 같은 음식들을 먹고 있다"며 다음과 같이 말했다.

"90도가 넘는 불가마에 들어갔다 나와서 땀에 전 몸으로 바닥에 벌러덩 누워 있는 한국인들을 외국인들은 절대 이해하지 못한다. 왜 뜨거운 물에 몸을 한참 불리고 나와서 피부가 다 벌게지도록 이태리타월로 박박 미는지 그들로서는 정말 불가해할 것이다. 그들이 어떻게 알겠는가. 그것은 열이든 슬픔이든 한이든 속에 있는 그 무엇을 분출하지 않고는

244) 홍병기, 「찜질방 요금·비데·대리운전비 등 물가지수 새 '잣대' 된다」, 『중앙일보』, 2006년 2월 2일, 11면.
245) 김갑식, 「"여름은 길고 찜질방은 많다"」, 『동아일보』, 2006년 7월 7일, 54면.
246) 「찜질방: 노숙자도 부자도 다 똑같다」, 『매일경제』, 2005년 7월 23일, A3면.

© 연합뉴스

찜질방에서 월드컵 경기를 시청하며 응원하는 시민들. 한국인에게 찜질방은 '발산의 문화'를 구현하는 공간이다.

견디지 못하는, 한국인들의 DNA 속에 있는 발산의 문화인 것을.”[247]

그야말로 격세지감(隔世之感)이요, 상전벽해(桑田碧海)였다. 목욕을 불온시 한 조선의 유교 문화 때문에 목욕을 멀리하고 목욕의 주요 기능을 목욕재계(沐浴齋戒)로만 보았던 한국인들이 이젠 세계에서 둘째가라면 서러워 할 ‘목욕 애호가’로 변했으니, 이 어찌 놀랄 일이 아니랴. 게다가 한국은 이제 일본은 물론 미국으로까지 목욕 문화를 수출하는 ‘목욕 대국’이 되었다.[248]

찜질방이 구현한 발산의 문화가 늘 아름답기만 한 건 아니었다. 열이

247) 정해승, 『엔터테인먼트 경제학』 (휴먼비즈니스, 2006), 91쪽.
248) 장인철, 「“뜨끈뜨끈⋯⋯ 오! 베리 굿” 뉴요커 찜질방에 반했다」, 『한국일보』, 2006년 12월 30일, 10면.

든 슬픔이든 한이든 속에 있는 그 무엇을 분출하는 건 스트레스 해소나 카타르시스 효과를 위해선 더할 나위 없이 좋은 일이겠지만, 그런 원리가 공적 영역에 적용될 때엔 무질서와 혼란이 뒤따르기 마련이었다. 2004년에 터진 대통령 탄핵과 행정 수도 파동, 2005년에 유감없이 드러난 영남 민주화 세력의 한(恨)에 이어, 2006년 열린우리당의 몰락을 지켜보게 되는 건 바로 그런 발산의 문화가 가져온 당연한 귀결은 아니었을까?